DÉCOREZ VOTRE MAISON

DÉCOREZ VOTRE MAISON

Terence Conran

Flammarion

Titre de l'ouvrage original : *Terence Conran's DIY Book*
Publié par Conran Octopus Ltd, Londres

ISBN : 2-08-201852-0
Numéro d'édition : 0715
Dépôt légal : avril 1994
Adaptation : X-ACT, Paris
Imprimé à Hong-Kong

Les projets de ce livre ont déjà été publiés aux éditions Flammarion dans les trois ouvrages mentionnés ci-dessous :
Créez votre décor (1989), *Meublez votre jardin* (1992) et *Chambres et jouets d'enfants* (1992).

Avertissement au lecteur

Avant d'entreprendre l'un ou l'autre des projets décrits dans ce livre, vérifiez la législation en vigueur relative à l'urbanisme et aux permis de construire. Il est indispensable également de se renseigner auprès de spécialistes en plomberie et électricité avant de procéder vous-même à toute modification.
S'il s'est efforcé de faire en sorte que les informations contenues dans cet ouvrage soient correctes, l'éditeur ne peut être tenu pour responsable des dommages occasionnés par la réalisation des projets présentés.

Sécurité

La page 254 présente les précautions essentielles à suivre lors de la construction des jouets et du mobilier. Nous vous recommandons vivement de lire ces conseils avant d'entreprendre un projet.

SOMMAIRE

INTRODUCTION

Aujourd'hui, de plus en plus de personnes se passionnent pour la décoration de leur maison ou appartement, et éprouvent une véritable satisfaction, quels que soient leur âge et les moyens dont ils disposent, à créer des intérieurs harmonieux et confortables. On aime restaurer, réparer ou transformer son intérieur, découvrant ainsi le plaisir de réaliser soi-même ces travaux.

Ce livre souhaite encourager les amateurs de bricolage à élargir leurs connaissances en menuiserie, et à s'initier aux talents des créateurs. Il réunit des projets que j'ai sélectionnés dans mes trois précédents livres consacrés à la décoration.

Je me suis proposé de choisir des objets fort simples et pratiques, concernant aussi bien la maison que le jardin – objets que nous réalisons d'ailleurs souvent nous-mêmes –, et de montrer comment leur conception et leur construction peuvent concilier des qualités fonctionnelles et esthétiques. On trouvera en outre des projets plus ambitieux – tels un pavillon d'été, une garde-robe japonaise et un banc de jardin –, réalisations dont la beauté saura récompenser le temps et le travail investis.

La réussite de ces projets requiert une certaine confiance en soi. Dès que vous aurez mené à bien l'un d'entre eux, vous en tirerez l'enthousiasme et le savoir-faire nécessaires à l'entreprise d'une pièce plus complexe. Il est recommandé de commencer par les projets d'extérieur car leur finition est moins rigoureuse : précision et perfection n'ont pas vraiment lieu d'être dans le jardin, et on préfèrera souvent un rendu patiné et rustique. De même, la réalisation de jouets et de meubles d'enfant est souvent fort simple.

Cet ouvrage propose tout d'abord un projet d'atelier. Quand vous l'aurez terminé, sa réussite vous encouragera à entreprendre d'autres constructions. Le plaisir de réaliser soi-même ces aménagements vient, à mon avis, de la satisfaction de faire un objet dont la conception répond très précisément à nos priorités et besoins. Les choses que vous réaliserez vous-même seront souvent mieux pensées et moins coûteuses que si vous achetiez l'équivalent dans un magasin ; de plus, elles reflèteront votre goût et style personnels.

Terence Conran.

MECCANO

INTÉRIEURS

En choisissant de concevoir et de construire vous-même meubles et accessoires, vous aurez plus de satisfaction que si vous les achetiez. Vous obtiendrez un résultat qui répondra à vos attentes personnelles.

Votre savoir-faire vous permettra d'embellir et de transformer chaque pièce de la maison. Même si vous êtes débutant, vous apporterez une note toute personnelle à votre cuisine si vous l'aménagez vous-même, tout en étant assuré de la qualité de sa conception et de sa construction. Dans la chambre à coucher, vous pourrez créer des rangements parfaitement adaptés à l'espace. Il vous sera également possible d'améliorer son confort en concevant vous-même une penderie encastrée, ou en réalisant le projet de lit à tiroir, qui lui-même comprend de vastes espaces de rangement.

Les aménagements intérieurs permettent en outre d'affirmer le style propre à chaque pièce : on peut par exemple choisir de restaurer des installations déjà existantes, ou d'apporter une touche personnelle par l'ajout d'huisseries, de moulures, ou de divers détails architecturaux. Dans les salles de séjour, les étagères servent souvent à exposer de nombreux objets, et ont une grande influence sur l'ensemble de la décoration. En les concevant soi-même, elles s'harmoniseront à merveille avec l'espace et mettront en valeur les différents bibelots. Les parquets se prêtent à de nombreux traitements : on peut les décaper et les cirer, ou les peindre. Les pièces dont vous aurez conçu l'aménagement intérieur s'en trouveront transformées et répondront exactement à vos goûts et exigences.

L'ATELIER

C'est là le point de départ pour tous les bricoleurs un peu sérieux. Si ces premiers projets sont bien réalisés, vous serez amené à entreprendre de nombreux autres travaux dans la maison. Vous disposerez d'un solide plan de travail et d'un lieu de rangement pratique et sûr pour vos outils : deux avantages majeurs qui vous permettront de bricoler dans le confort, avec efficacité et enthousiasme.

Commencez par l'établi. Pour faciliter les travaux, j'ai utilisé une porte plane antifeu à âme pleine, tout aussi solide que les plateaux traditionnels en hêtre dont sont équipés la plupart des établis professionnels, et qui est de surcroît bien meilleur marché. Le piétement, en pin, est pourvu d'une étagère en contre-plaqué où entreposer l'outillage de grandes dimensions. Une presse et une cale rétractable complètent l'équipement de l'établi.

Le placard à outils est fixé au mur au moyen de tasseaux biseautés ; les deux sections latérales — qui tiennent également lieu de portes — sont pourvues de targettes et d'une serrure : elles se rabattent contre le mur lorsque le placard est utilisé. Il est essentiel d'équiper un placard à outils d'une serrure, notamment dans une maison comme la mienne où les outils disparaissent avec une infaillible régularité. Tous les outils, clous, vis et accessoires divers, ont leur place bien visible et vous n'avez ainsi aucune excuse pour ne pas les ranger en fin de travail ; la recherche des outils manquants gâche toujours l'attrait du bricolage.

Des lampes, fixées au sommet du placard, fournissent l'éclairage nécessaire, et un espace entre le mur et le panneau central assure le libre passage des câbles d'alimentation des prises électriques.

Plusieurs couches de vernis incolore brillant garantissent l'aspect professionnel du meuble. Faites-en bon usage.

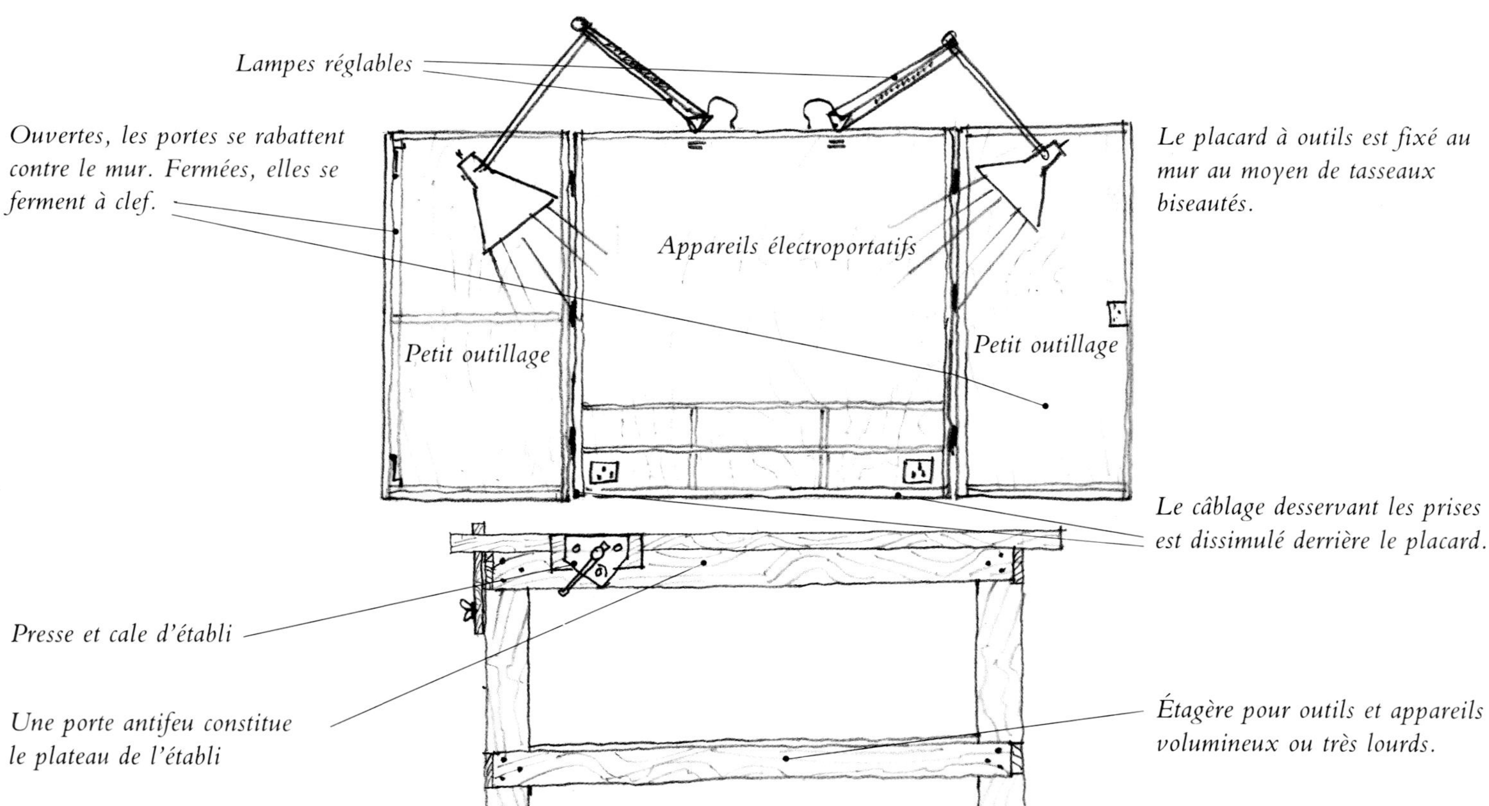

L'ÉTABLI

Un établi solide vous aidera grandement dans la réalisation de vos projets de menuiserie ; et le simple fait de construire le vôtre vous apportera une expérience précieuse.

Les traverses hautes et basses s'emboîtent dans les pieds du meuble : la construction y gagne en apparence esthétique et en solidité. Si vous voulez faire plus vite et plus simple, vous pouvez négliger ces entailles et vous contenter de coller et visser les traverses sur les côtés des pieds avec de la colle vinylique.

Le plateau de l'établi se compose d'une porte plane antifeu de 2 040 × 630 mm. Ce plateau déborde d'un peu plus de 100 mm à chaque extrémité, de 12 mm à l'arrière et d'au moins 25 mm sur le devant. Ce débord donne la possibilité de fixer des pièces au plateau avec des presses en C. La hauteur totale de l'établi est de 940 mm, dimension calculée pour le confort d'une personne mesurant 1,80 m. Déterminez dès le début quelle hauteur vous convient et ajustez la hauteur des pieds en conséquence.

La longueur des traverses dépend de la dimension de la porte tenant lieu de plateau et de la valeur des débords précisés ci-dessus. Elle variera également selon que vous emboîtez ou non les traverses. Les traverses courtes d'extrémité recouvrent les traverses latérales. Si vous les emboîtez, notez que les traverses latérales hautes seront plus courtes que les basses du fait de la différence d'épaisseur entre les deux traverses.

MATÉRIAUX

Désignation	**Quantité**	**Matériau**	**Longueur**
Pieds	4	Bois tendre raboté de 150 × 150 mm	902 mm
Traverses hautes	2 longues 2 courtes	Bois tendre raboté de 133 × 32 mm	Selon dimensions de la porte
Traverses basses	2 longues 2 courtes	Bois tendre raboté de 150 × 25 mm, ramené à 133 mm de largeur comme les traverses hautes	Selon dimensions de la porte
Plateau	1	Porte plane antifeu à âme pleine	2 040 × 630 mm
Supports du plateau	2	Bois tendre raboté de 50 × 38 mm	Longueur des côtés entre pieds
Étagère	1	Contre-plaqué de 12 mm	*id.* ci-dessus
Presse d'établi	1		
Tringles	2	Barreau de 25 mm de diamètre	Selon largeur de l'établi

OUTILS

Établi portatif	Tournevis (ordinaire ou cruciforme selon le type de vis)
Couteau universel	Rabot à replanir
Règle en acier	Cale à poncer et papier abrasif
Équerre	Défonceuse (en remplacement du ciseau) pour découper les entailles des pieds
Scie à panneaux	Scie sauteuse (ou scie à guichet, ou scie à découper) pour le logement de la presse
Scie à tenons	Clé pour serrer les tire-fond (longues vis à tête carrée) de la presse
Ciseau chanfreiné (20 mm de largeur)	Mèche plate (logement de la presse et des tringles)
Maillet	Foret hélicoïdal (trous du boulon de la cale d'établi)
Chignole ou perceuse électrique	
Foret hélicoïdal	
Fraise	
Trusquin	
Sangle de serrage (ou cordelette et tourniquet)	

TRAÇAGE DES PIEDS

Tracez la longueur des pieds, en reportant le tracé sur toutes les faces avec une équerre. Faites les découpes. Contrôlez les longueurs en plaçant les quatre pièces debout côte à côte. Si les traverses sont emboîtées, tracez les entailles (voir Techniques, p. 238).

TRAÇAGE DE LA TRAVERSE HAUTE

Alignez une des traverses d'extrémité sur le sommet du pied et repérez la largeur de l'entaille. Tracez une ligne en ce point avec une équerre puis reportez ce tracé sur les quatre faces du pied (voir Techniques, p. 238).

1 Traçage et découpe des entailles des pieds : À gauche : Tracez les logements des traverses hautes et basses. Au centre : Découpez les entailles du haut à la scie à tenons, les entailles du bas à la scie à tenons et au ciseau. À droite : Le pied après entaillage.

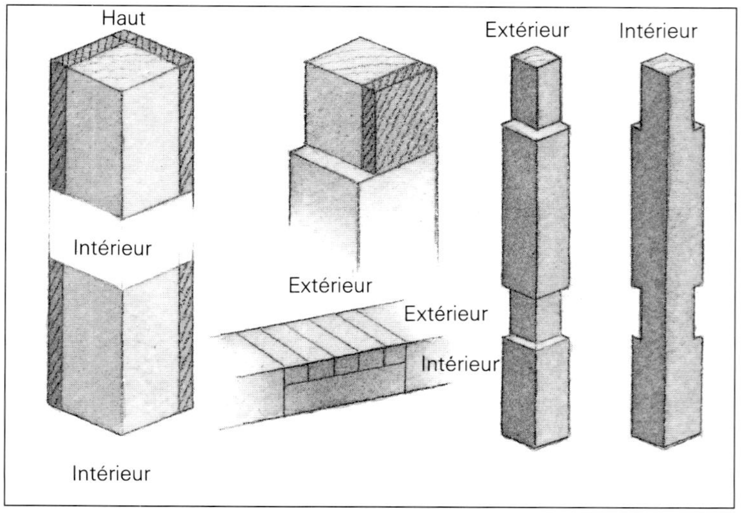

SCHÉMA D'ASSEMBLAGE DE L'ÉTABLI

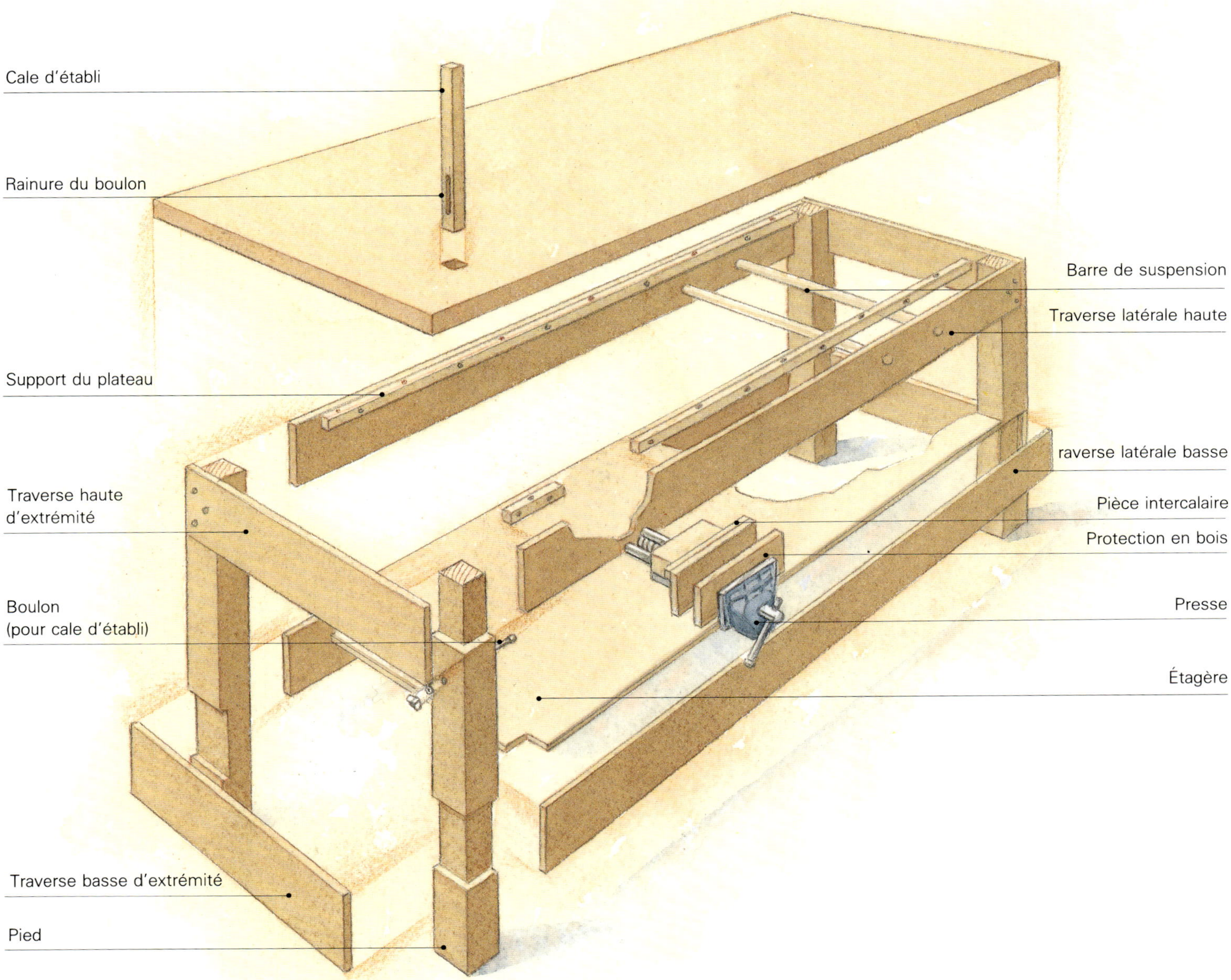

Réglez le trusquin à l'épaisseur de la traverse haute et portez cette mesure au sommet du pied, sur les deux faces externes (fig. 1, p. 12). Répétez l'opération sur les trois autres pieds.

TRAÇAGE DE L'ENTAILLE DE LA TRAVERSE BASSE

Pour que le rebord supérieur de cette traverse se trouve à 350 mm du sol, mesurez et marquez cette distance au crayon à partir de la base du pied. Présentez la traverse en place sous le trait-repère puis appuyez une équerre sous le rebord inférieur de la pièce de bois. Otez la traverse et marquez la position de ce rebord.

Replacez la traverse contre l'équerre, puis appuyez l'équerre contre le rebord supérieur. Otez à nouveau la traverse et marquez l'emplacement du rebord supérieur. Ce procédé assure une précision accrue. Reportez les tracés sur les trois autres faces.

Réglez le trusquin à l'épaisseur de la traverse basse et portez cette mesure sur les faces externes des pieds (voir fig. 1, p. 12).

ENTAILLAGE DE LA TRAVERSE HAUTE

Fixez le pied dans un établi portatif ou, avec des serre-joints, à une table stable ; exécutez les découpes horizontales avec une scie à tenons : sciez à l'intérieur du tracé jusqu'à la profondeur inscrite. Exécutez les découpes verticales avec une scie à tenons ou une scie à panneaux. Rectifiez au ciseau si besoin est. Vous pouvez aussi réaliser l'entaille avec une défonceuse réglée, en profondeur, à l'épaisseur des traverses. Répétez l'opération sur les trois autres pieds.

ENTAILLAGE DE LA TRAVERSE BASSE

Réalisez avec une scie à tenons, sur les faces extérieures d'un pied, les découpes horizontales marquant le sommet et la base de la position de la traverse, à la profondeur inscrite. Pour évider l'entaille, faites, à la scie à tenons, une série de traits de scie distants d'environ 12 mm ; dégagez l'intérieur de l'entaille avec un ciseau chanfreiné et un maillet (voir Techniques, p. 238). Procédez de la même façon sur les trois autres pieds.

ASSEMBLAGE DES CADRES D'EXTRÉMITÉ

L'assemblage des traverses doit être très précis. Si besoin est, prévoyez des entailles un peu plus étroites que nécessaire et rabotez légèrement les traverses jusqu'à ce qu'elles s''inscrivent parfaitement.

Appliquez de la colle sur les entailles et présentez la traverse basse de manière qu'elle affleure les faces extérieures des pieds. Percez et fraisez au travers de la traverse et dans les pieds, puis introduisez des vis de 5 × 50, trois dans chaque pied. Répétez l'opération avec la traverse haute, mais avec des vis de 5 × 65.

Procédez de la même façon pour le second cadre d'extrémité. Si vous optez pour le mode d'assemblage simplifié, sans entailles, collez et vissez simplement les traverses contre les pieds. Contrôlez toutefois l'équerrage des cadres et veillez à ce que les traverses débordent de chaque côté de l'épaisseur de la traverse. Nettoyez, rabotez et chanfreinez toutes les arêtes extérieures, essuyez l'excédent de colle et poncez toutes les surfaces.

FIXATION DES TRAVERSES LATÉRALES

Dressez les deux cadres d'extrémité et mettez en place les traverses latérales après avoir encollé les entailles. Rappelez-vous que la solidité du piètement dépend de la précision de l'assemblage. Avant de visser les traverses, l'ensemble doit être solidement maintenu par serrage. Collez et assemblez les traverses puis fixez une sangle de serrage sur le pourtour de la ceinture. Vous pouvez aussi installer de la cordelette et un tourniquet : introduisez un bout de bois dans une boucle de la cordelette, de chaque côté de l'assemblage, puis faites tourner ce bout de bois pour resserrer le dispositif.

Percez des avant-trous puis vissez, au travers des traverses et dans les pieds, en trois points. Les traverses une fois vissées, vous pouvez ôter le dispositif de serrage.

Nettoyez puis chanfreinez les rebords supérieurs et inférieurs des traverses basses, et les rebords inférieurs des traverses hautes. Poncez les cadres puis affleurez au rabot les cadres et les traverses hautes.

1 Assemblage du cadre d'extrémité : Posez les pieds à plat sur une surface plane et vérifiez que la traverse basse s'inscrit très précisément dans les entailles. Collez et vissez en place. Mettez la traverse haute en place de la même manière. Procédez de façon identique avec l'autre cadre.

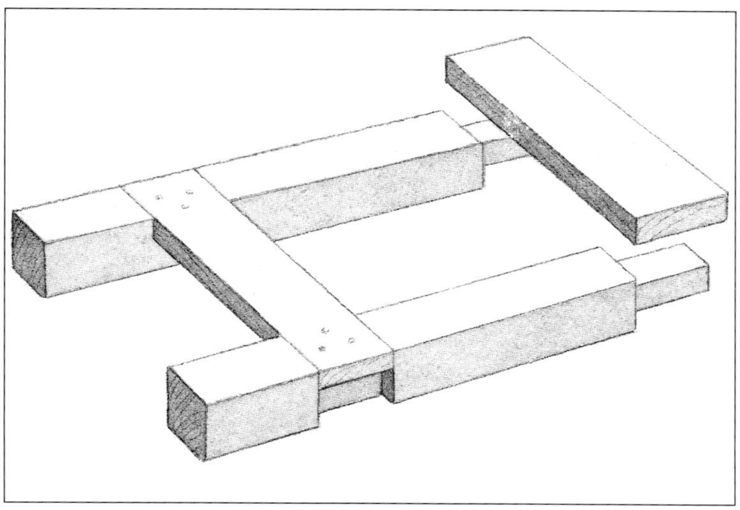

2 Pose des traverses latérales et des tasseaux-supports : Collez et vissez les traverses latérales basses dans les entailles correspondantes ; fixez ensuite les traverses latérales hautes. Dans chaque cas, assurez le serrage et l'équerrage du bâti au moyen d'une cordelette et d'un tourniquet.

FIXATION DU PLATEAU

Prenez deux tasseaux en bois raboté de 50 × 38 mm et coupez-les à la longueur intérieure, entre pieds, des côtés. Percez et fraisez ces tasseaux sur deux faces adjacentes (avant-trous des vis de fixation au côté et au plateau). Choisissez le meilleur côté du bâti comme façade. Puis, à l'arrière, fixez un des tasseaux en place avec des serre-joints, à l'intérieur de la ceinture et à fleur du sommet de la traverse latérale ; vissez le tasseau à la traverse. Le tasseau antérieur sera fixé après mise en place de la presse.

Posez le plateau en égalisant le débord à chaque extrémité ; à l'arrière comptez 12 mm de débord, le reste venant à l'avant (suffisamment pour y fixer un serre-joints). Ne vissez pas encore le plateau.

POSE DE LA PRESSE

La presse choisie devra s'adapter sur la traverse latérale haute. Il existe de nombreux types de presse. Toutes sont pourvues de mâchoires ouvrant largement et sont conçues de façon à être posées en sous-face du plateau de l'établi, contre le rebord antérieur, à proximité d'un pied, de sorte que le bord supérieur des mâchoires (après fixation des protections — voir ci-dessous) affleure la surface du plateau. Certaines presses de moindres dimensions se fixent simplement par serrage en sous-face d'un établi, mais il est préférable de choisir un modèle à boulonner en place.

Optez, dans la mesure de vos possibilités, pour un grand modèle : une ouverture de mâchoires de 330 mm convient très bien (les dimensions s'échelonnent de 115 à 380 mm environ). Les plus grandes presses sont souvent équipées d'un dispositif de serrage rapide qui permet d'ouvrir et de refermer la mâchoire mobile sans avoir à manœuvrer la poignée. Assurez-vous que la presse et la mâchoire coulissante sont bien pourvues de trous auxquels vous pourrez fixer les protections en contre-plaqué.

Le mode de fixation varie quelque peu selon les modèles. N'oubliez pas cependant que le rebord supérieur des mâchoires métalliques doit se trouver à environ 12 mm sous la surface du plateau, pour permettre la mise en place d'une latte de bois qui est un élément de protection.

Mesurez la hauteur de la presse. Retranchez de cette valeur l'épaisseur du plateau moins 12 mm (voir fig. 3). Fabriquez une cale d'épaisseur de cette dimension qui viendra se loger entre la presse et la face inférieure du plateau.

DÉCOUPE DU LOGEMENT DE LA PRESSE DANS LA TRAVERSE LATÉRALE

Il vous faut tout d'abord fabriquer un gabarit de la presse. Posez la presse à la verticale avec la cale d'espacement en place et reportez ses contours sur un morceau de carton ou de papier épais. Simplifiez le dessin pour faciliter la découpe de la traverse. Découpez le gabarit et présentez-le en sous-face du plateau, à 300 mm environ de l'angle avant gauche si vous êtes droitier (ou de l'angle droit si vous êtes gaucher) ; reportez les contours du gabarit sur la traverse latérale haute.

Pour exécuter la découpe, ôtez le plateau, et suivez le tracé avec une scie sauteuse, ou encore avec une scie à guichet ou une scie à découper.

Fixez le second tasseau-support en place avec des serre-joints contre la traverse latérale haute (voir Fixation du plateau) et vissez-le ; découpez la section correspondant à la largeur de la presse avec une scie à guichet ou une scie à découper. Collez et vissez le plateau en place au travers des tasseaux.

Amenez la presse en position, ainsi que la cale d'espacement. Percez des avant-trous, au travers des trous de fixation ménagés à la base de la presse, dans la cale d'espacement et dans le plateau. Fixez la presse en place avec des tire-fond et des rondelles.

FABRICATION DES PROTECTIONS

Les protections sont des pièces de bois disposées, à l'intérieur des mâchoires, de façon à affleurer la face supérieure du plateau. Elles protègent les pièces maintenues dans la presse.

Découpez, dans du contre-plaqué de 12 mm, deux pièces légèrement plus longues que les mâchoires. Leur largeur sera égale à la distance séparant le dessus du plateau de la vis de la presse.

Découpez ensuite, dans du bois dur, une pièce de même épaisseur que l'intervalle séparant le sommet des mâchoires du dessus du plateau, et de même longueur que les protections. Collez cette pièce contre le rebord antérieur de l'établi, à fleur du dessus du plateau ; elle repose sur la presse.

FIXATION DE LA PROTECTION ARRIÈRE

Repérez, sur l'une des protections, l'emplacement des orifices de la mâchoire antérieure. Reportez ces repères sur l'autre protection. Percez et fraisez les pièces de bois en ces points puis vissez au travers de ces trous et des trous de la mâchoire arrière, jusque dans le plateau.

FIXATION DE LA PROTECTION AVANT

Serrez la presse, la protection avant étant maintenue en place avec des serre-joints ; vissez au travers des orifices de la mâchoire, dans la pièce de protection.

3 Pose de la presse : L'épaisseur de la cale est égale à la hauteur de la presse moins l'épaisseur du plateau, moins la pièce intercalaire.

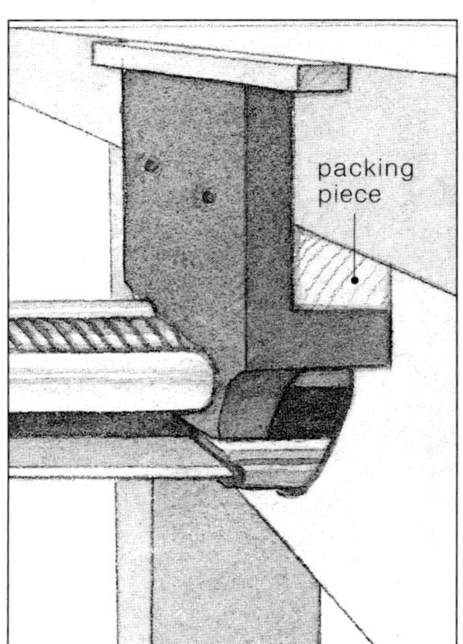

4 Fixation des protections : Les protections (en contre-plaqué de 12 mm) affleurent le dessus du plateau. La protection arrière est vissée, au travers de la mâchoire fixe, dans le plateau. La protection avant est fixée par vissage au travers de la mâchoire mobile.

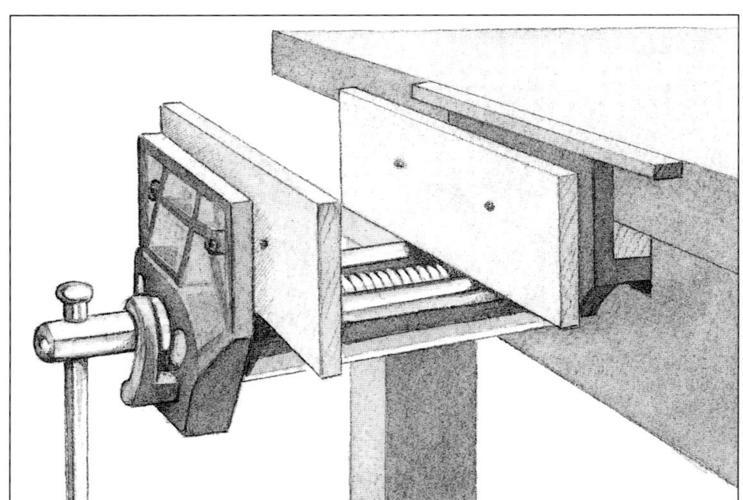

LA CALE D'ÉTABLI

La cale d'établi, qu'il est possible d'élever au-dessus de la surface du plateau, est très utile lorsqu'on désire caler les pièces de grandes dimensions que l'on rabote ou que l'on entaille au ciseau.

Le dispositif se place immédiatement à l'extérieur du pied antérieur, sur le côté de l'établi où est fixée la presse. Pour marquer l'emplacement de la cale d'établi à la surface du plateau, appuyez une équerre contre la face extérieure avant du pied et tracez au crayon une ligne prolongeant ce plan en sous-face du plateau ; rabattez ce tracé à l'équerre contre le bord puis à la surface de l'établi. À partir du rebord antérieur, reportez sur le tracé la valeur du débord : le point inscrit marque la projection, sur le plateau, de l'arête extérieure du pied ; tracez, à partir du rebord d'extrémité, une ligne perpendiculaire à la ligne déjà tracée passant par ce point.

Découpez dans du bois dur de 25 × 38 mm un tasseau d'environ 250 à 300 mm. Dessinez les contours de l'extrémité du tasseau *à l'extérieur* du tracé inscrit sur le plateau (voir ci-dessous) : de la sorte, la cale d'établi doit coulisser contre le pied.

Avec une mèche plate approchant au plus près les dimensions de l'orifice prévu, percez le plateau de part en part. Fixez à l'aide de serre-joints une chute de bois sous l'orifice percé : vous éviterez ainsi, en finissant l'entaille au ciseau, de faire éclater le bois en sous-face. Veillez à ne pas mordre sur les lignes du tracé et prenez soin de contrôler de temps à autre, avec une équerre, la verticalité de la découpe. Dressez ainsi l'entaille jusqu'à ce que la cale puisse être déplacée de haut en bas, mais arrêtez avant qu'elle ne coulisse trop librement.

FIXATION DE LA CALE

La cale est fixée au moyen d'un boulon de 150 mm de longueur et 10 mm de diamètre avec rondelle et écrou papillon. Marquez l'emplacement du boulon sur le pied, sous la traverse haute. Glissez la cale en place, à fleur de la surface du plateau. Reportez la position du boulon sur la cale : ce point marquera le sommet de la rainure. Faites coulisser la cale dans la plus haute position requise (entre 75 et 100 mm) et marquez à nouveau la position du boulon, c'est-à-dire la base de la rainure.

Retirez la cale. Tracez la ligne médiane et percez une série de trous de 10 mm de diamètre le long de ce tracé, la cale étant posée sur une chute de bois. Dressez la rainure au ciseau jusqu'à ce que le boulon y coulisse librement. Cette rainure peut aussi être exécutée à la défonceuse.

À l'emplacement marqué sur le pied, tracez une ligne verticale correspondant précisément au centre de la position de la cale, pour vous assurer que le boulon s'inscrit bien dans la rainure. Avec une mèche de 10 mm percez le pied de part en part en ce point. Glissez la cale en place et, de l'intérieur, introduisez le boulon au travers du pied et de la rainure. Fixez le boulon avec une rondelle et un écrou papillon.

POSE DE L'ÉTAGÈRE

Mesurez les dimensions extérieures du bâti et découpez, à ces mesures, un panneau de contre-plaqué de 12 mm d'épaisseur. Dans chaque angle tracez puis découpez à la scie sauteuse ou à la scie à panneaux les entailles correspondant aux pieds de l'établi. Nettoyez et chanfreinez les arêtes supérieures de l'étagère, puis posez celle-ci en place sur les traverses basses.

POSE DES TRINGLES

Ces tringles trouvent leur place entre les traverses latérales hautes, à l'extrémité opposée à la presse ; elles sont très pratiques car elles permettent d'accrocher divers articles comme des presses en C, une pelle et une balayette, et divers objets essentiels à garder à portée de main.

Découpez deux longueurs de barreau de 25 mm de la largeur du bâti ; prévoyez un petit surplus que vous raboterez après la pose. Marquez la position des tringles à 300 mm et 600 mm environ de l'extrémité de chacune des deux traverses latérales hautes, et à mi-hauteur.

Percez les trous, aux emplacements marqués, avec une mèche plate de même diamètre que les tringles. Introduisez celles-ci dans leurs logements après avoir enduit leurs extrémités de colle vinylique. Rabotez à fleur de la face extérieure des traverses.

LA PRESSE ET LA CALE D'ÉTABLI : *Pour maintenir les pièces de grandes dimensions, on utilise souvent conjointement la presse et la cale d'établi.*

1 Fixation de la cale d'établi : Reprenez au ciseau la série de trous percés dans la cale pour façonner une rainure. L'entaille dans l'établi est obtenue de la même façon.

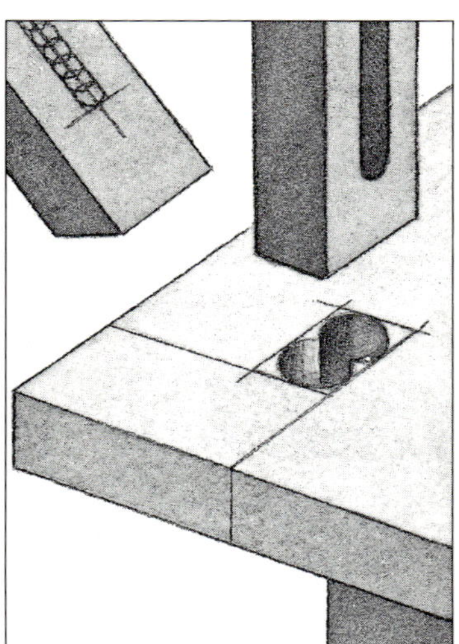

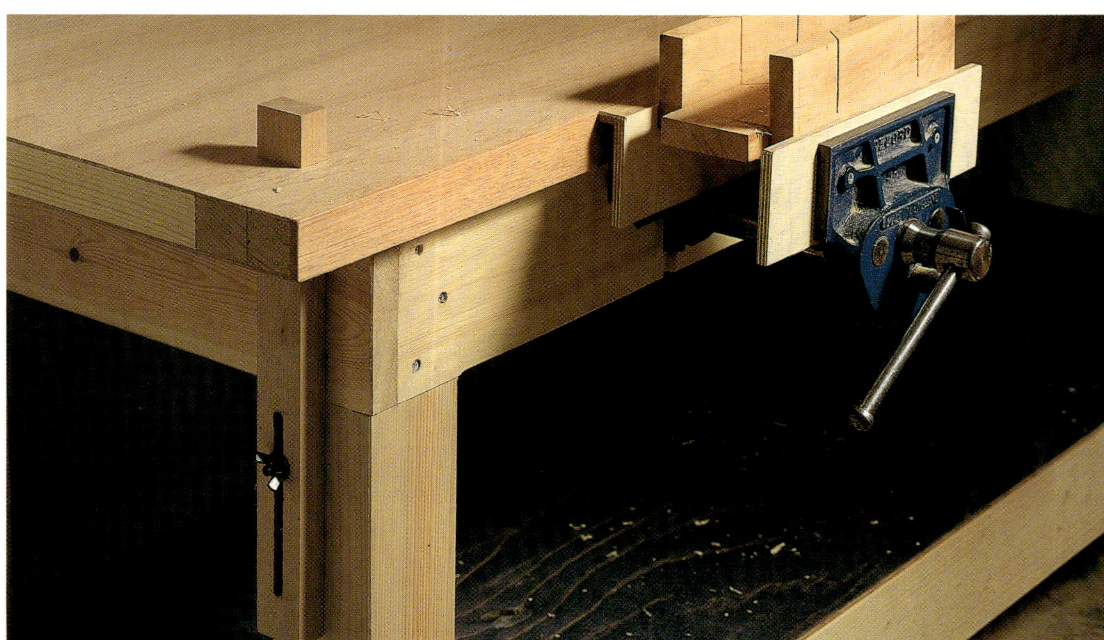

LE PLACARD À OUTILS

Il est important d'entreposer les outils dans un lieu sûr mais également facilement accessible. Des outils bien rangés ne rouillent pas et ne se désaffûtent pas — et vous savez où les trouver.

Ce placard à outils est le lieu de rangement idéal. Il se fixe au mur de l'atelier ou du garage où vous bricolez habituellement. Quand le meuble est en service, les portes se rabattent contre le mur, de chaque côté, donnant libre accès aux outils. Libre à vous de l'aménager selon vos besoins et de prévoir de l'espace pour les nouveaux achats.

Des prises fournissent l'alimentation pour les appareils électriques et des lampes réglables assurent le bon éclairage du plan de travail. Quand ces dernières ne servent pas, il suffit de les écarter pour refermer les portes. Le placard est vissé au mur au moyen de tasseaux biseautés. Une serrure assure la fermeture du meuble et permet de tenir les outils hors de portée des enfants.

SECTION CENTRALE

Découpez le panneau arrière en sciant en son milieu la feuille de contre-plaqué de 12 mm, de façon à obtenir une pièce de 1 220 × 1 220 mm. Servez-vous pour cela d'une scie circulaire (ou d'une scie à panneaux) : appuyez le plateau de l'appareil contre un tasseau fixé à la surface du panneau au moyen de presses, de façon à garantir une découpe rectiligne (voir Techniques, p. 237).

Mesurez la longueur exacte du panneau arrière et découpez les deux montants, à cette dimension précise, dans du bois de 100 × 25 mm. Collez et vissez ces montants, sur chant, au panneau arrière, avec des vis de 4 × 25 enfoncées de l'arrière, environ tous les 230 mm.

Découpez les deux traverses (haute et basse) d'environ 1 220 mm dans du bois de 100 × 25 mm. Présentez les pièces en place et marquez précisément les dimensions entre montants. Découpez les traverses à ces dimensions. Collez et vissez les pièces de bois au panneau arrière, comme pour les montants. Avec des vis de 4 × 50 fixez les montants aux traverses haute et basse en enfonçant deux vis dans chaque assemblage d'angle.

Ôtez la colle en excédent et rabotez les arêtes apparentes. Poncez.

SECTIONS LATÉRALES

On fabrique les panneaux antérieurs des deux portes en sciant en son centre la pièce de bois restante de 1 200 × 1 220 mm, de manière à obtenir deux pièces de 610 × 1 220 mm.

Découpez deux montants dans du bois de 75 × 25 mm, à la longueur du panneau. Collez et vissez ces montants en place comme pour la section centrale.

Mesurez et découpez les traverses hautes et basses, toujours dans du bois de 75 × 25 mm ; collez ces pièces entre les montants puis vissez-les au travers des panneaux antérieurs. Enfoncez deux vis dans chaque angle pour fixer les montants aux traverses.

AMÉNAGEMENT DE LA SECTION CENTRALE

L'aménagement intérieur du placard à outils est fonction de vos besoins. Cependant, par mesure de sécurité, l'outillage lourd devra être rangé dans la section centrale, les instruments plus légers trouvant leur place dans les sections latérales.

MATÉRIAUX

Désignation	Quantité	Matériau	Longueur*
Montants du placard	2	Bois tendre raboté de 100 × 25 mm	1 220 mm
Traverses haute et basse	2	Bois tendre raboté de 100 × 25 mm	1 220 mm
Étagères du placard	3	Bois tendre raboté de 100 × 25 mm	1 220 mm
Tasseaux-supports	2	Bois tendre raboté de 100 × 25 mm	1 220 mm
Séparations	4	Bois tendre raboté de 100 × 25 mm	100 mm
Montants des portes	4	Bois tendre raboté de 75 × 25 mm	1 220 mm
Traverses des portes	4	Bois tendre raboté de 75 × 25 mm	610 mm
Tasseau de fixation des targettes	1	Bois tendre raboté de 75 × 25 mm	1 220 mm
Étagères-râteliers	2	Bois tendre raboté de 75 × 25 mm	610 mm
Tasseaux de bordure	3	Bois tendre raboté de 12 × 12 mm	1 220 mm
Râtelier à ciseaux	1	Bois tendre raboté de 50 × 50 mm	1 220 mm
Dans une feuille de contre-plaqué de 12 mm, de 2 500 × 1 220 mm			
Panneau arrière	1		1 220 × 1 220 mm
Panneaux des portes	2		610 × 1 220 mm
Divers : Chutes de bois raboté et de contre-plaqué pour fabriquer les taquets de fixation des outils.			

* Ces dimensions sont approximatives. (Le passage d'une scie circulaire retranche environ 3 mm de matériau en largeur.)

OUTILS

- Règle en acier
- Couteau universel
- Équerre
- Scie circulaire (ou scie à panneaux, ou scie sauteuse)
- Deux presses en C
- Tournevis (cruciforme ou à fente selon vis employées)
- Rabot à replanir
- Cale à poncer et papier abrasif
- Chignole ou perceuse électrique
- Foret hélicoïdal
- Mèche à béton
- Mèche plate
- Fraise
- Scie à découper ou scie sauteuse (pour découper les taquets de fixation)
- Scie à tenons

Un autre conseil de sécurité s'applique aux prises électriques. Si vous les posez au même emplacement que nous (voir p. 11), elles se trouveront à une bonne hauteur de travail et les câbles qui les alimentent trouveront place, dans leur gaine, derrière le placard, dans l'intervalle ménagé par les tasseaux de fixation. Le meuble doit être très solidement fixé au mur ; par ailleurs, il est important de repérer et de marquer le trajet des câbles au cas où, à l'avenir, vous seriez amené à percer le panneau arrière pour accrocher de nouveaux outils. Les mêmes précautions s'appliquent au câblage des lampes, si celles-ci sont fixées au sommet du placard.

ÉTAGÈRES DE LA SECTION CENTRALE

Découpez-les dans du bois de 100 × 25 mm, à la même longueur que les traverses haute et basse. Pour déterminer leur position, posez le placard à plat et trouvez une place pour chaque outil.

Les emplacements des étagères étant arrêtés, marquez sur les montants un repère correspondant à cette position, et prolongez ce repère à l'arrière du montant de façon à connaître la position des vis. Collez les étagères en place et vissez-les au travers du panneau et des montants.

Décidez ensuite de la façon dont vous voulez subdiviser les étagères: Mesurez et découpez les pièces de séparation dans du bois de mêmes dimensions que les étagères. Présentez les séparations en place et marquez leur position contre le panneau de fond. Otez les séparations puis percez le panneau, du devant, de façon à savoir où visser de l'arrière. Replacez les séparations, fraisez les trous à l'arrière du panneau et vissez.

Clouez des tasseaux de 12 × 12 mm à l'avant des étagères, pour éviter que les objets ne tombent. Fixez aussi des languettes de bois en travers des étagères, à l'emplacement des rabots, pour éviter tout contact des lames avec l'étagère.

FIXATION DES OUTILS

Certains outils — perceuses et maillets par exemple — trouveront leur place sur des cales en bois.

Dessinez, sur un morceau de carton, le contour de la poignée de l'outil, puis découpez une pièce de bois de cette forme avec une scie sauteuse ou une scie à découper.

Fixez les cales en vissant au travers du panneau, de l'arrière, comme on l'a vu pour les séparations.

Pour le râtelier à ciseaux, prenez une pièce de bois de 50 × 50 mm et percez une série de trous de diamètre inférieur aux poignées des ciseaux.

Percez les trous avec une mèche plate, dans l'axe de la pièce de bois. Puis, avec une scie à tenons, découpez des entailles sur le devant qui permettront la mise en place des ciseaux.

Attaches et crochets variés serviront à suspendre les autres outils.

ÉTAGÈRES DES PORTES

Ces étagères sont pourvues d'encoches de dimensions variées où ranger tournevis, trusquins et autres outils plus longs que larges.

Percez des trous dans l'axe des étagères puis découpez des entailles sur le devant, comme pour le râtelier à ciseaux. Fixez les étagères de la même façon que celles de la section centrale.

Les équerres sont tenues en place par des pièces de bois de 75 × 25 mm feuillurées à la scie à tenons.

LES PORTE-OUTILS : *Ce placard à outils se caractérise par sa souplesse d'emploi. Aménagez-le selon vos besoins spécifiques, mais pensez à conserver un espace suffisant pour les outils dont vous ferez l'acquisition ultérieurement.*

1 Le râtelier à ciseaux : Les trous sont percés dans un tasseau (50 × 50 mm) dont l'arête antérieure a été chanfreinée. Une entaille est découpée devant chaque trou.

2 Un porte-scie : Un bloc de bois façonné suivant les contours internes de la poignée de la scie est équipé d'un taquet de serrage en contreplaqué.

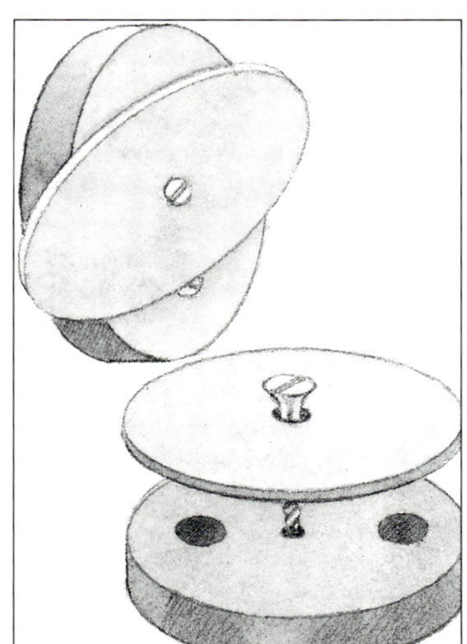

3 Fixation des charnières : Les sections latérales supportent un poids important. Les charnières doivent donc être de forte dimension et bien fixées.

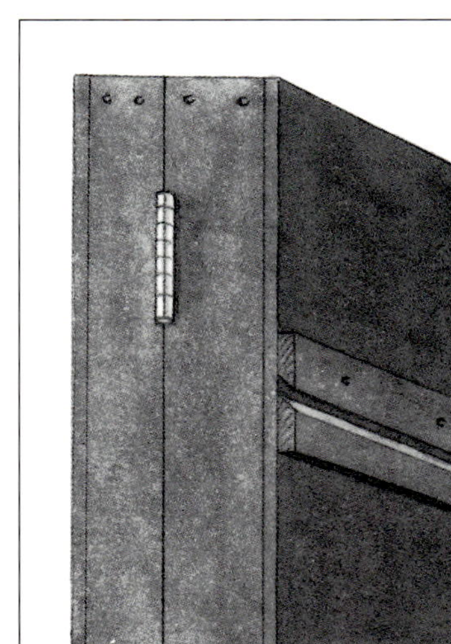

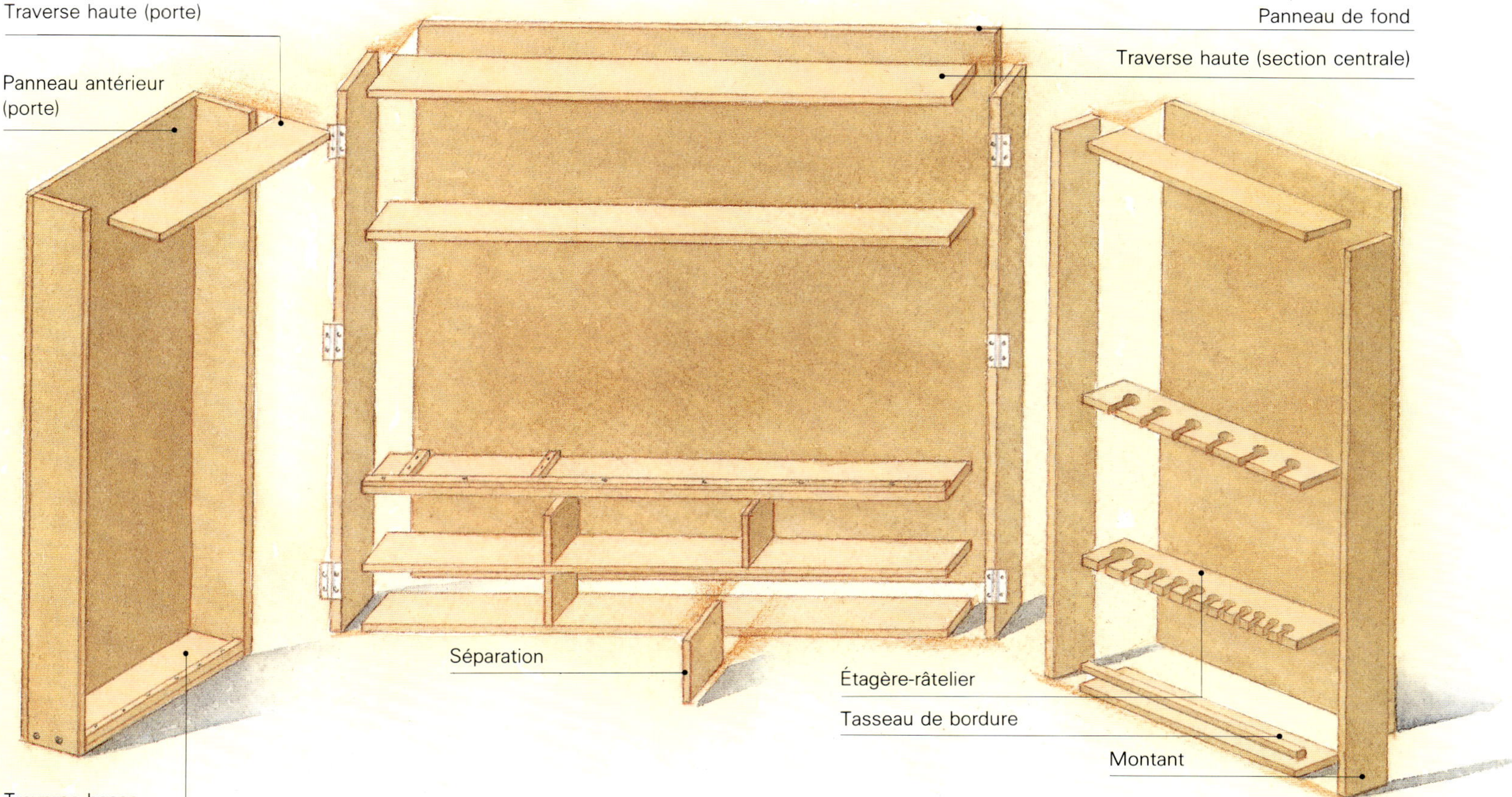

PLACARD À OUTILS : SCHÉMA D'ASSEMBLAGE

PORTE-SCIES

Les outils dont la poignée est ajourée — comme les scies — peuvent être fixés sur des blocs de bois profilés pourvus de taquets qui s'insèrent dans la poignée.

Choisissez une pièce de bois un peu plus épaisse que la poignée et reportez sur cette pièce les contours internes de la poignée. Découpez le bois suivant le tracé avec une scie sauteuse ou une scie à découper, puis découpez un taquet dans du contre-plaqué ou du médium de 6 mm.

Vissez le bloc de bois à la porte avec deux vis. Vissez le taquet au bloc avec une vis centrale : fixé, le taquet est néanmoins mobile.

Des vis à crochet seront placées, selon les besoins, sur les deux portes.

MONTAGE DES PORTES

Accrochez les portes à la section centrale au moyen de trois charnières pour chaque porte (voir Techniques, p. 247). La porte gauche est maintenue au moyen de deux targettes dont les tiges s'insèrent dans des gâches fixées sur la traverse basse et en sous-face de l'étagère supérieure (la traverse haute serait trop élevée). Pour pouvoir fixer les targettes, vissez un tasseau de 75 × 25 mm contre le bord intérieur du montant de la porte. Posez également une serrure (voir Techniques, p. 250). et des poignées.

FIXATION AU MUR

Pour plus de sécurité, le placard est fixé à des tasseaux biseautés (voir Techniques, p. 241). Découpez deux tasseaux de 100 × 25 mm de la largeur du placard. Pour les couper en biseau, sciez-les sur leur longueur et à mi-largeur avec une scie circulaire inclinée à 45°. Vissez la section supérieure au dos du placard, la section inférieure au mur.

Vissez les sections supérieures au dos du placard, à environ 180 mm sous le sommet et 250 mm au-dessus de la base, en utilisant environ 7 vis de 5 × 40 pour chaque tasseau.

Placez les sections inférieures en place sous les sections supérieures et mesurez la distance séparant le sommet du placard du rebord inférieur du tasseau inférieur. Déterminez la position du placard contre le mur, reportez la distance mesurée précédemment et fixez la section inférieure du tasseau au mur, à cette hauteur, avec des vis de 5 × 65 et des chevilles.

Mesurez et fixez le tasseau supérieur de la même manière, ou encore faites reposer le placard sur le tasseau déjà fixé et marquez au mur l'emplacement du second tasseau.

Fixez le placard solidement au mur en vissant au travers du panneau de fond dans les sections inférieures des tasseaux. Ceci est particulièrement important si vous comptez installer des prises à l'intérieur du placard.

LA CUISINE AMÉNAGÉE

Les problèmes auxquels on se trouve confronté lors de l'installation d'une cuisine intégrée viennent de ce que la plupart des parois sont irrégulières, hors d'aplomb et souvent hors d'équerre. L'installation de tous ces placards préfabriqués tourne alors vite au cauchemar, surtout lorsque tuyaux et gaines électriques se mettent de la partie.

Le système proposé ici vise à faciliter au maximum la pose et l'ajustage des différents éléments ; il n'interfère pas avec les tuyauteries existantes et, surtout, il vous laisse toute latitude pour choisir la finition qui vous convient.

Voici un système d'agencement qui vous donne la possibilité d'aménager l'espace au mieux : vous pouvez, à votre gré, laisser apparent votre équipement de cuisine ou, au contraire, le ranger derrière des portes ; libre à vous, également, de vous équiper à neuf ou de vous servir de la cuisinière ou du réfrigérateur existants. Les dimensions sont modifiables et les transformations possibles innombrables.

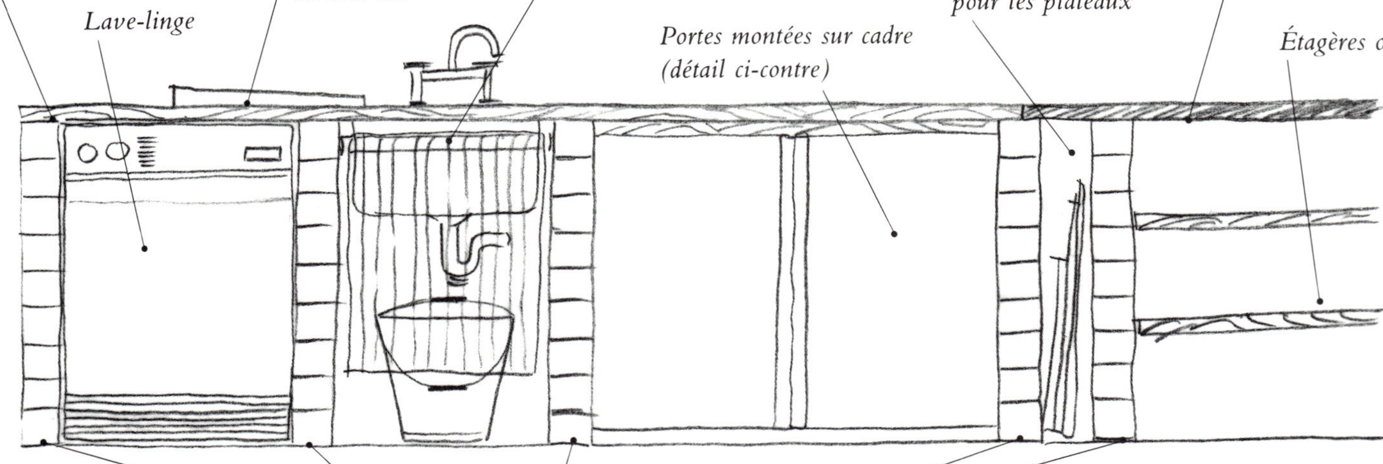

VUE DE FACE

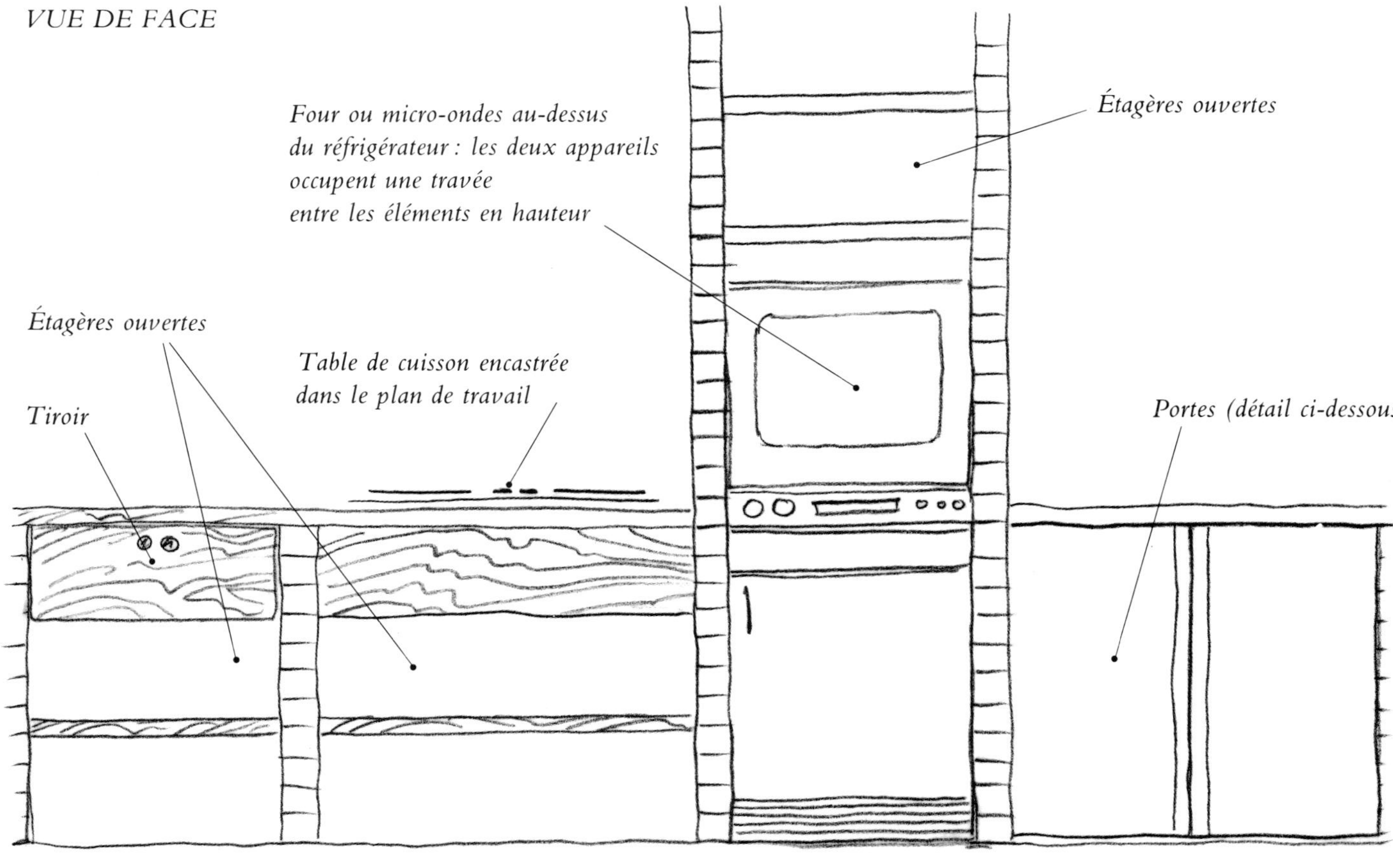

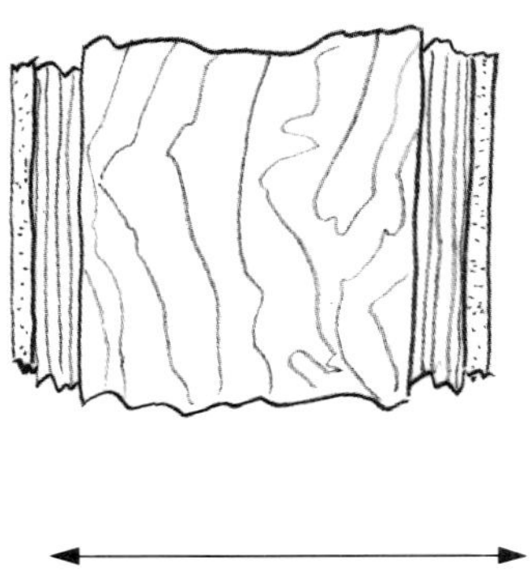

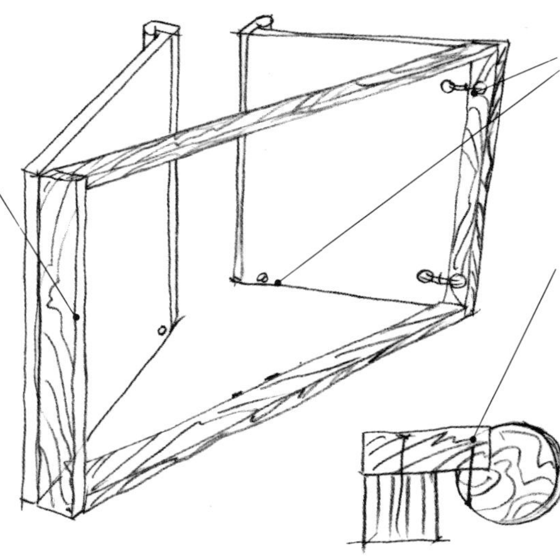

Portes sur cadre

Dans cette cuisine de style rustique, les cloisons n'ont pas été carrelées mais peintes. Des étagères ouvertes ont été disposées entre les cloisons, et un porte-serviettes (amovible) est fixé sous l'évier : on y fait sécher les torchons. Le plan de travail qui recouvre les cloisons est carrelé et rehaussé d'une bordure en bois : on dispose ainsi d'une surface très pratique et facile à nettoyer.
Pour renforcer l'atmosphère campagnarde, des étagères lattées, une barre en bois pour les ustensiles de cuisine et un râtelier à couteaux ont été installés contre le mur. Faciles à construire, tous ces éléments augmentent l'espace de rangement disponible.

FRIGIDAIRE

Le modèle de base de la cuisine peut également servir à construire un ensemble-buanderie. Le style joue sur le contraste des matières froides et brillantes (faïence et inox), et des éléments naturels (osier, bois). Les solides cloisons soutiennent un plan de travail en bois massif sous lequel est logé un évier. Un lave-linge et un sèche-linge sont disposés symétriquement de part et d'autre de l'évier, sous le plan de travail ; ils sont posés sur socle.

Une étagère en lattes est placée sous l'évier, entre les cloisons. Elle fournit un espace de rangement pour la poudre de lavage et autres produits de nettoyage. Sous l'étagère, il y a suffisamment de place pour entreposer un panier à linge.

Un séchoir monté sur poulies et disposé au-dessus du plan de travail permet d'aérer et de faire sécher les vêtements, les draps et les articles de grandes dimensions comme les duvets. Dans une buanderie comme celle-ci, le blanchissage devient presque un plaisir !

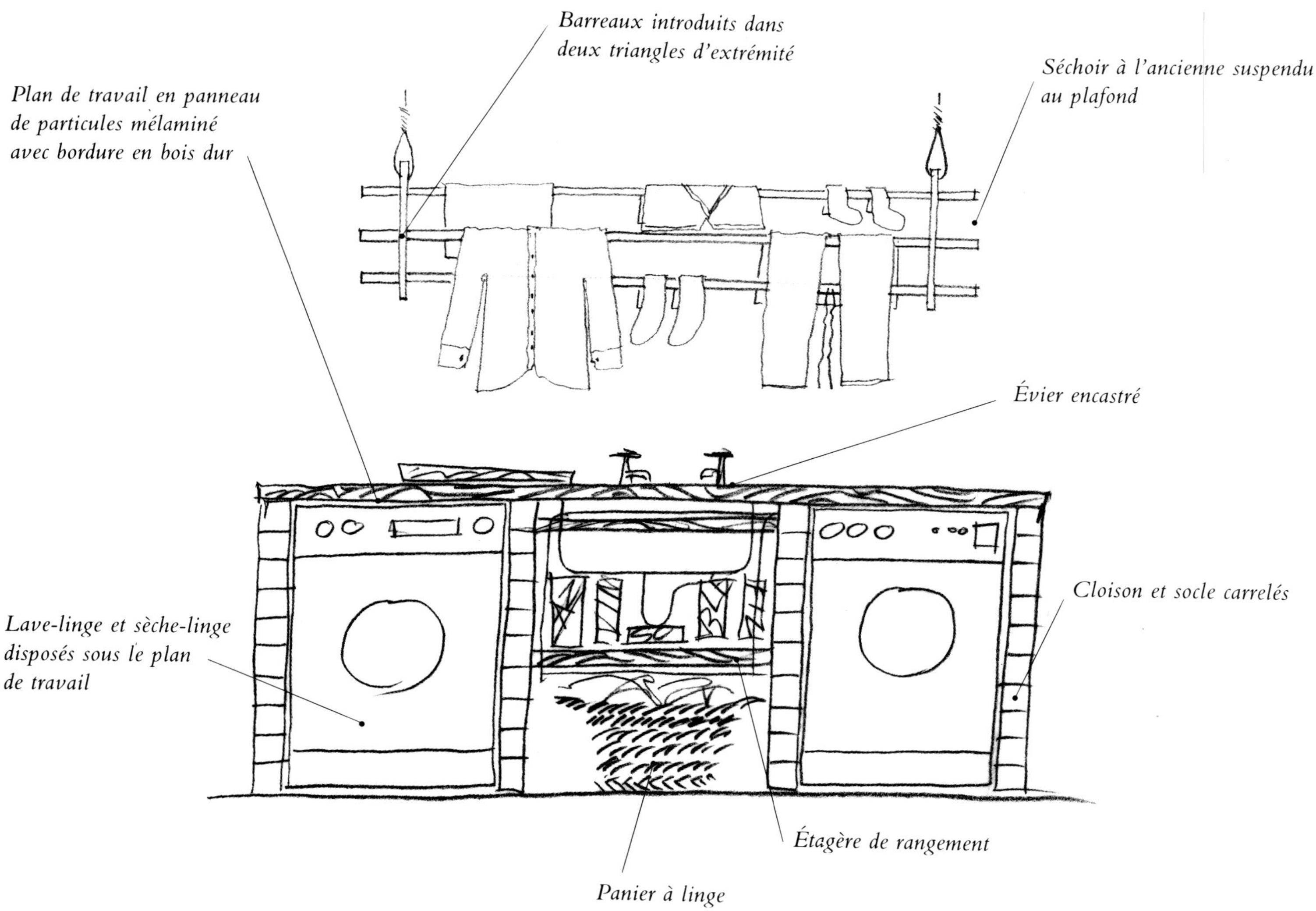

L'élément de base de cette cuisine est une séparation verticale, que nous appellerons cloison. Elle est normalement carrelée mais elle peut également être peinte, stratifiée ou habillée de frisette (lames de bois assemblées à rainure et languette, voir (Matériaux p. 233).

La largeur de la cloison doit correspondre aux dimensions d'un carreau posé de façon à ce qu'il recouvre la tranche des carreaux habillant les côtés. L'espacement entre cloisons est calculé en fonction des équipements, placards et étagères qui doivent y prendre place. Un plan de travail est posé par-dessus les cloisons et déborde sur l'avant de 20 mm. C'est cette mesure du plan de travail qui doit être décidée en premier, car la profondeur des cloisons en découle (voir Plans de travail, p. 36).

Les cloisons sont habillées, carrelées, jointoyées et équipées de tasseaux (supports d'étagères) avant d'être mises en place.

STRUCTURE DE BASE

Pour construire certains montants d'épaisseur précise, il est parfois difficile de se procurer du bois de section appropriée. Dans ce cas, choisissez une dimension légèrement supérieure et rabotez jusqu'à la cote.

Hauteur.
Elle peut varier quelque peu en fonction des carreaux que vous utilisez et des dimensions de vos équipements de cuisine. Nous donnons une hauteur de 930 mm qui permet une épaisseur de plan de travail de 40 mm et une hauteur de 890 mm pour la cloison. Cette hauteur correspond à huit carreaux entiers.

Profondeur.
Elle est de 630 mm pour la cloison et de 650 mm pour le plan de travail, soit un débordement de 20 mm.

Le montant arrière de la cloison est décalé de 50 mm par rapport au mur, pour permettre l'ajustage autour des tuyaux et conduits et assurer la ventilation des réfrigérateurs, fours et cuisinières. Notre projet prévoit la possibilité de rajouter un panneau de fond.

Répartition.
Vous répartirez l'espace entre cloisons en fonction des dimensions de vos équipements et de la largeur que vous voulez donner aux placards. Nous avons prévu une distance de 600 mm.

Étagères.
Nous avons positionné l'étagère supérieure à un carreau de distance du haut de la cloison, de façon à ce qu'elle se trouve dans l'alignement du joint des carreaux de façade. Une fois la bordure en bois dur fixée sur le devant de l'étagère, cette dernière vient affleurer le devant de la cloison.

Les étagères intermédiaires sont le plus souvent alignées sur les joints des carreaux de façade, mais elles restent un demi-carreau en retrait du rebord avant ; l'aspect d'ensemble est net, propre, et cela permet de poser des portes si on le désire. (Dans ce cas, on supprime l'étagère supérieure). Toutes les étagères reposent sur des tasseaux-supports en bois cachés par la bordure en bois dur des étagères.

Socles.
Ils ne sont pas obligatoires, mais ils assurent une meilleure finition et sont utiles lorsque le sol est très inégal. On peut les caler du dessous, selon les besoins, et ajuster la plinthe en façade avant de carreler (voir Techniques, p. 252). La hauteur de la plinthe équivaut à celle d'un carreau.

La conception de cette cuisine vise à faciliter les travaux d'assemblage et de pose. Toutes les instructions nécessaires à la construction des cuisines illustrées pp. 22-23, 24-25 et 27 sont détaillées dans les pages suivantes. Si vous décidez de construire l'ensemble complet, nous vous donnons ci-dessous la liste des éléments nécessaires pour chaque type de cuisine, ainsi que la marche à suivre.

CUISINE CARRELÉE

Cloisons et étagères
Plan de travail
Facultatif :
- panneaux de fond
- socles
- étagères lattées
- portes et poignées

Cloison en hauteur
Étagères murales

Projets complémentaires :
- râtelier à vaisselle intégré et égouttoir
- tringle pour les ustensiles de cuisine
- séchoir

CUISINE PEINTE

Cloisons et étagères
Râtelier à couteaux
Étagères murales à lattes
Porte-serviettes démontable

MÉTHODE D'EXÉCUTION

CUISINE CARRELÉE

Cloisons carrelées avec étagères, panneaux de fond, socles et un plan de travail.

1 Choisir la profondeur du plan de travail.

2 Choisir la hauteur du plan de travail en fonction des dimensions des carreaux et des équipements.

3 Choisir l'épaisseur des cloisons en fonction de la taille des carreaux.

4 Choisir l'espacement entre cloisons ; décider de l'emplacement d'éventuels équipements électroménagers (lave-vaisselle).

5 Construire les cadres de base, y compris ceux des cloisons en hauteur s'il y en a.

6 Choisir la quantité et la répartition des étagères.

7 Marquer la position des tasseaux-supports des étagères.

8 Fixer les traverses intermédiaires.

9 Habiller les cadres avec du contre-plaqué de 12 mm et des pointes à tête plate.

10 Fixer les tasseaux-supports du panneau de fond.

11 Carreler les côtés des cloisons à l'exception du rang arrière et du rang inférieur, pour permettre les découpes nécessaires à l'ajustage.

12 Débiter et fixer les tasseaux-supports des étagères.

13 Poser les cloisons, ajuster, terminer le carrelage et fixer aux tasseaux muraux et au sol à l'aide d'équerres.

14 Découper le panneau arrière et le glisser en place.

15 Fabriquer et poser les étagères.

16 Fabriquer, carreler et poser les socles.

17 Carreler les façades des cloisons.

18 Ajuster le plan de travail et sa bordure éventuelle.

19 Ajuster les cadres des portes, s'il y en a.

20 Fabriquer les modules d'étagères murales (et les étagères, s'il y en a).

CUISINE PEINTE

Cloisons peintes avec étagères, et un plan de travail carrelé.

1 Choisir la profondeur du plan de travail.

2 Choisir la hauteur du plan de travail.

3 Choisir l'épaisseur des cloisons.

4, 5, 6, 7, 8 Comme pour la cuisine carrelée.

9 Habiller le cadre avec du médium de 12 mm et des pointes tête d'homme ; chasser les têtes des pointes.

10 Fabriquer et fixer les tasseaux-supports des étagères.

11 Fixer les panneaux de médium en façade.

12 Mettre en place les cloisons en les fixant au mur avec des équerres, avant de les peindre.

13 Fabriquer et poser les étagères.

14 Poser et carreler le plan de travail.

OUTILS

- Couteau universel
- Règle en acier
- Équerre
- Marteau
- Chasse-pointe
- Scie à panneaux (ou scie circulaire électrique
- Scie à tenons
- Tournevis (ordinaire ou cruciforme, selon le type de vis utilisé)
- Cale à poncer et papier abrasif (ou ponceuse électrique)
- Chignole ou perceuse électrique
- Fraise à chanfreiner
- Mèche à béton
- Brosse à peinture (40 mm)

OUTILS (Pose des carreaux)

- Pointe à tracer
- Carrelette ou pince à céramique
- Spatule d'encollage
- Cales à jointer
- Raclette pour barbotine
- Niveau à bulle de maçon
- 2 presses en C

OUTILS COMPLÉMENTAIRES

- Scie sauteuse pour la découpe des panneaux et l'encastrement des éviers et plaques de cuisson
- Défonceuse (ou scie circulaire) pour les poignées des placards
- Gabarit de perçage pour les tourillons
- Guide en V pour maintenir les barreaux servant à la fabrication des poignées de portes

MATÉRIAUX

Attention : toutes les dimensions sont les cotes finies (bois scié ou raboté). La liste est celle des matériaux nécessaires pour la fabrication d'une cloison équipée d'étagères, et d'un socle.

BÂTI DE LA CLOISON

Désignation	**Quantité**	**Matériau**	**Longueur**
Montant de façade	1	Bois tendre de 75 × 50 mm	890 mm
Montant arrière	1	Bois tendre de 75 × 50 mm	790 mm
Montant supérieure	1	Bois tendre de 75 × 50 mm	575 mm
Traverse basse	1	Bois tendre de 75 × 50 mm	575 mm
Traverses intermédiaires	Selon besoins	Bois tendre de 75 × 50 mm	480 mm

HABILLAGE (du bâti et du sol)

Côtés	2	Contre-plaqué de coffrage de 12 mm	890 × 630mm
Sol	1	Contre-plaqué de coffrage de 12 mm	600 × 630mm

ÉTAGÈRES

Étagère supérieure	1	Panneau de particules mélaminé de 15 mm	600 mm de largeur × 618 mm de profondeur
Étagère intermédiaire	1	Panneau de particules mélaminé de 15 mm	600 mm de largeur × 575 mm de profondeur
Bordures (étagères sup. et interméd.)		Bois dur de 38 × 12 mm	600 mm

TASSEAUX-SUPPORTS

Étagère supérieure	1	Bois tendre de 19 × 19 mm	618 mm
Étagère intermédiaire	1	Bois tendre de 19 × 19 mm	575 mm

SOCLE

Traverse de façade	1	Bois tendre de 100 × 25 mm	600 mm
Traverse centrale	1	Bois tendre de 100 × 25 mm	600 mm
Traverse arrière	1	Bois tendre de 100 × 25 mm	600 mm

CARREAUX

Carreaux	Selon besoins	Carreaux de céramique blanche de 108 × 108 mm	

LES ÉLÉMENTS BAS

LE BÂTI

Clouez le montant de façade à la traverse supérieure au moyen de pointes à tête plate de 75 mm. Pour faciliter le clouage, prenez appui contre un mur. Maintenez les deux pièces sur une surface plane pendant le clouage, de façon à ce qu'elles restent bien stables et à fleur l'une de l'autre.

Retournez l'assemblage et clouez le montant de façade sur la traverse basse.

Fixez le montant arrière entre les deux traverses, en retrait de 50 mm des extrémités ; ceci facilitera l'ajustage de la cloison contre le mur du fond.

Si la cloison sert à encadrer le lave-linge, portez le retrait du montant arrière à 100 mm, pour permettre le passage des canalisations d'évacuation.

POSITIONNEMENT DES TRAVERSES INTERMÉDIAIRES

Les traverses intermédiaires doivent coïncider avec les axes des supports des étagères ; c'est pourquoi il faut décider à ce moment précis de la position des étagères. L'ensemble aura meilleur aspect si les étagères sont alignées sur les joints entre carreaux. Dans notre cloison type, une étagère est alignée sur le premier joint en partant du haut, et l'autre se trouve à mi-hauteur entre cette étagère et le dessus du socle.

Sur les montants avant et arrière, mesurez et tracez le niveau supérieur de l'étagère, à la hauteur requise, puis son épaisseur (15 mm) et l'épaisseur du tasseau-support (19 mm). Le centre du tasseau devra se situer exactement au milieu de la traverse intermédiaire. Procédez de la même façon pour la deuxième étagère. Appuyez votre bâti sur chant (sur la tranche), sur une surface solide (placez une cale de 50 mm sous le montant arrière), et clouez les traverses en place, en vérifiant bien leur positionnement.

HABILLAGE DU BÂTI

Sur les faces extérieures des montants avant et arrière, tracez l'axe des traverses. Ces tracés seront par la suite dissimulés par les panneaux d'habillage. Il est préférable d'exécuter ce tracé avec soin, quoique la position des têtes des clous donne une première indication sur la position des traverses. Tracez également l'axe du montant arrière sur les faces des traverses haute et basse du bâti.

Posez le bâti à plat, recouvrez-le d'un panneau de contre-plaqué de coffrage de 12 mm (890 × 630 mm), en alignant le bord antérieur du panneau sur le bord antérieur du montant de façade. Si vous devez carreler le panneau, clouez-le *le long de son rebord antérieur uniquement* avec des pointes à tête plate de 40 mm espacées de 150 mm environ. Si vous comptez peindre la cloison, utilisez des panneaux de médium et des pointes tête d'homme.

Après vous être assuré que les angles de votre panneau sont bien perpendiculaires, utilisez-le comme guide pour l'équerrage du bâti, celui-ci ayant pu jouer entre-temps. Une fois le clouage achevé sur la traverse avant, amenez l'ensemble du bâti parfaitement à l'équerre, si besoin est en l'alignant sur les bords du panneau, et clouez le panneau au bâti en espaçant les pointes de 150 mm. Pour éviter de clouer à côté des traverses, reportez les traits d'axe sur le panneau lui-même.

Retournez le cadre et répétez l'opération sur l'autre côté.

POSE DES CARREAUX

Il est préférable de procéder au carrelage des cloisons avant leur mise en place, sauf si vous avez prévu la pose d'un panneau arrière (voir Pose d'un panneau arrière, p. 32).

Posez la cloison bien à plat, tracez la répartition des carreaux, appliquez le ciment-colle, puis pressez les carreaux en place en procédant par petites surfaces successives (voir Techniques de carrelage, p. 252) Progressez d'avant en arrière et de haut en bas.

Si le sol et les murs qui doivent recevoir les cloisons ne sont pas plans ou s'il s'y trouve des tuyaux, ne posez pas encore la rangée arrière ni la rangée inférieure, non plus que les tasseaux des étagères, de façon à faciliter l'ajustage (voir Techniques, p. 246).

Ne carrelez pas encore la façade. Quand la colle a bien pris, procédez au jointoyage (voir Techniques, p. 253). Répétez l'opération de l'autre côté. Construisez de cette manière autant de cloisons qu'il vous est nécessaire.

1 Le bâti : Le montant arrière est en retrait de 50 mm entre les traverses haute et basse — pour faciliter l'ajustage contre le mur.

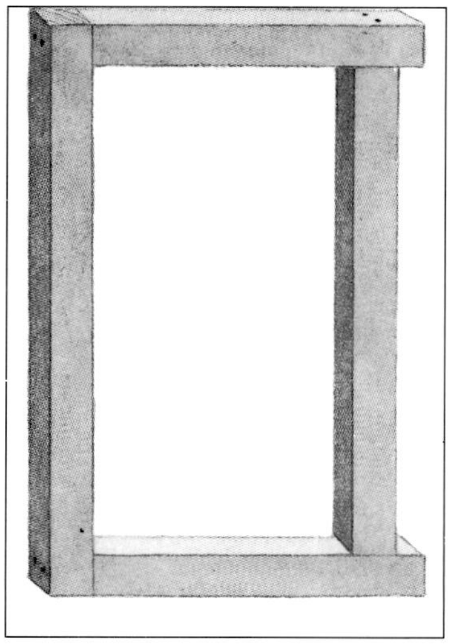

2 Traverse intermédiaire : Le tasseau-support de l'étagère est placé à un carreau de distance du sommet. La traverse intermédiaire doit se trouver à la même position.

3 Traverse intermédiaire et étagère inférieure : Après clouage de la première traverse, la seconde traverse intermédiaire doit être placée de façon à coïncider avec l'axe du tasseau-support de l'étagère médiane.

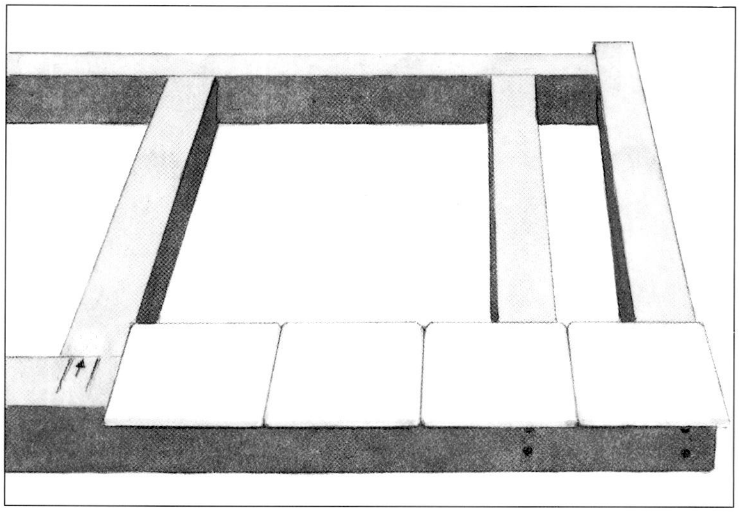

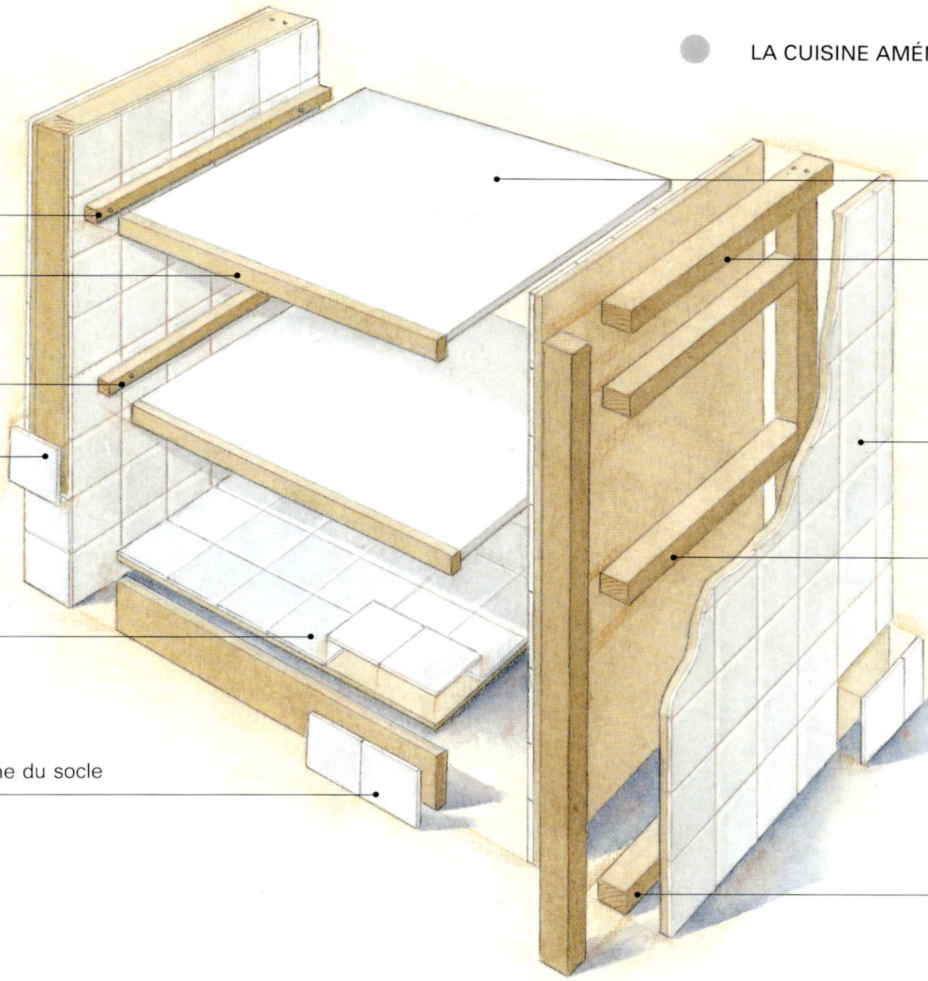

4 **Habillage des côtés du bâti** : **Tracez les axes des traverses sur les côtés du bâti et reportez-les soigneusement sur le contre-plaqué pour vous guider pendant le clouage.**

5 **Clouage des côtés** : **Clouez le bord antérieur tous les 150 mm. Amenez l'ensemble d'équerre, puis clouez en suivant les lignes repères.**

6 **Carrelage de la cloison** : **Procédez d'avant en arrière et de haut en bas pour que les carreaux découpés restent invisibles, au fond et contre le sol.**

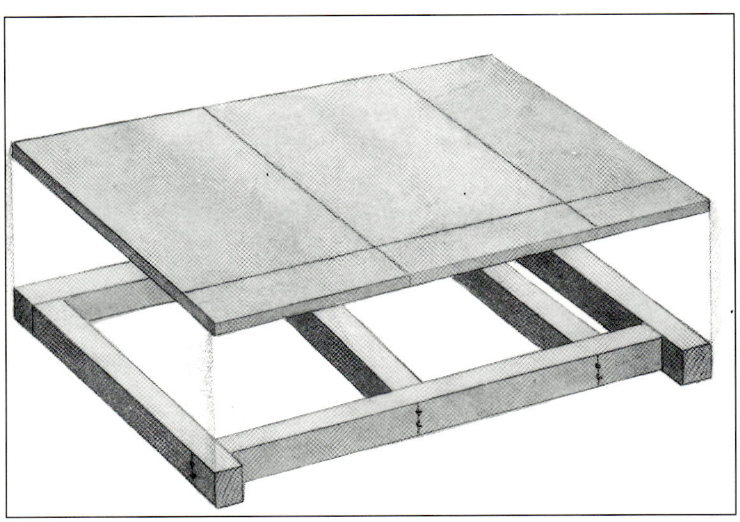

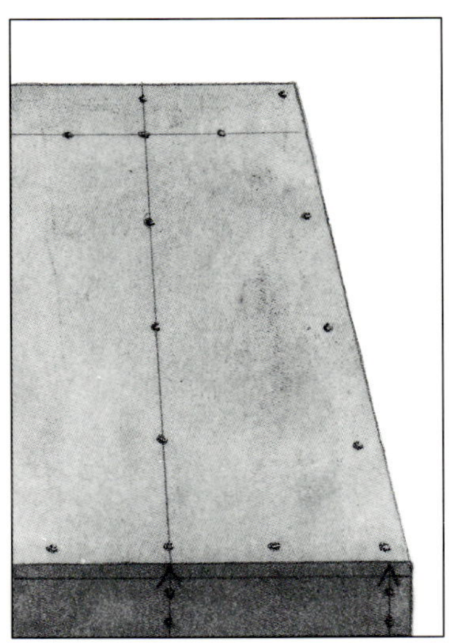

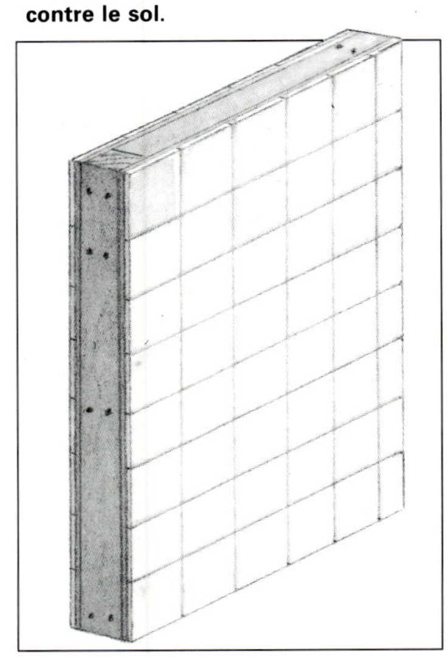

CLOISONS PEINTES

Des cloisons peintes, et non plus carrelées, sont représentées sur la photographie de la p. 24 ; elles illustrent bien les possibilités d'adaptation de cet élément de base .

La technique de construction est la même, à l'exception des habillages pour lesquels des panneaux de médium de 12 mm remplacent le contre-plaqué. Pour obtenir une bonne finition, chassez soigneusement les pointes tête d'homme jusqu'à 2 mm environ sous la surface, puis rebouchez avec de la pâte à bois. Poncez l'ensemble après séchage avec une cale à poncer et du papier abrasif.

Finissez la façade de chaque cloison en la recouvrant d'une bande de médium fixée et finie comme les côtés. Adoucissez les angles antérieurs des panneaux de façade avec une cale à poncer, puis fixez les tasseaux des étagères. Mettez les panneaux en place, puis peignez-les.

ÉLÉMENTS EN HAUTEUR

Ils sont nécessaires pour recevoir les fours encastrables, les fours micro-ondes, les réfrigérateurs... La construction est la même que celle des cloisons, si ce n'est qu'il faut rajouter les traverses nécessaires aux hauteurs voulues. N'oubliez pas de prévoir une traverse à bonne hauteur pour soutenir le plan de travail.

Si vous ne disposez pas d'un panneau d'habillage de dimension suffisante pour couvrir toute la hauteur, il vous faudra prévoir le raccordement de deux panneaux à la hauteur d'une traverse pour assurer leur clouage. Rajoutez une traverse si besoin est.

LES FOURS ENCASTRÉS

Les étagères doivent avoir la solidité nécessaire pour supporter le poids d'un four (photographie p. 23, tout à fait à droite). Utilisez des tasseaux-supports de 50 × 25 mm et des panneaux de particules ou de médium de 25 mm pour les étagères. Le bandeau de façade est découpé dans le même matériau que les étagères ; il est de même largeur que l'étagère et de la hauteur d'un carreau. Collez et clouez ce bandeau ou vissez-le sur le rebord avant de l'étagère avant de le carreler.

LE PANNEAU DE FOND

Si vous avez décidé d'installer un panneau de fond, par exemple pour cacher des tuyaux à l'arrière d'une étagère ouverte, vous devrez le faire avant de fixer les étagères et le socle, et aussi avant de carreler les côtés des panneaux. Réduisez d'autant la mesure en profondeur du socle et des étagères. Si le panneau vient s'inscrire autour de tuyaux, procédez tout de suite aux découpes et ajustages (voir Techniques, p. 246).

Une fois que toutes les cloisons sont en place et correctement ajustées, tracez sur la première une ligne verticale à 50 mm du rebord arrière ; coupez deux tasseaux de 19 × 19 mm dont la longueur sera égale à la hauteur de la cloison, puis collez et clouez un des tasseaux immédiatement à l'avant du trait. Faites de même pour la deuxième cloison. Carrelez cette surface jusqu'au tasseau seulement (voir Techniques, p 252). Répétez autant de fois qu'il est nécessaire.

Débitez et fixez les tasseaux-supports d'étagères (voir p. ci-contre) en prévoyant un jeu de 6 mm correspondant à l'épaisseur du panneau arrière. Remettez les cloisons en place et fixez-les au sol (voir p. ci-contre).

Découpez le panneau arrière dans du contre-plaqué ou du médium de 6 mm. La hauteur est la même que celle des cloisons, la largeur étant identique à celle des étagères et du socle. Glissez le panneau en place par le haut et vissez-le aux tasseaux (4 vis de chaque côté). Il sera peut-être nécessaire de démonter temporairement les tasseaux des étagères pour faciliter la mise en place. Débitez les étagères (voir page ci-contre) en ajustant leur profondeur en fonction du panneau. Replacez les tasseaux si vous les avez démontés, et posez vos étagères.

LE SOCLE

Chaque socle est composé d'un panneau de contre-plaqué de coffrage de 12 mm soutenu par trois traverses de 100 × 25 mm (si vous utilisez des carreaux de 108 × 108 mm). Ici aussi prenez en compte la présence d'un panneau de fond.

Coupez le panneau de contre-plaqué aux dimensions requises et clouez-le aux traverses avant, centrale et arrière. Placez cette dernière un peu en retrait pour faciliter l'ajustage.

Dans les buanderies et les cuisines, il est fréquent de poser directement sur le sol les machines à laver et les sèche-linge, mais on trouve aussi des modèles encastrables qui gagneront, esthétiquement, à être posés sur socle (voir la photographie). Dans ce cas, renforcez la structure en rajoutant deux

1 Habillage des cloisons peintes : Habillez les montants de médium de 12 mm. Chassez les têtes des pointes sous la surface.

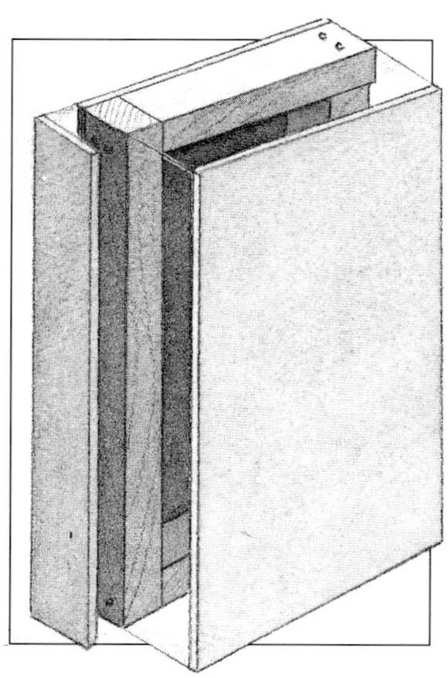

2 Construction des éléments en hauteur : Le mode de construction est essentiellement le même que pour les cloisons. Placez des traverses intermédiaires partout où des étagères ou des fixations sont prévues.

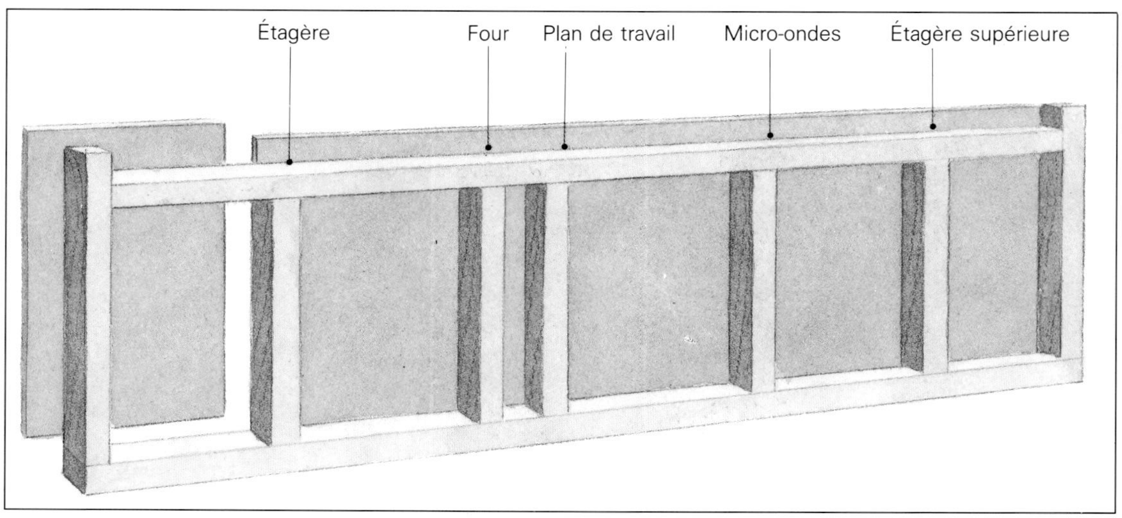

traverses et comblez l'espace entre les pièces de bois avec de la laine de verre pour réduire le niveau sonore.

Carrelez le dessus, de l'avant vers l'arrière et du centre vers les côtés, de façon à ce que les coupes soient réparties uniformément des deux côtés (voir Techniques de carrelage, Appliquez le produit de jointoyage. Si vous comptez placer une machine sur socle, veillez à utiliser des carreaux de revêtement de sol, car les carreaux muraux fins en faïence ne résisteraient pas au poids et à la vibration.

LES ÉTAGÈRES BASSES

Nous avons choisi des panneaux de particules mélaminés pour leur facilité d'entretien, mais vous pouvez bien sûr préférer tout autre type de panneau manufacturé, comme le latté ou le contre-plaqué (voir Matériaux, bois et panneaux, p. 232). Toutes les étagères sont pourvues d'une bordure en bois. Il faudra en tenir compte pour calculer la longueur des tasseaux-supports.

FIXATION DES TASSEAUX-SUPPORTS

Leur position est déjà inscrite sur les montants avant et arrière (voir p. 30). Joignez les deux traits au crayon sur les carreaux.

Utilisez des tasseaux en bois raboté de 19 × 19 mm, découpés à la longueur requise. Le tasseau supérieur a pour longueur la profondeur de la cloison moins l'épaisseur de la bordure d'étagère (et moins 56 mm s'il y a un panneau de fond) ; le tasseau inférieur a la même dimension moins une demi-largeur de carreau.

Présentez chaque tasseau à sa place contre le panneau et marquez la position de deux vis à environ 50 mm des extrémités, mais de façon à ce que les vis ne se trouvent pas trop près des bords des carreaux.

Percez deux trous de 4,5 mm dans chaque tasseau (voir Techniques, p. 239). Positionnez de nouveau le tasseau et marquez l'emplacement des trous sur les carreaux. Percez avec une mèche au carbure de tungstène de 7 mm pour que les vis ne fassent pas éclater les carreaux.

Au travers de cet avant-trou, percez le côté de la cloison avec une mèche de 3 mm, fraisez les trous sur la face apparente du tasseau, et vissez avec des vis de 4 × 50. Peignez les tasseaux d'une couleur proche de celle des carreaux, pour les rendre invisibles.

FABRICATION DES ÉTAGÈRES

Maintenez l'étagère dans la presse de l'établi, le rebord avant non mélaminé vers le haut.

Collez et clouez une bordure faite d'une pièce de bois dur raboté de 38 × 12 mm en lui faisant affleurer le bord supérieur de l'étagère. Le débord en sous-face doit être suffisant pour cacher l'extrémité du tasseau (19 mm). Utilisez des pointes tête d'homme de 25 mm, après en avoir émoussé la pointe d'un coup de marteau pour éviter de fendre le bois. Clouez soigneusement en vérifiant sans arrêt le bon affleurage. Essuyez la colle en excédent. Chassez les têtes des clous et rebouchez avec de la pâte à bois.

Poncez, puis teintez ou vernissez les bordures ; les nôtres ont été passées à l'huile, ce qui assure une finition en harmonie avec le plan de travail.

Si une étagère se trouve placée dans un angle (voir photo pp. 24-25), coupez le débord de la bordure au point où l'étagère rejoint une cloison de façon à pouvoir y fixer un tasseau, et vissez un tasseau dans le mur pour soutenir l'arrière de l'étagère, au même niveau que les tasseaux des cloisons.

FIXATION DES CLOISONS

Les cloisons sont fixées au mur de fond au moyen d'équerres métalliques dissimulées tout en haut de l'élément et au niveau des étagères. Des équerres servent également à ancrer les éléments au sol : elles seront cachées par le socle.

Positionnez les cloisons conformément au plan que vous aurez prévu. En angle, il est important de prévoir une cloison, car ceci permet de soutenir le plan de travail.

Faites tous les ajustages nécessaires au mur et/ou au sol (voir Techniques, p. 246).

Collez les carreaux que vous avez laissés de côté pour pouvoir procéder à l'ajustage. Pour cela, vous devez démonter, pour le remonter après carrelage, le tasseau soutenant l'étagère. Replacez les étagères.

Fixez la cloison au sol avec des équerres (voir p. 241). Pour cela, placez les équerres entre les traverses du socle. Mettez le socle en position.

Fixez les éléments en hauteur aux tasseaux muraux verticaux (voir p. 39), puis au sol et au plafond si nécessaire, en plaçant les équerres dans des endroits invisibles, par exemple derrière le four, immédiatement sous les étagè-

3 Pose d'un panneau de fond : Découpez dans les cloisons des passages pour les tuyaux. Fixez un tasseau contre lequel s'appuiera le panneau de fond.

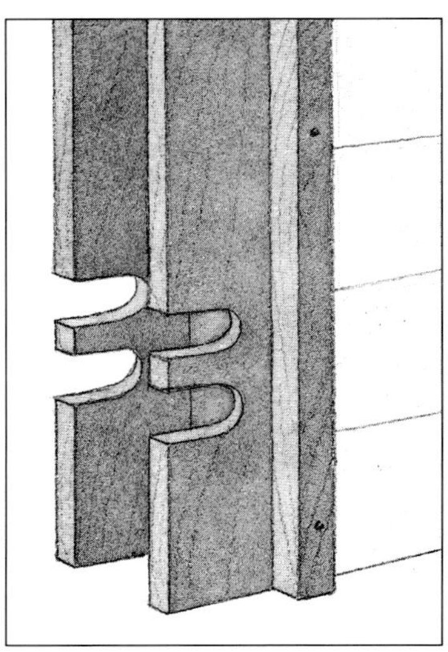

4 Construction du socle carrelé : Le socle se compose d'un panneau de contre-plaqué de 12 mm posé sur des traverses de 100 × 25 mm. La traverse arrière est placée à 50 mm en retrait du mur. Les carreaux de façade recouvrent les bords des carreaux posés à plat.

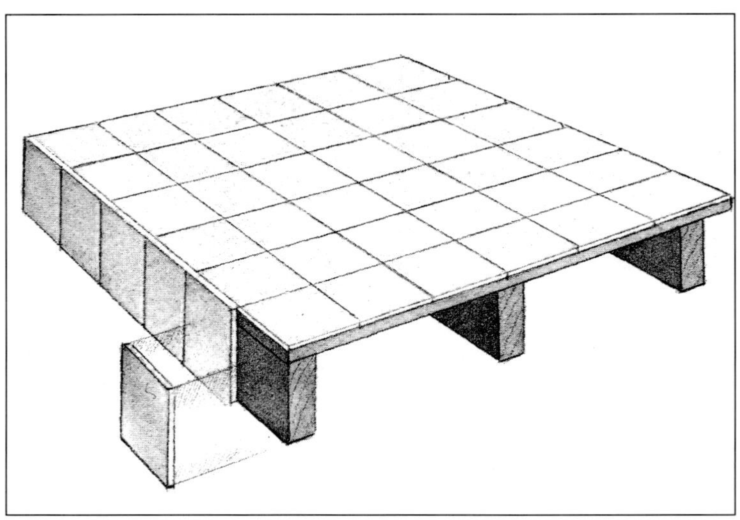

5 Fixation des étagères : Une bordure en bois dur fixée sur le bord antérieur de l'étagère (en gros plan) dissimule les tasseaux-supports vissés aux cloisons.

res-supports ou au-dessus des étagères situées plus haut que le regard.

Une fois l'ensemble des éléments mis en place et fixés, carrelez les parties en façade et procédez au jointoyage.

LES PORTES

Elles sont montées par paires et s'insèrent entre les cloisons par l'intermédiaire d'un cadre en bois.

FABRICATION DU CADRE

Mesurez l'ouverture disponible et construisez un cadre à ces dimensions.

Assemblez les traverses entre les montants au moyen de tourillons de 12 mm placés à chaque angle du cadre (voir Techniques, p. 245). Maintenez l'équerrage pendant le séchage, au moyen de serre-joints à pompe. Si vous n'en possédez pas, vous pouvez réaliser un serrage improvisé en clouant sur l'établi deux tasseaux à une distance légèrement supérieure à la dimension du cadre. Appuyez un côté du cadre contre un des tasseaux et serrez en enfonçant deux cales en forme de coin entre le côté opposé du cadre et le second tasseau (voir Techniques, p. 237).

Coupez 8 tourillons de 12 mm en bois dur d'une longueur égale à deux fois l'épaisseur du bois traversé plus 12 mm. Avec une scie à tenons faites deux entailles longitudinales le long du tourillon, d'un à deux millimètres de profondeur, pour permettre l'évacuation de l'air et de la colle en excédent lors de la mise en place du tourillon. Arrondissez au papier de verre une extrémité de chacun des tourillons.

Percez deux trous dans chaque angle avec une mèche de 12 mm, à une profondeur égale à deux fois l'épaisseur du montant. Repérez la bonne profondeur de perçage en enroulant un papier adhésif autour de votre mèche.

Appliquez de la colle dans chaque trou en vous aidant d'un bout de bois pour bien encoller tout le pourtour. Enfoncez les tourillons au marteau en les laissant dépasser quelque peu pour le moment. Vérifiez le serrage et l'équerrage.

Quand la colle a pris, ôtez les serre-joints et coupez les extrémités des tourillons au ras des montants.

FIXATION DU CADRE

Avant de procéder à cette opération, maintenez l'équerrage du cadre au moyen d'un tasseau cloué provisoirement en écharpe (voir Techniques : méthode d'équerrage 3.4.5, p. 237 et fig. 2 ci-dessous). Après avoir fixé l'écharpe, découpez les portions du tasseau qui débordent du cadre.

Percez et fraisez les montants du cadre et la traverse basse. Présentez le cadre en position et vissez-le aux cloisons et au sol, ou au socle s'il y en a un. Après fixation, ôtez l'écharpe d'équerrage.

FABRICATION DES PORTES

Si vous comptez les peindre, découpez les portes dans du médium de 19 mm, de façon qu'elles s'inscrivent dans le cadre mais en prévoyant 2 mm de jeu sur tout le pourtour. De nombreux types de poignées peuvent être adaptées sur ces portes. Nous vous donnons ci-contre les instructions pour la fabrication et l'ajustage des poignées représentées sur notre schéma. Il faut également poser des charnières et des loqueteaux (voir Techniques, p. 248).

FABRICATION DES POIGNÉES

La fabrication de notre système de poignées nécessite l'utilisation d'une défonceuse et d'un guide en V pour maintenir les barreaux pendant leur façonnage (voir Techniques, fabrication d'un guide en V, p. 239). On peut également procéder avec une scie circulaire, mais il est plus difficile, de la sorte, de parvenir à une finition soignée. Coupez les portes en retranchant sur leur largeur l'épaisseur de la bordure (12 mm).

Coupez deux barreaux de 25 mm de diamètre à la longueur de la porte augmentée de 50 mm (pour pouvoir fixer le tourillon dans le guide en V). Le guide est fabriqué dans une pièce en bois de 75 × 50 mm de section dans laquelle a été exécutée une entaille en V, profonde de 25 mm. Posez le barreau dans l'entaille, clouez-le à chacune de ses extrémités et marquez la longueur finie. Serrez fortement le guide dans la presse d'établi.

Entaillez le bois à la défonceuse sur toute sa longueur, à une profondeur égale à l'épaisseur de la bordure (12 mm), puis coupez le barreau à la longueur finie. Coupez à la même longueur deux bordures en bois dur de 32 × 12 mm. Collez et clouez la bordure au barreau, puis l'ensemble au chant de la porte. Poncez le tout avant finition.

ÉTAGÈRES À LATTES

Faciles à construire, elles sont particulièrement utiles dans les placards-séchoirs. Dans la buanderie (voir p. 27),

1 Assemblage des angles du cadre : Deux trous de 12 mm, de profondeur égale à l'épaisseur du montant, sont percés à l'extrémité des traverses.

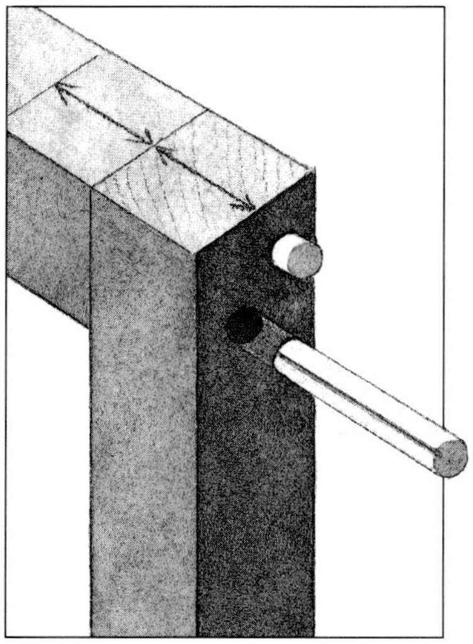

2 Équerrage du cadre : Avant la pose, maintenez provisoirement l'équerrage du cadre au moyen d'un tasseau cloué en biais entre la traverse haute et un des côtés selon la méthode 3.4.5. Pour plus de détails (voir Techniques, p. 237).

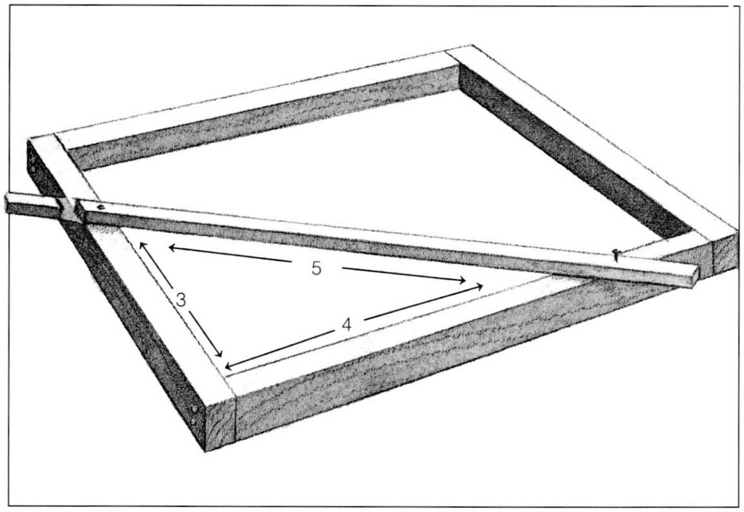

3 Pose des poignées de porte : Exécutez une feuillure à angle droit dans un barreau de 25 mm de diamètre, puis fixez ce dernier contre la bordure en bois dur de la porte.

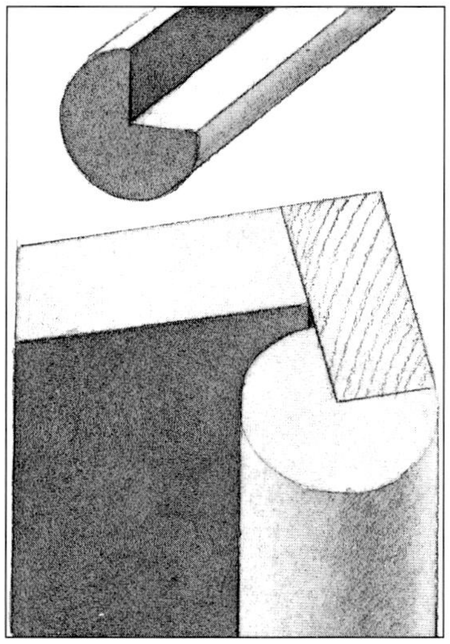

une de ces étagères a été construite sous l'évier de service. Elle se compose d'un certain nombre de lattes clouées sur des traverses, l'ensemble reposant sur des tasseaux-supports identiques à ceux associés aux cloisons dans la cuisine.

Pour les traverses, découpez deux pièces de bois raboté de 50 × 25 mm, de longueur égale à la profondeur de l'étagère projetée. Nous avons ménagé un retrait d'environ 100 mm. Coupez les tasseaux-supports à la même longueur et fixez-les (voir Tasseaux-supports, p. 33).

Découpez le nombre de lattes nécessaires (ici, 7 pièces) dans du bois raboté de 50 × 25 mm. Retranchez 2 mm à la mesure entre deux cloisons pour obtenir la bonne longueur.

Disposez les traverses en retrait des extrémités des lattes, d'une distance égale à l'épaisseur des tasseaux-supports ; pour cela, aidez-vous de chutes de bois de même épaisseur que les tasseaux. Posez ces chutes à côté des traverses avant de présenter la première latte, puis clouez celle-ci en place.

Utilisez une pige d'écartement (voir Techniques, p. 236). pour positionner régulièrement les autres lattes avant de les clouer. La finition sera à votre choix : peinture, teinture ou vernis.

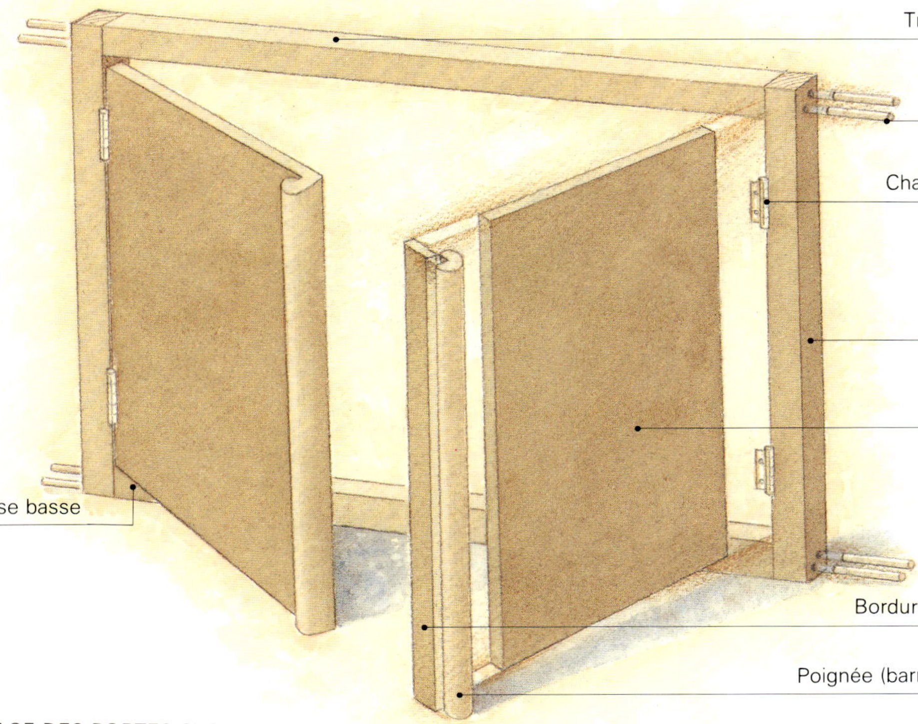

MONTAGE DES PORTES SUR CHARNIÈRES : *Les portes sont montées sur charnières dans un cadre vissé entre les cloisons.*

4 Fabrication d'une étagère lattée : Un certain nombre de lattes sont clouées sur des traverses. Ces traverses s'appuient sur des tasseaux-supports (19 × 19 mm) vissés, de chaque côté, aux cloisons carrelées.

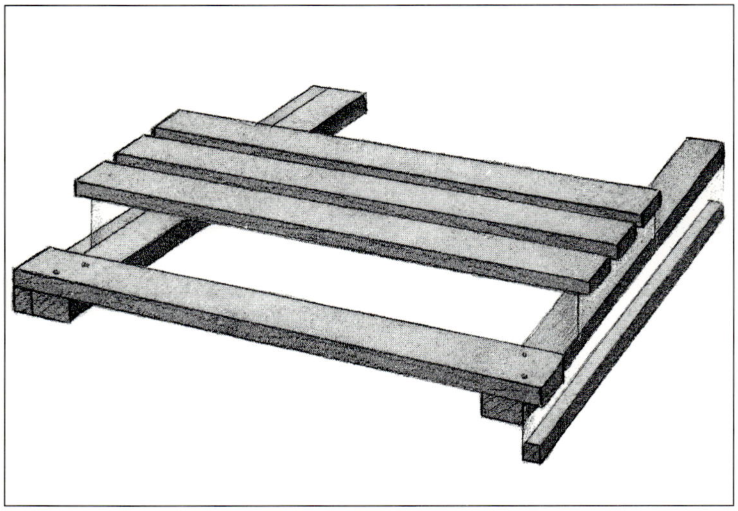

LES PLANS DE TRAVAIL

Vous avez le choix entre plusieurs types de plans de travail. Dans la cuisine carrelée (voir photo pp. 22-23), nous avons choisi un plan de travail en bois massif de 38 mm d'épaisseur auquel nous avons appliqué une finition à l'huile.

Dans la petite cuisine (voir photo pp. 24-25), nous avons opté pour du panneau de particules de 25 mm, carrelé et pourvu d'une bordure en bois dur. Il existe aussi une gamme importante de plans de travail stratifiés.

Le rebord antérieur en est parfois arrondi, mais il peut également être coupé d'équerre et recouvert d'une bordure en bois dur.

Si vous utilisez un matériau tel que le marbre ou le granit, vous améliorerez l'aspect du plan de travail en rajoutant sous le rebord antérieur une bande du même matériau, de façon à augmenter l'épaisseur apparente.

À l'arrière, le joint avec le mur sera, dans la plupart des cuisines, couvert par un carrelage mural.

Une autre solution consiste à ajuster précisément le plan de travail au mur ou à entailler légèrement le mur, mais il est encore plus facile de dissimuler l'interstice à l'aide d'une étroite moulure en bois dur que vous fixerez au mur. Si le mur est très inégal, fixez la bordure au plan de travail après ajustage à la traînée (voir Techniques, p. 246).

ASSEMBLAGE DE DEUX PLANS DE TRAVAIL

L'assemblage bout à bout n'est nécessaire que dans les très grandes cuisines. En revanche, l'assemblage d'angle se présente plus fréquemment. N'oubliez pas que tout raccordement entre deux plans doit se faire au-dessus d'une cloison.

L'assemblage se fait par tourillonnage (voir Techniques, p. 245) en utilisant un guide de perçage, de façon à obtenir un affleurage parfait. Façonnez ensuite (à la défonceuse ou à la perceuse) les logements des ferrures d'assemblage posées en sous-face ; il en existe de nombreux modèles dans le commerce, vendus avec leur mode d'emploi. Les plans de travail sont parfois livrés avec une pièce métallique spéciale qui facilite leur assemblage en angle.

FIXATION DES PLANS DE TRAVAIL

Deux équerres métalliques assurent la fixation du plan de travail à chacune des cloisons ; vissez également au travers des cadres des portes, s'il y en a. Si vous fixez un plan de travail en bois massif susceptible de jouer, utilisez des équerres spéciales dont les orifices de vissage de forme oblongue autorisent la dilatation et le retrait du bois.

Là où un plan de travail vient s'appuyer contre un élément en hauteur, vissez un tasseau de 50 × 50 mm sur le côté de l'élément ; vissez ensuite à travers le tasseau dans le plan de travail (ici aussi, intercalez une ferrure à orifices oblongs si votre plan est en bois massif). Coupez l'extrémité antérieure du tasseau en biseau et posez-le un peu en retrait du rebord antérieur, de façon à le dissimuler.

Une autre méthode consiste à utiliser une cornière d'angle métallique vissée contre l'élément en hauteur, avant la pose du plan de travail, puis du dessous dans le plan de travail.

Si vous carrelez le plan de travail, faites-le une fois celui-ci fixé en place, puis ajoutez la bordure en bois dur. Enfin, bouchez le joint entre le plan et le mur.

L'ÉVIER ET LES PLAQUES DE CUISSON

Ils sont généralement livrés accompagnés d'un gabarit de traçage pour les découpes. Positionnez soigneusement le gabarit et tracez selon le contour indiqué. Percez à chaque angle, et à l'intérieur du tracé, un trou de 12 mm. Introduisez dans un de ces trous la lame de la scie sauteuse et sciez en suivant le trait (voir Techniques, découpe d'un cercle, p. 238).

TABLEAU DE COMMANDE DES PLAQUES

Vissez une petite longueur de tasseau de 19 × 19 mm dans les cloisons, à la profondeur et hauteur convenant au bon ajustage du tableau ; vissez le tableau à ces tasseaux conformément aux instructions du fabricant.

LE BAC

Ce type d'évier repose sur un support. Fabriquez un gabarit reproduisant le contour intérieur du bac et utilisez-le pour faire la découpe comme dans le cas précédent (ci-dessus). Le plan de

1 Assemblage des plans de travail : Pour renforcer l'assemblage, placez des ferrures d'assemblage (connecteurs) en sous-face.

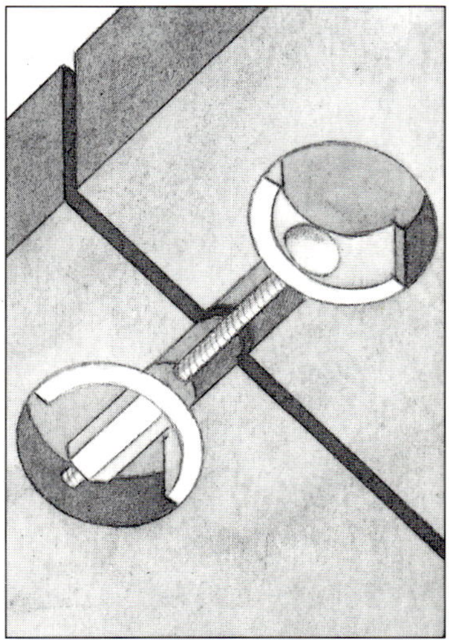

2 Fixation des plans de travail : Equerres, ferrures et cornières métalliques facilitent la fixation des plans de travail.

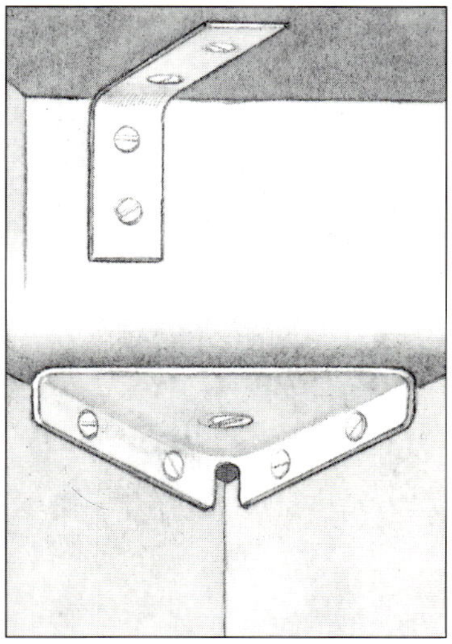

3 Pose d'un bac encastré : Un gabarit de traçage fournit les repères nécessaires pour la découpe du plan de travail à la scie sauteuse. Le bac dont le poids est important est posé sur un support.

travail débordant au-dessus du bac, la découpe doit donc être plus petite que l'intérieur du bac. À la défonceuse, faites une petite rainure en sous-face du plan de travail, tout autour de la découpe et à 6 mm environ de celle-ci. Sa fonction est d'empêcher l'eau de s'infiltrer plus loin sous le plan de travail. Scellez le rebord du bac au plan de travail avec un cordon de mastic au silicone. Pratiquez dans l'étagère-support la découpe nécessaire à la pose du siphon. Renforcez le devant de l'étagère au moyen d'un tasseau de 50 × 25 mm. Percez un ou deux trous dans le plan de travail à l'arrière de l'évier, pour la pose des robinets. Les bacs étant en général très lourds, peut-être serait-il prudent de consulter un plombier avant de vous lancer dans ce travail.

CARRELAGE D'UN PLAN DE TRAVAIL

Le carrelage constitue une surface de travail très résistante, hygiénique et facile à nettoyer. C'est donc la surface idéale dans une cuisine. Cependant, pour la préparation des aliments, une surface parfaitement lisse du type du stratifié est préférable et, pour découper les légumes ou la viande, c'est le bois dur qui convient le mieux : par exemple l'érable ou le hêtre dont on fabrique les étals des bouchers. C'est pourquoi il est bon de disposer de plusieurs sortes de plans de travail dans une cuisine.

Quand vous achetez des carreaux pour un plan de travail, ne manquez pas de préciser à votre fournisseur leur utilisation future. Certains carreaux minces et fragiles ne conviennent pas à cet usage, et des carreaux plus épais, conçus pour le revêtement des murs et des sols, doivent leur être préférés. Certains carreaux d'extérieur pourvus d'un revêtement métallisé ne sont, par ailleurs, pas adaptés au contact des aliments.

Essayez d'éviter les joints de couleur blanche qui sont très difficiles à nettoyer (des progrès ont toutefois été réalisés dans ce domaine grâce aux produits époxydes à deux composants). Le meilleur choix est un produit de jointoyage de couleur sombre et imperméable. De nombreux coloris sont disponibles, mais vous pouvez aussi préparer votre propre mélange (colorants en poudre et ciment-colle blanc).

Il est essentiel que la surface à carreler soit parfaitement stable avant de commencer l'opération. Nous vous recommandons le panneau de particules de 25 mm ; le contre-plaqué de même épaisseur convient également, mais son prix est plus élevé. Évitez de carreler sur du bois massif, dont le gonflement ou le retrait amèneraient les carreaux à se décoller.

Avant de commencer la pose, fixez un tasseau provisoire contre le bord extérieur du plan de travail, pour servir d'appui à la première rangée. Disposez vos carreaux à sec pour repérer les coupes nécessaires ; ces coupes, presque inévitables, devront se trouver vers l'arrière du plan de travail. Si des découpes doivent être effectuées sur chacun des côtés, veillez à ce que les carreaux découpés atteignent au moins un demi-carreau en largeur. Si ce n'est pas le cas, ôtez un carreau et faites glisser latéralement l'ensemble de la rangée de la valeur d'un demi-carreau : de la sorte les carreaux de bordure seront plus larges.

Tracez l'axe central sur le tasseau d'appui et commencez la pose à partir de cet axe. Appliquez la colle sur une surface d'environ 1 m^2, avec une spatule crantée pour parvenir à une épaisseur régulière. Pressez le carreau central en place avec un léger mouvement de torsion, puis les carreaux voisins de chaque côté de celui-ci en les alignant bien sur le tasseau d'appui. Posez ensuite les carreaux entiers de la rangée centrale en direction du mur de fond. Aidez-vous d'une équerre et d'une règle pour garantir un bon alignement. Puis toujours de l'avant vers l'arrière, complétez la pose des carreaux entiers en direction des bords. Enfin, découpez et posez les carreaux de bordure (voir Techniques de carrelage, p. 252).

Il ne vous reste plus qu'à enlever le tasseau provisoire et à le remplacer par la bordure définitive en bois dur ; celle-ci est fixée de façon à affleurer le dessus du carrelage. Appliquez le produit de jointoyage entre les carreaux et entre les carreaux et la bordure. Enfin, comblez le joint entre le mur et les carreaux avec du mastic au silicone.

4 Répartition des carreaux : **Clouez un tasseau provisoire contre le chant antérieur du plan de travail. Répartissez d'abord les carreaux à sec.**

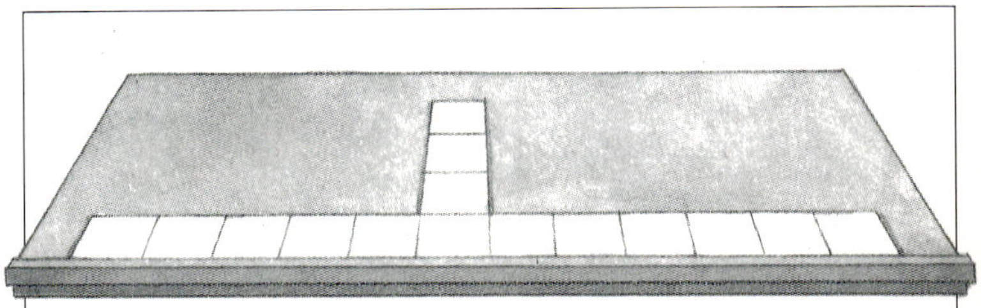

5 Ordre de pose : **Posez la rangée antérieure en commençant au centre, puis progressez vers l'arrière et vers les bords.**

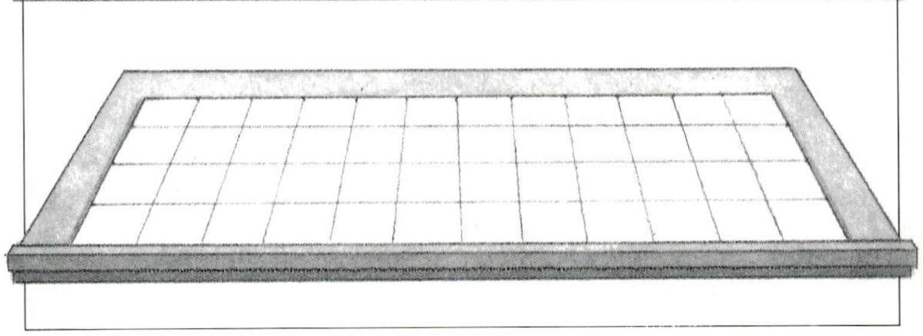

6 Plan de travail carrelé : **Dans le projet de cuisine peinte illustré p. 24, le plan de travail est rehaussé d'une bordure en bois ; on dispose ainsi d'une surface fonctionnelle et attrayante pour préparer les repas.**

LES ÉLÉMENTS SUSPENDUS

LES ÉTAGÈRES MURALES

La construction des étagères murales est très similaire à celle des éléments bas. Les étagères sont fixées à des tasseaux muraux verticaux : ce type de support est absolument invisible. Lorsque les éléments s'appuient contre une paroi creuse à ossature en bois, un support complémentaire est nécessaire : des tasseaux horizontaux fixés au mur dans l'ossature en bois soutiennent les tasseaux verticaux. C'est pourquoi les traverses haute et basse de ces éléments sont moins épaisses, et les panneaux d'habillage sont entaillés à l'arrière, de façon à s'ajuster sur les tasseaux horizontaux.

CLOISONS

N'oubliez pas que chaque élément est pourvu d'une cloison à chacune de ses extrémités. Certaines de ces cloisons servent de supports d'étagères sur leurs deux faces.

Marquez, sur les parois, les emplacements des étagères. Vous gagnerez en esthétique en alignant les cloisons des étagères sur celles des éléments bas. Prenez en compte les agencements que vous souhaitez associer aux étagères — une hotte aspirante, un égouttoir à vaisselle ou une tringle, par exemple. Décidez de la hauteur totale des étagères. Dans notre projet, les cloisons mesurent 600 mm de hauteur pour 350 mm de profondeur.

Le bâti se compose de bois raboté de 50 × 50 mm habillé de panneaux de médium de 6 mm. Chaque cloison comporte deux panneaux d'habillage.

Découpez deux traverses de 350 mm de longueur, et trois montants de 510 mm. Dans le cas d'une paroi à ossature en bois, les traverses de 50 × 25 mm n'ont que 325 mm de longueur.

Assemblez le bâti avec des clous en plaçant le montant arrière à 50 mm du bout des traverses. Collez et clouez les panneaux d'habillage : fixez un bord avant d'amener le bâti parfaitement

OUTILS

- Couteau universel
- Règle en acier
- Équerre
- Marteau
- Chasse-pointe
- Scie à panneaux (ou scie circulaire)
- Scie à tenons
- Tournevis
- Cale à poncer et papier abrasif (ou ponceuse électrique)
- Chignole ou perceuse électrique
- Mèches à bois
- Fraise
- Mèche à béton
- Rabot
- Niveau à bulle
- Brosse à peinture (40 mm)

OUTILS COMPLÉMENTAIRES

- Détecteur de métal
- Mèche plate (diamètre de la tringle) pour perçage des cloisons

MATÉRIAUX

Désignation	Quantité	Matériau	Dimensions
CLOISON (deux pour chaque élément mural)			
Panneau d'habillage	2	Médium de 6 mm d'épaisseur	350 × 600 mm
Bandeau	1	Médium de 6 mm d'épaisseur	350 × 600 mm
Traverse haute	1	Bois raboté de 50 × 50 mm	350 mm
Traverse basse	1	Bois raboté de 50 × 50 mm	350 mm
Montant avant	1	Bois raboté de 50 × 50 mm	510 mm
Montant arrière	1	Bois raboté de 50 × 50 mm	510 mm
Tasseau mural	1	Bois raboté de 50 × 50 mm	510 mm
ÉTAGÈRES			
Étagère haute	1	Panneau de particules mélaminé de 15 mm	325 × 600 mm, ou selon besoins
Étagère intermédiaire	1	Panneau de particules mélaminé de 15 mm	250 × 600 m, ou selon besoins
Étagère basse	1	Panneau de particules mélaminé de 15 mm	325 × 600 mm ou selon besoins
Bordure	3	Bois dur de 12 × 38 mm	600 mm, ou selon besoins
Supports des étagères haute et basse	4	Bois raboté de 15 × 25 mm (achetez du 19 × 25 mm et ramenez aux dimensions)	325 mm
Supports de l'étagère intermédiaire	2	Bois raboté de 15 × 25 mm (achetez du 19 × 25 mm et ramenez aux dimensions)	250 mm
Traverse haute (fixation dans mur à ossature en bois)	1	Bois raboté de 50 × 25 mm	325 mm
Traverse basse (pour ossature en bois)	1	Bois raboté de 50 × 25 mm	325 mm

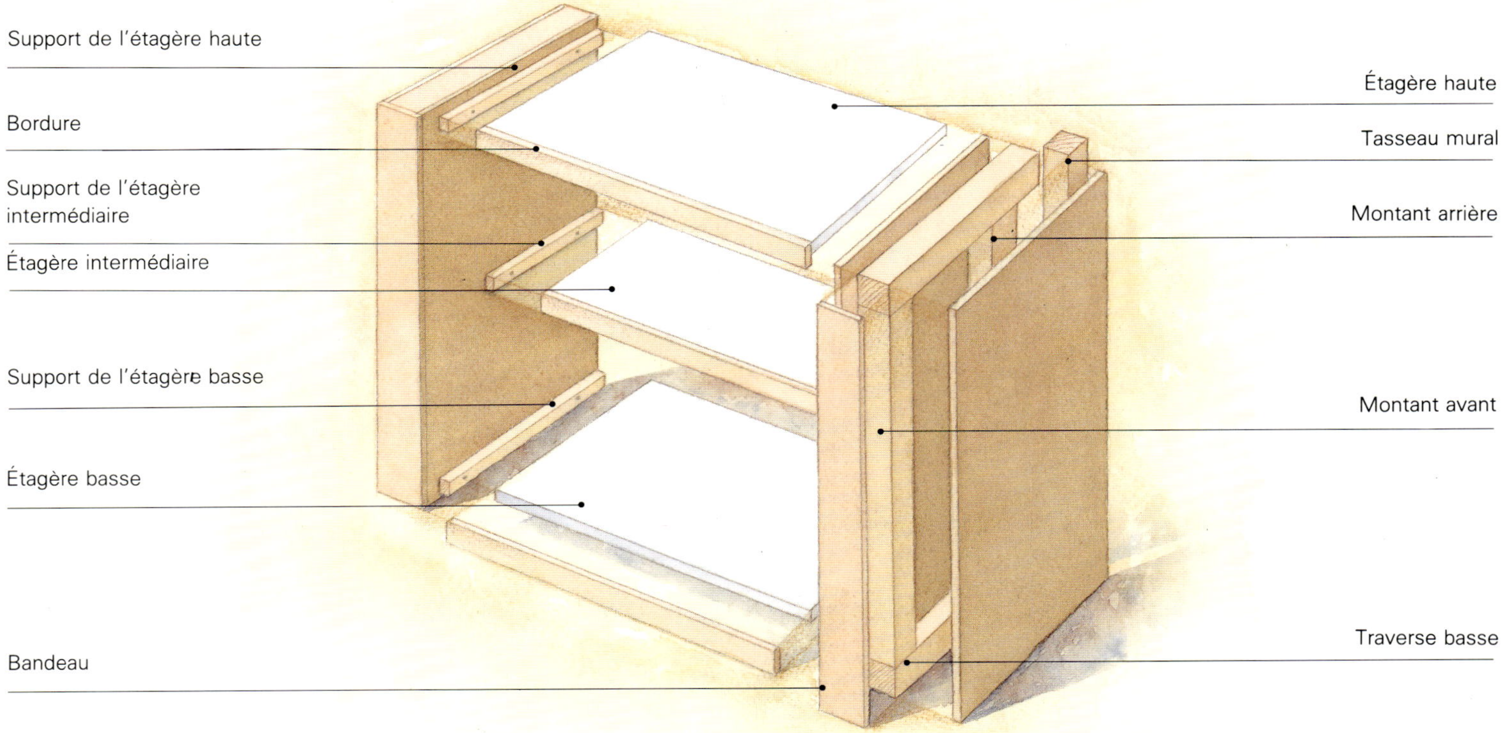

1 Bâti de la cloison : Le montant arrière est placé à une épaisseur de montant de l'arrière des traverses, ce qui facilite l'ajustage.

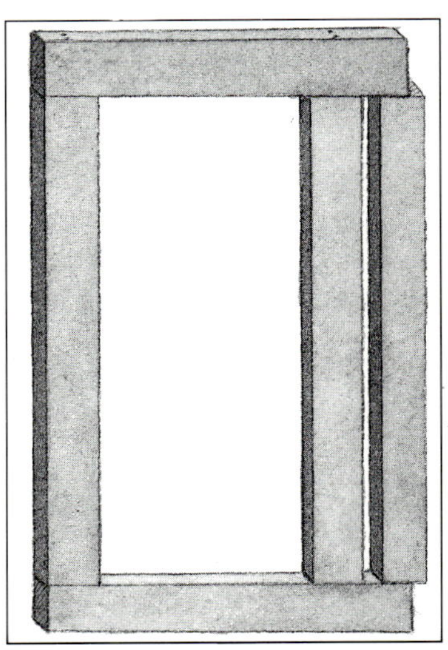

2 Habillage du bâti : Des panneaux de médium de 6 mm sont cloués de chaque côté et, à l'avant, un bandeau dissimule le rebord du bâti.

3 Fixation des supports d'étagères : Ils sont fixés au sommet, au milieu et à la base, de façon que l'étagère affleure le sommet du bâti.

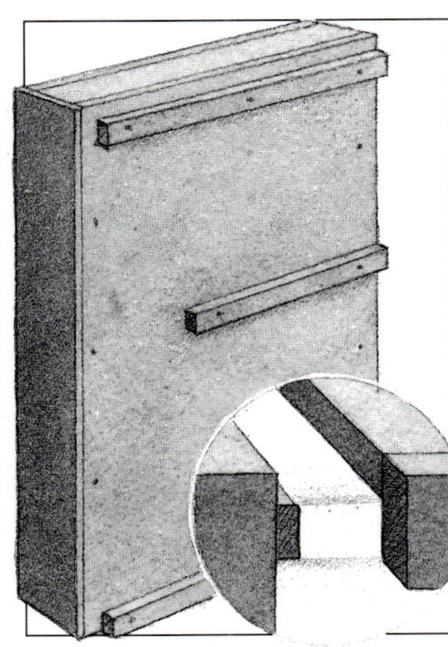

4 Fixation sur mur plein : Le tasseau mural est solidement chevillé et vissé au mur ; l'habillage (partiellement représenté) recouvre le tasseau.

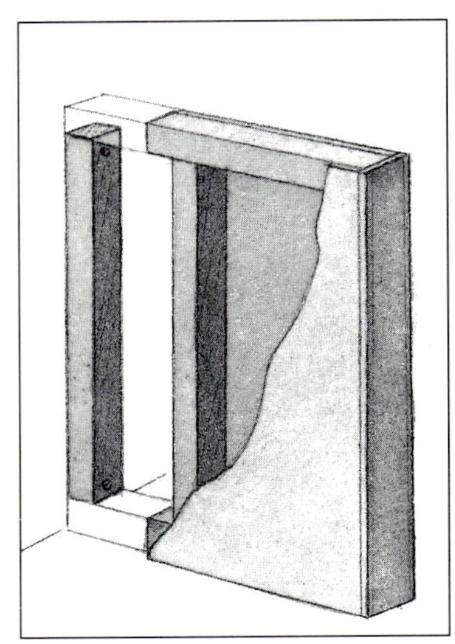

d'équerre, de façon à aligner les autres côtés sur les bords du panneau. Assurez-vous que le tasseau mural trouve sa place derrière le montant arrière.
Mesurez l'épaisseur totale de la cloison et découpez, à cette dimension, des bandeaux dans du médium de 6 mm ; leur hauteur est de 600 mm.

Clouez les bandeaux et chassez les têtes des clous sous la surface (voir Techniques, clouage, p. 240). Abattez les arêtes au rabot et poncez-les. Si l'habillage est appelé à être d'une couleur différente de celle du mur, peignez-le avant de fixer les cloisons au mur.

LES ÉTAGÈRES

Ramenez le bois des supports à 15 × 25 mm, puis clouez ceux-ci aux cloisons avant de fixer ces derniers au mur. Les étagères auront meilleure allure si elles sont placées légèrement en retrait du rebord avant des cloisons. Le retrait de l'étagère intermédiaire est plus important (environ 100 mm).

Décidez du nombre d'étagères requis et de leur emplacement en fonction de vos besoins en rangement. Pour ce projet, elles affleurent la base et le sommet des cloisons, et une étagère intermédiaire est fixée à mi-distance entre les étagères haute et basse.

1 Fixation sur ossature en bois : Le tasseau mural est vissé contre des tasseaux horizontaux, eux-mêmes cloués dans les montants de l'ossature.

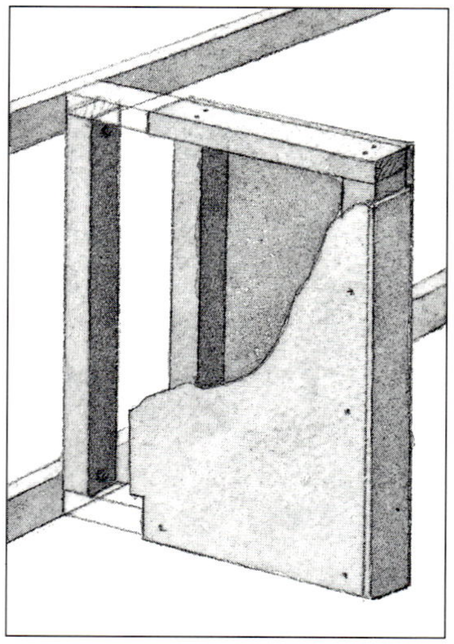

Coupez les supports à la longueur voulue ; pensez qu'une bordure recouvre le rebord antérieur de l'étagère. Collez, puis vissez ou clouez les supports en place.

Les étagères sont en panneau de particules mélaminé de 15 mm d'épaisseur et habillées d'une bordure en bois dur de 12 mm. Collez et clouez la bordure au rebord antérieur. Mastiquez les orifices des clous, poncez quand le mastic est sec et apportez la finition de votre choix.

ÉGOUTTOIR À VAISSELLE

Si vous avez prévu d'adjoindre un égouttoir (voir page ci-contre et p. 42 les instructions de montage), il est important de le réaliser avant de mettre en place les cloisons qui, de chaque côté, lui servent de support.

FIXATION DES CLOISONS

Murs pleins.
Dans la plupart des cas les cloisons seront fixées au-dessus d'un plan de travail. Celui-ci ayant très certainement été posé parfaitement à l'horizontale, il vous servira de base pour marquer la position des tasseaux muraux. Assurez-vous une fois encore, en contrôlant avec un niveau à bulle, que les repères sont bien au même niveau. Puis, avec des clous de maçon, fixez provisoirement un tasseau horizontal sur lequel vous appuierez les tasseaux muraux durant leur fixation. Percez le mur, placez des chevilles et vissez les tasseaux au mur.

Emboîtez les cloisons par-dessus les tasseaux muraux, puis collez et vissez, au travers des panneaux d'habillage, dans les tasseaux (quatre vis de 4,5 × 25 de chaque côté).

Murs creux à ossature en bois.
Localisez les montants (voir Techniques, fixations murales, p. 240) et clouez dans ces montants deux tasseaux de 50 × 50 mm à l'horizontale, au sommet et à la base de l'emplacement des éléments muraux. Vissez les tasseaux muraux verticaux de 50 × 50 mm aux tasseaux horizontaux.

Clouez le bâti comme précédemment — les traverses haute et basse sont en bois de 50 × 25 mm et leur longueur est réduite de l'épaisseur des tasseaux horizontaux. Découpez des entailles de 50 × 25 mm dans les angles arrière des panneaux d'habillage intérieurs ; le panneau recouvrira alors complètement le bâti et les tasseaux. Clouez les panneaux puis emboîtez les cloisons sur les tasseaux muraux et vissez, comme précédemment, au travers des panneaux dans les tasseaux. N'entaillez pas les panneaux aux extrémités des éléments muraux.

Le module d'étagères murales constitue un espace de rangement, mais il permet aussi de mettre les objets en valeur.

HOTTE ASPIRANTE

Il peut s'agir d'un système simple de remise de l'air en circulation : il suffit alors de le fixer entre deux cloisons et de le relier à une prise électrique. En revanche, dans le cas d'un dispositif avec extraction d'air, il vous faudra percer un orifice de sortie des vapeurs dans un mur extérieur. La hotte peut alors être reliée directement à l'orifice, ou indirectement par l'intermédiaire d'un conduit si elle se trouve à quelque distance (conformez-vous aux instructions de montage).

Fixez des tasseaux en angle sur les faces intérieures des cloisons pour maintenir le panneau antérieur. Celui-ci peut être en acier inoxydable ou en médium peint. Dans ce dernier cas, maintenez le panneau en le vissant dans les tasseaux. Mais s'il est en acier inoxydable, il est préférable de le coller en place avec une résine époxyde.

Vous pouvez adapter le montage de la hotte en fonction du modèle et de la façon dont il s'intègre dans la cuisine.

TRINGLE

Il s'agit tout simplement d'un tube chromé ou d'une barre en bois qui s'inscrit à chacune de ses extrémités dans une cloison. Des crochets en S posés sur la barre permettent de suspendre les ustensiles.

Pour fixer la tringle, percez des trous de même diamètre que celle-ci sur les côtés des cloisons qui la supportent ; ne percez pas dans la traverse basse, mais faites en sorte que la barre repose sur elle. Servez-vous d'une chute de cette traverse comme cale d'espacement, pour repérer la base de l'orifice à percer.

La longueur de la barre sera égale à la distance entre les deux cloisons augmentée de 100 mm.

L'ÉGOUTTOIR À VAISSELLE

Voici un élément de rangement de conception simple qui vient s'intégrer entre deux ensembles d'étagères murales (voir instructions de montage à la page suivante et une photographie de l'égouttoir en place, p. 22). Néanmoins pour parvenir à un résultat impeccable, il vous faudra travailler avec soin et précision, et vous faire aider par quelqu'un à un moment donné. Mais le résultat final est solide, sûr et très bien proportionné.

2 La tringle : Servez-vous d'une chute de la traverse basse pour marquer la position de la tringle sur la cloison.

Des baguettes de bois sont insérées, à intervalles réguliers, dans trois barreaux, également en bois, disposés en triangle en fonction des dimensions de votre vaisselle. Le mode de construction d'un plateau en panneau de particules mélaminé est aussi détaillé. Cet égouttoir vous donne la possibilité de laisser sécher la vaisselle sur le râtelier.

GAIN DE TEMPS À LA CUISINE : *Soigneusement alignés dans ce râtelier-égouttoir, plats et assiettes sèchent tout seuls.*

OUTILS

- Couteau universel
- Mètre-ruban
- Équerre
- Scie à tenons
- Marteau
- Trusquin d'assemblage
- Perceuse électrique
- Mèches
- Scie-cloche (38-50 mm, selon diamètre des barreaux)
- Scie sauteuse
- Maillet

OUTILS COMPLÉMENTAIRES

- Guide en V
- Support de perceuse (ou dispositif de guidage vertical)

MATÉRIAUX

ÉGOUTTOIR

Désignation	Quantité	Matériau	Longueur
Cadre	3	Barreau en bois tendre de 38-50 mm de diamètre	Selon besoins
Barres d'écartement	Selon besoins	Tourillons en bois tendre de 12 mm de diamètre	137 mm
Barres d'écartement	Selon besoins	Tourillons en bois tendre de 12 mm de diamètre	250 mm

PLATEAU

Désignation	Quantité	Matériau	Longueur
Plateau	1	Panneau de particules mélaminé de 15 mm	Selon besoins
Bordure	4	Bois dur de 38 × 12 mm	Selon besoins
Supports	2	Bois tendre de 10 × 6 mm	Selon besoins

Coupez à la longueur voulue les trois barreaux. Pour calculer leur dimension, mesurez la distance entre cloisons et ajoutez 100 mm : 25 mm pénètrent dans les cloisons et 25 mm d'excédent sont prévus à chaque extrémité. Enfoncez un clou dans cette portion en excédent pour fixer le barreau au guide en V durant le perçage (voir Techniques, fabrication d'un guide en V, p. 239). L'excédent sera scié par la suite.

Placez un barreau dans le guide en V Tracez une ligne sur sa longueur à l'aide d'une règle en acier appuyée contre un des côtés du guide (fig. 1). En commençant à 62 mm d'une extrémité, inscrivez un repère tous les 35 mm avec un crayon ou un trusquin d'assemblage.

En vous guidant sur le premier barreau, reportez les repères sur un second barreau. Pour le troisième barreau, tracez également une ligne sur sa longueur, ligne que vous prolongerez jusqu'au centre de l'extrémité de la pièce de bois. Tracez une seconde ligne formant un angle de 96° avec le premier tracé et prolongez cette ligne sur toute la longueur du barreau.

Servez-vous du premier barreau pour reporter les écartements de 35 mm sur les deux tracés du troisième barreau. Placez le premier barreau dans le guide en V, repères vers le haut. Clouez-le à chaque extrémité.

PERÇAGE

Commencez à percer les trous verticaux (voir Techniques, p. 239).

Chaque trou doit avoir une profondeur de 12 mm. Aidez-vous d'un support de perceuse, d'un guide de perçage réglé à 90°, ou fabriquez votre propre guide.

FABRICATION D'UN GUIDE DE PERÇAGE

Procurez-vous une pièce de bois de 100 × 50 mm. Découpez-y une entaille en V de telle sorte que la pièce repose parfaitement sur le barreau placé dans le guide en V. Percez-y un trou à la verticale (voir ci-dessus).

Introduisez la mèche au travers du guide de perçage, puis placez la pointe de la mèche sur le repère du premier trou. Amenez le guide en position, en appui sur le guide en V, et percez un trou de 12 mm de profondeur. Percez tous les autres trous de la même façon.

ASSEMBLAGE

Découpez l'excédent de 25 mm à chaque extrémité de chacun des barreaux (excédent qui a servi à clouer le barreau au guide en V).

En les tapotant doucement avec un maillet, introduisez toutes les barres d'écartement de 137 mm dans l'un des barreaux (un de ceux qui ne comportent qu'une rangée de trous) et toutes les barres d'écartement de 250 mm dans l'autre barreau.

Assemblez les deux sections. L'aide d'une autre personne vous sera précieuse pour aligner les barres d'écartement. Si l'assemblage est très ajusté, aidez-vous de serre-joints ou serrez le râtelier dans une presse. En cas d'assemblage lâche, ajoutez un peu de colle hydrofuge dans les trous, pour combler les interstices.

Observez l'égouttoir sur sa longueur et vérifiez l'alignement. Si celui-ci n'est pas correct, redressez-le par torsion (une personne à chaque extrémité du râtelier).

POSE

L'égouttoir doit être amené en position avant que les cloisons qui le soutiennent ne soient fixées en place.

Présentez l'égouttoir devant un des montants. Trouvez l'inclinaison correcte pour les assiettes. Repérez la position des barreaux contre la cloison.

Amenez le tasseau mural en position à l'arrière de la cloison, de façon qu'il soit percé en même temps.

Percez les trous à 25 mm de profondeur avec une perceuse et une scie-cloche, ou avec une défonceuse.

Présentez une cloison en place et introduisez soigneusement les barreaux de l'égouttoir dans leurs logements respectifs. En même temps, demandez à quelqu'un de présenter la seconde cloison contre l'autre extrémité du râtelier, de manière à pouvoir marquer la position des trous et les percer. Assemblez alors cette cloison et l'égouttoir, puis fixez la cloison au tasseau mural.

1 Barres d'écartement, traçage des centres des orifices : Placez un barreau dans le guide en V et inscrivez des repères tous les 35 mm. Reportez ces repères sur le second barreau. Sur le troisième barreau, tracez une seconde ligne à 96° de la première .

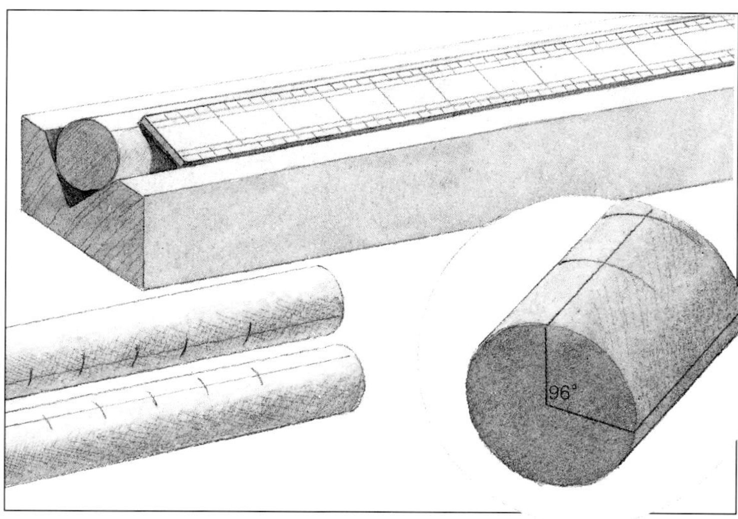

2 Guide de perçage : Le barreau étant cloué au guide en V, alignez le guide de perçage sur le premier repère.

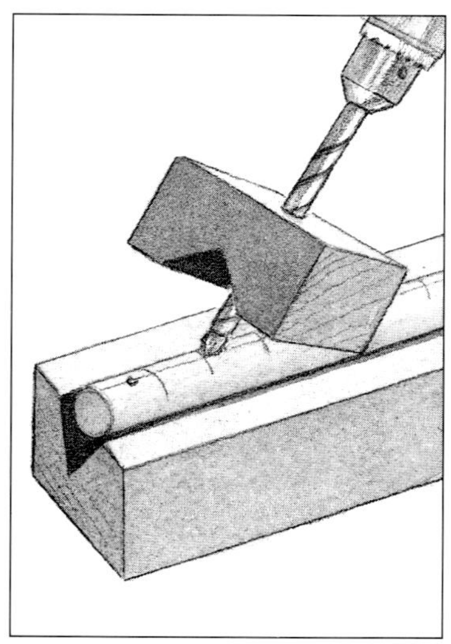

3 Perçage : Le guide de perçage, que vous pouvez fabriquer, maintient la mèche à la verticale. Percez à 12 mm de profondeur.

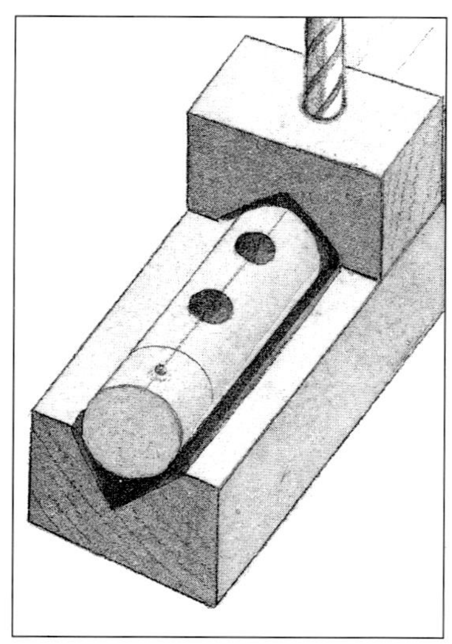

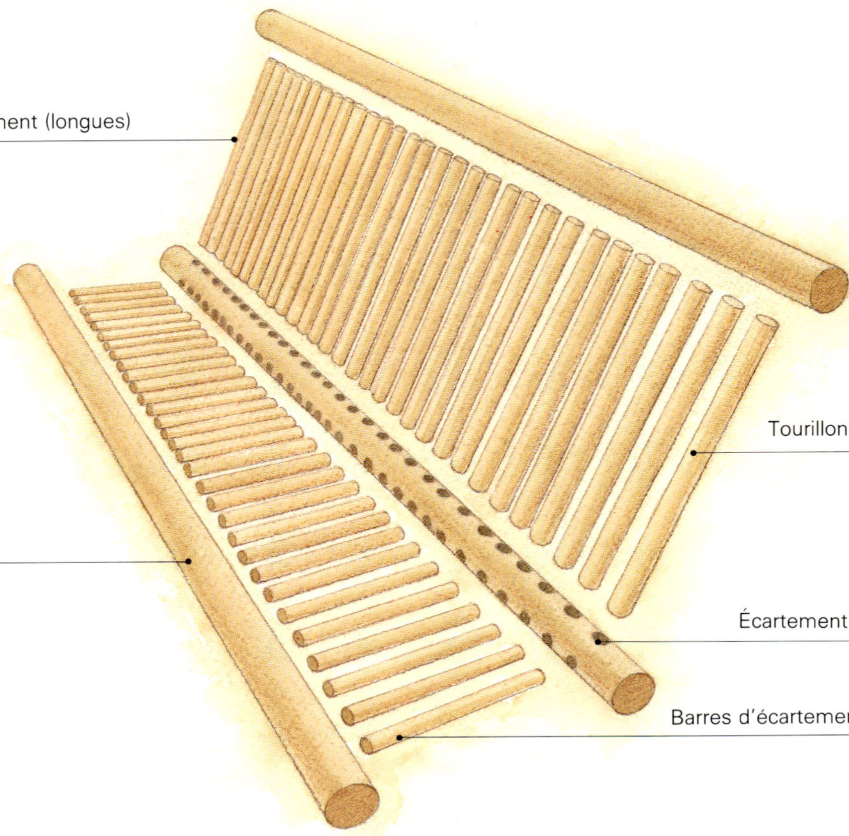

LE PLATEAU

Ce plateau est amovible, ce qui permet de le nettoyer et de le faire sécher plus facilement.

Découpez les supports du plateau à la même longueur que les supports des étagères ; collez et clouez-les à la base des cloisons.

Le plateau est fabriqué dans du panneau de particules mélaminé de 15 mm. Découpez deux pièces de bordure de la profondeur du plateau et ramenez-les à 25 mm de hauteur. Collez et clouez ces bordures aux extrémités du plateau, à fleur de la face inférieure (fig. 5). Les bordures avant et arrière couvrent la longueur du plateau et les bordures d'extrémité. Collez et clouez-les en place en ménageant un débord de 10 mm en sous-face à l'avant et à l'arrière. Faites deux petites entailles à l'arrière, là où le plateau s'appuie sur les supports.

Appliquez un cordon de mastic au silicone le long des bords intérieurs du plateau.

4 Pose de l'égouttoir entre cloisons : L'égouttoir assemblé s'inscrit entre deux éléments d'étagères murales ; les barreaux se logent dans les trois orifices percés dans les panneaux latéraux des cloisons. Ce mode d'assemblage offre toute sécurité.

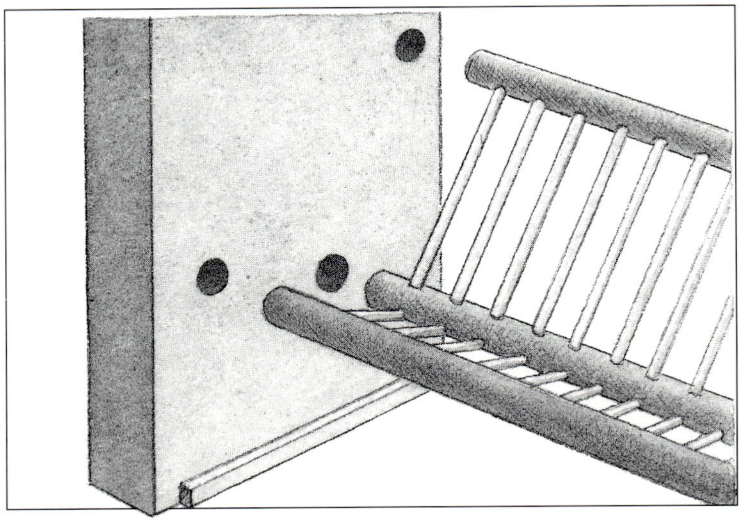

5 Fabrication du plateau : Le plateau en panneau de particules mélaminé rehaussé de bordures en bois dur est posé sur deux tasseaux-supports. Les bordures d'extrémité sont fixées en premier, puis les bordures avant et arrière.

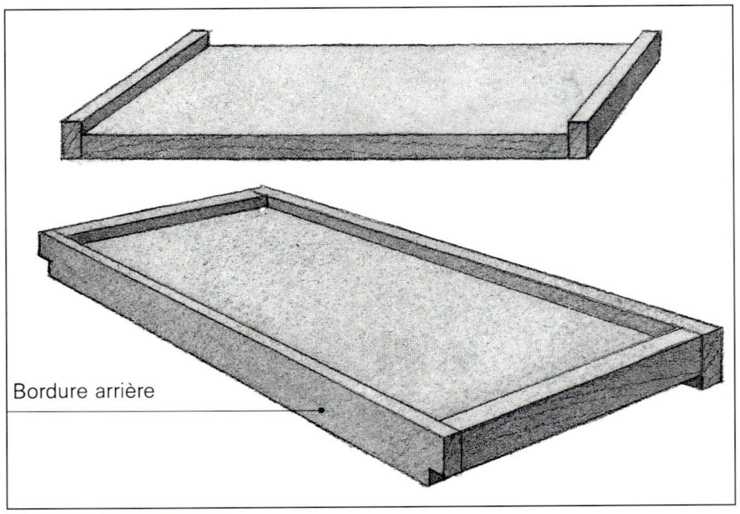

ÉTAGÈRES MURALES À LATTES

Faites une coupe d'onglet (45°) à chaque extrémité de la contre-fiche de 38 mm. Collez et vissez ensemble les deux pièces de 75 × 25 mm (deux vis de 4 × 25).

Posez la console en L sur l'établi et présentez la contre-fiche en place. Marquez, sur les deux éléments de la console, la position du talon de la contre-fiche (fig. 1). Rabattez les tracés sur les côtés et en face arrière de la console.

Marquez la position des vis, sur l'axe médian, à 19 mm du trait de crayon. Percez et fraisez les avant-trous. Posez la section en L sur l'établi et présentez une chute de bois de 12 mm d'épaisseur (fig. 2), de façon que la contre-fiche trouve parfaitement sa position dans la console. Collez et vissez la contre-fiche.

Fabriquez le nombre de consoles requis. Prévoyez une console tous les 1 200 mm d'étagère. En cas de charge importante, fixez une console tous les 900 mm.

OUTILS

- Mètre-ruban
- Règle en acier
- Couteau universel
- Équerre
- Scie à tenons
- Boîte à coupes
- Tournevis
- Chignole ou perceuse électrique
- Fraise
- Mèche à béton
- Mèche plate (pour barreau)
- Tasseau d'écartement (pris dans une chute)

MATÉRIAUX

Désignation	Quantité	Matériau	Longueur
Consoles en L	2	Bois tendre de 75 × 25 mm	350 mm
Contre-fiche	1	Bois tendre de 50 × 38 mm	410 mm
Lattes	5	Bois tendre de 50 × 19 mm	Selon besoins

Facultatif : Tringle (en bois de 19 mm de diamètre ou métallique)

FIXATION DES CONSOLES AU MUR

C'est la barre du L que chevauche l'autre portion qui doit être fixée au mur (fig. 3). Percez et fraisez des avant-trous, puis fixez les consoles au mur en vous aidant d'un tasseau provisoire pour vous assurer qu'elles sont bien de niveau.

TRINGLE

Percez les trous de la tringle de suspension dans les contre-fiches, avant de fixer les consoles au mur. Déterminez la distance entre consoles, puis découpez la tringle à cette dimension augmentée de 38 mm.

Repérez sur les contre-fiches la position des orifices à percer (la hauteur de la tringle dépend de ce que vous comptez y suspendre). Percez les trous selon le diamètre de la tringle, à 19 mm de profondeur. Fixez la première console au mur, introduisez la tringle dans son logement, puis présentez la seconde console à l'autre extrémité de la tringle et fixez-la au mur.

FIXATION DES LATTES

Coupez les lattes à la dimension requise, en prévoyant un débord de 75 mm à chaque extrémité. Fixez la latte antérieure à fleur du devant des consoles. Enfoncez une seule vis de 3,5 × 12 dans chaque console. Espacez uniformément les autres lattes, la latte postérieure s'appuyant contre le mur.

1 Tracé de positionnement des contre-fiches : Vissez ensemble, à angle droit, les deux sections du L. Amenez provisoirement la contre-fiche en place. Marquez la position des talons et rabattez ces lignes à l'arrière de la console.

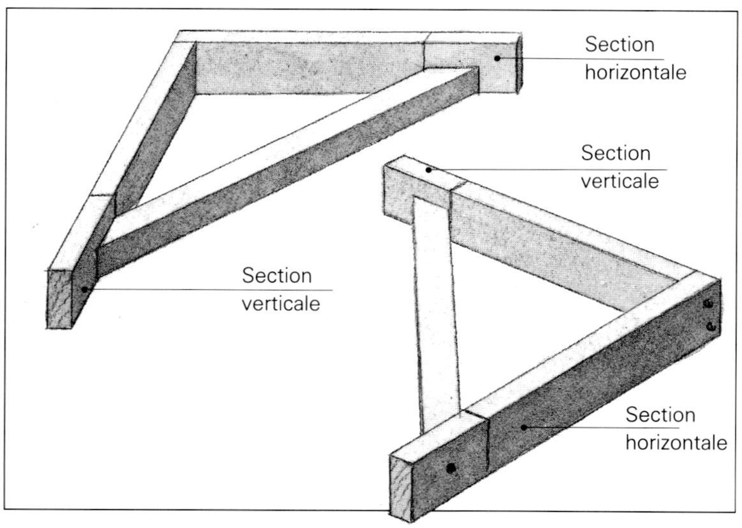

2 Fixation de la contre-fiche : Servez-vous d'une cale de montage pour faciliter la fixation de la contre-fiche.

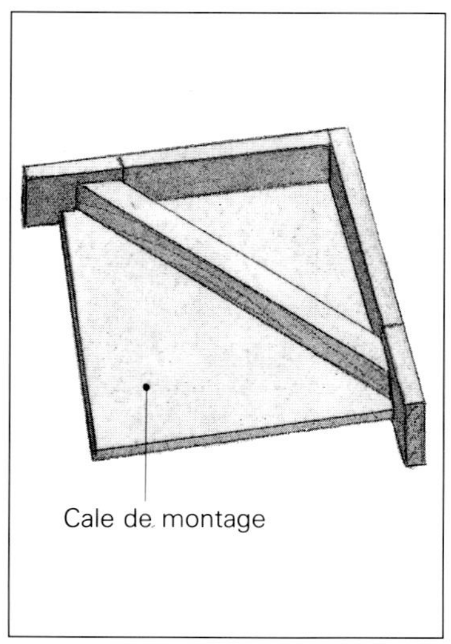

3 La console terminée : La section horizontale coiffe la section verticale, et l'ensemble est consolidé par la contre-fiche.

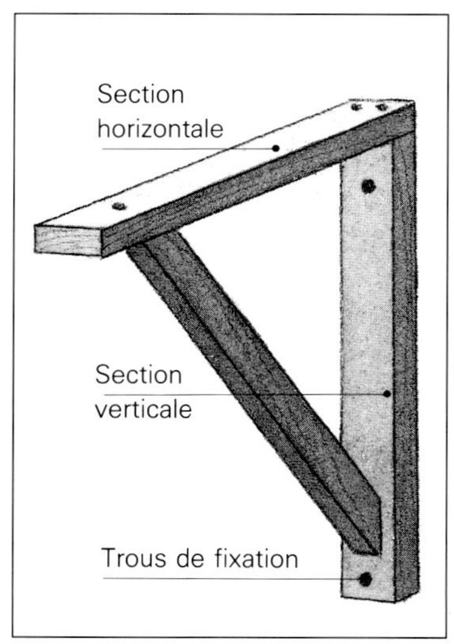

PORTE-SERVIETTES DÉMONTABLE

C'est un barreau en bois de 38 à 50 mm de diamètre disponible dans le commerce. On le voit photographié page 80.

Mesurez la distance entre les cloisons des éléments bas. Découpez le barreau à cette longueur. Inscrivez un repère à 25 mm des extrémités et découpez un disque de cette largeur à chaque bout. Repérez le centre de chacun des disques et le centre du barreau à l'une et l'autre extrémité.

Percez un avant-trou à un bout du barreau et introduisez une vis de 4 × 40 en la laissant déborder de 12 mm. Faites de même à l'autre extrémité. Coupez les têtes des vis avec une scie à métaux et finissez à la lime : le débord est ramené à 8-10 mm. Rainurez ensuite les disques en perçant une série de trous de 4 mm de diamètre du centre de chaque disque jusqu'à son rebord. La profondeur de ces trous sera égale à la valeur du débord des vis. Pour vous en assurer, collez un morceau d'adhésif sur la mèche à la distance correcte. Dressez la rainure au ciseau. Une autre méthode, plus simple, consiste à employer une défonceuse équipée d'une fraise de 4 mm.

Percez deux avant-trous de 4 mm de part et d'autre de la rainure de chaque disque. Présentez le barreau et marquez la position des disques. Présentez ensuite les disques pour repérer la position des vis. Les disques doivent être situés à 75 mm environ sous le plan de travail et à 50 mm en arrière du rebord antérieur. Vissez-les contre les cloisons et glissez le barreau en position.

OUTILS

- Mètre-ruban
- Équerre
- Scie à tenons
- Chignole ou perceuse électrique
- Mèches
- Scie à métaux
- Tournevis
- Lime à métaux/toile émeri
- Ciseau de dressage ou défonceuse

4 Fixation des consoles au mur et pose des lattes : Percez les trous de la tringle et introduisez celle-ci en place avant de fixer la seconde console au mur. Clouez un tasseau provisoire au mur, de façon à placer les consoles au même niveau. Vissez les lattes.

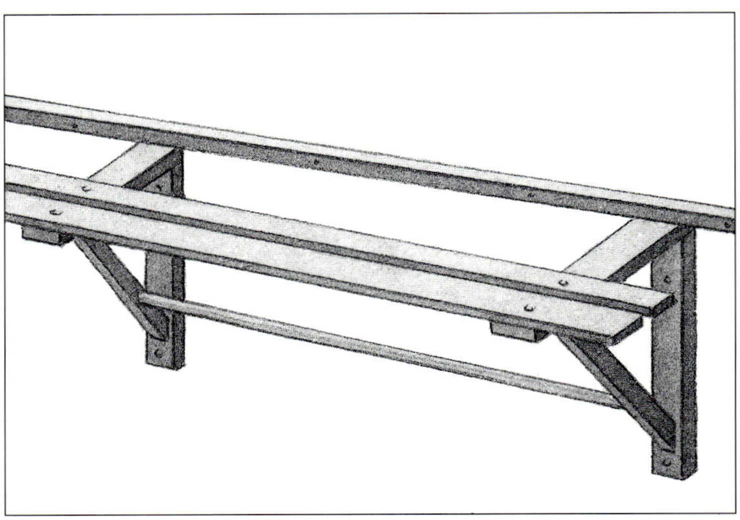

5 Découpe et façonnage des extrémités : Le corps d'une vis tient lieu de pivot. Pour la rainure, percez une série de trous dans le disque d'extrémité.

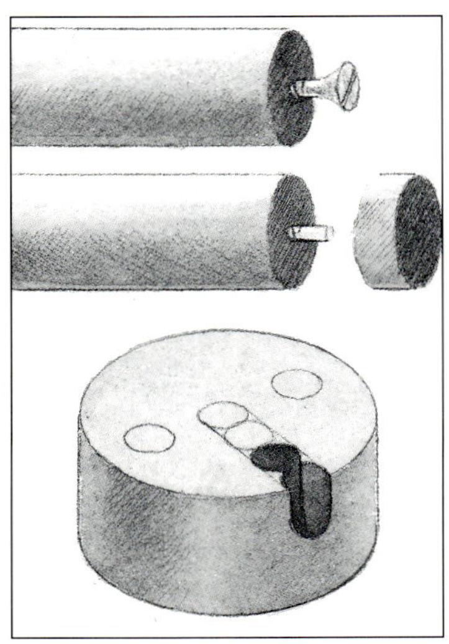

6 Fixation du porte-serviettes : Avec un ciseau étroit, dressez la rainure dans laquelle coulisse le pivot. Vissez les disques aux cloisons.

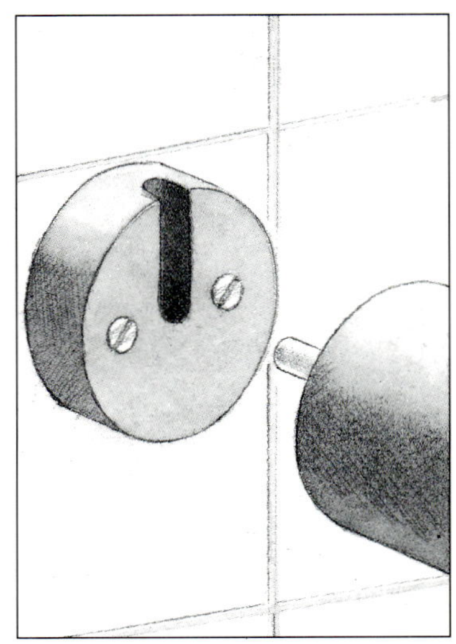

RÂTELIER À COUTEAUX

OUTILS

- Mètre-ruban
- Équerre
- Marteau
- Scie à tenons
- Deux presses en C
- Chignole ou perceuse électrique
- Fraise
- Mèche à béton
- Cale à poncer et papier abrasif

Un râtelier à couteaux est un complément très utile dans la cuisine. Sa réalisation est facile et rapide.

De l'arrière, collez et clouez les deux montants à la première latte. Les extrémités des lattes débordent de 75 mm de chaque côté (fig. 1).

Fixez les autres lattes à intervalles réguliers de 38 mm. Servez-vous d'une pige d'écartement (voir Techniques, p. 236).pour assurer la régularité des intervalles entre lattes. Laissez un espace pour le porte-couteaux. Collez les pièces d'écartement à la pièce arrière du porte-couteaux (une à chaque extrémité et une au centre).

Collez la pièce avant par-dessus les pièces d'écartement. Fixez l'ensemble avec des presses en C, laissez sécher puis poncez.

Fixez par l'arrière le porte-couteaux aux montants dans l'espace laissé libre à cet effet.

Percez et fraisez des trous, au travers des montants et dans le mur, aux endroits voulus. La charge est légère : il n'est donc pas nécessaire, dans un mur creux ou dans un mur en plâtre sur lattis, de fixer le râtelier aux montants.

MATÉRIAUX

Désignation	Quantité	Matériau	Longueur
Lattes	7	Bois tendre de 25 × 19 mm	850 mm
Porte-couteaux (pièce arrière)	1	Bois tendre de 25 × 25 mm	850 mm
Porte-couteaux (pièce avant)	1	Bois tendre de 25 × 6 mm	850 mm
Pièces d'écartement	3	Bois tendre de 25 × 6 mm	50 mm
Montants	2	Bois tendre de 25 × 19 mm	450 mm

1 Clouage des montants aux lattes horizontales : De l'arrière, clouez les montants aux lattes en ménageant un intervalle pour le porte-couteaux. Aidez-vous d'une pige d'écartement pour assurer la régularité des intervalles entre les lattes.

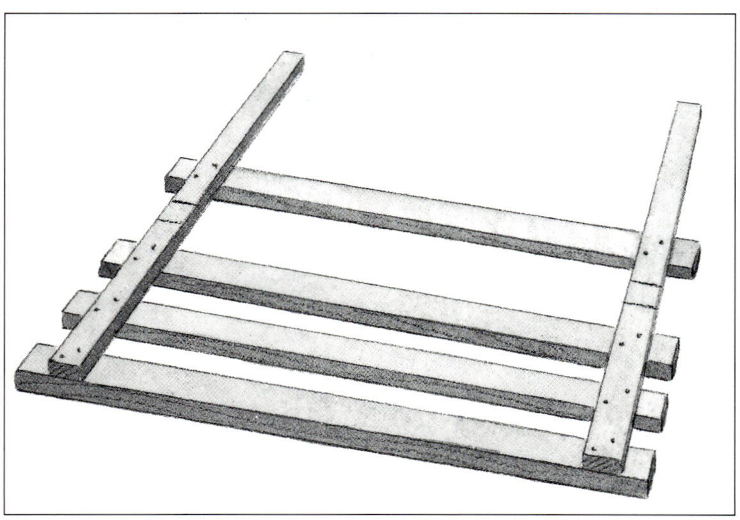

2 Fabrication du porte-couteaux : La pièce arrière du porte-couteaux est plus épaisse que les autres pour tenir compte de l'épaisseur des manches de couteaux. La rainure est obtenue en collant une latte mince sur trois pièces d'écartement.

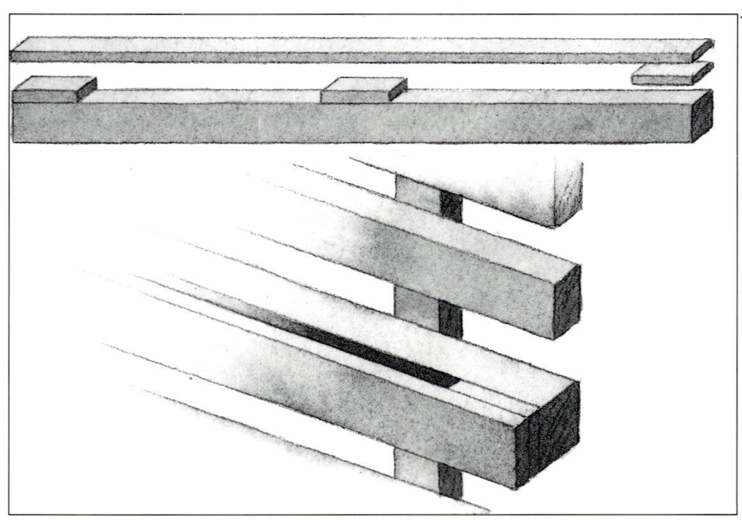

SÉCHOIR

Sciez la pièce de contre-plaqué en diagonale. Arrondissez les angles avec du papier abrasif à grain moyen puis fin. Peignez le bois si nécessaire.

Marquez les centres des trous dans une des pièces d'extrémité. Les centres, espacés entre eux de 100 mm, sont situés à 45 mm des rebords de la pièce. Percez les six trous de 25 mm de diamètre et un petit trou de 6 mm (pour la cordelette). Serrez les deux pièces d'extrémité l'une contre l'autre, et servez-vous de la pièce déjà percée comme gabarit pour marquer la seconde pièce. Introduisez les barreaux dans les deux pièces d'extrémité, en les laissant dépasser d'environ 75 mm vers l'extérieur.

Repérez, au plafond, la position des solives. Si elles sont perpendiculaires au séchoir, ajustez la position de chaque pièce d'extrémité — une fois les poulies fixées — de manière qu'elles se trouvent à l'aplomb des poulies. Si les solives sont parallèles au séchoir, choisissez celle qui convient le mieux à la fixation des poulies. Alignez les pièces d'extrémité sur les poulies. Fixez la poulie double sur le côté à partir duquel vous manœuvrerez le séchoir.

Vissez le piton en un point accessible du mur. Attachez la cordelette au petit trou de la pièce d'extrémité. Passez-la ensuite dans la poulie simple, puis dans la poulie double ; faites-la descendre jusqu'au piton, puis remonter à nouveau jusqu'à la poulie double, pour descendre enfin au second triangle d'extrémité, où vous la fixerez. Prenez la partie laissée lâche de la cordelette et enroulez-la autour du piton.

Vérifiez le bon fonctionnement du séchoir, puis appliquez de la colle à bois dans les trous des barreaux pour les fixer.

OUTILS

- Mètre-ruban
- Règle métallique
- Équerre
- Cale à poncer ; papier abrasif moyen et fin
- Scie sauteuse ou scie à panneaux
- Perceuse électrique
- Mèche plate
- Couteau universel

MATÉRIAUX

Désignation	Quantité	Matériau	Dimensions
Pièces d'extrémité	1	Contre-plaqué de 25 mm	400 × 400 mm
Barreaux	6	Bois dur de 25 mm de diamètre	2 m

1 poulie simple, 1 poulie double, de la cordelette et 1 piton à vis

3 Marquage des trous dans les pièces d'extrémité : Deux triangles sont découpés dans un morceau de contre-plaqué de 400 × 400 × 25 mm. À 45 mm des bords latéraux, marquez, tous les 100 mm, l'emplacement des trous des barreaux.

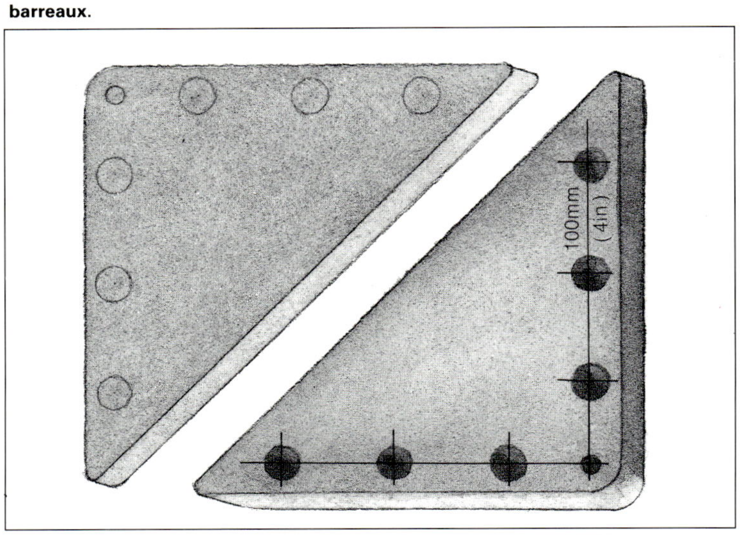

4 Montage du séchoir : Fixez solidement aux solives du plafond une poulie double et une poulie simple. Vissez un piton dans le mur adjacent et disposez la cordelette de façon à pouvoir abaisser et remonter aisément le séchoir.

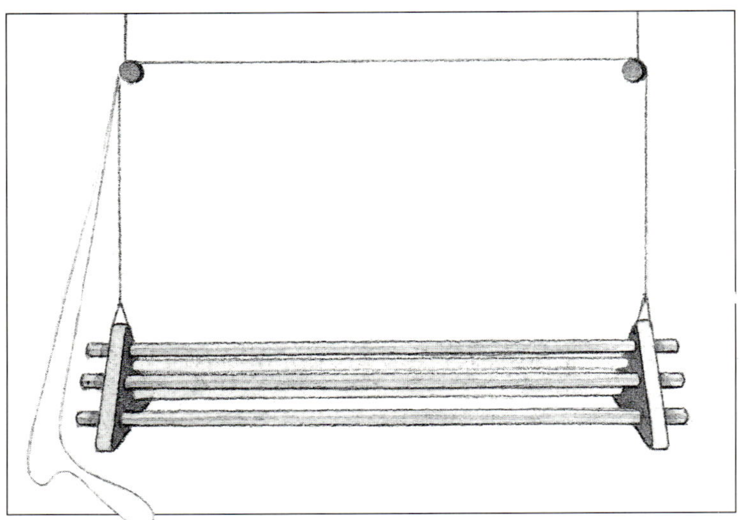

LA SALLE DE BAINS CARRELÉE

Bien souvent, les salles de bains sont des pièces assez mal agencées : il semble que la tuyauterie et les divers équipements y aient été disposés en fonction des besoins du plombier et non pas de son utilisateur.

Ce projet vise à aménager les lieux de façon à dissimuler conduites et dispositifs de plomberie dont l'aspect est souvent inesthétique, voire rébarbatif. La pièce n'est pas encombrée et elle est facile à nettoyer ; deux exigences tout à fait essentielles, à mon avis, puisque l'hygiène est la raison d'être de la salle de bains.

L'ensemble de cette salle de bains est d'une grande facilité de réalisation, à partir du moment où vous maîtrisez l'art du carrelage mural (découpe, pose et jointoyage). L'espace ménagé à l'arrière de la baignoire, de la douche et du lavabo donne la possibilité de dissimuler toutes les conduites d'alimentation et d'évacuation. Le grand miroir derrière la baignoire n'est pas essentiel ; cependant, il donne un sentiment d'espace à cette pièce de dimensions réduites.

Le coloris et la forme des carreaux sont bien sûr laissés à votre libre appréciation. Des carreaux simples de couleur blanche associés à une baignoire, un lavabo, une douche également blancs conviennent particulièrement bien, à mon avis ; ils reflètent bien la lumière et renforcent ainsi l'impression d'hygiène.

Cabinet de toilette carrelé

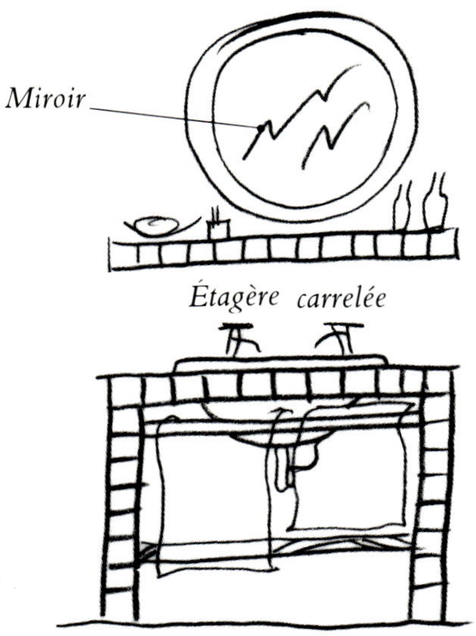

Lavabo encastré dans un panneau carrelé avec étagère en bois et porte-serviettes

VUE DE FACE

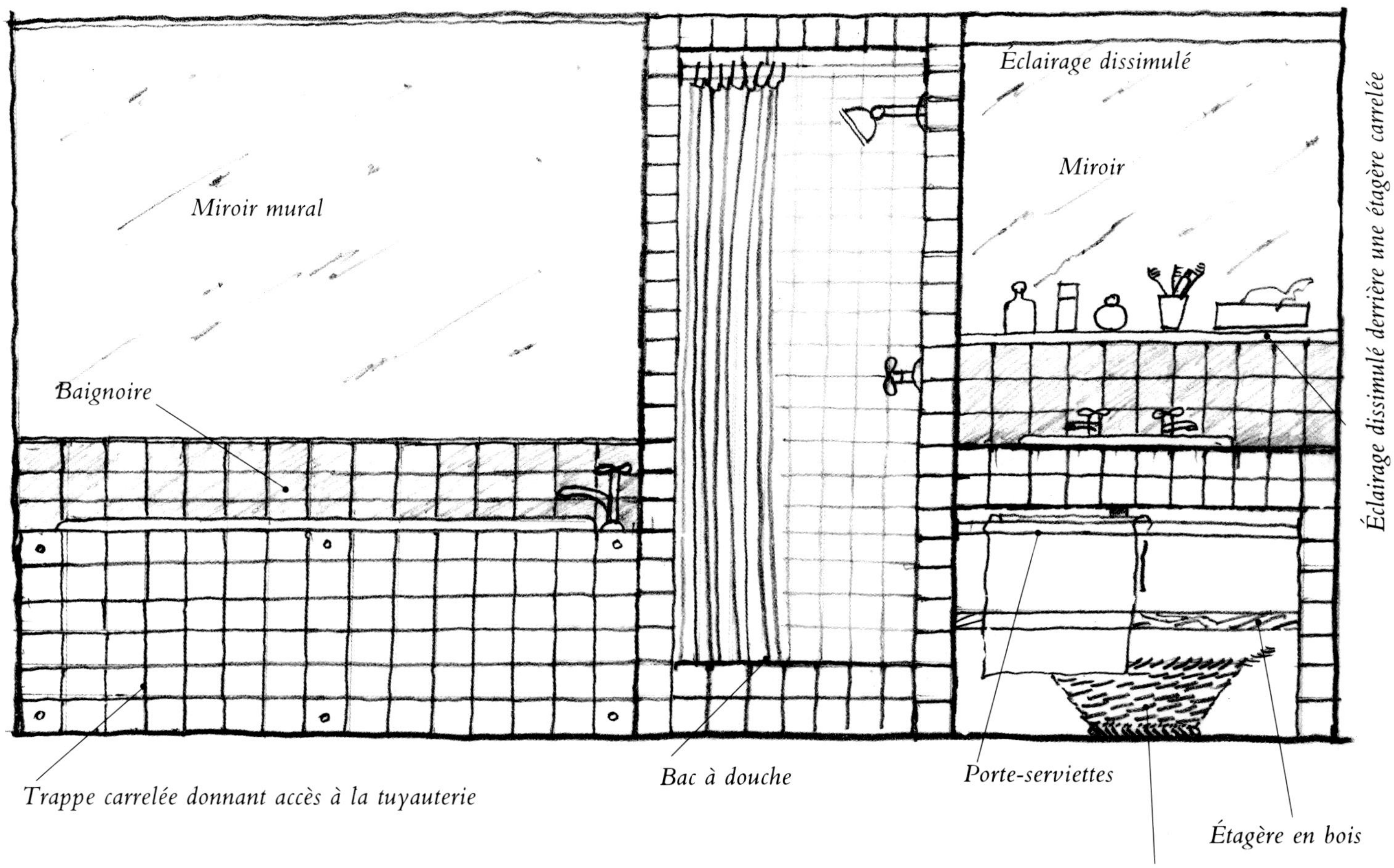

VUE EN PLAN

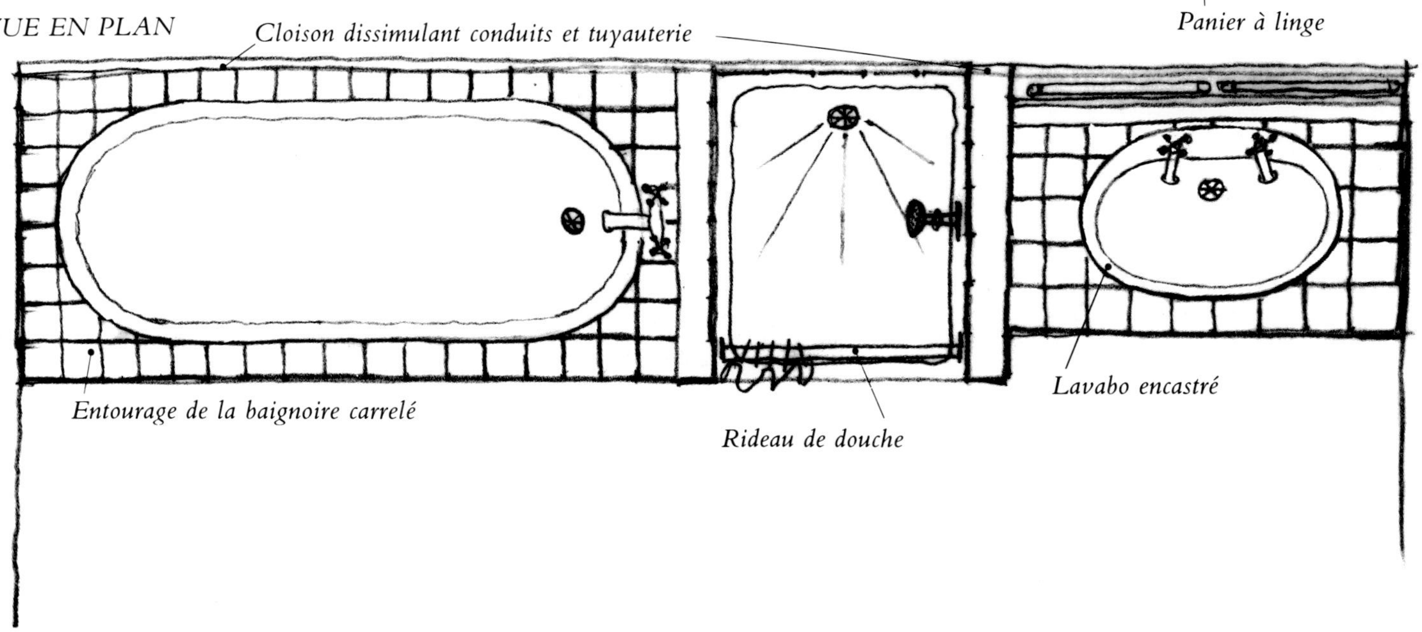

Ce projet détaille la façon de réaliser une salle de bains carrelée dont tous les équipements sont encastrés dans des berceaux faits de bâtis assemblés ; de cette façon toute tuyauterie se trouve dissimulée. La dimension des bâtis est calculée en fonction de celle de la salle de bains et de celle des carreaux. Il vous faudra bien sûr adapter la conception en fonction de la configuration de votre salle de bains.

Nous vous conseillons vivement d'établir un plan à l'avance, de façon à étudier, avec le plombier et l'électricien, l'emplacement exact des conduits électriques, des tuyaux et des trappes d'accès, ainsi que l'ordre d'exécution des travaux.

La coordination des divers travaux est essentielle, car il est plus facile de poser les câbles et les tuyaux lors de la fabrication des bâtis.

Le problème ne se pose pas si vous réalisez vous-même les travaux de plomberie, ce qui est aujourd'hui plus facile car il existe de nombreux systèmes d'assemblage simples et rapides, comme les tuyaux d'évacuation et les siphons en plastique ou encore les raccords rapides.

Une fois les berceaux posés et certains panneaux assemblés provisoirement, il doit être possible d'exécuter toute la plomberie en une seule séance de travail.

Avant de vous mettre au travail, prenez tout le temps nécessaire pour calculer les dimensions, ce qui vous permettra de réduire le plus possible les coupes des carreaux et, si elles sont inévitables, de les disposer dans les endroits les moins apparents. Essayez, autant que possible, de n'utiliser que des carreaux entiers.

Lorsque deux surfaces carrelées se joignent sur un angle horizontal, les carreaux horizontaux doivent toujours recouvrir les carreaux verticaux. Ce cas se présentera à l'angle du receveur de douche et à celui formé par le mur et le berceau recevant la baignoire. Pensez toujours à faciliter l'écoulement de l'eau d'un carreau sur l'autre et à éviter sa stagnation et son infiltration dans les joints.

Tous les bâtis sont construits avec du bois raboté de 75 × 50 mm et revêtus de contre-plaqué de coffrage de 12 mm, qui offre une excellente résistance à l'humidité. Nos carreaux sont de 108 × 108 mm, une dimension qui convient bien à notre projet.

OUTILS

Mètre-ruban
Niveau à bulle
Équerre
Détecteur de métal
Couteau universel et trusquin (utile mais non essentiel)
Scie circulaire (ou scie à panneaux)
Scie à tenons
Scie sauteuse (ou scie à guichet)
Chignole ou perceuse électrique
Mèches hélicoïdales pour avant-trous et trous de dégagement
Mèches à béton (diamètre en fonction des chevilles utilisées)
Fraise
Burin
Rabot à replanir
Défonceuse et fraises
Cordeau traceur
Tournevis
Marteau
Chasse-clou
Ponceuse électrique ou cale à poncer
Outillage de carreleur
Pistolet à mastic (si nécessaire)

MATÉRIAUX

Désignation	Quantité	Matériau	Longueur
BÂTI DE LA BAIGNOIRE			
Traverses hautes et basses	4	Bois raboté de 75 × 50 mm	Longueur de la baignoire + 2 carreaux
Montants	8	Bois raboté de 75 × 50 mm	Hauteur de la baignoire − 100 mm*
Traverses hautes et basses des bâtis d'extrémité	4	Bois raboté de 75 × 50 mm	Distance entre les faces internes des bâtis avant et arrière
Montants des bâtis d'extrémité	4	Bois raboté de 75 × 50 mm	Hauteur de la baignoire − 100 mm*
Bandeaux de recouvrement des extrémités	2	Contre-plaqué de coffrage de 12 mm découpé à la largeur des carreaux	Distance entre le mur de fond et le devant du panneau de façade
Bandeau de recouvrement arrière	1	Contre-plaqué de coffrage de 12 mm découpé à la largeur des carreaux	Longueur de la baignoire
Bandeau de recouvrement avant	1	*Id.* ci-dessus, mais une largeur de carreau moins une épaisseur de carreau pour permettre le recouvrement de la rangée verticale de carreaux	Longueur de la baignoire
Panneau d'habillage	1	*Id.* ci-dessus. Largeur égale à la hauteur du bâti	Longueur du bâti avant

* Longueurs approximatives seulement — Reportez-vous au texte pour les cotes exactes.

LA BAIGNOIRE

Calculez les dimensions des bâtis de façon qu'ils s'adaptent aux extrémités de la baignoire, en prévoyant l'espace du bandeau supérieur en contre-plaqué de 12 mm qui doit se trouver exactement au niveau du rebord de la baignoire ; ceci pour permettre au carreau de recouvrir exactement ces deux éléments, facilitant ainsi la réalisation du joint.

En utilisant du bois raboté de 75 × 50 mm, clouez les bâtis, les montants venant se loger entre les traverses, un à chaque extrémité, et deux répartis également sur la longueur restante.

La baignoire repose dans un berceau, à moins qu'elle ne soit pourvue de pieds réglables. Suivez attentivement les instructions de montage du fabricant... Pour répartir le poids sur plusieurs solives du plancher, calez les pieds avec des chutes de bois de 75 × 50 mm disposées sur chant (n'oubliez pas de tenir compte de ces pièces dans vos calculs de hauteur). La pose doit être faite strictement de niveau, en longueur comme en largeur, pour assurer un bon écoulement.

La fabrication des bâtis d'extrémité se fait de la même façon que celle des

BAIGNOIRE : ASSEMBLAGE DU BÂTI

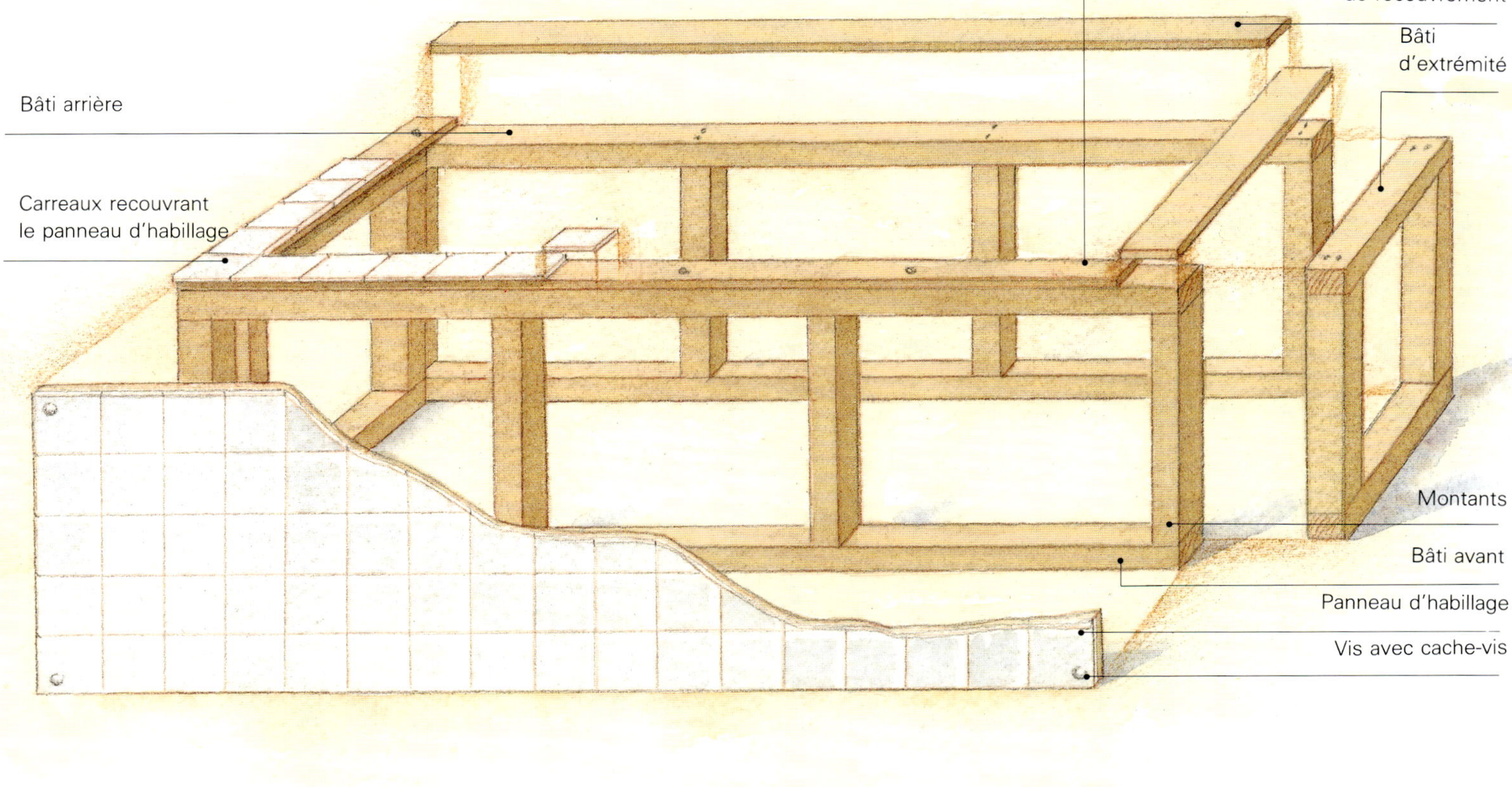

bâtis avant et arrière, entre lesquels ils viennent se fixer. N'oubliez pas de tenir compte de l'épaisseur du contre-plaqué d'habillage (12 mm). Si l'une ou les deux extrémités de la baignoire se trouvent contre le mur ou une cloison, les bâtis d'extrémité pourront se réduire à la seule traverse haute destinée à recevoir le bandeau de recouvrement.

FIXATION DES BÂTIS

Vissez le bâti arrière au mur, en calant si nécessaire pour conserver le niveau. Vissez les bâtis d'extrémité aux montants du bâti arrière et à la cloison s'il y en a une. Installez la baignoire et réglez-en le niveau.

Positionnez le bâti de façade et vissez-le aux bâtis d'extrémité et aux murs s'il y a lieu.

AJUSTAGE DES BANDEAUX DE RECOUVREMENT EN CONTRE-PLAQUÉ

Dans du contre-plaqué de coffrage de 12 mm, coupez d'abord les bandeaux d'extrémité dont la largeur équivaut à celle d'un carreau, et dont la longueur est égale à la profondeur totale des bâtis assemblés. Mesurez l'intervalle entre les deux bandeaux d'extrémité et découpez deux longueurs de contre-plaqué à cette dimension. Notez que le bandeau avant est un peu plus étroit car les carreaux de ce bandeau recouvrent les carreaux du panneau d'habillage de la baignoire.

Déposez un cordon de mastic au silicone sur le bord intérieur de tous les bandeaux et vissez ceux-ci aux bâtis ; le contre-plaqué doit être exactement à fleur du rebord de la baignoire. Le joint entre la baignoire et le bandeau doit aussi être enduit de mastic au silicone pour éviter les infiltrations sous les carreaux. Vous disposez maintenant d'une surface prête à carreler.

AJUSTAGE DU PANNEAU DE FAÇADE

Coupez le panneau de façade dans du contre-plaqué de coffrage de 12 mm de façon qu'il recouvre tout le bâti plus un éventuel panneau d'habillage en bout. Il doit être démontable pour permettre, le cas échéant, une intervention sur la plomberie. C'est pourquoi vous le fixerez après le carrelage avec des vis équipées de cache-vis du type de celles utilisées pour les miroirs.

MATÉRIAUX

Désignation	Quantité	Matériau	Longueur
ÉLÉMENTS VERTICAUX DE LA DOUCHE			
Montant avant	1	Bois raboté de 75 × 50 mm	Hauteur sous plafond
Traverses haute et basse	2 par côté	Bois raboté de 75 × 50 mm	Distance entre la face arrière du montant avant et le mur du fond
Montant arrière	1	Bois raboté de 75 × 50 mm	Comme montant avant − 100 mm*
Traverses intermédiaires	Selon besoins	Bois raboté de 75 × 50 mm	Distance entre montants avant et arrière
Panneaux latéraux	2 par côté	Contre-plaqué de coffrage de 12 mm	Dimensions extérieures du bâti à couvrir
SOCLE DE LA DOUCHE			
Traverses hautes et basses	4	Bois raboté de 50 × 50 mm	Distance entre éléments verticaux
Montants	4	Bois raboté de 50 × 50 mm	Hauteur du bac à douche − 112 mm*
Panneau de façade	1	Contre-plaqué de coffrage de 12 mm ; largeur égale à la dimension entre côtés	Hauteur du socle de base
Panneau de dessus	1	Contre-plaqué de coffrage de 12 mm ; largeur égale à la dimension entre côtés	Distance entre le devant du socle et le bac à douche
PLAFOND DE LA DOUCHE			
Panneau de plafond	1	Contre-plaqué de coffrage de 12 mm ; largeur égale à la distance entre côtés	Profondeur de la douche
Panneau de façade	1	Contre-plaqué de coffrage de 12 mm ; même largeur que panneaux du socle	Hauteur des carreaux − 12 mm
Traverse du panneau de façade	1	Bois brut de 50 × 50 mm	Largeur du panneau de plafond
Tasseaux-supports du plafond	2	Bois raboté de 50 × 50 mm	Profondeur du plafond − 62 mm

* Longueurs approximatives seulement — Référez-vous au texte pour les cotes exactes.

LA DOUCHE

CLOISONNEMENTS VERTICAUX

Mesurez la hauteur sous plafond à l'emplacement exact du montant avant. Déterminez ensuite la profondeur de la douche.

Calculez la longueur des traverses avant et arrière qui se placent à l'arrière du montant. Découpez-les dans du bois raboté de 75 × 50 mm.

Coupez ensuite le montant arrière qui se positionne entre les traverses haute et basse. Sa longueur est donc celle du montant moins 100 mm (deux fois l'épaisseur des traverses), mais cette cote doit être vérifiée au cas où l'épaisseur réelle du bois serait légèrement différente.

BÂTI DE BASE

Clouez le montant à la traverse haute avec des pointes à tête plate de 75 mm en vous appuyant sur un support rigide (voir Techniques, p. 240).

Faites de même avec la traverse basse, puis avec le montant arrière que vous positionnerez un peu en retrait (12 mm) de l'extrémité des traverses pour faciliter l'ajustage. Ce retrait peut être augmenté si vous devez prévoir le passage de tuyaux.

TRAVERSES INTERMÉDIAIRES

Elles renforcent et rigidifient le bâti, mais sont aussi utiles pour recevoir d'éventuels tasseaux de fixation ou équipements divers. Dans ce cas, la position des traverses est fonction de l'emplacement des équipements.

Dans notre projet, une traverse doit être placée là où la cloison rencontre les supports du lavabo et des étagères. Vous pouvez aussi avoir besoin de points de fixation pour le mélangeur de la douche ou le pommeau, selon le type de douche choisi (voir fig. 2, p. 56). De même, il vous faudra prévoir une traverse à la hauteur du joint éventuel entre deux panneaux d'habillage, si une seule longueur ne vous suffit pas pour couvrir toute la hauteur de la pièce. Les autres traverses seront disposées à des intervalles d'environ 60 à 90 cm.

Il est bon de prévoir une trappe d'accès à hauteur des raccordements de la douche, en cas d'intervention nécessaire sur la plomberie. Il suffit de débiter un panneau dont la surface

1 Assemblage du bâti de base de la cloison : Utilisez des pointes à tête plate pour assembler les pièces de bois rabotées. Clouez le montant avant aux traverses haute et basse, puis placez le montant arrière à 12 mm en retrait pour faciliter l'ajustage.

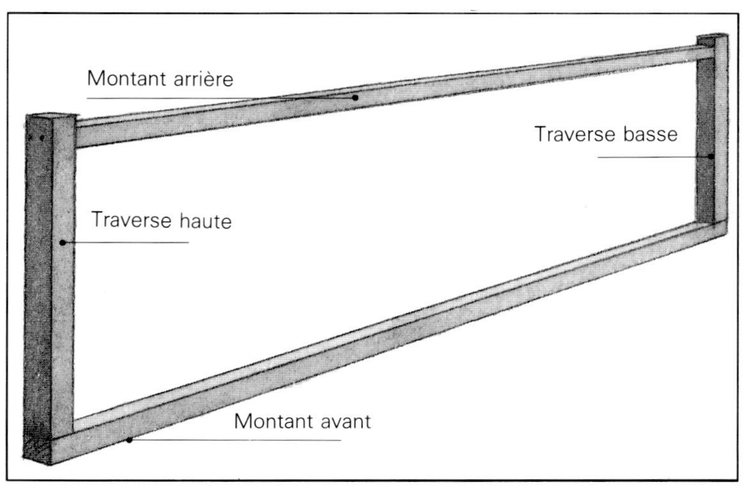

SCHÉMA DE MONTAGE DE LA DOUCHE

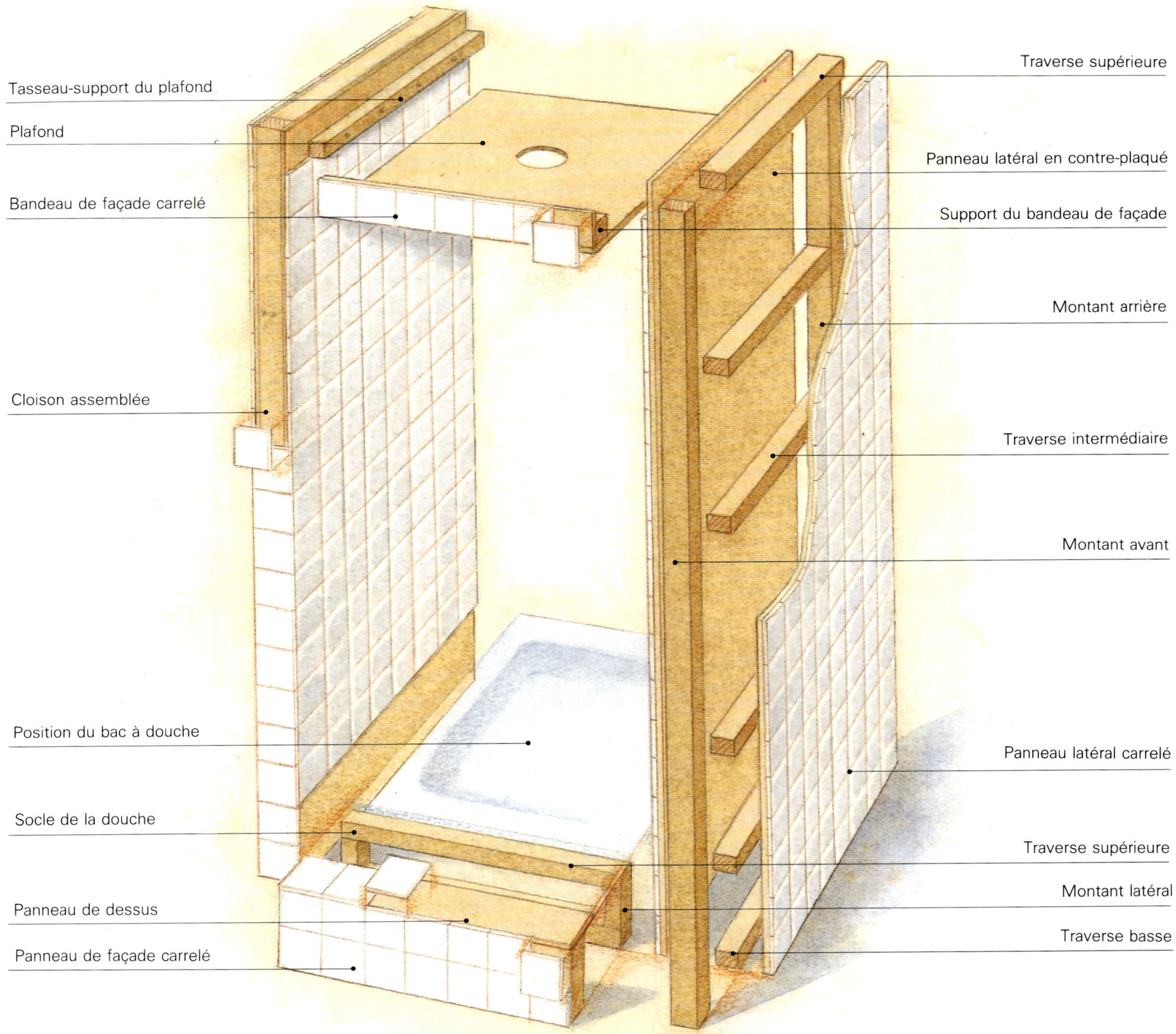

corresponde à celle de carreaux entiers (fig. 2) et de le fixer à des traverses supplémentaires disposées à cet effet. Vous pouvez préférer un grand panneau qui permettra également l'accès aux raccordements du mélangeur. Si vous recourez aux services d'un plombier, demandez-lui conseil.

MONTAGE DES PANNEAUX LATÉRAUX

Une fois les bâtis cloués, mesurez les panneaux latéraux de façon qu'ils recouvrent exactement ces bâtis. Découpez le nombre voulu de panneaux dans du contre-plaqué de coffrage de 12 mm, en vérifiant bien l'équerrage. Repérez l'axe des montants et des traverses sur le chant des panneaux pour faciliter le clouage.

Posez le bâti à plat et posez dessus le panneau de contre-plaqué intérieur. Alignez exactement le panneau sur l'angle du montant avant. Collez et clouez, tous les 150 mm environ, avec des pointes à tête plate de 40 mm. Guidez-vous sur les traits d'axe pour clouer bien au milieu de la traverse.

Une fois le clouage terminé sur le montant avant, mettez le reste du bâti d'équerre en vous guidant sur le panneau. Reportez les tracés d'axe sur la face du panneau.

Continuez le clouage des traverses et du montant arrière tout en vérifiant l'équerrage du bâti. Ne fixez pas le deuxième panneau à ce stade de l'opération.

Procédez de la même façon avec l'autre élément.

FIXATION DES ÉLÉMENTS DE CLOISON

Présentez vos éléments en place en les espaçant de la largeur du bac à douche. Vérifiez la verticalité avec un fil à plomb et un niveau à bulle. Ajustez vos éléments au mur si cela est nécessaire (voir Techniques, p. 246). Cet ajustage n'a pas à être extrêmement précis, car le joint au mur sera recouvert par les carreaux. Fixez les éléments au mur en vissant au travers du montant arrière, après avoir calé selon les besoins entre le mur et le montant, à l'emplacement des vis.

Vissez au plafond au travers de la traverse supérieure, si possible dans les solives que vous pouvez repérer à l'aide d'un détecteur de métal ; l'appareil indique les lignes de clouage au plafond (voir Techniques, p. 240). Si l'élément de cloison est situé entre deux solives (ce qui est vraisemblable s'il est parallèle à celles-ci), fixez un morceau de bois de 75 × 50 mm entre deux solives. Selon la disposition des lieux, il vous faudra peut-être passer par le grenier ou même ôter quelques lames de parquet dans la pièce du dessus. Dans ce cas, profitez-en pour faire installer du même coup un plafonnier par votre électricien.

Enfin, vissez la traverse basse au sol, en calant si nécessaire pour qu'elle soit bien de niveau.

Fixez provisoirement le deuxième panneau au moyen de quelques pointes enfoncées à mi-longueur. Vous pourrez le retirer facilement pour les travaux de plomberie, et cela vous permettra de terminer l'assemblage des éléments.

LE SOCLE

Positionnez provisoirement le bac à douche et réglez-en la hauteur de façon à ne pas avoir à couper les carreaux. Avec du bois de 50 × 50 mm, construisez un bâti de la longueur du renfoncement et de la hauteur du bac moins l'épaisseur du contre-plaqué qui le recouvrira. Les traverses vont de mur à mur et sont clouées aux montants.

Posez le bâti contre le bac à douche et vissez au travers des montants dans le contre-plaqué des cloisons. Construisez un autre bâti identique au premier et positionnez-le à l'avant des éléments de cloison, en retrait d'une épaisseur de contre-plaqué. Vissez et collez dans les côtés comme précédemment.

Si, comme dans notre cas, la largeur totale de cette marche est égale à celle d'un carreau, les deux bâtis se toucheront presque. Débitez un morceau de contre-plaqué de 12 mm recouvrant entièrement ce bâti. Débitez-en un deuxième pour le dessus, de l'angle avant jusqu'à toucher le bac, mais ne fixez pas ces deux morceaux pour le moment, car vous devez garder l'accès libre pour les travaux de raccordement (voir Plomberie et électricité, p 60).

Consultez les instructions de pose fournies par le fabricant du bac à douche. Certains bacs doivent être posés sur des tasseaux suffisamment rigides pour répartir le poids du bac. Si c'est le cas, il vous faudra régler la hauteur des pieds en fonction de l'épaisseur des tasseaux.

Si vous fixez des accessoires dans les éléments en bois, appliquez au pistolet un cordon de mastic au silicone entre le bois et l'accessoire. C'est une protection supplémentaire au cas où

1 Habillage du bâti. **Il faut prévoir des traverses intermédiaires à la hauteur des points de fixation des tasseaux et derrière les joints éventuels entre panneaux de contre-plaqué. Clouez tous les 150 mm environ.**

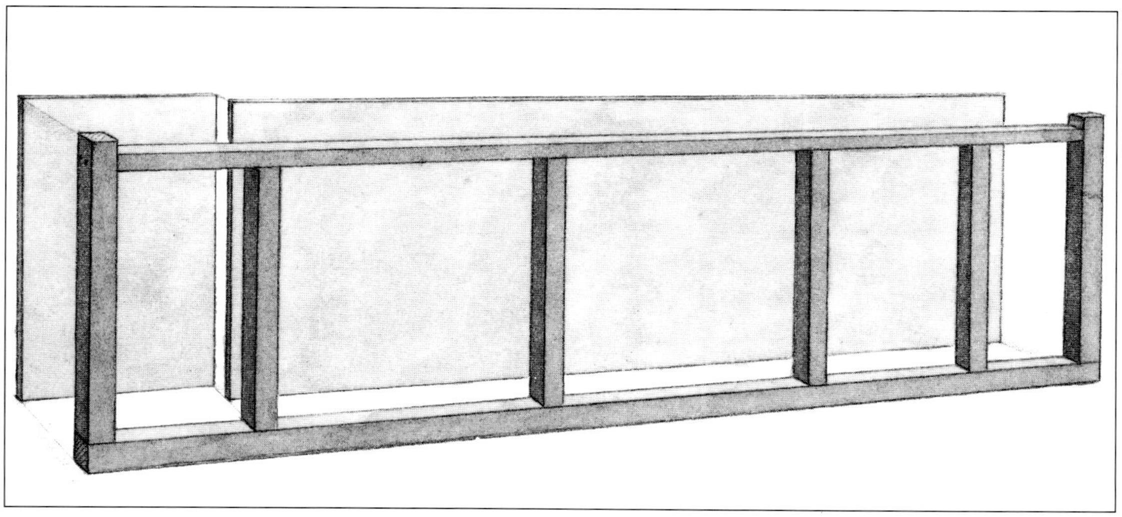

2 Pose d'une trappe de visite. **Il est sage d'en poser une à la hauteur des raccordements de la douche. La surface du panneau correspondra à un nombre entier de carreaux.**

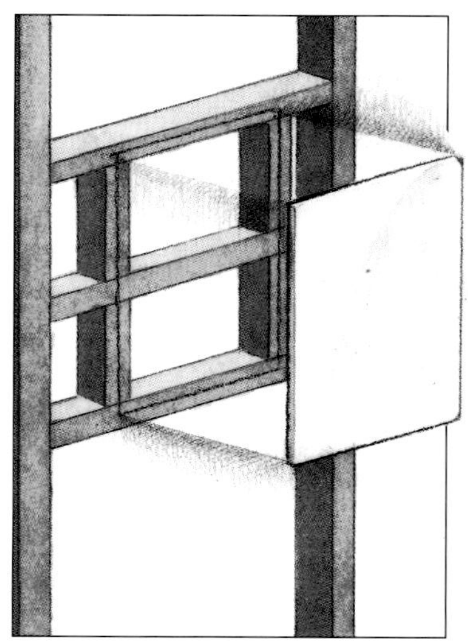

l'étanchéité du joint final avec le carrelage serait défectueuse (voir Carrelage, p. 252).

LE PLAFOND DE LA DOUCHE

Mesurez exactement les dimensions intérieures de la douche et découpez à ces cotes, dans du contre-plaqué de coffrage de 12 mm, le panneau servant de plafond. Débitez également un panneau qui servira de bandeau de façade et sera fixé au-dessus du plafond. Mais vous pouvez aussi poser le carrelage des côtés jusqu'à la hauteur du plafond, avant de fabriquer celui-ci et de finir enfin la pose des carreaux.

Le panneau du plafond et son bandeau de façade sont assemblés d'équerre au moyen d'un tasseau de 50 × 50 mm, par collage et vissage.

Coupez, dans du bois de 50 × 50 mm, deux tasseaux destinés à être fixés horizontalement sur les faces intérieures des cloisons ; le plafond sera fixé à ces tasseaux. Ils se placent entre le support du bandeau de façade et le mur, mais ne les fixez pas encore, tant que les travaux de plomberie ne sont pas achevés.

Achetez une tringle pour le rideau de douche, de la bonne largeur, et fixez-la.

TABLETTE EN VERRE. *Une tablette en verre a été disposée au-dessus du lavabo ; les instructions pour la fixation sont détaillées p. 61.*

3 Fabrication du socle à la hauteur du bac. **Le socle comprend deux bâtis recouverts d'un panneau de façade et d'un panneau de dessus de la largeur d'un carreau. Si la hauteur du bac est celle d'un carreau, les deux traverses se toucheront presque.**

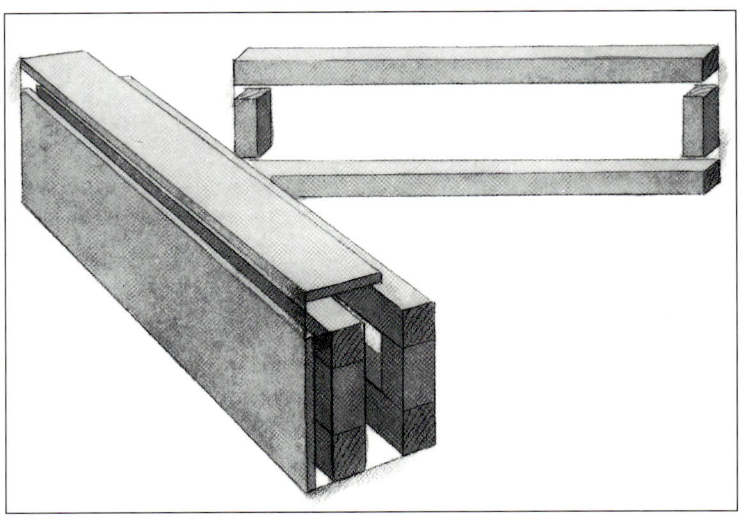

4 Assemblage du plafond. **Le panneau doit combler l'espace entre les deux cloisons. La hauteur du panneau de façade doit être suffisante pour cacher le plafonnier.**

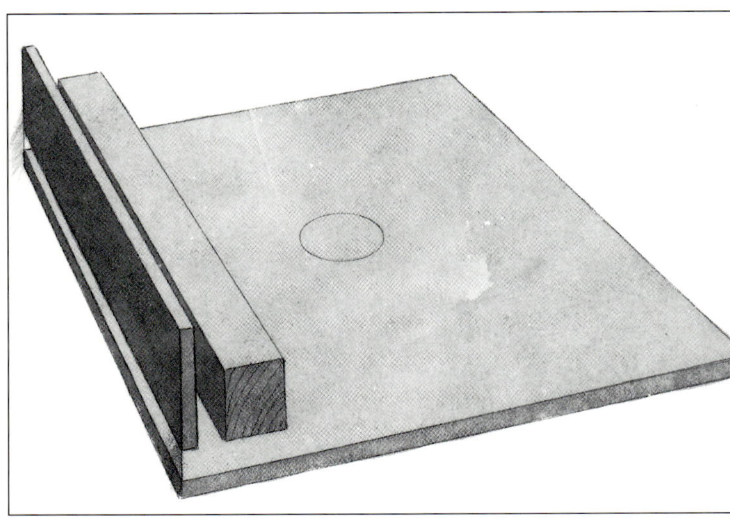

MATÉRIAUX

Désignation	Quantité	Matériau	Longueur
LE LAVABO			
Montant avant de l'élément-cloison	1	Bois raboté de 75 × 50 mm	Hauteur du lavabo − 12 mm
Traverses haute et basse	2	Bois raboté de 75 × 50 mm	Distance entre la face arrière du montant avant et le mur
Montant arrière	1	Bois raboté de 75 × 50 mm	Hauteur du lavabo − 112 mm*
Traverse intermédiaire	1	Bois raboté de 75 × 50 mm	Distance entre montants
Panneaux d'habillage	1 ou 2	Contre-plaqué de coffrage de 12 mm ; largeur : largeur totale du bâti	Hauteur du bâti
Panneau de façade	1	Contre-plaqué comme ci-dessus ; largeur suffisante pour dissimuler le lavabo	Distance entre cloisons
Panneau de dessus	1	Contre-plaqué de coffrage de 19 mm ; largeur : profondeur du renfoncement	Largeur du renfoncement
Traverse de soutien du panneau de façade	1	Bois raboté de 75 × 50 mm ou 50 × 50 mm + blocs de fixation	Largeur du renfoncement − épaisseur de la cloison
Tasseau-support du panneau de dessus	1	Bois raboté de 50 × 50 mm	Comme la traverse haute du bâti latéral
Étagère sous lavabo	1	Panneau de particules mélaminé de 12 mm ou contre-plaqué (si carrelée) ; largeur : profondeur du renfoncement moins environ 125 mm	Distance entre cloisons latérales (après carrelage)
Bordure de l'étagère	1	Pin de 50 × 25 mm	Distance entre cloisons latérales (après carrelage)
Supports de l'étagère	2	Bois raboté de 25 × 25 mm	Profondeur de l'étagère
Tablette en verre	1	Verre résistant (selon indications du fournisseur). Largeur au choix + 12 mm à encastrer	Largeur du renfoncement + 25 mm
Tasseau-support arrière de la tablette en verre	1	Bois dur de 12 × 12 mm (ou selon épaisseur du plâtre)	Largeur du renfoncement + 25 mm
Tasseau-support latéral de la tablette en verre	1	Bois dur de 12 × 12 mm (ou selon épaisseur du plâtre)	Largeur de la tablette − 12 mm, ou l'épaisseur du tasseau (si différente)
Bandeau cache-lumière	1	Contre-plaqué de 19 mm ; largeur : 1 largeur de carreau	Largeur du renfoncement
Supports du bandeau cache-lumière	2	Bois raboté de 50 × 25 mm	Largeur du bandeau − 25 mm

* Longueur approximative — Référez-vous au texte pour les cotes exactes

LE LAVABO

Il est encastré dans un plan carrelé, avec une étagère en dessous. Il s'appuie d'un côté contre la cloison de la douche, de l'autre sur une cloison basse. Il est également possible de le poser sur deux éléments bas.

L'ÉLÉMENT-LAVABO

Décidez de la hauteur totale et de la profondeur que vous voulez lui donner. Prévoyez un espace assez important autour du lavabo.

L'élément de cloison est fabriqué comme celui de la douche, mais une seule traverse intermédiaire est suffisante, placée à la hauteur choisie pour l'étagère. Notez cette hauteur pour pouvoir la retrouver une fois les habillages posés.

Tracez les axes des traverses et des montants sur les bords des bâtis pour vous guider lors du clouage des panneaux d'habillage. Débitez ces panneaux. Si l'élément est fixé contre un mur, un seul panneau latéral est suffisant. Ne le fixez pas pour le moment. Si votre élément n'est pas en appui contre un mur, fixez le panneau extérieur seulement, selon la même procédure que pour la douche (p. 54) : collez et clouez le montant avant dans un premier temps, amenez l'ensemble d'équerre puis achevez le clouage. Fixez l'élément en place comme nous l'avons expliqué plus haut.

Si l'élément est appuyé contre un mur, maintenez le bâti à 12 mm du mur, vérifiez sa verticalité et calez si nécessaire. Calez entre le mur et le bâti à la hauteur des vis de fixation. Si le mur est inégal et que l'écart varie, limitez-le à 12 mm maximum. Cela vous évitera un travail d'ajustage tout en permettant le recouvrement du montant de façade par un carreau entier. Clouez provisoirement le panneau intérieur.

PANNEAU DE FAÇADE

Prenez la mesure intérieure du renfoncement entre les deux cloisons et débitez à cette mesure un morceau de contre-plaqué de coffrage de 12 ou 19 mm,

SCHÉMA DE MONTAGE DU LAVABO

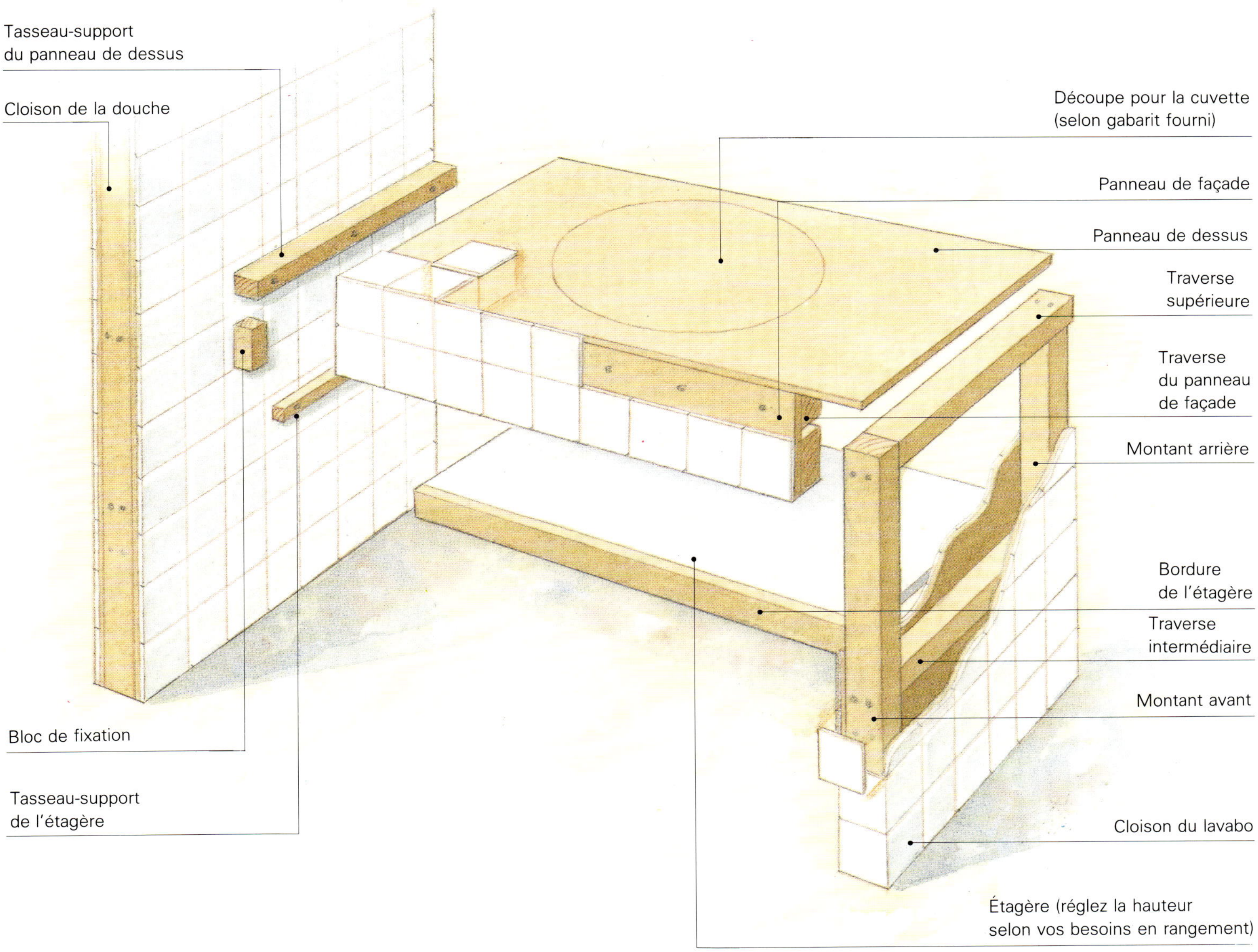

d'une largeur suffisante pour dissimuler le dessous du lavabo. Faites en sorte que la dimension totale soit équivalente à plusieurs carreaux entiers, en tenant compte de l'épaisseur du panneau de dessus.

PANNEAU DE DESSUS

Déterminez ses dimensions de façon qu'il s'inscrive parfaitement dans le renfoncement, et qu'il se trouve dans l'alignement du rebord antérieur de la cloison basse. Débitez-le dans du contre-plaqué de coffrage de 19 mm. Assemblez-le d'équerre avec le panneau de façade au moyen d'un tasseau de 75 × 50 mm ou 50 × 50 mm coupé à la longueur de ce panneau. Assurez-vous que le panneau de façade vient bien se loger sous le panneau de dessus et qu'un espace suffisant est ménagé en bout pour insérer l'élément d'extrémité. Vissez et collez les panneaux dans le tasseau.

FIXATION DU BÂTI DU LAVABO

Pour soutenir le bâti du lavabo du côté de la douche, vissez un tasseau de 50 × 50 mm dans la cloison, à la hauteur d'une des traverses intermédiaires. Ce tasseau doit être exactement de niveau avec l'élément de cloison bas. Mettez le bâti en place ; vous le fixerez après la réalisation des travaux de plomberie.

Faites la découpe d'encastrement du lavabo à l'aide du gabarit fourni par le fabricant. Utilisez pour cela une scie sauteuse ou une scie à guichet. Vérifiez le bon encastrement de la cuvette ; vous la fixerez une fois le carrelage posé.

Vissez deux blocs de bois de 50 × 50 mm à l'arrière et à chaque extrémité du panneau de façade, pour permettre sa fixation aux deux cloisons.

PLOMBERIE ET ÉLECTRICITÉ

À ce stade du travail, le plombier peut poser les appareils (douche, baignoire, lavabo) et installer les tuyaux d'alimentation et d'évacuation. Les raccords de douche peuvent être posés dès maintenant, et les raccordements faits pour les installations apparentes, mais les équipements finaux seront posés dans tous les cas après le carrelage de la douche.

Les câbles électriques seront également posés à ce stade, en prenant soin de laisser dépasser une longueur suffisante pour le câblage des éclairages, des prises pour rasoir, des radiateurs et autres appareils électriques à venir.

FIXATION DÉFINITIVE DES CLOISONS ET DES BÂTIS DE LA DOUCHE ET DU LAVABO

Clouez tous les habillages restants aux éléments. Vissez le bâti du lavabo en place dans le tasseau de fixation et dans l'élément bas ; vissez les pièces de fixation en bout de panneau dans les cloisons.

Pour le socle de la douche, vissez en place le panneau de façade sur son bâti, et le panneau de dessus sur les deux bâtis. Appliquez un cordon de silicone entre le bâti et les appareils, partout où cela est nécessaire.

Pour le plafond, vissez les tasseaux de 50 × 50 mm dans le contre-plaqué des côtés, à la bonne hauteur, puis vissez le plafond à ces tasseaux. Si vous préférez travailler à plat pour la pose du carrelage, collez tous les carreaux avant de poser le panneau du plafond, à l'exception de ceux qui recouvriront les vis de fixation, que vous poserez après la fixation définitive.

CARRELAGE

Pendant la pose du carrelage, protégez les équipements des éclaboussures de colle ou de barbotine. S'ils sont emballés, conservez les emballages le plus longtemps possible. Commencez la pose (voir Techniques, p. 252). Vous trouverez ci-dessous quelques conseils particuliers pour cet agencement.

Carrelez pour commencer les côtés des cloisons, mais relevez d'abord la position des traverses intermédiaires pour la fixation ultérieure des tasseaux d'étagères. Progressez de l'avant vers l'arrière, pour que les coupes éventuelles se trouvent contre le mur.

Carrelez le panneau de plafond avant de le poser, en laissant libres les rangées de bordure pour pouvoir le visser aux tasseaux. Si vous l'avez déjà fixé, carrelez les cloisons jusqu'au plafond. Carrelez ensuite les parties avant, c'est-à-dire les faces avant des cloisons, les panneaux de façade de la baignoire, de la douche et du lavabo.

Continuez par les surfaces horizontales qui entourent vos appareils. Sur le pourtour de la baignoire où l'eau risque de stagner, ménagez une légère pente intérieure en augmentant un peu l'épaisseur de colle de l'autre côté des carreaux.

1 Assemblage du panneau horizontal du lavabo en contre-plaqué de 19 mm : Coupez le panneau de dessus aux dimensions du renfoncement. Vissez et collez le panneau de dessus et le panneau de façade à un tasseau de section carrée, le panneau de façade venant en sous-face du panneau de dessus.

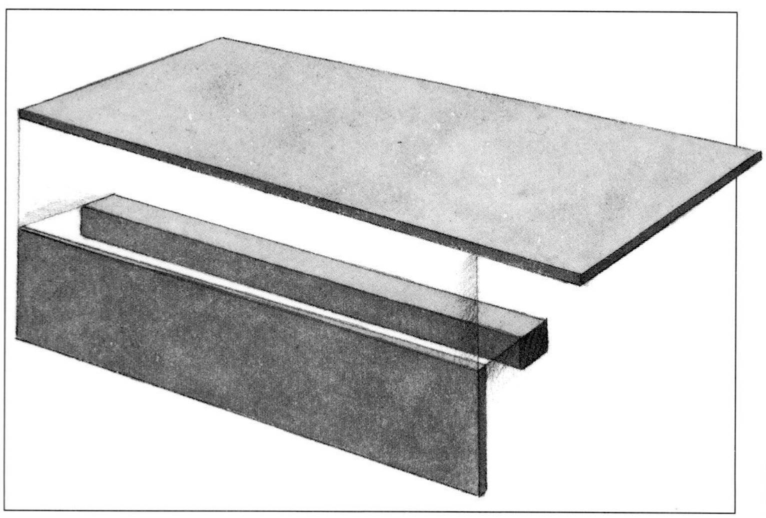

2 Fabrication de l'étagère sous le lavabo : L'étagère est coupée aux dimensions du renfoncement mais positionnée un peu en retrait de la face avant des cloisons. La bordure en bois, collée et clouée sur le chant de l'étagère, cache les tasseaux de soutien qui sont vissés aux côtés.

Carrelez les murs et le reste des cloisons. Si vous avez prévu la pose d'une tablette en verre, arrêtez la pose une rangée de carreaux au-dessous du niveau de l'étagère, sur le mur concerné. Posez la tablette (voir plus loin) puis terminez le carrelage.

Si vous avez carrelé votre plafond à plat avant de le poser, vous pouvez maintenant coller les carreaux que vous aviez conservés pour pouvoir visser le plafond aux tasseaux. Pendant la prise de la colle, maintenez-les en place avec du ruban adhésif. Si vous carrelez le plafond une fois posé, fabriquez un support en forme de T. Calez-le légèrement avec un coin sur chaque rangée de carreaux pour les maintenir en place pendant la prise de la colle ; il faut compter environ 15 mm.

Après un laps de temps de 12 heures minimum, vous pouvez procéder au jointoyage avec un produit hydrofuge et nettoyer l'ensemble des carreaux.

Fixez la trappe de visite de la baignoire ainsi que tout autre élément de même type avec des vis équipées de cache-vis.

Percez l'avant-trou dans le carrelage avec une mèche au carbure de tungstène. N'appuyez pas trop fort et surtout ne mettez pas votre perceuse en position de percussion. Collez un morceau de ruban adhésif à l'emplacement du trou à percer pour éviter le dérapage de la mèche en début de perçage.

Pour finir, emplissez de mastic au silicone tous les joints entre les équipements et le carrelage et tous les angles entre les murs d'origine et les nouvelles cloisons. Le mastic au silicone est disponible en blanc, incolore, et en quelques autres teintes ; toutes les instructions nécessaires sont spécifiées sur la cartouche.

LA TABLETTE EN VERRE

Encastrer une tablette en verre dans un mur n'est pas une technique de pose très répandue mais, si le travail est bien fait, l'absence de tout support apparent assure un résultat très satisfaisant. Une solution plus simple consiste à poser l'étagère sur deux supports en caoutchouc, de type butée de porte, vissés de chaque côté dans les cloisons, après la pose des carreaux.

Pour obtenir une fixation invisible, demandez d'abord à votre fournisseur quelle épaisseur de verre il faut prévoir en fonction de la portée de la tablette. La nôtre est de 12 mm pour une portée de 1 100 mm. L'étagère sera coupée aux dimensions et les angles polis.

3 Fixation invisible d'une tablette en verre : Une saignée de la profondeur de la couche de plâtre est pratiquée dans le mur. Un tasseau y est fixé, au fond et sur les côtés du renfoncement. La tablette en verre est posée sur ce tasseau. Après la pose, comblez tous les interstices avec du plâtre, puis terminez la pose du carrelage.

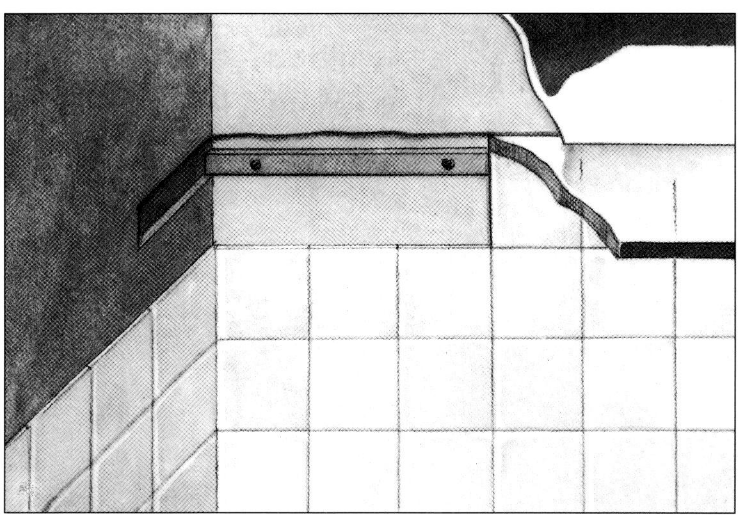

Interrompez le carrelage une rangée de carreaux au-dessous du niveau prévu pour la tablette. Pratiquez une saignée dans le mur sur les trois côtés de la tablette ; cette saignée est de même profondeur que le plâtre et d'une largeur de 25 mm environ. Fixez-y un tasseau mince, de la profondeur du plâtre et de la largeur de la saignée moins l'épaisseur du verre.

Là où la tablette doit se loger dans la cloison de la douche, il vous faut creuser dans le panneau une entaille de l'épaisseur du verre. Vous pouvez percer une série de trous tangents d'un diamètre égal à l'épaisseur de la tablette et enlever proprement le reste au ciseau. Vous pouvez aussi utiliser une scie sauteuse ou une défonceuse pour obtenir un travail plus net.

Glissez la tablette en place. Cela peut s'avérer difficile et vous obliger à agrandir un peu l'entaille du dessus. Bouchez les trous avec du plâtre ou de la colle à carreaux, puis terminez le carrelage jusqu'au niveau de la tablette. Au-dessus, vous pouvez poser un miroir ou prolonger le carrelage.

ÉTAGÈRE SOUS LE LAVABO

Elle est en panneau de particules mélaminé de 12 mm, mais vous pouvez aussi utiliser du contre-plaqué si vous avez l'intention de la carreler.

Coupez-la à la largeur du renfoncement et à la profondeur voulue. Un léger retrait améliore l'aspect d'ensemble (108 mm dans notre cas, soit une largeur de carreau).

Débitez la bordure de l'étagère dans du pin de 50 × 25 mm. Maintenez l'étagère dans la presse pour pouvoir coller et clouer la bordure sur le chant de l'étagère de façon qu'elle soit bien à fleur du dessus et qu'en dessous elle cache à la vue l'extrémité des tasseaux de support. Chassez les clous, rebouchez les trous, poncez et appliquez la finition de votre choix.

TASSEAUX-SUPPORTS D'ÉTAGÈRE

Ils soutiennent l'étagère de chaque côté, de l'arrière de la bordure jusqu'au mur ; ils sont débités dans du bois de 25 × 25 mm. Percez deux trous de passage dans chaque tasseau, puis à travers les carreaux au niveau préalablement repéré. Fraisez les trous et vissez les tasseaux.

LE MIROIR

Fixez le miroir au moyen de vis à calotte, s'il est percé à cet effet. Sinon utilisez des pattes à glace. Si vous employez des vis, intercalez un joint de robinet au passage de chaque vis entre le miroir et le mur, pour tenir le miroir légèrement écarté du mur. Dans tous les cas, évitez de trop serrer les vis de fixation, de peur de fendre le miroir. N'hésitez pas à demander conseil à votre fournisseur.

BANDEAU CACHE-LUMIÈRE

Pour cacher l'éclairage mural, fixez un bandeau dans le renfoncement, au-dessus du miroir. Débitez-le à la mesure du renfoncement et à une largeur de carreau dans du contre-plaqué de coffrage de 19 mm. Coupez deux chutes de bois de 50 × 25 mm, d'une longueur de 25 mm environ de moins que la largeur du bandeau ; ces pièces se placent à l'arrière du bandeau, à chaque extrémité. Fixez ces chutes aux cloisons et au mur avant d'y visser le bandeau.

LA SALLE DE BAINS LAMBRISSÉE

Les idées les plus simples sont souvent les meilleures. Quoi de plus désagréable, par exemple, que de s'essuyer avec une serviette humide ? Pour ne plus connaître ce désagrément, installez cette barre associée à un radiateur sur toute la longueur d'un mur de votre salle de bains. Celle qui est présentée ici est en métal chromé ; elle peut aussi bien être émaillée ou en bois.

L'ensemble des conduites de cette salle de bains a été soigneusement dissimulé derrière une cloison en lattes de pin. Cette solution est particulièrement judicieuse car une partie de la cloison peut être montée sur un cadre de tasseaux tenant lieu de trappe d'accès, qu'il vous sera facile de retirer en cas de problème de tuyauterie.

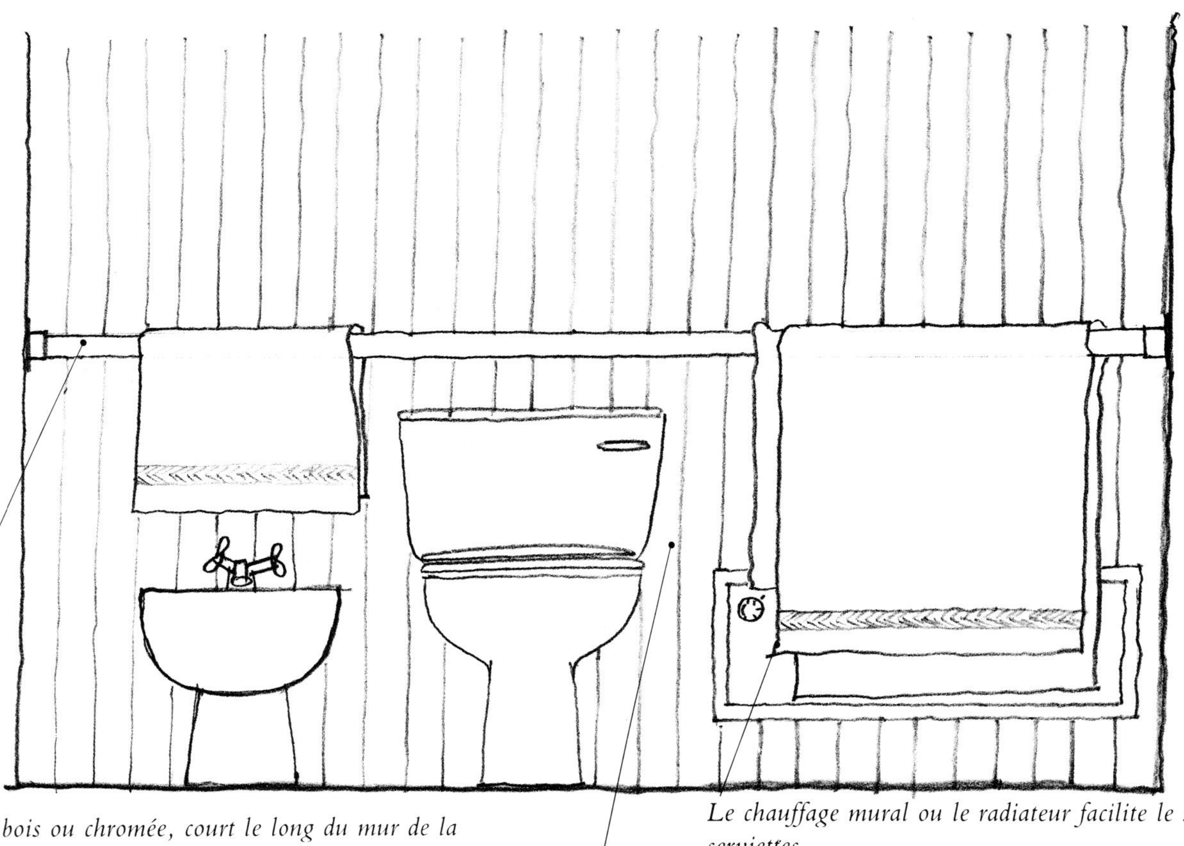

La barre, de bois ou chromée, court le long du mur de la salle de bains, permettant ainsi de suspendre et de sécher un grand nombre de serviettes.

Le chauffage mural ou le radiateur facilite le séchage des serviettes.

L'assemblage des lattes de bois à languette et rainure crée une cloison et dissimule la tuyauterie peu esthétique.

SALLE DE BAINS LAMBRISSÉE

Construire une fausse cloison est une façon astucieuse de dissimuler la tuyauterie peu esthétique d'une salle de bains. C'est un travail relativement simple lorsque vous aménagez cette pièce. En revanche, si elle existe déjà, peut-être vous faudra-t-il déplacer un ou plusieurs éléments pour permettre cette construction. Vérifiez tout d'abord que cela est possible et repérez bien l'emplacement des tuyaux d'écoulement des eaux usées.

Le principe consiste à fixer des tasseaux au mur existant et à y poser des planches. Généralement à rainure et languette, elles sont en bois de différentes essences ou en contreplaqué recouvert d'un placage. Elles s'assemblent le plus souvent verticalement sur des tasseaux horizontaux.

Les tasseaux peuvent être en bois brut de sciage mais doivent avoir au moins 50 × 50 mm de section, si vous avez l'intention de masquer les tuyaux derrière la fausse cloison. L'intervalle entre tasseaux est d'environ 600 mm. Il est inutile d'enlever le papier peint avant de fixer les tasseaux.

L'épaisseur des lames utilisées détermine en grande partie l'intervalle entre chaque tasseau, tout comme le degré de rigidité souhaité. Il est important que la cloison soit renforcée aux endroits où vous risquez de vous appuyer. En règle générale, des lames de 9 mm doivent être fixées sur des tasseaux espacés de 400 à 500 mm et des lames de 12 mm, sur des tasseaux espacés de 500 à 600 mm.

Placez toujours le premier et le dernier tasseau à quelques centimètres des angles et du plafond, de façon à ne pas planter les clous dans les derniers millimètres des lames, car cela risquerait de les fendre.

Pour que tous les tasseaux soient parfaitement de niveau, il vous faudra peut-être placer des cales de bois ou de contre-plaqué derrière les vis. Ce sera notamment le cas si votre mur ondule. Vérifiez l'alignement des tasseaux avec une grande règle. En effet, s'ils ne sont pas parfaitement de niveau, vous ne pourrez y fixer les lames correctement.

Des tasseaux de 50 mm devraient assurer l'écartement suffisant pour dissimuler la tuyauterie de la salle de bains. Sinon, utilisez-en de plus gros. Vissez les tasseaux dans le mur en découpant des entailles destinées au passage des tuyaux. Toutefois, lorsque le mur est parfaitement plan, vous pouvez fixer les tasseaux avec des clous de maçonnerie, pourvu qu'ils soient assez longs pour pénétrer d'au moins 12 mm dans la maconnerie.

Si vous désirez fixer des lames de différentes longueurs pour créer un effet de style, il vous faudra alors des tasseaux horizontaux supplémentaires placés selon le plan de découpe des lames. Positionnez les lames de telle sorte que les extrémités coupées se joignent au centre d'un tasseau et que les lames venant à chaque bout soient de même largeur. Vous pouvez fixer les planches avec des pointes ou à l'aide d'attaches spéciales (ou « clips ») dont la languette s'engage dans la rainure de la lame. Il suffit ensuite de clouer l'attache au tasseau. La méthode la plus simple, et la plus rapide, consiste à clouer directement au travers de la lame. Il vous faudra alors enfoncer les têtes des clous et reboucher les trous. Pour ce faire, une pâte à bois de la même couleur est nécessaire, sauf si vous avez décidé de peindre le mur lambrissé. En clouant de biais à travers les languettes à l'aide de pointes tête d'homme, la fixation sera invisible, puisqu'elle sera recouverte par la rainure de la lame suivante. Si,à cette occasion, le bois se fend — le pin sec est très cassant —, ne vous inquiétez pas, éliminez seulement toute trace de l'éclat. Là encore, la rainure de la lame suivante dissimulera la fissure. Si vous optez pour ce mode de fixation, placez la première lame avec sa rainure contre l'angle et vérifiez à l'aide d'un niveau à bulle qu'elle est verticale. Ajustez-la bien avant de la clouer à travers le chant rainuré. Ce seront les seules pointes visibles et il vous faudra les enfoncer avec un chasse-clou. Les trous devront

OUTILS

Mètre-ruban
Niveau à bulle
Tournevis
Chasse-clou
Marteau
Scie à panneaux
Scie à tenons (à denture fine)
Scie sauteuse (ou à guichet)
Clips de fixation
Boîte à onglets
Perceuse électrique
Mèches, Mèche plate
Mèche à maçonnerie

MATÉRIAUX

Désignation	Quantité	Matériau	Longueur
Tasseaux muraux	Selon besoins	Bois tendre 50 × 50 mm de section	Largeur du mur
Planches	Selon besoins	Lames de 9 ou 12 mm	Selon besoins
Tube aluminium (ou chromé ou barre de bois)	1	37 mm de diamètre, aluminium, chromé ou en bois	Selon besoins
Supports	2	Disques en médium de 19 mm	

1 Fixation des lames avec des clous : La première lame, à gauche, est ajustée à la traînée après que vous vous êtes assuré qu'elle est bien verticale. Clouez dans le tasseau à travers le côté rainuré. Tapotez en place la lame suivante, à droite, pour qu'elle emboîte bien la languette et clouez à travers la languette. Procédez de la même façon pour toutes les lames suivantes.

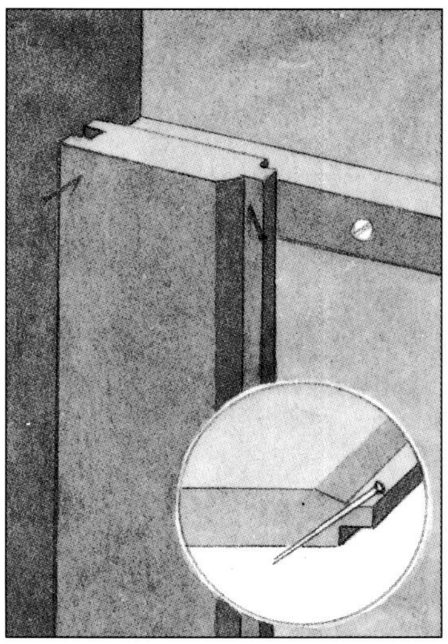

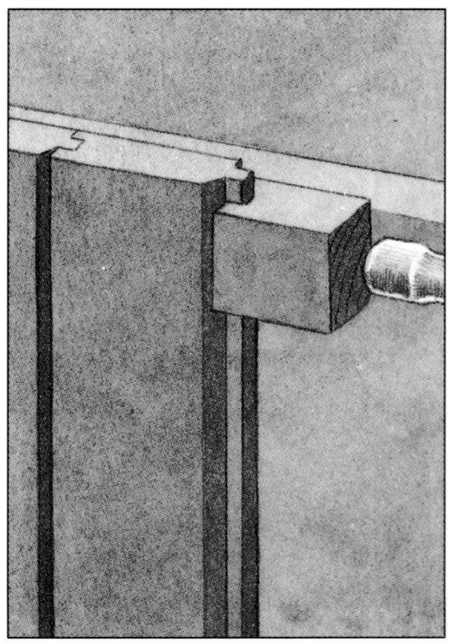

être bouchés à la pâte à bois de même couleur que le bois. Fixez l'autre côté de la lame en clouant de biais à travers la languette. Une pointe suffit à chaque tasseau.

Tapotez la lame suivante pour qu'elle s'emboîte bien sur la languette et qu'elle cache les pointes. Protégez à l'aide d'une chute le bord de la lame.

Les attaches, faciles à utiliser, permettent une fixation plus solide que les pointes, mais coûtent plus cher. Elles sont conçues pour bloquer la partie intérieure de la rainure. Coupez la languette de la première lame à l'aide d'une scie à tenons à denture fine et placez le bord lisse dans l'angle de départ. Clouez-le en place ou utilisez une attache spéciale de départ. Puis fixez le bord rainuré avec une attache. Celui-ci sera caché par la lame suivante emboîtée dans la rainure.

Si vous désirez abouter des lames de différentes longueurs, utilisez une boîte à onglets avec une fente à angle droit pour obtenir une découpe parfaite. Ne comblez pas les interstices entre les lames mises bout à bout.

Les lames utilisées dans notre salle de bains sont disposées à quelques centimètres du sol, ce qui permet une finition soignée. Une moulure agrémente le bas du mur lambrissé. Pour cela, fixez provisoirement un tasseau à la hauteur où vous souhaitez arrêter votre cloison. Ce tasseau vous servira de guide pour l'extrémité inférieure de chaque lame. Lorsque vous l'enlèverez, les extrémités inférieures des lames seront toutes au même niveau.

Collez et clouez la moulure le long de l'extrémité inférieure des lames. Fixez également une moulure le long du plafond et dans les angles pour dissimuler les inégalités. Elle doit être clouée au plafond et aux murs, et non aux lames. Ici encore, il vous faudra chasser les pointes et reboucher les trous à la pâte à bois de couleur appropriée. Si vous préférez éviter les trous dans le bois, utilisez une colle contact.

Il est conseillé de prévoir un accès facile à la tuyauterie pour l'entretien et d'éventuelles réparations. Fixez donc certaines lames avec des vis et non des clous en coupant la languette de façon à ce qu'elles puissent être facilement retirées. Tirez parti de ces vis en les utilisant comme détails décoratifs. Choisissez par exemple des vis à calotte ou tête ronde. Si les lames de bois sont une excellente façon de recouvrir des murs vétustes peu esthétiques, il ne faut jamais les utiliser sur des murs humides. Il faudra donc rechercher au préalable l'origine de l'humidité et si possible l'éliminer. La seule forme d'humidité à laquelle un mur lambrissé peut remédier est la condensation, puisque cette nouvelle surface sera plus chaude.

Si vous comptez appliquer un revêtement isolant sur un mur extérieur pour mieux conserver la chaleur, appliquez sur le mur du polyéthylène ou du papier goudronné et fixez ensuite les tasseaux. Ainsi, l'humidité extérieure sera chassée. Néanmoins, si l'humidité est interne, ce traitement ne sera pas efficace.

Enfin, rappelez-vous que le bois joue en fonction des variations hygrométriques. Il faut donc conditionner toutes les lames avant de les utiliser, en les entreposant une semaine à l'avance dans la pièce où elles seront utilisées.

PORTE-SERVIETTES

Le porte-serviettes est ici transformé en élément de décor et court le long du mur. Un tube d'aluminium anodisé de 37 mm de diamètre a été choisi, mais vous pouvez aussi bien utiliser un tube chromé ou du bois. S'il est très long, quelques supports intermédiaires l'empêcheront de fléchir.

Si vous devez fabriquer vous-même vos propres disques de support, prenez du médium de 19 mm. Tracez la circonférence des disques à l'aide d'un objet rond de taille correspondante. Découpez (voir Techniques, p. 22) avec une scie circulaire ou une scie à guichet. Reportez le diamètre du porte-serviettes au centre de chaque disque et découpez-le avec une scie sauteuse ou à guichet. Opérez de la même façon pour l'autre disque. Percez et fraisez deux trous de fixation dans chaque disque. Glissez le tube dans le disque. Demandez à quelqu'un de vous aider à le maintenir à l'horizontale pendant que vous reportez les emplacements des trous sur le mur. Enlevez l'ensemble, percez et chevillez les trous dans le mur. Mettez en place le tube et vissez-le au mur avec l'aide d'une tierce personne. Utilisez des vis de 4 × 50.

Rebouchez les trous des vis, puis poncez à sec et appliquez sur les disques une finition assortie à celle du tube ou du mur.

2 Fixation des lames avec des clips : Sciez la languette. Poussez la planche par-dessus un clip de départ et fixez le côté rainuré avec des clips.

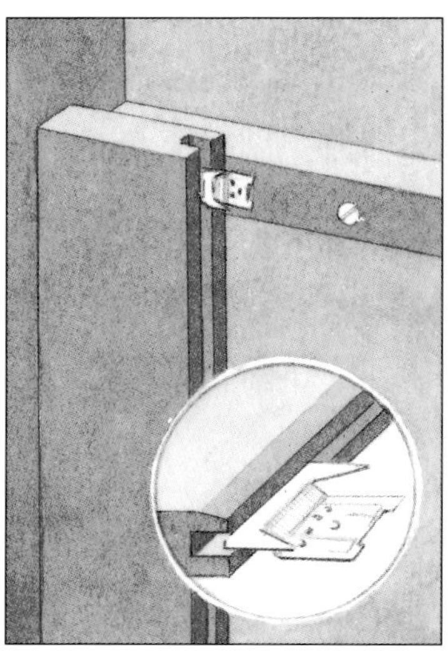

3 Pose d'une moulure au bas de la cloison d'habillage : Les lames sont fixées sur des tasseaux de 50 × 50 mm ou de la section nécessaire pour dissimuler les tuyaux. Pour une finition plus soignée, arrêtez les lames à quelques centimètres du sol et clouez une moulure le long du rebord inférieur.

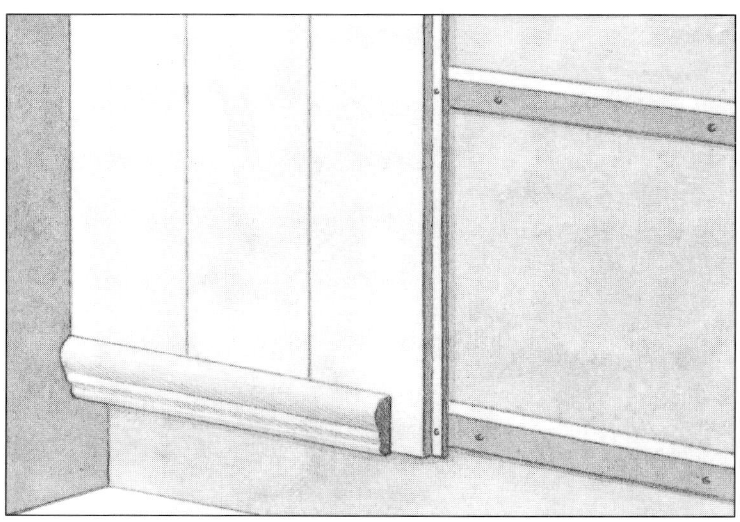

4 Supports du porte-serviettes : Dans du médium de 19 mm, découpez les logements pour le tube à l'aide d'une scie sauteuse ou à guichet.

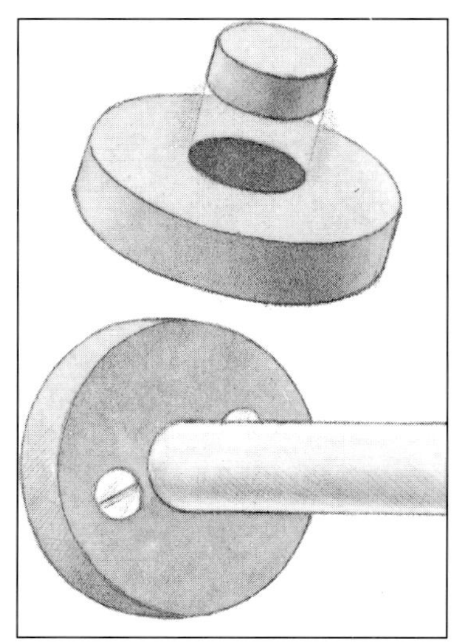

ÉTAGÈRES ET PLACARD EN RENFONCEMENT

Dans les maisons anciennes, des renfoncements flanquent souvent les cheminées sur chacun des côtés du manteau. Ce projet vous donne la possibilité d'aménager ces renfoncements en espace de rangement, sans rompre l'harmonie d'ensemble de la paroi. La moulure triangulaire décorant les portes des placards est reprise sur un grand panneau décoratif placé au-dessus de la cheminée. Des tasseaux de dimensions supérieures — mais de même profil — soutiennent les étagères et dissimulent les tubes fluorescents utilisés pour l'éclairage. La répétition de ce motif décoratif assure l'unité d'ensemble et de détail de toute la paroi.

La finition apportée aux étagères, aux portes et aux panneaux dépend du style de l'ensemble de la pièce. Ce projet est une illustration de ma conception de la décoration, qui vise à intégrer les agencements à l'architecture générale de la pièce plutôt qu'à les superposer.

PORTE DU PLACARD :
VUE EN COUPE

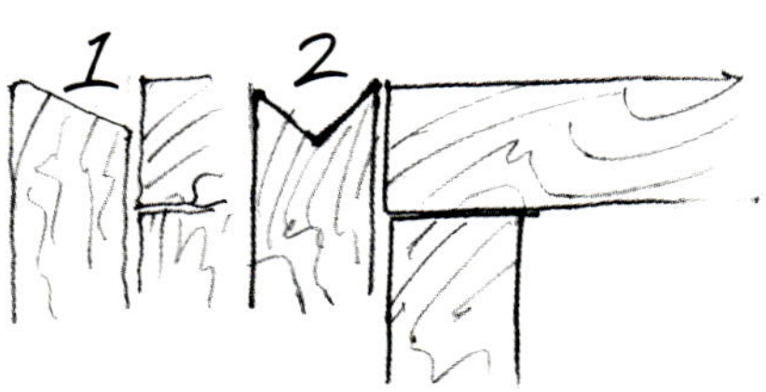

Le rebord supérieur de la porte sert de prise pour les doigts ; il peut être profilé de deux façons différentes.

Détail du motif décoratif

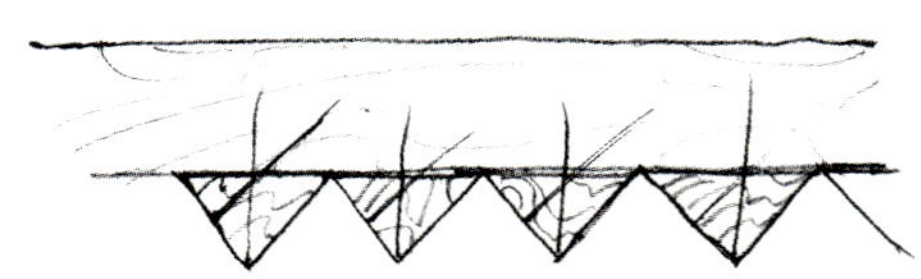

Tasseaux triangulaires collés et cloués aux façades des portes, puis mastiqués et peints.

VUE DE FACE

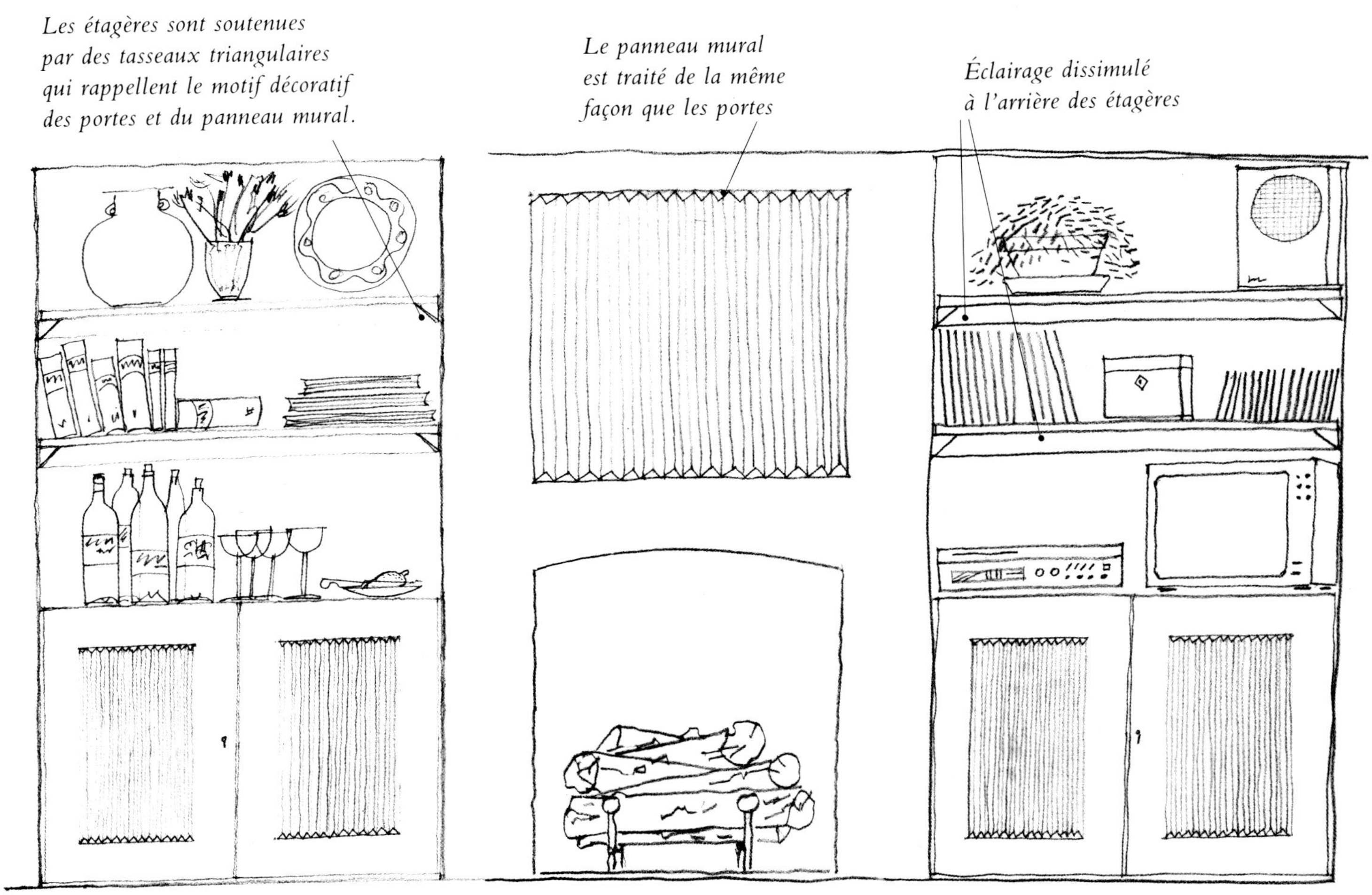

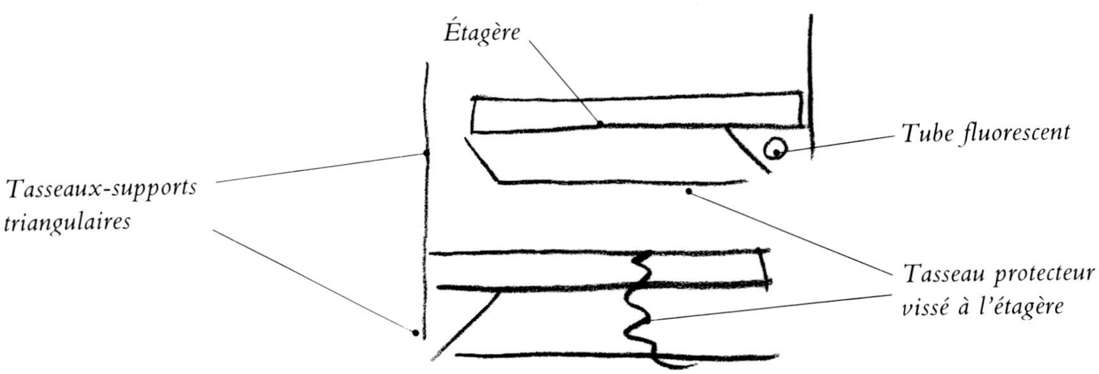

CONSTRUCTION DE L'ÉTAGÈRE : DÉTAILS

Il est toujours agréable (et presque toujours indispensable) de disposer, dans une salle de séjour, d'un espace où ranger et exposer les objets ; une solution ingénieuse consiste à aménager les espaces généralement inutilisés comme les renfoncements existant de chaque côté du manteau d'une cheminée, ou dans un angle, en y installant des étagères et un placard.

Nous détaillons ci-après un projet type ; adaptez-le de manière à répondre à vos propres besoins. Vous voudrez peut-être loger un téléviseur, une chaîne hi-fi, des livres, aménager un bar, mettre en valeur vos objets favoris. La fonction que vous attribuerez à ce meuble déterminera dimensions et valeurs d'écartement : évaluez précisément vos besoins avant d'entamer le travail. Par exemple, vous choisirez peut-être de ne construire qu'un seul placard qui servira de bar. Ou encore vous ferez varier le nombre d'étagères selon le type d'objets que vous désirez y entreposer ou y exposer.

Le motif décoratif qui rehausse les panneaux des portes est repris au-dessus de la cheminée en un grand panneau mural de même conception. Vous pourrez bien entendu choisir un type de moulure adapté au style de votre pièce. De même, le choix des accessoires des portes est une autre manière de personnaliser le projet.

Quelle que soit l'option retenue, veillez à bien combler tous les interstices et à poncer tous les rebords, de manière que placards et étagères semblent faire partie intégrante de la structure de la pièce ; et ce, même s'ils n'ont pas été peints de la même couleur. Dans le même esprit, les tasseaux devront se confondre le plus possible avec le mur. Dans ce projet, nous expliquons également comment disposer un éclairage propre à adoucir les coloris employés.

OUTILS

- Règle en acier
- Couteau universel
- Équerre
- Scie à panneaux (ou scie circulaire)
- Scie à tenons
- Marteau
- Bloc d'ajustage
- Ciseau chanfreiné
- Maillet
- Chignole ou perceuse électrique
- Mèches à bois
- Mèche à béton
- Fraise
- Mèche Forstner (pour la pose des charnières invisibles)
- Scie sauteuse
- Cale à poncer et papier abrasif (ou ponceuse électrique)
- Rabot manuel ou électrique
- Niveau à bulle
- Chasse-pointe

MATÉRIAUX (pour une alcôve)

Désignation	**Quantité**	**Matériau**	**Longueur ***
Montants	2	Bois raboté de 50 × 50 mm	Selon besoins (ici 838 mm)
Traverses horizontales	2	Bois raboté de 50 × 50 mm	* Largeur du renfoncement moins 100 mm
Tasseaux arrière	2	Bois raboté de 50 × 25 mm	Largeur du renfoncement
Tasseaux latéraux	4	Bois raboté de 50 × 25 mm	Profondeur du renfoncement moins 100 mm
Supports avant et arrière de la base	2	Bois raboté de 25 × 25 mm	* Largeur du renfoncement
Supports latéraux de la base	2	Bois raboté de 25 × 25 mm	Profondeur du renfoncement
Tasseaux triangulaires arrière	2	Tasseau triangulaire de 38 mm de section	Largeur du renfoncement
Tasseaux triangulaires latéraux	4	Tasseau triangulaire de 38 mm de section	Profondeur du renfoncement moins 38 mm
Moulures décoratives (panneau mural)	selon besoins	Tasseau triangulaire de 38 mm de section	Hauteur du panneau mural
Moulures décoratives (portes)	12 par porte	Tasseau triangulaire de 25 mm de section	Hauteur de la porte moins 200 mm
Tourillons	1	Environ 1,8 m de tourillon de bois dur	Selon besoins
Panneau de base	1	Contre-plaqué de 4 ou 6 mm	Largeur et profondeur du renfoncement moins épaisseur des plinthes et du cadre
Plateau	1	Médium ou latté de 25 mm	Largeur et profondeur du renfoncement
Étagère du placard	1	Médium, panneau de particules ou latté de 19 mm	* Largeur du renfoncement. Profondeur du renfoncement moins 75 mm
Portes	2	Médium de 19 mm	1/2 largeur du renfoncement moins 8 mm × hauteur du cadre moins 25 mm
Étagères	2	Médium de 25 mm	Largeur du renfoncement × profondeur du renfoncement moins 25 mm
Panneau mural	1	Médium ou contre-plaqué de 6 mm	Largeur du manteau de la cheminée × hauteur requise

* Longueurs approximatives seulement — reportez-vous au texte pour les cotes exactes.

ÉTAGÈRES ET PLACARD : PLAN DE MONTAGE

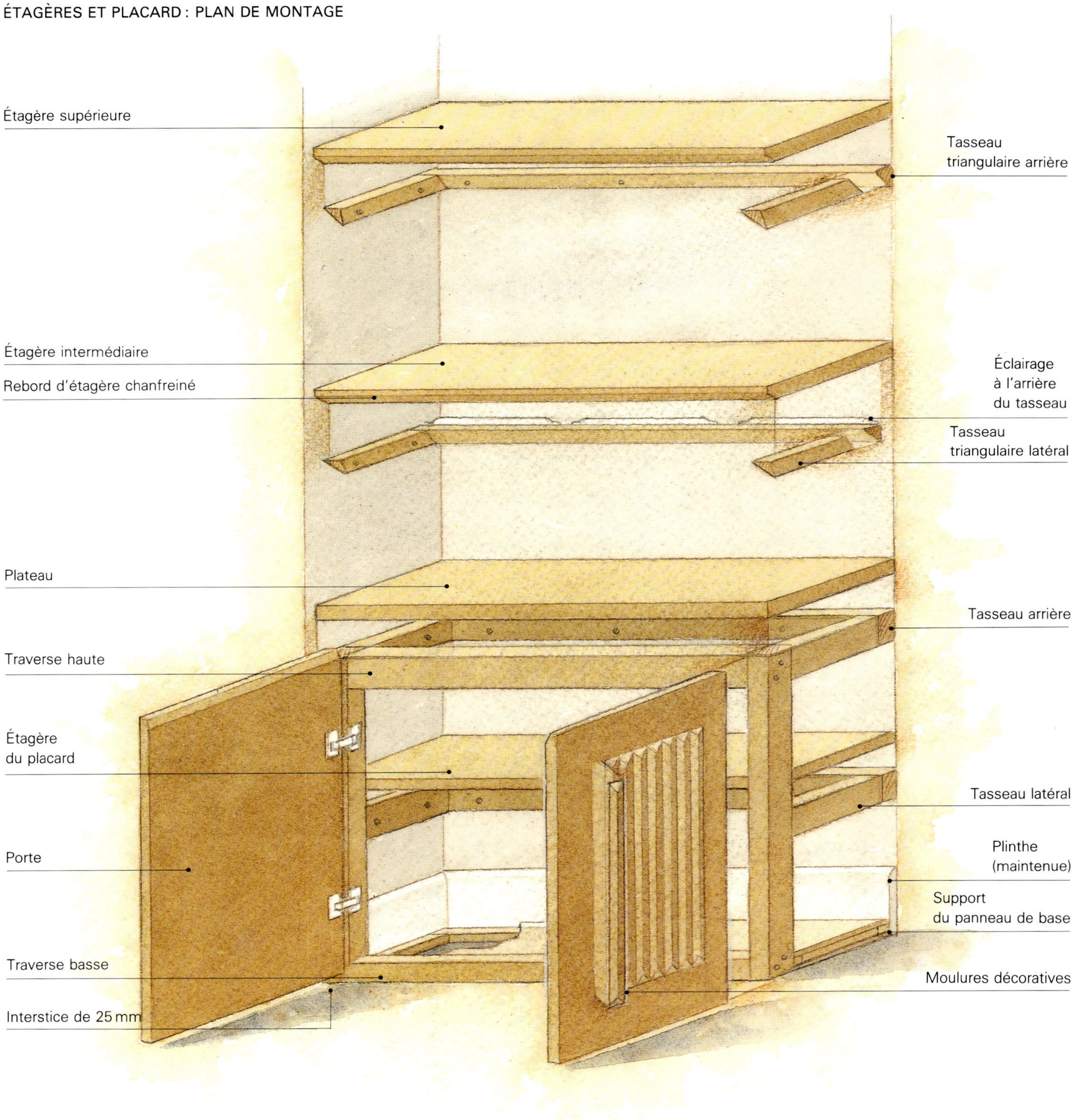

LES PLACARDS

FABRICATION DU CADRE

Dans du bois raboté de 50 × 50 mm, découpez deux montants à la hauteur requise (pensez à l'épaisseur du plateau). Dans notre projet, la hauteur des placards (plateau compris) est de 865 mm.

Tracez les deux traverses horizontales de façon qu'elles s'inscrivent entre les montants, puis découpez-les dans du bois de même section que les montants. Assemblez montants et traverses avec des tourillons de 12 mm de diamètre dans chaque angle (voir Techniques, assemblage à tourillons, p. 245). Avant de fixer le cadre, assurez son équerrage à l'aide d'une écharpe (voir Techniques, p. 236). Vous trouverez p. 34 (Cuisine aménagée, portes) une description plus détaillée du mode de fabrication des cadres de portes.

POSE DU CADRE

Pour poser le cadre dans le renfoncement, il est nécessaire d'ajuster les côtés des montants qui s'appuient contre les murs (voir Techniques, p. 246). Si les murs du renfoncement sont rehaussés d'une plinthe, vous pouvez soit entailler les montants en suivant le profil de la plinthe, soit découper une section de la plinthe avec une scie à tenons et un ciseau. Une autre solution consiste à ôter complètement la plinthe, mais le résultat n'est jamais très satisfaisant.

Amenez le cadre en position, à 25 mm en retrait de l'angle antérieur du manteau, et fixez-le en place avec deux vis et chevilles de chaque côté (voir Techniques, p. 240). Fraisez les têtes des vis, puis mastiquez et peignez.

FIXATION DES TASSEAUX-SUPPORTS

Les tasseaux qui soutiennent le plateau et l'étagère du placard sont découpés dans du bois raboté de 50 × 25 mm.

À l'aide d'un niveau à bulle, tracez une ligne horizontale sur tout le pourtour du renfoncement au niveau du sommet du cadre. Découpez le tasseau arrière à la largeur du renfoncement et fixez-le au mur, sous la ligne inscrite, avec des vis et des chevilles.

Découpez deux tasseaux latéraux qui viendront s'inscrire entre le tasseau arrière et le cadre. Fixez ces tasseaux aux murs, sous la ligne inscrite, comme précédemment.

Déterminez la hauteur de l'étagère (ou des étagères) du placard, puis découpez et fixez les tasseaux de soutien à la hauteur appropriée ; veillez à ce qu'ils soient bien horizontaux.

POSE DE LA BASE

Le panneau de base du placard est découpé dans du contre-plaqué de 4 ou 6 mm ; il est soutenu sur les côtés par des tasseaux de 25 × 25 mm.

Sur le devant, collez et clouez un tasseau contre la face intérieure de la traverse basse du cadre. Fixez-le à 4 ou 6 mm sous le sommet de la traverse, selon l'épaisseur du panneau utilisé, de manière que la base affleure le cadre.

À l'arrière, collez et clouez à la plinthe un tasseau de même section. Aidez-vous d'un niveau à bulle posé sur la traverse basse du cadre pour repérer, à l'arrière, la position du panneau de base, puis marquez, 4 ou 6 mm plus bas, l'emplacement du tasseau-support, que vous pourrez alors fixer avec précision.

Dans du bois de même section, découpez les supports latéraux qui s'inscrivent entre les supports avant et arrière de la base ; collez et clouez ces tasseaux à la plinthe, de chaque côté.

Découpez le panneau de base aux dimensions, puis fixez-le à ses supports avec des pointes à panneaux, à l'avant, à l'arrière et aux côtés du cadre. Comblez le joint entre le panneau de base et le cadre avec du mastic cellulosique ; poncez après séchage.

FIXATION DU PLATEAU

Mesurez la largeur du renfoncement ainsi que la profondeur du mur arrière jusqu'au rebord antérieur du cadre. Si le mur est très irrégulier, augmentez ces dimensions de façon à pouvoir ajuster le plateau au mur.

Découpez le plateau dans du médium, du latté ou du panneau de particules de 25 mm. Dans ces deux derniers cas, il sera nécessaire de prévoir une bordure antérieure de finition et de protection.

Ajustez le plateau à la traînée (voir Techniques, p. 246), puis fixez-le sur le devant en vissant au travers du cadre, du dessous. À l'arrière, vissez au travers du plateau, du dessus, et faites de même dans chaque angle, en fraisant les têtes des vis pour que les trous puissent être rebouchés et peints.

Rabotez et poncez le rebord avant à fleur du cadre, si vous avez utilisé du médium. Bouchez et poncez l'interstice subsistant entre le plateau et le cadre.

1 Assemblage du cadre du placard par tourillons : Les montants et traverses du cadre du placard sont assemblés à plat-joint. Les assemblages sont renforcés au moyen de tourillons ; deux par assemblage. L'excédent de longueur des montants est coupé au ras des traverses quand la colle a pris.

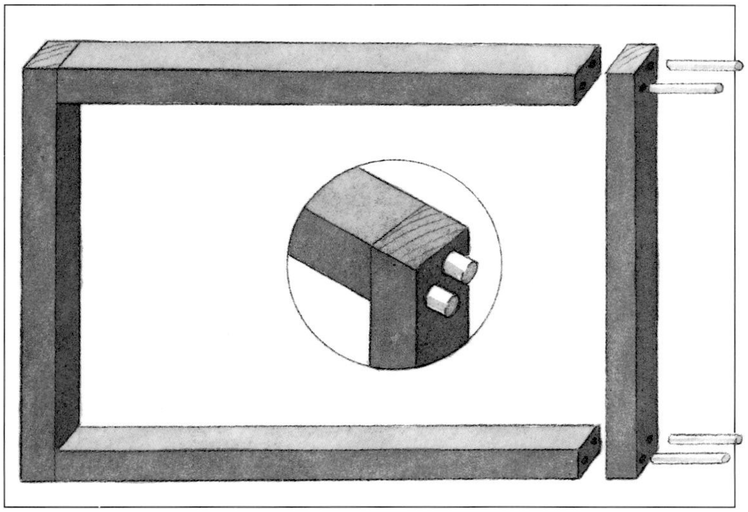

2 Pose du panneau de base : Des supports sont disposés sur le devant, à l'arrière et sur les côtés (ces derniers n'apparaissent pas). Le panneau est cloué par-dessus.

3 Fixation du plateau : Le cadre est disposé à 25 mm en retrait du devant du renfoncement. Vissez du dessous dans le panneau.

POSE DE L'ÉTAGÈRE DU PLACARD

Découpez l'étagère du placard dans du médium, du latté ou du panneau de particules de 19 mm (dans les deux derniers cas, prévoyez une bordure antérieure). Vérifiez son bon ajustage et posez-la sur les tasseaux-supports.

FABRICATION ET POSE DES PORTES

Découpez deux panneaux dans du médium de 19 mm. A leur sommet, ils affleurent le dessus du plateau, mais un intervalle de 25 mm est ménagé entre leur base et le sol. La largeur de l'intervalle sur le côté des portes est fonction du type de charnière utilisé — consultez la notice d'emploi. Nous avons choisi des charnières invisibles ; les portes recouvrent les rebords intérieurs du cadre d'une valeur précise variant selon les notices de montage (habituellement environ 15 mm — voir Techniques, p. 247).

Pour aménager une prise pour les doigts qui permette d'ouvrir facilement la porte, coupez à 45° le rebord supérieur de chaque porte sur les deux tiers de son épaisseur, de façon à ménager un replat d'environ 5 mm sur le sommet.

Le décor sur le devant du panneau est composé de moulures de section triangulaire en ramin ou en pin (fig. 4). Mesurez et tracez le rectangle délimitant le décor sur chacune des portes, en laissant sur le pourtour une bordure d'environ 100 mm au sommet et à la base, et 90 mm sur chaque côté. Sciez les moulures de longueur et découpez leurs extrémités à 45° (fig. 4).

Tracez une ligne verticale au centre de la porte, puis à partir de ce repère et en procédant vers l'extérieur, collez chaque pièce de bois contre le panneau, en la clouant en trois points au travers d'une des faces latérales. Continuez dans chaque direction jusqu'à ce que le nombre voulu de moulures soit fixé : la largeur de la bordure doit être la même de chaque côté.

Fixez les portes en place avec des charnières invisibles en vous conformant aux instructions de montage du fabricant (voir Techniques, p. 248).

DÉTAIL DU MOTIF DÉCORATIF : *Cette photographie met en valeur les moulures utilisées pour l'ornementation des portes, ainsi que la découpe soigneusement façonnée au sommet du panneau et servant de prise pour les doigts. Vous pouvez modifier le décor des portes selon vos goûts personnels.*

4 Fabrication et décoration des portes du placard : À gauche : le rebord supérieur des portes est coupé à 45° pour ménager une prise pour les doigts. En gros plan : clouage des moulures. Au centre : la première moulure en place. À droite : découpez une moulure de section rectangulaire et coupez les extrémités à 45°.

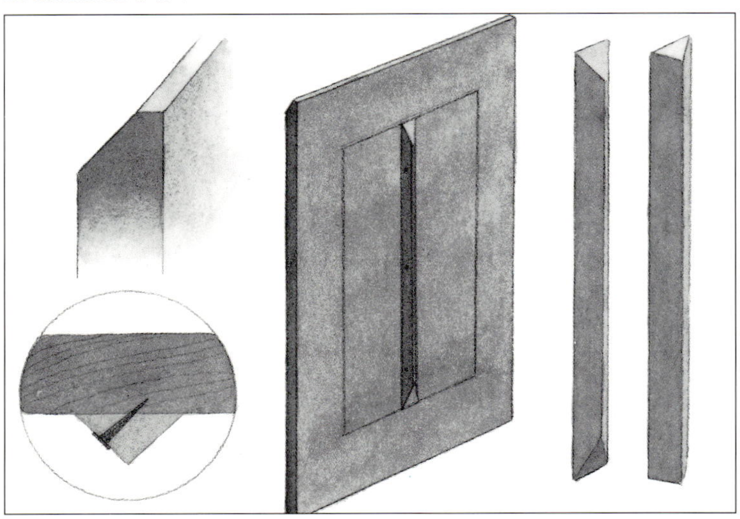

LES ÉTAGÈRES

Elles sont découpées dans du médium de 25 mm et sont soutenues par des tasseaux triangulaires de 38 mm de section fixés aux parois du renfoncement.

DÉCOUPE DES TASSEAUX TRIANGULAIRES

Si vous ne trouvez pas dans le commerce les profils convenables, vous pouvez les découper vous-même, à la scie circulaire, dans du bois raboté de 50 × 50 mm.

Inclinez à 45° la lame de la scie circulaire et coupez le bois en diagonale sur sa longueur, de façon à obtenir deux sections triangulaires identiques. Si la lame n'est pas assez large pour découper le bois en une seule passe, achevez la découpe avec une scie à panneaux. Enfin, pour obtenir une meilleure finition, passez les faces sciées au rabot à replanir.

Si vous ne disposez pas d'une scie circulaire, votre fournisseur en bois devrait pouvoir exécuter aisément cette découpe pour vous.

POSE DE L'ÉTAGÈRE HAUTE

Marquez l'emplacement de l'étagère haute. Découpez le tasseau triangulaire arrière à la largeur du renfoncement ; fixez-le au mur.

Découpez les tasseaux triangulaires latéraux : leur longueur sera égale à la profondeur du renfoncement diminuée de 38 mm. Découpez l'extrémité avant des pièces de bois à 45°, de sorte que les tasseaux fuient vers l'arrière à partir du rebord antérieur de l'étagère. Découpez l'extrémité arrière des tasseaux dans le même sens : ceux-ci s'inscriront ainsi précisément en angle, contre le tasseau triangulaire arrière. Fixez les tasseaux latéraux aux murs.

Découpez l'étagère dans du médium de 25 mm : sa longueur est égale à la largeur du renfoncement et sa largeur est égale à la profondeur du renfoncement diminuée de 25 mm. Découpez en biseau le rebord antérieur de l'étagère sur la moitié de son épaisseur, de façon que l'extrémité avant du tasseau triangulaire latéral se trouve dans le même plan que la découpe, et que l'étagère et son support se confondent. Vissez l'étagère aux tasseaux arrière et latéraux. Mastiquez tous les interstices et poncez quand le mastic est sec.

LES ÉTAGÈRES EN PLACE : *Les étagères (ci-dessus) sont découpées dans du médium de 25 mm, puis vissées à des tasseaux-supports.*

ÉTAGÈRES ET TASSEAUX : *Les supports taillés en biseau à leur extrémité se confondent avec les rebords des étagères, également coupés en oblique (ci-dessous).*

1 Découpe des tasseaux triangulaires : Inclinez à 45° la lame de la scie circulaire et sciez la pièce de bois sur sa longueur pour la fendre en deux parties égales.

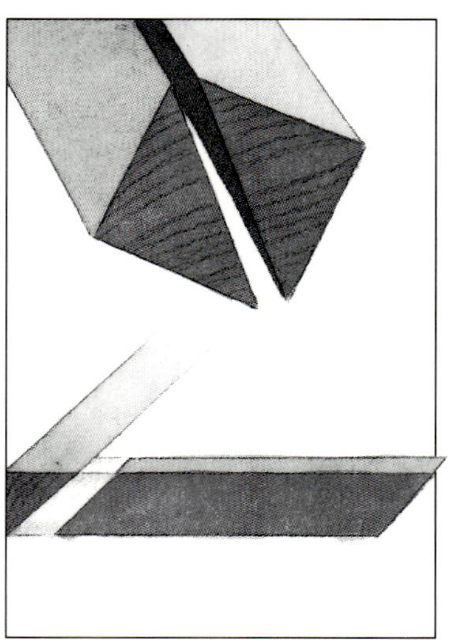

2 Fixation des étagères : Les étagères haute et intermédiaire sont fixées à des tasseaux triangulaires vissés aux murs. Un des tasseaux dissimule l'éclairage.

FIXATION DE L'ÉTAGÈRE INTERMÉDIAIRE

Marquez l'emplacement de l'étagère intermédiaire et découpez le tasseau arrière à la largeur du renfoncement. Dans ce cas, le tasseau arrière est placé à environ 75 mm en retrait du mur du fond, de telle sorte qu'un éclairage puisse être posé derrière la pièce de bois. Ne le fixez pas encore à ce stade.

Découpez les tasseaux latéraux et taillez-les en biseau à l'avant et à l'arrière : ils doivent être placés à 75 mm du mur du fond et à 38 mm de l'avant du renfoncement. Fixez-les en place, en les chevillant et en les vissant dans les murs latéraux du renfoncement ; veillez à ce qu'ils soient bien de niveau.

Découpez l'étagère aux dimensions dans du médium de 25 mm, puis posez-la sur les tasseaux latéraux après avoir biseauté le rebord antérieur comme on l'a vu pour l'étagère haute. Vissez l'étagère aux tasseaux latéraux ; enfoncez les têtes des vis sous la surface et mastiquez.

Le tasseau arrière, coupé d'équerre à ses extrémités, est placé sous l'étagère, derrière les extrémités des tasseaux latéraux. Il est mis en place par vissage au travers de l'étagère. Il maintient la rigidité de l'étagère en même temps qu'il dissimule l'éclairage et ses accessoires. Fraisez les logements des vis, puis rebouchez après mise en place des vis.

L'ÉCLAIRAGE

L'éclairage dissimulé sous l'étagère intermédiaire se compose de trois tubes fluorescents de 300 mm de longueur fixés à l'arrière du tasseau arrière.

LE PANNEAU MURAL CENTRAL

S'il n'est pas essentiel dans notre projet, le panneau qui orne le manteau de la cheminée reprend le motif ornemental des portes et assure l'unité décorative de l'ensemble. Il est découpé dans du médium ou du contre-plaqué de 6 mm ; dessus sont collées et clouées des moulures de section triangulaire. Le panneau est simplement vissé à la paroi, puis mastiqué, poncé et peint en harmonie avec les murs, les placards et les étagères.

ÉCLAIRAGE D'AMBIANCE : *Si une source d'éclairage est nécessaire, les tubes fluorescents encastrés (ci-dessus) offrent une version très agréable de ce mode d'éclairage couramment employé.*

ÉCLAIRAGE DISSIMULÉ : *L'éclairage dissimulé sous l'étagère intermédiaire atténue les ombres dans le renfoncement et adoucit l'atmosphère de la pièce dans son ensemble. Prise en contre-plongée, cette photographie (à gauche) montre l'emplacement des tubes fluorescents. Observé à hauteur normale de regard, l'éclairage est caché par le tasseau arrière.*

MUR D'ÉTAGÈRES D'EXPOSITION

Pour ce projet, je recherchais la simplicité, l'élégance et le caractère véritablement pratique d'un mur entièrement garni d'étagères mais dont le système de fixation reste invisible.

Je me suis rendu compte que si j'insérais et fixais solidement des équerres métalliques au mur, je pourrais monter des étagères creuses coulissantes qui masqueraient ainsi les équerres.

Avec cette méthode, tout le câblage des appareils audiovisuels, des téléphones et de l'éclairage peut être placé dans la cavité de l'étagère au lieu de traîner à la surface dans un méli-mélo de fils.

Ce type d'étagères accentue l'horizontalité de la pièce, puisque aucun élément vertical ne vient les fractionner ; ce qui est habituellement une nécessité, afin d'éviter le fléchissement sur la longueur.

Pour terminer, j'ai peint les étagères de la même couleur que le mur, ce qui les intègre dans le volume de la pièce et leur donne une beauté formelle.

Supports métalliques

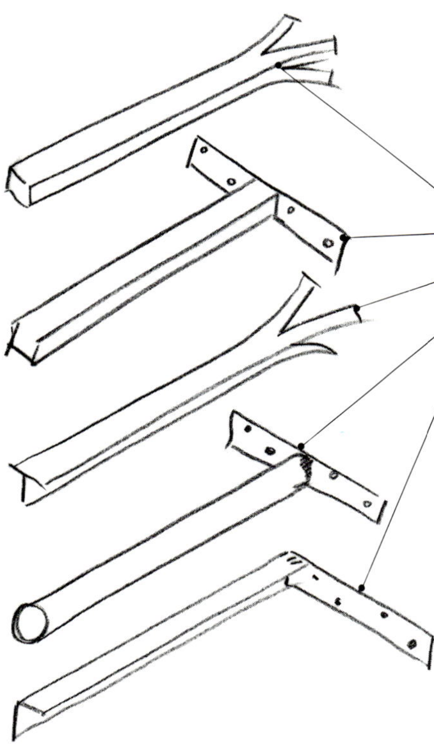

COUPE LONGITUDINALE

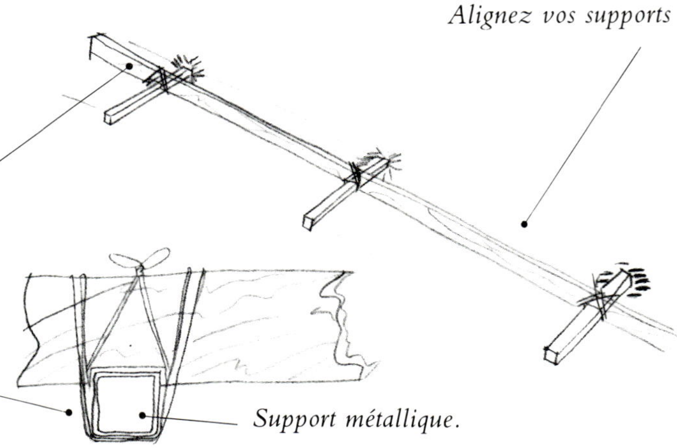

COUPE EXPLOSÉE DE L'ÉTAGÈRE

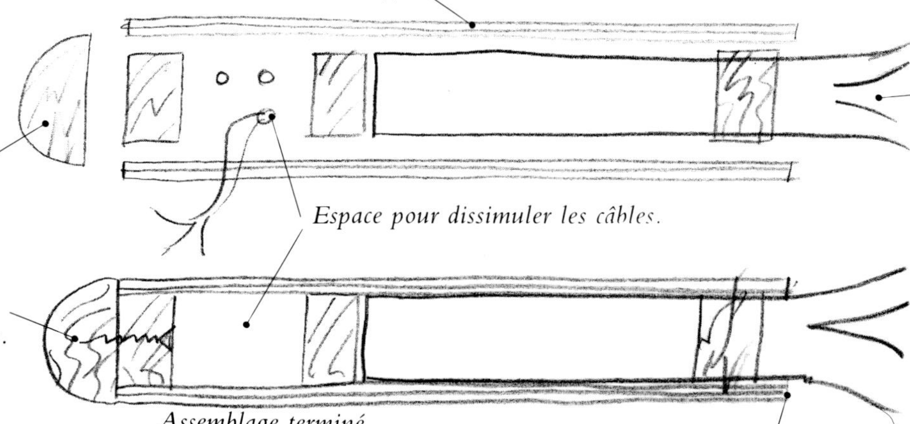

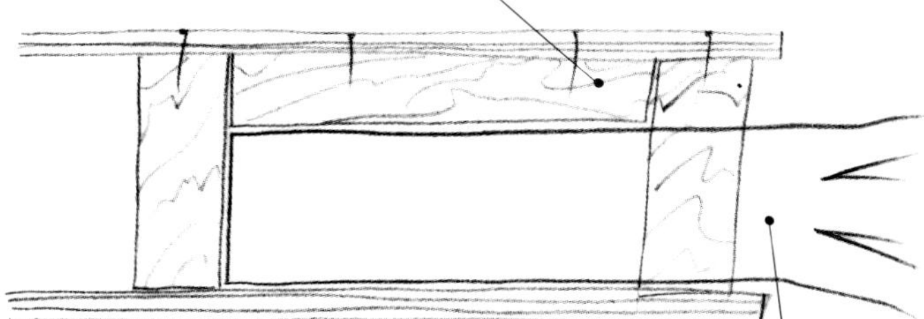

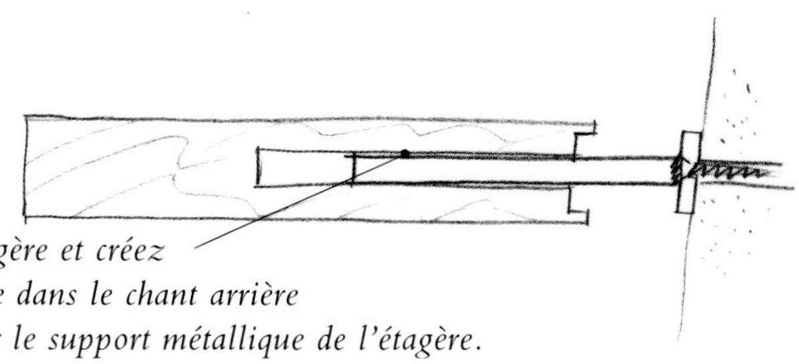

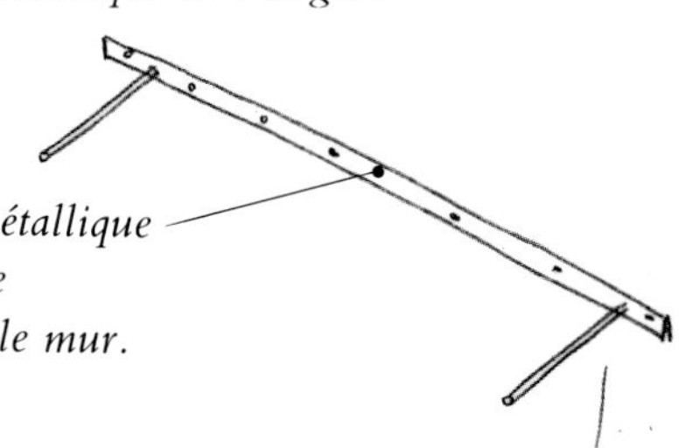

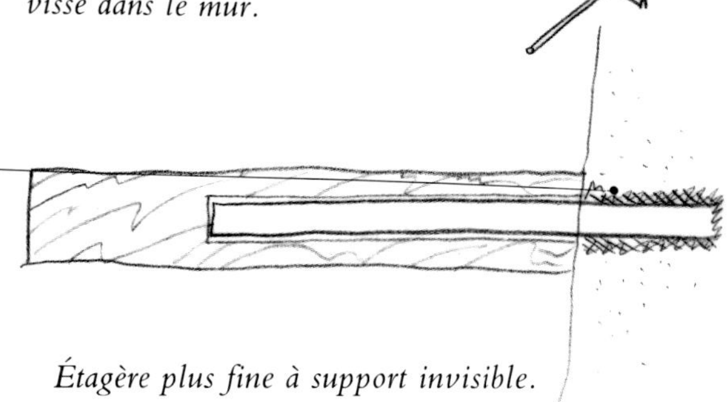

Étagère plus fine à support invisible.

MECCANO

Le projet que je vous propose ici est un système d'étagères sans supports apparents, présentant des profilés nets et sans supports disgracieux.

Il est entièrement réalisé à l'aide d'une étagère à section creuse constituée de panneaux de contre-plaqué montés sur un solide cadre de bois ; ce qui donne l'apparence d'une étagère robuste et épaisse.

Pour renforcer la solidité des étagères à longue portée, des tiges métalliques en saillie sont percées dans le mur. Elles sont enfoncées dans le cadre de l'étagère. Une simple fixation sur tasseau peut être utilisée jusqu'à une longueur de 2 440 mm et sur une largeur de 450 mm.

Il est important de noter que les tiges métalliques ne doivent pas être enfoncées de plus de 75 mm dans le mur, que ce dernier soit plein ou creux. Pour les murs creux, les tiges ne doivent pas traverser la cavité.

Si les murs sont en plaques de plâtre, en contre-plaqué ou en plâtre sur lattis, les tiges devront être enfoncées directement dans les montants de bois verticaux situés à l'intérieur du mur.

CONSTRUCTION

Déterminez la hauteur de vos étagères et, à l'aide d'un niveau à bulle, marquez leur emplacement sur le mur. Prolongez ces lignes jusqu'aux murs de retour. Mesurez la longueur et la profondeur nécessaire et découpez pour chaque étagère deux panneaux de contre-plaqué de 9 mm d'épaisseur, ou de panneaux de particules ou de médium de 12 mm d'épaisseur. Si la longueur des étagères est supérieure à 2 440 mm, il vous faudra abouter les longueurs. Dans ce cas, il convient d'insérer un tasseau dans l'étagère pour soutenir les extrémités.

Dans un tasseau de 50 × 25 mm, découpez une longueur de la dimension de l'étagère pour le tasseau avant. Taillez deux tasseaux de la largeur de l'étagère moins l'épaisseur du tasseau avant pour les murs de retour. Découpez les deux tasseaux arrière de la longueur de l'étagère moins deux fois l'épaisseur des tasseaux de retour pour qu'ils puissent s'intercaler entre ces derniers. Découpez d'autres tasseaux de la largeur de l'étagère moins trois épaisseurs de tasseau de façon à pouvoir les placer entre les tasseaux avant et arrière à chaque extrémité de l'étagère et à intervalles d'environ 610 mm.

Disposez tous les éléments sur le panneau supérieur de l'étagère pour vous assurer qu'ils s'assemblent bien.

Fixez quelques chutes de bois sous le panneau supérieur sur lesquelles viendront se poser les tiges métalliques. Ces chutes doivent avoir une épaisseur d'environ 19 mm pour que les tiges métalliques puissent être introduites à mi-épaisseur des chants des tasseaux arrière. Découpez, si nécessaire, ces chutes de façon à les placer entre les traverses de l'étagère et utilisez de la colle à bois pour les coller au panneau supérieur. Elles doivent être placées à intervalles de 610 mm de façon à coïncider avec l'emplacement des tiges métalliques.

Tracez une ligne de l'épaisseur des chutes sur le tasseau arrière ; elle vous servira de guide lorsque vous perforerez les tasseaux arrière. Les tiges doivent être espacées d'environ 610 mm, approximativement à mi-distance des traverses. Elles doivent traverser l'étagère d'avant en arrière, en aboutant contre la partie interne du tasseau avant et pénétrer de 75 mm dans le mur, au-delà de l'épaisseur du plâtre. Taillez le nombre requis de tiges métalliques, dans une tige de 12 mm de diamètre.

Assemblez en serrant les deux tasseaux arrière et, à l'aide d'une mèche de diamètre légèrement supérieur à celui de la tige (13 mm pour la mèche, et 12 mm environ de diamètre pour la tige métallique), percez les deux tasseaux aux emplacements appropriés. Numérotez les tasseaux à l'aide d'un crayon.

Clouez le cadre interne de l'étagère, en marquant le côté qui doit être fixé au panneau supérieur. Encollez la face supérieure du cadre et appliquez le panneau supérieur en place. Tracez une ligne sur les pourtours du cadre et du panneau de revêtement afin de marquer une ligne au centre des tasseaux insérés et d'indiquer une ligne de clouage. Clouez le panneau de revêtement, chassez les têtes des clous et mastiquez les orifices.

Reproduire la même opération pour l'autre panneau de revêtement. Pour

OUTILS

- Mètre à ruban métallique
- Niveau à bulle
- Équerre
- Scie à panneau (ou scie circulaire ou scie sauteuse)
- Tournevis (cruciforme ou fendu suivant le type de vis utilisé)
- Scie à métaux
- 2 serre-joints en C
- Perceuse électrique ou vilebrequin
- Mèche hélicoïdale, plate ou de tarière
- Mèche à béton
- Marteau
- Chasse-clou
- Rabot à repasser
- Ponceuse électrique (ou cale de ponçage et papier de verre)
- Lime métallique

MATÉRIAUX

Désignation	**Quantité**	**Matériau**	**Longueur**
Panneau d'étagère	2	Contre-plaqué de 9 mm, médium ou panneau de particules de 12 mm, de la largeur souhaitée.	Selon vos mesures
Tasseau avant	1	Bois tendre raboté de 50 × 25 mm	Longueur de l'étagère
Tasseaux latéraux	2	Bois tendre raboté de 50 × 25 mm	Largeur de l'étagère moins l'épaisseur du tasseau avant
Tasseaux arrière	2	Bois tendre raboté de 50 × 25 mm	Longueur de l'étagère moins 2 fois l'épaisseur des tasseaux de retour
Tasseaux intermédiaires	Assez pour en fixer à tous les 610 mm sur la longueur de l'étagère	50 × 25 mm ; bois blanc	Largeur de l'étagère moins trois épaisseurs de tasseau
Cales de support des tiges métalliques	Comme ci-dessus	Bois tendre raboté de 50 × 25 mm environ	Environ 300 mm
Tiges métalliques de support des étagères	Une tous les 610 mm, sur toute la longueur de l'étagère	Tige en acier doux de 12 mm de diamètre	Distance entre le chant intérieur du tasseau avant et l'arrière de l'étagère plus épaisseur du plâtre, + 75 mm
Bordure avant de l'étagère	1	75 × 50 mm ; bois tendre raboté	Longueur de l'étagère

ASSEMBLAGE

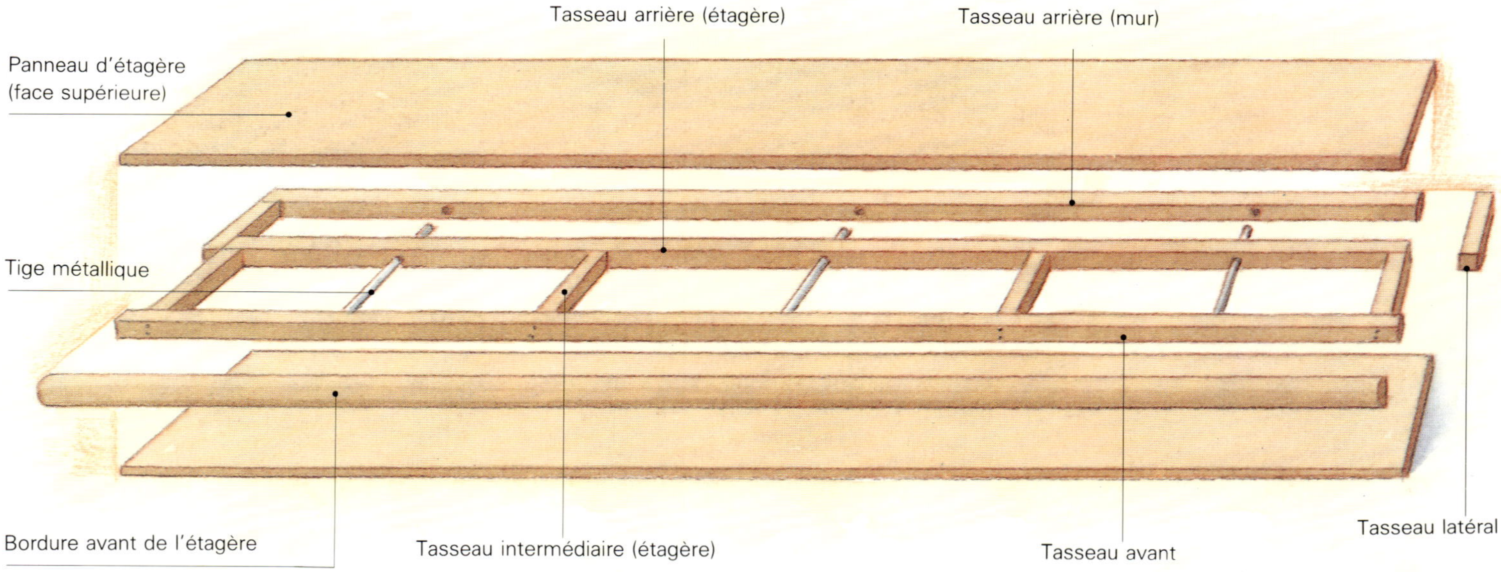

réaliser un bord avant arrondi, découpez un tasseau de 75 × 50 mm de la longueur de l'étagère. Collez et clouez-le (le long de la ligne centrale) sur le bord avant et chassez bien les clous sous la surface. Tracez un arrondi en demi-cercle aux extrémités, en utilisant un godet en plastique ou en carton. Continuez à ébaucher des lignes de repère sur la face supérieure de façon à utiliser une scie circulaire pour couper les angles, avant de raboter.

FIXATION DE L'ÉTAGÈRE

Fixez le tasseau arrière avec des vis et des chevilles. Puis, à l'aide d'une mèche à béton de 12 mm, percez à travers les trous déjà ébauchés dans le tasseau du mur, en faisant des trous d'environ 75 mm de profondeur, dans les briques ou les parpaings. Vissez les tasseaux de retour contre le tasseau arrière.

Taillez en biseau les deux extrémités des tiges métalliques à l'aide d'une lime à métaux, puis introduisez les tiges dans les trous du mur. Enfilez l'étagère sur les tiges et glissez-la sur les tasseaux de retour et sur le tasseau arrière.

1 Étapes de l'assemblage de l'étagère-coffrage. Cadre principal cloué ; trous pour les tiges métalliques entre les tasseaux.

2 Les tasseaux arrière et latéraux du mur s'ajustent dans l'espace laissé entre les tasseaux latéraux et arrière de l'étagère. Les trous pour les tiges métalliques se retrouvent dans l'axe.

3 Le panneau inférieur de l'étagère est fixé et le panneau supérieur de l'étagère présenté ici de facon à montrer comment le cadre de bois est parfaitement placé en retrait.

4 Le bord avant est fixé au tasseau avant puis arrondi. La coupe transversale (5) montre une tige métallique reposant entre les cales de support.

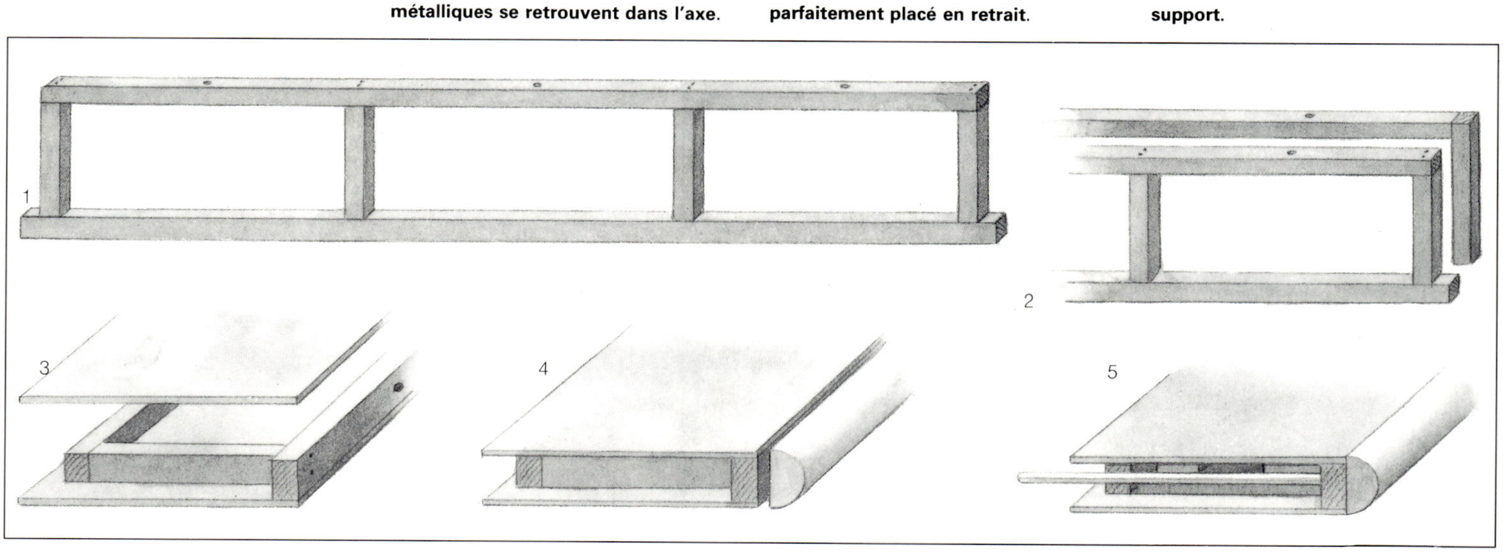

LE VAISSELIER-DESSERTE

Voilà quelques années, j'ai construit un meuble sur ce modèle dans ma maison en Provence ; le résultat a été suffisamment satisfaisant pour me décider à détailler le projet dans cet ouvrage. L'idée de ce meuble est simple : les plats, assiettes et autres pièces d'un service possèdent un certain charme et constituent un décor naturel pour une cuisine ou une salle à manger. Les panneaux-miroir constituent l'élément clé du projet : légèrement inclinés, ils reflètent les récipients posés sur la desserte ainsi que leur contenu. J'ai vu dans un restaurant de Positano, en Italie, un vaisselier de ce type, où de grands saladiers d'« antipasto » étaient exposés ; ceux-ci, très appétissants, apportaient la preuve qu'avec un minimum d'ingéniosité, un petit rien peut tout changer. Les miroirs fournissent une intéressante vision dédoublée d'un riche assortiment de plats et de vins, pour le plaisir des convives et de leurs hôtes.

À mi-hauteur, une large étagère peut tenir lieu de desserte. Vous choisirez alors pour cette desserte un type de finition adapté au style de la pièce. Ici, la desserte en marbre met parfaitement en valeur fruits, fleurs et légumes ; libre à vous de lui substituer un matériau meilleur marché si vos finances sont limitées. Mais ne faites surtout pas l'impasse sur les miroirs !

VUE EN COUPE

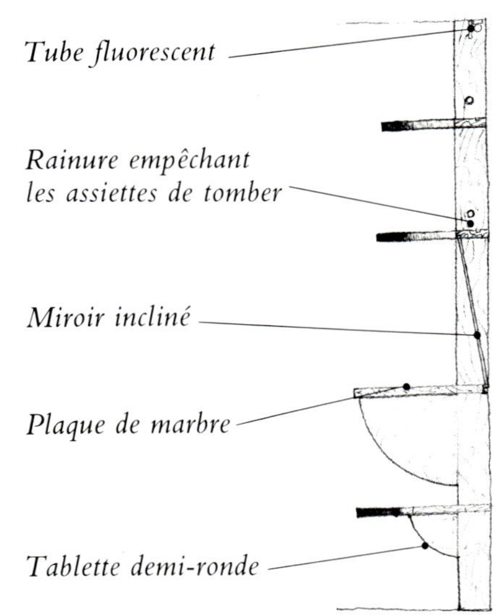

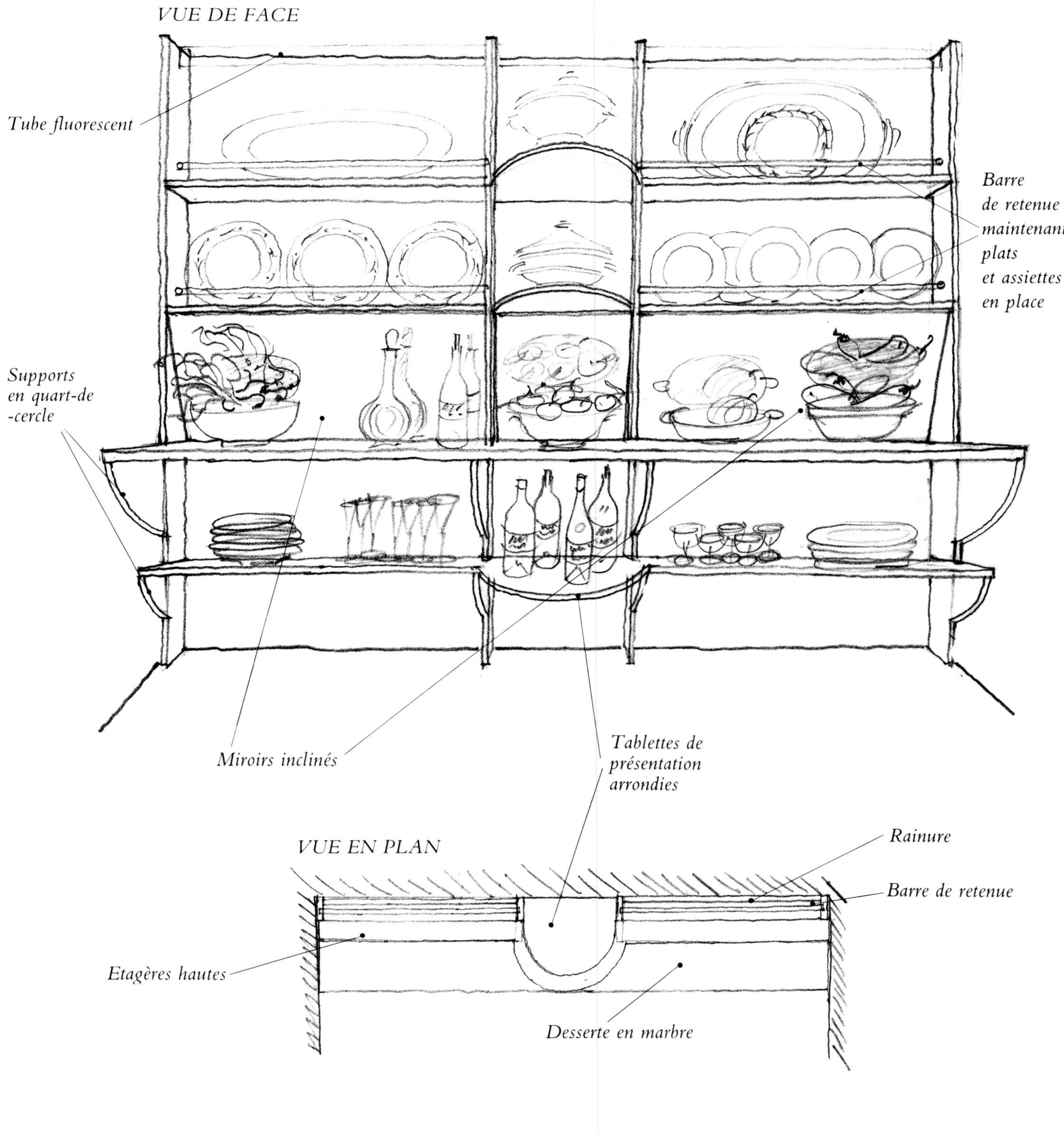
VUE DE FACE
Tube fluorescent
Barre de retenue maintenant plats et assiettes en place
Supports en quart-de-cercle
Miroirs inclinés
Tablettes de présentation arrondies
VUE EN PLAN
Rainure
Barre de retenue
Etagères hautes
Desserte en marbre

Cet ensemble d'étagères conçu pour la salle à manger est tout à la fois pratique et décoratif. La large étagère-desserte offre tout l'espace nécessaire pour poser les plats, tandis que les miroirs inclinés reflètent fruits et fleurs dans un jeu attrayant de formes et de coloris. Au-dessus, plats et assiettes sont exposés sur deux étagères rainurées tandis que cruches, bols, assiettes... trouvent leur place sur l'étagère située sous la desserte.

Des tubes fluorescents dissimulés derrière le bandeau permettent un éclairage doux et diffus. Pour des raisons esthétiques, le meuble s'élève jusqu'au plafond, ce qui développe d'autant l'espace de rangement.

L'ensemble peut s'appuyer latéralement contre un mur, ou occuper l'espace d'une alcôve, être indépendant ou couvrir toute une paroi, d'un mur à l'autre. La desserte sera en marbre — c'est le cas ici —, en ardoise, en bois massif ou encore en médium ou en latté peints. Si vous optez pour le marbre, les plaques adjacentes doivent impérativement se joindre au-dessus d'un montant.

Les montants de la structure principale sont en médium de 25 mm ; les étagères droites sont en latté de 19 mm ce qui augmente la rigidité ; et les tablettes arrondies sont en médium de 19 mm, qu'il est plus facile de découper en rond que le panneau de fibres d'épaisseur supérieure.

Le meuble se compose de deux parties distinctes. La section inférieure, jusqu'à la desserte, est assemblée et fixée en place ; on adjoint ensuite la partie supérieure. L'ensemble est ancré au mur au moyen d'équerres dissimulées dans les rainures des étagères.

Les dimensions totales du vaisselier sont fonction de la profondeur de la desserte. Dans le cas présent, cette profondeur est de 460 mm. Si vous choisissez une autre dimension, il vous faudra ajuster les autres côtés en conséquence. Pour une bonne apparence, la profondeur de la desserte doit toujours être égale à celle des tablettes arrondies.

Les dimensions verticales exactes sont précisées jusqu'au sommet de la section à miroirs, de même que toutes les profondeurs des étagères, de sorte que l'angle des miroirs soit conforme.

La partie supérieure — au-dessus des miroirs — est fonction de la hauteur sous plafond, ce qui autorise toutes variations dans la hauteur et la largeur totales. La largeur des étagères latérales est laissée à votre appréciation, mais pour sauvegarder l'équilibre visuel, veillez à ce qu'elles soient de même largeur de part et d'autre de la section médiane en arrondi.

Si le meuble ne doit pas s'inscrire dans un espace donné, donnez à chaque section latérale une largeur double de celle de la section médiane. Ces dimensions assurent des proportions équilibrées.

MATÉRIAUX

Désignation	**Quantité**	**Matériau**	**Dimensions**
Montants supérieurs	4	Médium de 25 mm	Selon besoins en 150 mm de largeur
Étagères hautes droites	4	Latté de 19 mm	Selon besoins en 147 mm de largeur
Tablettes hautes demi-rondes	2	Médium de 19 mm	487 × 393,5 mm
Bandeaux	3	Médium de 19 mm	Selon besoins
Barres de retenue	4	Tourillon de 25 mm de Ø	Selon besoins
Desserte	1	Épaisseur libre ; Médium de 25 mm min.	Selon besoins
Tasseaux-supports de la desserte	3	Bois tendre de 50 × 25 mm	Selon besoins
Montants inférieurs	4	Médium de 25 mm	770 × 150 mm
Étagères basses droites	2	Latté de 19 mm	Selon besoins en 277 mm de largeur
Tablette arrondie centrale	1	Médium de 19 mm	500 × 460 mm
Grands quarts de cercle	4	Médium de 25 mm	Dans un panneau de 1 250 × 300 mm
Petits quarts de cercle	4	Médium de 25 mm	Dans un panneau de 570 × 130 mm

Divers : 3 miroirs, tubes fluorescents, alèse de 3 mm, 40 équerres (d'env. 65 × 65 × 16 mm).

OUTILS

- Scie à panneaux
- Scie sauteuse (ou scie à guichet)
- Gabarit de perçage
- Serre-joints
- Mètre-ruban
- Équerre
- Couteau universel
- Défonceuse
- Marteau
- Niveau à bulle
- Perceuse électrique
- Tournevis
- Scie à métaux
- Rabot
- Cale à poncer et papier abrasif

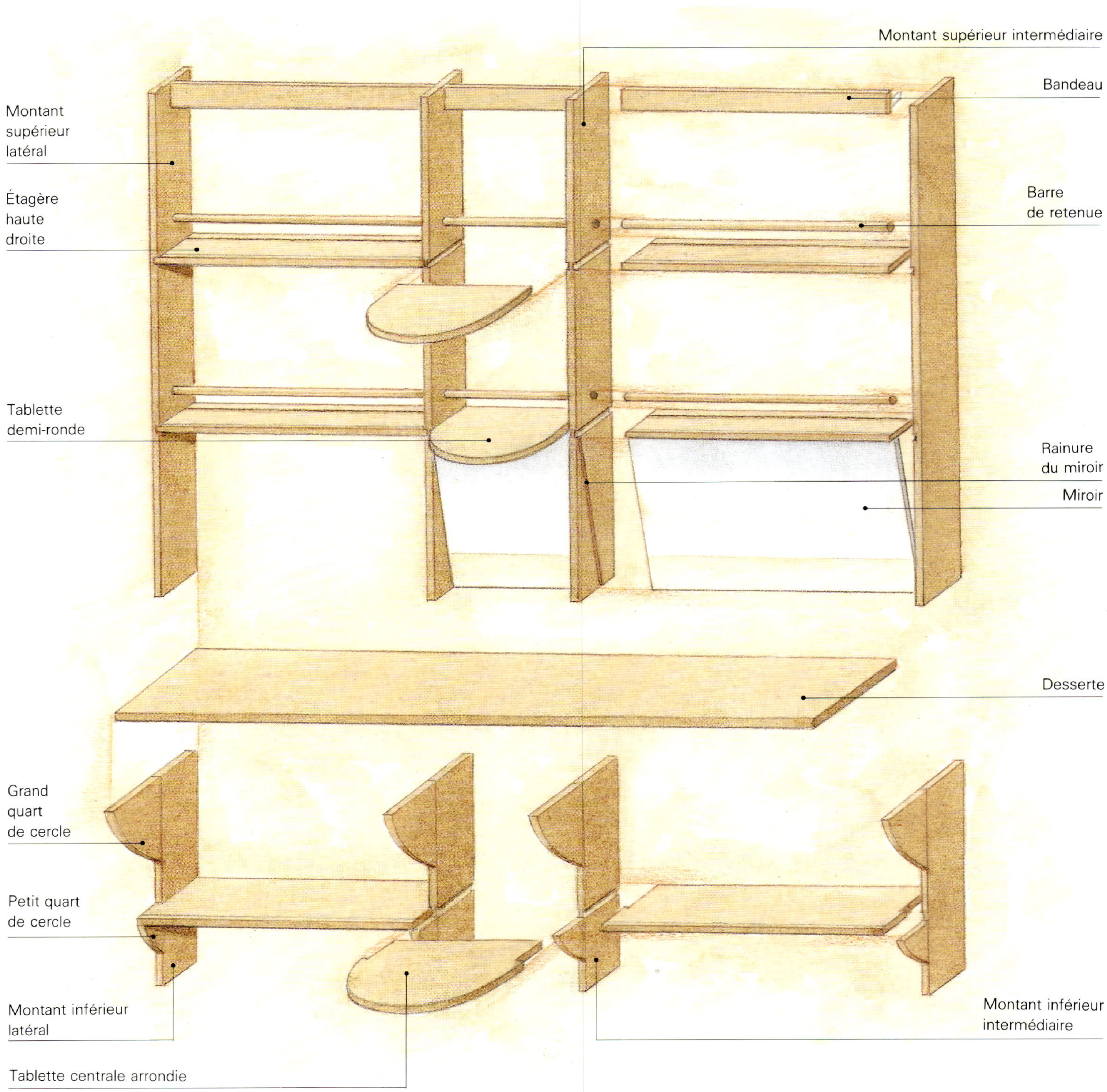
Montant supérieur intermédiaire
Bandeau
Montant supérieur latéral
Étagère haute droite
Barre de retenue
Tablette demi-ronde
Rainure du miroir
Miroir
Desserte
Grand quart de cercle
Petit quart de cercle
Montant inférieur latéral
Montant inférieur intermédiaire
Tablette centrale arrondie

PARTIE INFÉRIEURE

Dans du médium de 25 mm, découpez quatre montants de 770 mm — c'est-à-dire, la hauteur sous desserte — par 150 mm. Pour les supports de la desserte, découpez quatre quarts de cercle dans du médium de 300 mm de largeur et d'au moins 1 250 mm de longueur, de façon que le rayon de chaque pièce puisse atteindre 300 mm. Tracez le contour d'un quart de cercle avant de le découper à la scie sauteuse ou à la scie à guichet, et de poncer la découpe. Utilisez cette première pièce comme gabarit pour tracer les trois suivantes. Pour les supports inférieurs, découpez quatre quarts de cercle plus petits dans du médium de 130 × 570 mm, de sorte que le rayon de chaque pièce puisse atteindre 130 mm. Ici aussi, découpez une pièce qui servira de gabarit pour les trois autres.

FIXATION DES QUARTS DE CERCLE

Collez et fixez les grands quarts de cercle contre le rebord antérieur des montants avec des tourillons de 10 mm de diamètre et 50 mm de longueur. Utilisez un gabarit de perçage ou des embouts de marquage (voir Techniques, p. 245) pour bien aligner les orifices ; les bords supérieurs des supports et des montants doivent être au même niveau.

Fixez chaque assemblage avec des serre-joints et laissez prendre la colle. L'opération sera facilitée si vous ménagez des éperons carrés sur les quarts de cercle où appuyer les serre-joints, éperons que vous scierez après coup pour compléter la courbe.

Mesurez 300 mm à partir du bas de chaque montant : cette cote marque la position du rebord supérieur des petits supports. Fixez-les en place de la même façon que les grands.

ENTAILLAGE DES MONTANTS

Le bord supérieur de chaque petit quart de cercle sert de support aux étagères inférieures. Avec une équerre et un crayon ou un couteau universel, marquez l'emplacement du sommet du quart de cercle sur tous les montants servant de support à une étagère. Avec une défonceuse équipée d'une fraise de 19 mm, exécutez une entaille de 6 mm de profondeur au-dessus de la ligne tracée. Entaillez ainsi les faces intérieures des montants d'extrémité et les deux faces des montants intermédiaires.

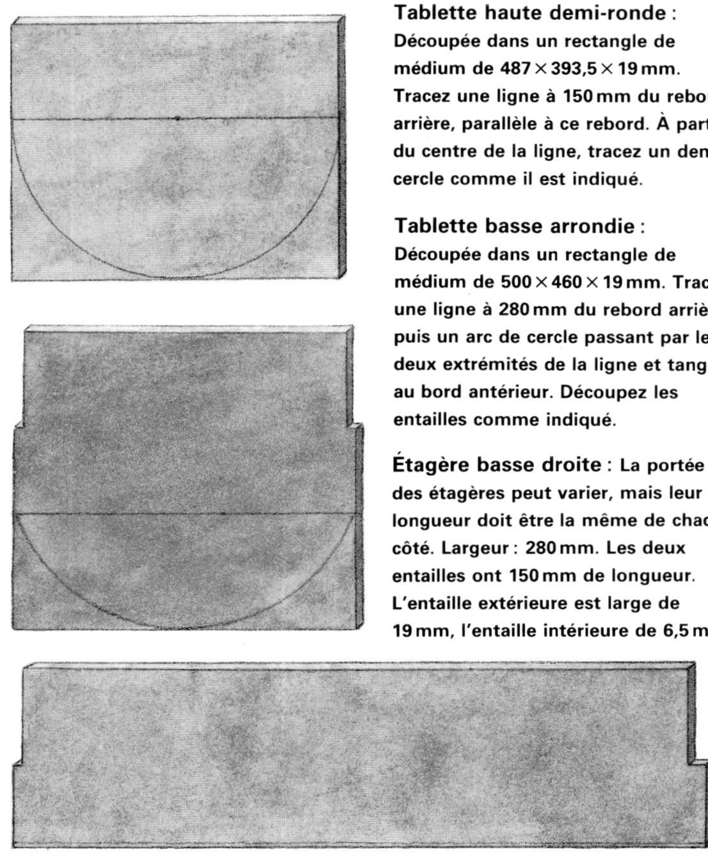

Tablette haute demi-ronde : **Découpée dans un rectangle de médium de 487 × 393,5 × 19 mm. Tracez une ligne à 150 mm du rebord arrière, parallèle à ce rebord. À partir du centre de la ligne, tracez un demi-cercle comme il est indiqué.**

Tablette basse arrondie : **Découpée dans un rectangle de médium de 500 × 460 × 19 mm. Tracez une ligne à 280 mm du rebord arrière, puis un arc de cercle passant par les deux extrémités de la ligne et tangent au bord antérieur. Découpez les entailles comme indiqué.**

Étagère basse droite : **La portée des étagères peut varier, mais leur longueur doit être la même de chaque côté. Largeur : 280 mm. Les deux entailles ont 150 mm de longueur. L'entaille extérieure est large de 19 mm, l'entaille intérieure de 6,5 mm.**

1 Assemblage des montants inférieurs : **Découpez les montants dans du médium de 25 mm. Les supports de la desserte sont des quarts de cercle en médium de 300 mm de rayon. Les petits supports ont 130 mm de rayon. Assemblez les supports et les montants avec des tourillons.**

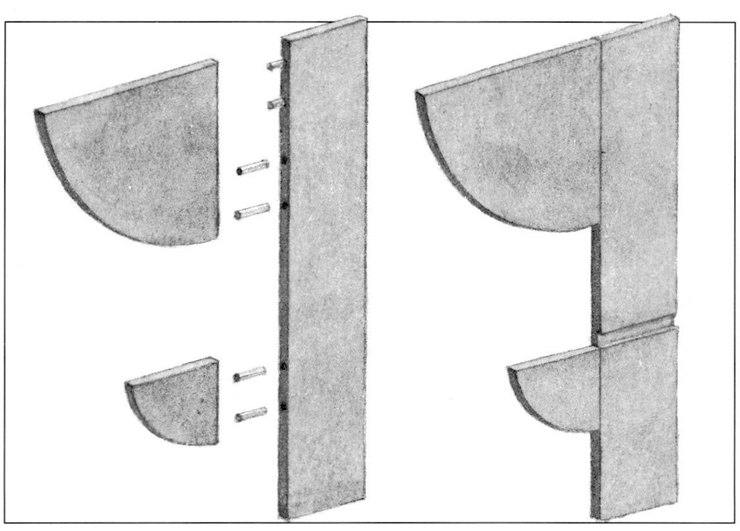

2 Montage d'une étagère droite inférieure entre montants : **Assurez-vous que les étagères sont de même longueur de chaque côté. Leur profondeur est de 280 mm, y compris la bordure antérieure. Les extrémités des étagères sont entaillées pour s'adapter aux montants.**

TABLETTE BASSE ARRONDIE

Pour cette tablette, découpez un rectangle de 460 × 500 mm dans du médium de 19 mm d'épaisseur. Les 500 mm représentent la largeur de la pièce. Tracez, à 280 mm du rebord arrière, une ligne parallèle à ce rebord ; ce tracé correspond à la profondeur de l'étagère droite. Tracez un arc de cercle tangent au rebord antérieur en son milieu et découpez-le. Inscrivez un repère à 150 mm du rebord arrière, puis exécutez des découpes de 6,5 mm de largeur et 150 mm de longueur sur chacun des côtés ; ces découpes s'inscrivent dans les entailles pratiquées dans les montants.

ÉTAGÈRES BASSES DROITES

Déterminez la longueur que vous voulez donner aux étagères en latté de 19 mm, de chaque côté de la travée centrale ; veillez à ce qu'elles soient de longueur identique. Leur profondeur sera de 280 mm, cette dimension incluant un rebord de 3 mm collé et cloué au bord antérieur. Découpez les deux étagères, puis exécutez les entailles à chaque extrémité : la longueur de ces entailles est de 150 mm pour 6,5 mm de largeur du côté intérieur et 19 mm du côté extérieur. De la sorte vous serez assuré que les étagères droites rejoignent la tablette centrale arrondie au milieu même des montants intermédiaires. Les rebords extérieurs des étagères affleurent la face latérale extérieure du meuble.

MONTAGE

Dressez un des montants inférieurs contre le mur pour repérer, sur la paroi, la position de la desserte. Inscrivez sur le mur du fond et, le cas échéant, sur le mur latéral, un repère correspondant à la face inférieure de la desserte. Avec un niveau à bulle, tracez à cette hauteur une ligne horizontale sur toute la longueur de la paroi.

Fixez des tasseaux de bois tendre (50 × 25 mm) contre la paroi, sous la ligne, comme supports pour la desserte. Trois pièces sont nécessaires, dont les longueurs correspondent aux distances entre montants. Si un montant latéral est fixé contre un mur en retour, vissez directement, au travers du montant et du quart de cercle, dans le mur. Percez et fraisez les trous — un au sommet du montant, un à la base et deux dans chaque quart de cercle. Amenez le montant en place et marquez l'emplacement des vis sur le mur. Otez le montant et percez des trous pour des vis de 4,5 × 50. Chevillez, replacez le montant et vissez.

Si le montant latéral ne s'appuie pas contre un mur, il faut le fixer au mur arrière avec des équerres de 65 × 65 × 16 mm — une au sommet et une dans l'entaille de l'étagère intermédiaire.

Une fois en place, l'étagère dissimulera l'équerre fixée dans l'entaille. Creusez un logement dans l'étagère de l'épaisseur de l'équerre. Pour dissimuler l'équerre haute, placez-la au mur à la verticale, de sorte que le segment horizontal, perpendiculaire au mur, s'inscrive dans un logement creusé à cet effet au sommet du montant. Le segment vertical de l'équerre est logé dans une entaille creusée dans le mur, de façon que le rebord arrière du montant soit fermement maintenu.

La base du montant peut être fixée avec de la tige d'acier de 3 mm de diamètre ou un boulon découpé, à la scie à métaux, à une longueur de 25 mm. Une moitié de la tige métallique est enfoncée dans le sol, et le reste dans la base du montant. Le plus difficile est de faire coïncider les deux trous. Pour cela, fixez tout d'abord la tige dans le montant, puis présentez le montant dans sa position exacte, à l'équerre contre le mur. Donnez un coup de marteau très sec sur le sommet du montant, de façon que la tige laisse au sol une empreinte marquant l'emplacement du perçage. L'ajustage de la tige dans son logement peut être sommaire, car sa seule fonction est de maintenir la base du montant en place.

Protégez le sommet du montant avec une chute de bois, avant de donner le coup de marteau. Vissez le segment horizontal de l'équerre au sommet du montant et fixez la seconde équerre dans l'entaille et au mur.

Placez les tasseaux-supports en position sous la ligne et fixez-les tous les 300 mm avec des vis de 4,5 × 50. Présentez le montant suivant et fixez-le au mur de la même façon que le premier. Répétez l'opération avec les deux montants restants, en collant les étagères au fur et à mesure de votre progression. Il est inutile d'ancrer les montants intermédiaires au sol.

DESSERTE

La desserte repose sur les tasseaux et les montants inférieurs. Si vous avez choisi du marbre ou de l'ardoise, aucune fixation n'est nécessaire en raison du poids de ces matériaux. Si l'étagère est en bois, fixez-la avec des tourillons au sommet des montants inférieurs et des quarts de cercle. Si vous comptez peindre le meuble, vissez simplement la desserte aux montants.

PARTIE SUPÉRIEURE

Mesurez la distance entre le dessus de la desserte et le plafond. Prenez la mesure en trois points, au centre et aux extrémités. Si les valeurs diffèrent, retenez la plus petite, et découpez à cette longueur quatre montants dans du médium de 25 mm. La largeur des montants est de 150 mm. Mesurez 655 mm à partir de la base : cette valeur assure de bonnes dimensions au miroir ainsi qu'une bonne inclinaison. Divisez la hauteur restante des montants en fonction du nombre d'étagères prévues ; espacez celles-ci régulièrement.

PRÉPARATION DES MONTANTS

Avec une fraise de 19 mm, faites des entailles de 6 mm de profondeur sur toutes les faces intérieures des montants. (Encore une fois, n'entaillez pas la face extérieure des montants d'extrémité.)

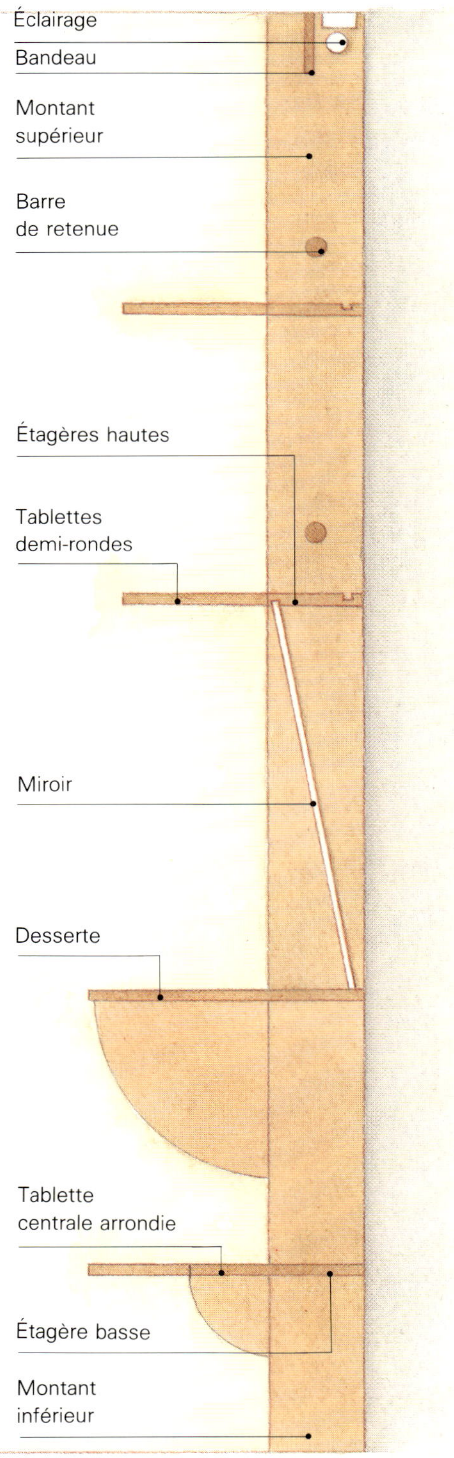

Coupe verticale du buffet-desserte : On voit, sur cette coupe, l'espacement des étagères et la disposition des supports en quart de cercle des étagères basses. Remarquez l'inclinaison du miroir qui reflète tout ce qui est disposé sur la desserte.

LES MIROIRS INCLINÉS DOUBLENT L'IMPACT VISUEL : *Les miroirs en biais à l'arrière de la desserte reflètent les objets placés sur l'étagère , amplifiant ainsi le jeu des couleurs et des formes. Les tablettes arrondies et les quarts de cercle renforcent l'intérêt de la composition.*

RAINURES POUR LES MIROIRS

Montez une fraise de 6 mm sur la défonceuse pour exécuter les rainures où s'insèrent les miroirs. Les rainures diagonales, profondes de 6 mm, débouchent à 2 mm des rebords avant et arrière (encadré, à droite).

BARRES DE RETENUE

Repérez le centre des orifices des barres de retenue, sur les faces intérieures des montants, à 100 mm au-dessus des entailles des étagères et 75 mm du rebord antérieur. Les trous, de 25 mm de diamètre, ont 12 mm de profondeur : ils sont percés à la défonceuse ou avec une perceuse équipée d'une mèche plate.

ÉTAGÈRES HAUTES DROITES

Comme les étagères basses, leur rebord est recouvert d'une bordure. Leur profondeur est de 150 mm, y compris la bordure. Découpez le nombre d'étagères requises, puis collez et clouez les bordures.

TABLETTES HAUTES DEMI-RONDES

Dans du médium de 19 mm découpez, pour chaque tablette, un rectangle de 487 × 393,5 mm.

Tracez une ligne parallèle au rebord

ENTAILLAGE DES MONTANTS
(étagères et miroirs)

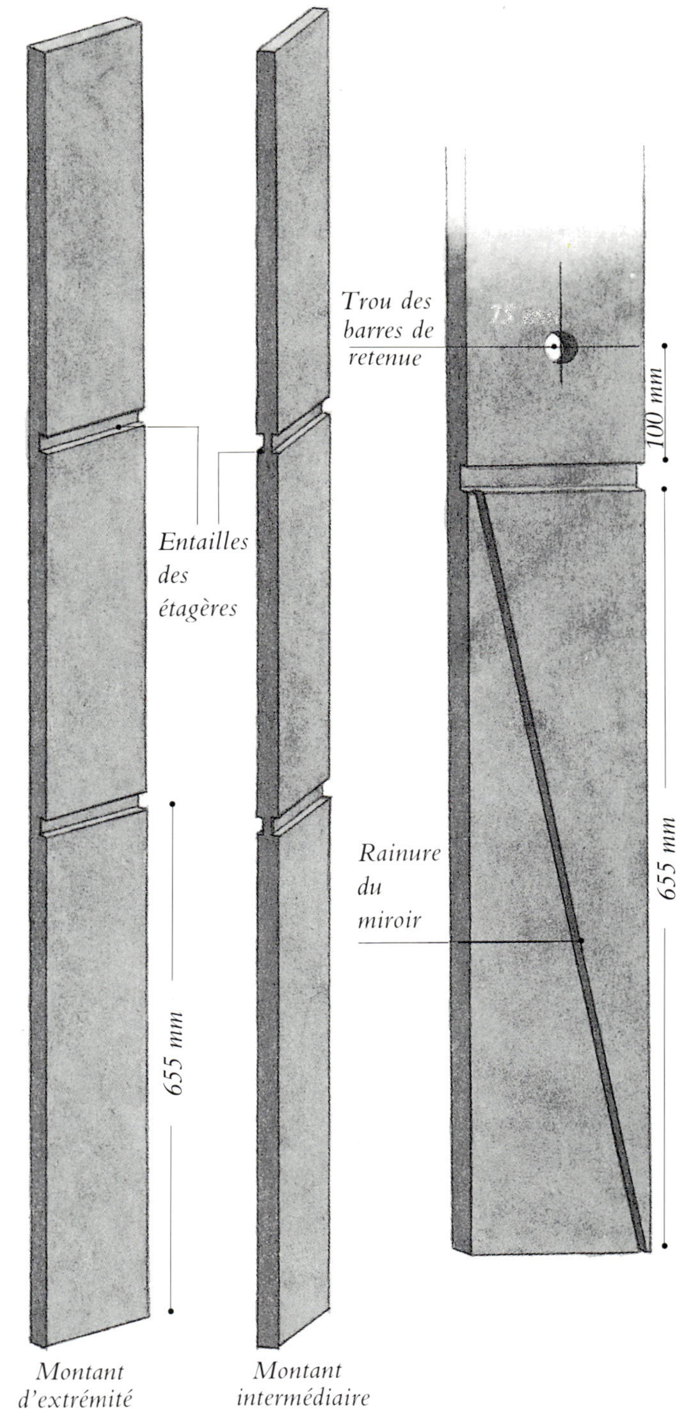

arrière, à 150 mm de ce rebord. Le milieu de cette ligne est également le centre du cercle. Tracez et découpez un demi-cercle à l'avant de chaque tablette (voir p. 88).

RAINURAGE DES ÉTAGÈRES

Avec une défonceuse, faites une rainure pour chacun des miroirs en sous-face de deux des étagères droites ; la rainure se trouve à 2 mm en arrière du rebord antérieur. Sa profondeur est de 6 mm et sa largeur égale l'épaisseur du miroir plus un léger supplément pour faciliter l'emboîtement en biais. Faites une rainure identique en sous-face d'une des tablettes demi-rondes. Mesurez, à partir des rainures, les dimensions exactes de chacun des miroirs, sans oublier, au sommet et sur les côtés, la portion insérée dans les rainures.

Polissez le rebord inférieur des miroirs pour ne pas endommager la desserte. Toujours à l'aide d'une défonceuse, exécutez une rainure sur le dessus de toutes les étagères droites. Cette rainure, profonde et large de 6 mm, est également situé à 6 mm du rebord arrière : elle empêche les assiettes de glisser.

BARRES DE RETENUE

Calculez les longueurs des barres de retenue en rajoutant 10 mm à chaque extrémité pour les portions qui pénètrent dans les montants. Découpez le nombre requis dans du tourillon de 25 mm de diamètre.

ASSEMBLAGE

Présentez un des montants en position (celui qui s'appuie contre un mur, s'il y en a un) debout sur la desserte, dans la prolongation du montant inférieur. Ce montant est fixé soit à un mur latéral avec des vis, soit au mur du fond avec des équerres disposées dans les entailles des étagères (comme pour la section inférieure). Placez une équerre supplémentaire dans la section du miroir, aussi bas que possible à l'arrière de la rainure. Cette équerre sera dissimulée par le miroir.

Pour la phase suivante de l'assemblage, il faudra vous assurer l'aide d'une autre personne. Introduisez le miroir et les barres dans leurs logements respectifs, en collant au fur et à mesure. Poncez les extrémités des barres pour faciliter la mise en place.

TIREZ LE MEILLEUR PARTI DES ÉTAGÈRES HAUTES : *Les étagères hautes atteignent le plafond pour des raisons d'ordre esthétique et pratique. La position avancée des tablettes demi-rondes met remarquablement en valeur les objets qui y sont posés.*

1 Fixation du miroir et des montants : Le bord supérieur du miroir s'inscrit dans une rainure en sous-face de l'étagère. Les montants sont fixés à l'aide d'équerres.

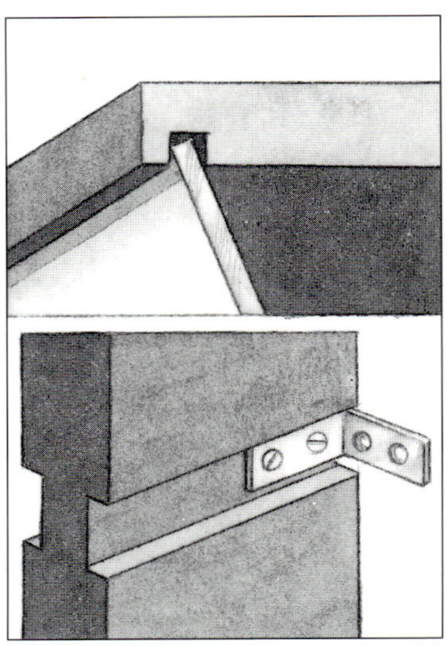

2 Fixation des bandeaux : Coupés dans du médium de 19 mm, ils dissimulent les éclairages et sont fixés avec des équerres.

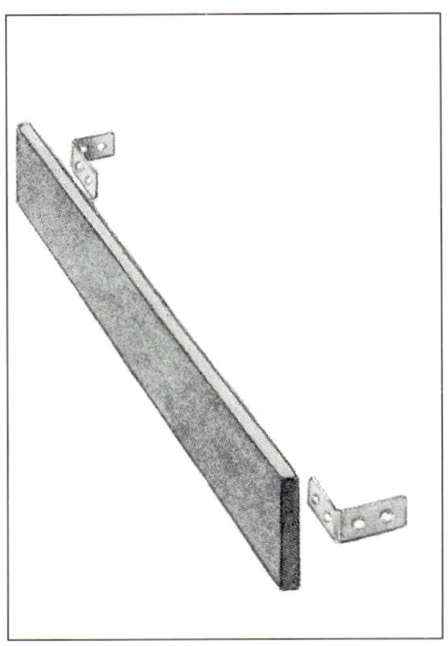

Présentez le montant suivant. Fixez-le avec des équerres placées dans les entailles des étagères et tout au sommet, des deux côtés. Vous pouvez rajouter une équerre sur un des côtés avant de finir de fixer le miroir.

Rabotez ou poncez les étagères, creusez les logements des équerres, puis enduisez de colle les bords des étagères et glissez-les en place.

Présentez le miroir central et le montant suivant, et fixez comme précédemment. Placez les tablettes. Répétez l'opération pour la dernière travée.

BANDEAUX

Mesurez les dimensions intérieures entre montants pour les trois bandeaux. Découpez les trois pièces dans du médium de 19 mm. Elles doivent être suffisamment larges pour dissimuler l'éclairage. Posez des équerres aux extrémités de chaque bandeau et vissez-les aux montants.

Avant de fixer les bandeaux en place, vous pouvez rajouter des équerres entre le mur et les montants pour renforcer la rigidité, mais assurez-vous que les bandeaux les dissimulent. Posez les tubes fluorescents. Enfin, mastiquez toutes les têtes des vis avant de procéder à la décoration.

GARDE-ROBE JAPONAISE

Même si elle est conçue ici pour la garde-robe d'une chambre, cette cloison coulissante aura tout autant de cachet dans un salon. Rien ne me semble plus paisible que la pièce traditionnelle japonaise, et j'ai tenté de traduire cette sérénité dans ce projet. Il est indispensable que le cadre retenant les parois coulissantes forme un rectangle parfait et que chaque angle soit absolument d'équerre. C'est pourquoi vous remarquerez un listel d'ajustage autour des extrémités du cadre de la cloison. Il sert à rattraper les irrégularités du sol, du mur et du plafond.

Les parois coulissantes sont simplement construites sur la base d'un module rectangulaire qui dépendra des dimensions exactes du mur que vous souhaitez cloisonner. Pour le fond de la paroi, j'ai utilisé ici un coton naturel solide couleur crème à la place du traditionnel papier japonais, mais vous pouvez choisir un autre tissu qui s'harmonisera à la décoration de la pièce.

L'autre grand avantage de cette cloison, outre le fait de dissimuler un éventuel désordre, c'est qu'elle permet d'installer un éclairage à l'intérieur; la lumière, doucement diffusée par le tissu, offrira alors à votre chambre ou à votre salon une atmosphère élégante.

PLAN DE FIXATION AU MUR

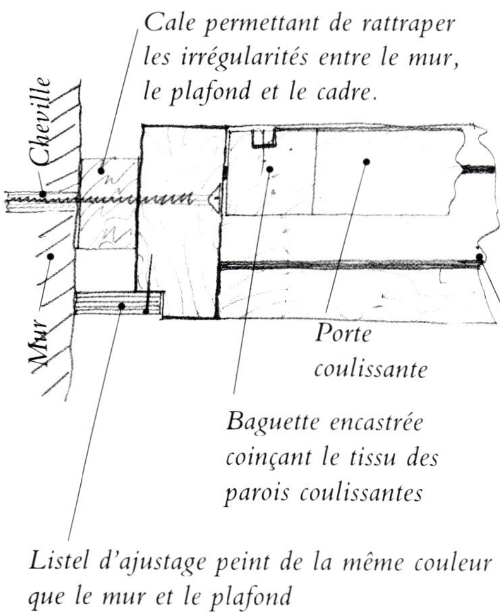

COUPE DE LA FIXATION AU PLAFOND

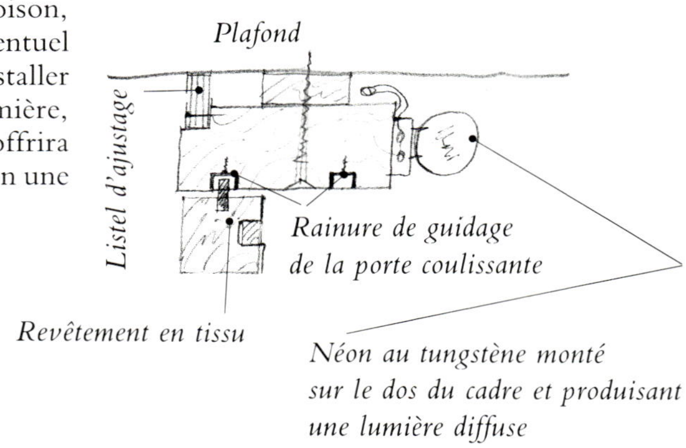

FAÇADE

PLAN

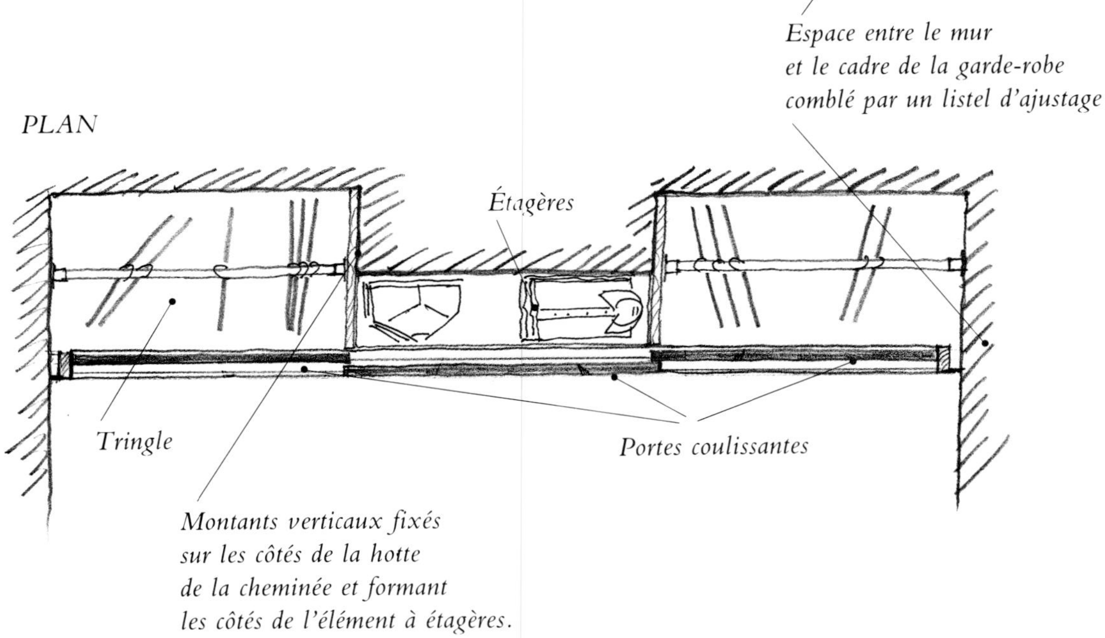
*Espace entre le mur
et le cadre de la garde-robe
comblé par un listel d'ajustage*
Étagères
Tringle
Portes coulissantes
*Montants verticaux fixés
sur les côtés de la hotte
de la cheminée et formant
les côtés de l'élément à étagères.*

Les légères portes coulissantes de cette garde-robe encastrée sont constituées par un lattis étroit revêtu par derrière d'un tissu afin de créer une cloison « à la japonaise ». Les portes sont concues pour aller d'un mur à l'autre dans une pièce ayant (ou non) un conduit de cheminée et des alcôves. Un éclairage est installé derrière les portes pour éclairer l'intérieur de la garde-robe et pour diffuser une lumière douce dans la pièce lorsque les portes sont fermées, ce qui est une excellente facon de créer une atmosphère reposante dans une chambre.

Dans notre projet, les portes coulissent devant le conduit de cheminée et le dissimulent complètement. Des panneaux de partition verticaux sont installés de chaque côté avancant légèrement devant lui et permettant d'incorporer des étagères étroites de la largeur du conduit.

Même si vous devez construire cette garde-robe sur un mur plat, il vous faudra toujours installer deux panneaux de partition intermédiaires pour soutenir les tringles et les étagères profondes. Toutefois, dans ce cas, toutes les étagères seront profondes et vous aurez la place de mettre trois tringles au lieu de deux.

Pour obtenir une finition encore plus soignée, lorsque vous travaillez dans une pièce sans cheminée, fabriquez les panneaux de partition comme deux coffrages étroits recouverts de contre-plaqué.

MATÉRIAUX

Désignation	**Quantité**	**Matériau**	**Longueur**
Partitions	2	Contre-plaqué, latté ou aggloméré de 19 mm ; largeur égale à la profondeur intérie ıre du placard (ici : 530 mm)	Hauteur de la pièce
Étagères profondes	4	Comme ci-dessus ; largeur : 518 mm pour permettre l'épaisseur de la baguette de chant des étagères	Distance entre les panneaux de partition et les murs latéraux
Étagères étroites	6	Contre-plaqué, latté ou aggloméré de 19 mm ; largeur égale à la distance entre la hotte de la cheminée et la face des panneaux de partition – 12 mm	Distance entre les panneaux de partition
Bordure des chants des étagères	10	38 × 12 mm ; pin ou bois dur raboté	Celle des étagères
Tasseaux de support arrière des étagères profondes	4	25 × 25 mm ; bois blanc raboté	Celle des étagères
Tasseaux de support latéraux des étagères profondes	8	25 × 25 mm ; bois blanc raboté	Profondeur des étagères – 38 mm
Tasseaux de support arrière des étagères étroites	6	25 × 25 mm ; bois blanc raboté	Celle des étagères
Tasseaux de support latéraux des étagères étroites	12	25 × 25 mm ; bois blanc raboté	Celle des étagères – 38 mm
Tringle	2	Chromée ou tourillon de 25 mm de diamètre	Largeur de l'alcôve
Tasseaux de support de la tringle	4	25 × 25 mm ; bois raboté	2 de 530 mm 2 de 610 mm

CHASSIS DES PORTES

Traverses supérieure et inférieure	2	100 × 50 mm ; bois blanc raboté	Largeur de la pièce + 150 mm*
Montants	2	Comme ci-dessus	Hauteur de la pièce*
Listel d'ajustage supérieur	1	25 × 30 mm ; bois blanc raboté	Largeur de la pièce*
Listel d'ajustage latéral	2	Comme ci-dessus	Hauteur de la pièce

PORTES (les quantités sont données pour une porte. Ce projet en contient trois)

Montants (traverses latérales)	2	50 × 50 mm ; bois blanc raboté	Hauteur intérieure du cadre de la porte – un dégagement pour l'équipement de porte
Traverse supérieure	1	50 × 50 mm ; bois blanc raboté	Un tiers de la largeur intérieure du cadre
Traverse inférieure	1	100 × 50 mm ; bois blanc raboté	Comme ci-dessus
Meneaux horizontaux	3	25 × 25 mm ; bois blanc raboté	Largeur intérieure du cadre de la porte + 25 mm
Meneaux verticaux	2	25 × 25 mm ; bois blanc raboté	Hauteur intérieure du cadre de la porte + 25 mm.
Baguette de fixation latérale du tissu	2	9 × 9mm ; bois blanc raboté	Hauteur intérieure du cadre de la porte + 100 mm
Baguette de fixation supérieure et inférieure du tissu	2	9 × 9 mm ; bois blanc raboté	Largeur intérieure du cadre de la porte + 100 mm

*Les dimensions sont données légèrement plus grandes pour permettre de les tailler plus tard.

COMPOSANTS DE L'ASSEMBLAGE PRINCIPAL

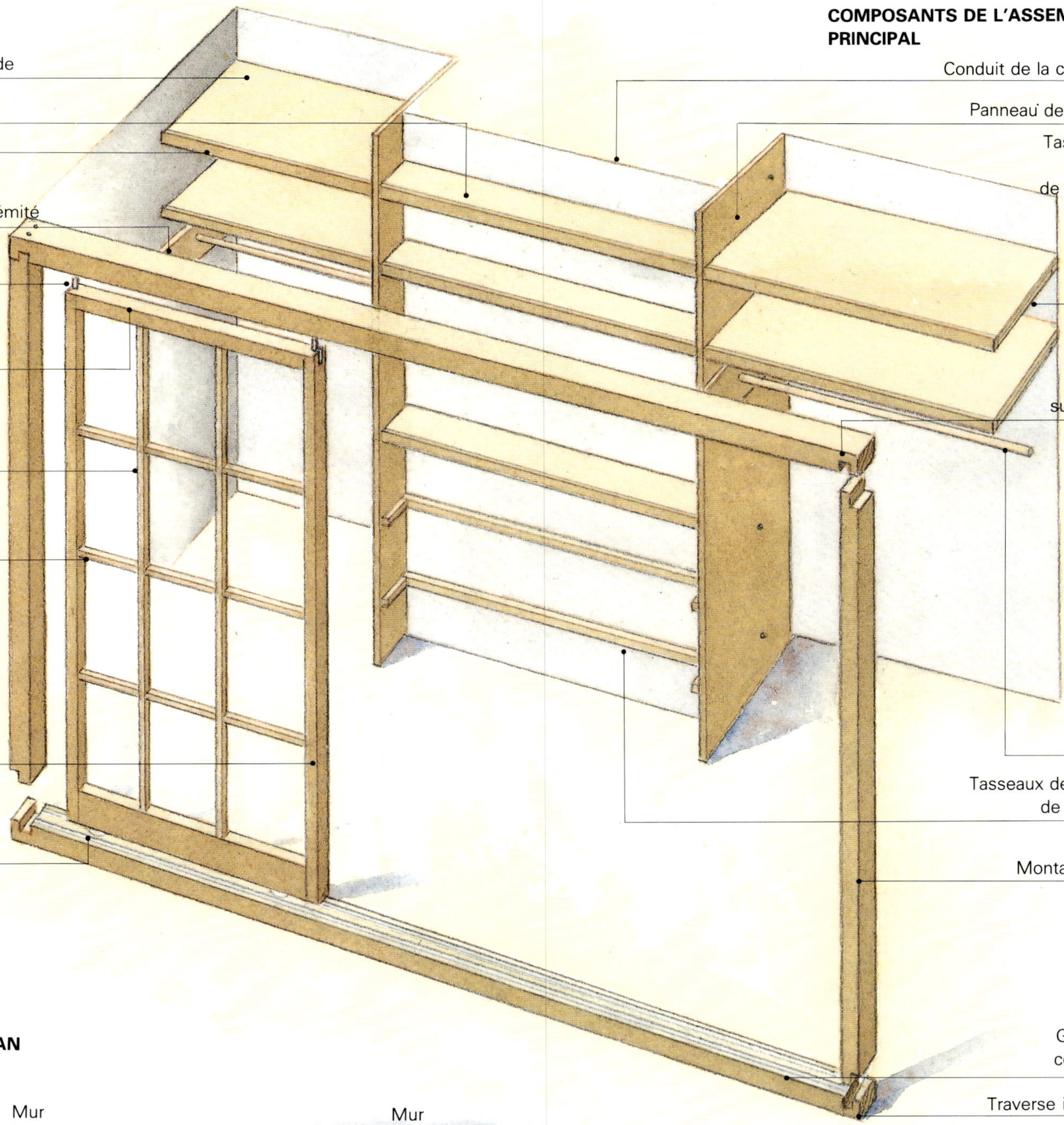

VUE EN PLAN

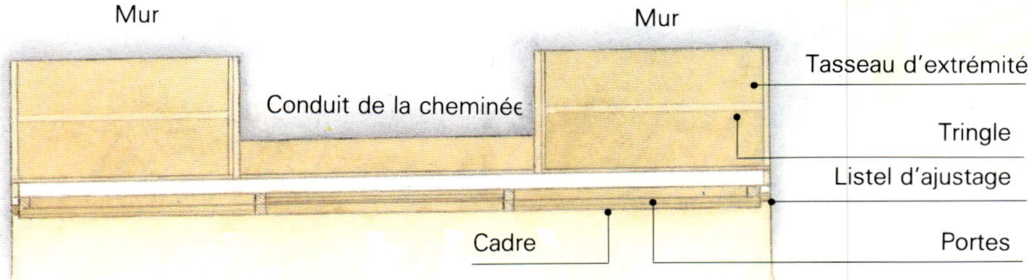

OUTILS

- Mètre à ruban métallique
- Règle plate (ou tasseau parfaitement droit et raboté)
- Niveau à bulle
- Fil à plomb et craie
- Équerre
- Cutter
- Trusquin
- Trusquin à mortaise
- Scie circulaire ou scie sauteuse (ou scie à panneaux et scie à tenons)
- Boîte à onglets
- Trusquin à équerre
- Perceuse (électrique ou manuelle)
- Mèches à bois et métal : 3 mm pour les avant-trous et 5 mm pour les trous de dégagement
- Mèche plate
- Fraise
- Mèche à béton de la taille correspondant à celle des chevilles employées
- Mortaiseuse-défonceuse et mèches correspondantes
- Jeu de ciseaux à bois
- Tournevis
- Marteau
- Chasse-clou
- Rabot à aplanir
- Ponceuse électrique (ou cale et papier de verre)
- Une paire de presses à cadre (d'au moins 200 mm d'ouverture)
- Une paire de serre-joints à sangles pour maintenir les portes pendant l'assemblage
- Pinceaux

TRAÇAGE DU PLAN

Décidez de la disposition intérieure de la garde-robe : hauteur des tringles, emplacement des étagères, etc. Nos étagères sont espacées de 350 mm le long du conduit de la cheminée, les tringles sont placées dans les alcôves des deux côtés et deux étagères profondes sont installées au-dessus de la tringle principale.

Tracez la profondeur intérieure de la garde-robe (celle-ci fait 610 mm de profondeur, ce qui est une bonne largeur pour suspendre les vêtements). Tracez tout autour : sur les murs, le sol, le plafond. Commencez par tracer un point à 610 mm du mur du fond de chaque côté et reportez-le sur les murs latéraux juste au-dessus des plinthes. Suspendez un fil à plomb enduit de craie sur chaque mur dans l'aplomb de ces marques et claquez le fil pour tracer une ligne verticale. Tendez votre fil sur le plafond et claquez-le de la même façon pour joindre les deux traits. Faites de même au sol. Ce trait continu est celui de l'intérieur du cadre de la porte.

Si vous travaillez dans une maison ancienne dont les chambres ne sont pas carrées, vous ne pourrez sans doute pas mesurer à partir du mur du fond. Il vous faudra alors utiliser la méthode du 3, 4, 5 (voir Techniques,p. 236) pour placer le cadre à angle droit avec un des murs latéraux, voire avec les deux. Tracez l'emplacement du cadre sur le sol puis claquez des lignes verticales sur les murs latéraux et sur le plafond. Dans une vieille maison, sols, murs et plafonds peuvent ne pas être parfaitement plans. Si tel est le cas, il vous faudra utiliser des cales sous la traverse du sol et ajuster de larges cales entre les côtés et le haut du cadre pour combler les différents espaces. Il est absolument indispensable que le cadre soit parfaitement d'équerre, quelles que soient les irrégularités des murs, sols et plafonds.

Après avoir tracé l'intérieur de l'emplacement du cadre de porte, mesurez à nouveau en retrait 75 mm et claquez une nouvelle ligne sur le mur, le sol et le plafond. Cette ligne intérieure marque la limite extérieure des étagères et des panneaux de partition.

PARTITIONS

Découpez les panneaux de partition de la hauteur de la pièce dans du contreplaqué, du latté ou de l'aggloméré de 19 mm. Ils seront fixés de chaque côté de la cheminée et leur largeur correspond à la distance entre le mur du fond et le trait intérieur (530 mm).

Placez les panneaux, vérifiez qu'ils sont bien verticaux, vissez et chevillez-les de chaque côté de la cheminée.

S'il n'existe pas de cheminée, fabriquez deux coffrages de partition de la manière suivante : chaque partition est constituée de deux panneaux de contreplaqué de 9 mm fixés sur un cadre de bois raboté de section 50 × 25 mm. Les panneaux doivent être glissés sur des tasseaux de 50 × 25 mm fixés sur le mur arrière, le sol et le plafond pour obtenir une fixation solide et invisible. À l'intérieur des panneaux, fixez des tasseaux transversaux pour permettre un accrochage solide coïncidant avec l'emplacement des étagères et des tringles.

ÉTAGÈRES

Tracez l'emplacement de la face inférieure des étagères sur les murs arrière et latéraux à l'aide d'un crayon, d'un niveau à bulle et d'un réglet (un tasseau raboté bien droit fera l'affaire).

Coupez les tasseaux de support des étagères dans du pin raboté de façon à ce qu'ils courent le long des murs arrière et latéraux en laissant l'épaisseur du chant-plat qui viendra se coller sur le chant extérieur des étagères. Les tasseaux sont de section 25 × 25 mm (voir Liste des matériaux, p. 96).

Percez et vissez les tasseaux en place sur les murs arrière et latéraux et sur les panneaux de partition en faisant bien attention à ce qu'ils soient bien alignés les uns avec les autres et de chaque côté des partitions. Il vous faudra enfoncer des chevilles lorsque vous devrez fixer les tasseaux dans des murs de maçonnerie. Rebouchez les trous de vis et peignez les tasseaux d'une couleur assortie avec celle du mur.

Coupez les étagères à la taille correspondante dans du contre-plaqué, du latté ou de l'aggloméré de 19 mm et recouvrez leurs chants extérieurs d'une bordure de pin ou de bois dur de 38 × 12 mm de manière à ce que la face supérieure de l'étagère arrive à fleur et que le chant-plat dépasse vers le dessous pour dissimuler les tasseaux de support.

TRINGLES

Utilisez des tringles et des embases chromées ou du tourillon de bois de 25 mm de diamètre, coupés à la largeur des alcôves. Les tourillons seront fixés dans des tasseaux d'extrémités de 75 × 25 mm découpés à la largeur du placard depuis le cadre jusqu'au mur de fond dans le cas des tasseaux d'extrémités et depuis le chant extérieur des panneaux de partition jusqu'au mur du fond pour les tasseaux intérieurs. Pour fabriquer la tringle, les tasseaux intérieurs sont percés en leur centre pour maintenir le tourillon et les tasseaux d'extrémités percés en conséquence. Pour mettre en place la tringle, vissez le tasseau d'extrémité sur le mur, insérez le tasseau intérieur sur la tringle puis placez le tourillon dans le tasseau déjà fixé et vissez l'autre tasseau en place en dernier en vérifiant à l'aide d'un niveau à bulle que la tringle est parfaitement horizontale. Assurez-vous que les deux tringles sont bien au même niveau et à la hauteur souhaitée.

CADRE DE LA PORTE COULISSANTE

Le cadre est construit de sorte à laisser un espace de 30 mm en haut et des deux côtés pour permettre un ajustage bien net qui tiendra compte des plinthes et des irrégularités du mur et du plafond. En prenant vos mesures, n'oubliez pas ces espaces et fabriquez le cadre selon ces dimensions extérieures.

Le cadre est fait de bois raboté de section 100 × 50 mm et assemblé à entaille et fausse languette (voir Techniques, p. 243) aux angles. Ce type d'assemblage est particulièrement robuste mais l'étroit grain du bois à l'extérieur des entailles est un point faible et les traverses haute et basse sont découpées environ 150 mm plus grandes qu'elles ne doivent l'être de façon à garder un « excédent » qui sera coupé une fois l'assemblage effectué.

Placez les traverses supérieure et inférieure côte à côte et serrez-les à l'aide d'un serre-joints. Tracez la largeur extérieure du cadre sur celles-ci. Posez un montant sur les traverses inférieure et supérieure pour tracer les dimensions intérieures puis tracez ce trait parfaitement à angle droit sur les traverses supérieure et inférieure à l'aide d'une équerre et d'un cutter. Réglez votre trusquin à mi-épaisseur des montants et tracez à partir de la face intérieure, en reportant l'équerrage au fur et à mesure à l'aide d'une équerre et d'un cutter. Utilisez une défonceuse pour creuser l'entaille suivant les traits ou sciez le long de l'intérieur (l'évidement) des traits à l'aide d'une fine scie à dos, puis dégagez au ciseau à bois.

Coupez les montants du cadre à la longueur souhaitée. (Remarquez que ces derniers s'insèrent à l'intérieur des entailles). À l'aide du trusquin réglé pour les entailles, tracez les languettes qui viendront se glisser dans les entailles aux extrémités des traverses.

Sciez les joues à l'aide d'une scie à tenons de telle sorte que les languettes s'ajustent solidement dans les entailles.

Assemblez à sec le cadre pour vérifier que les dimensions extérieures sont suffisamment justes pour s'adapter à la taille de la pièce tout en laissant des espaces de 30 mm en haut et sur les côtés du cadre. Ces derniers seront comblés par les listels d'ajustage qui assureront une finition bien nette.

Démontez le cadre et fixez le système de coulissage de la porte. La méthode de fixation dépend du modèle que vous aurez choisi et vous devrez suivre les instructions du fabricant. Il est très important de choisir un système où les roues courent le long d'un rail inférieur plutôt qu'un système où elles sont suspendues à un rail supérieur. Sinon, notre cadre ne conviendra pas. Il est beaucoup plus facile d'installer ce rail inférieur et son rail de guidage supérieur avant l'assemblage définitif du cadre.

Assemblez le cadre en encollant les assemblages et en vissant, à travers les traverses supérieure et inférieure, dans les montants. Le cadre doit être entretoisé parfaitement d'équerre avant que la colle ne prenne. Pour ce faire, clouez deux entretoises diagonales aux angles opposés du cadre suivant la méthode du 3-4-5 (voir Techniques, p. 236).

FIXATION DU CADRE

Redressez le cadre en place, en prenant soin de bien centrer les montants entre les murs latéraux tout en laissant un espace de 30 mm de chaque côté. À l'aide d'un niveau à bulle, vérifiez que la traverse inférieure est parfaitement de niveau et, si cela est nécessaire, calez-la. Les entretoises diagonales toujours en place, vissez la traverse inférieure au sol après avoir vérifié à l'aide d'un détecteur à métal que les vis ne vont pas percer des tuyaux ou des câbles situés juste en dessous du parquet. Utilisez des vis n° 10 de 75 mm et, si cela est possible, essayez de faire coïncider les vis avec les emplacements des lambourdes du sol (les clous fixant les lattes de parquet vous indiqueront leur emplacement).

Vérifiez que le cadre est vertical puis percez les traverses latérales et le mur environ tous les 610 mm de sorte que les vis arrimant le cadre et leur cheville (de type Fischer, par exemple) puissent être insérées. Avant de visser à fond les vis, glissez des cales entre les montants et le mur aux points de fixation tout en plaçant les cales environ 25 mm en retrait du chant extérieur du cadre de sorte que les listels d'ajustage puissent être placés par la suite entre le cadre et le mur. Vérifiez que le cadre est toujours d'équerre en mesurant les diagonales ; elles doivent être de la même longueur. Si cela se révèle nécessaire, ajustez le tout des deux côtés.

Percez et vissez la traverse supérieure au plafond à l'aide de vis n° 12 de 100 mm et, si possible, aux emplacements des lambourdes de plafond. Comme pour les montants, aux points de fixation, glissez des cales entre le haut du cadre et le plafond avant de visser à fond. Vérifiez à nouveau que le cadre est parfaitement d'équerre puis enlevez les entretoises.

Entre chaque côté et les murs, et entre la traverse supérieure et le plafond, placez un listel d'ajustage taillé dans un contre-plaqué de 6 mm pour combler l'espace. Fixez-le en le vissant dans les cales.

Rebouchez les trous de vis et, une fois l'enduit sec, peignez le cadre de la même couleur que les murs de façon à ce qu'il s'intègre à la pièce.

1 Construction des étagères et fixation des tasseaux de support des étagères : Les chants extérieurs des étagères sont recouverts d'une bordure qui dissimule les tasseaux de support et rigidifie l'étagère.
N'oubliez pas de prendre en compte l'épaisseur de cette bordure lorsque vous découperez les tasseaux latéraux.

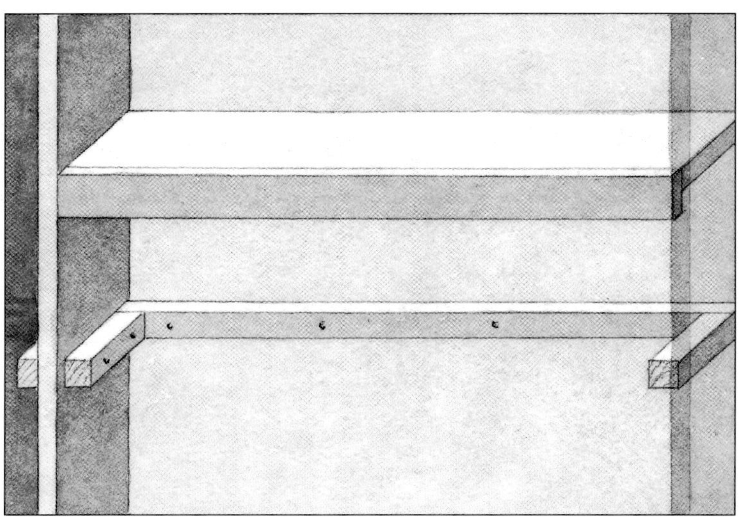

2 Fixation de la bordure des étagères : Les étagères reçoivent, sur leur chant extérieur, une bordure de bois dur qui est collée et pointée en place.

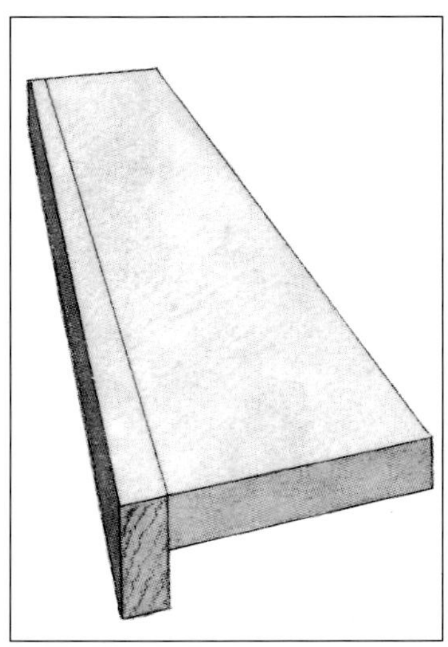

3 Assemblage à entaille du cadre : On pratique un assemblage à entaille aux angles du cadre. Remarquez les excédents qui seront découpés ultérieurement.

PORTES COULISSANTES

Calculez les dimensions extérieures des portes. Pour la hauteur, mesurez la hauteur du cadre intérieur sans oublier les dégagements précisés dans les instructions fournies avec le système de coulissage des portes. Pour la largeur des portes, divisez la largeur intérieure du cadre par le nombre de portes nécessaires (nous en utilisons trois ici) sans oublier le chevauchement des portes, c'est-à-dire la largeur des montants des cadres de porte.

Dans le bois spécifié dans la liste des matériaux (voir p. 96). coupez les montants de portes (les traverses latérales) légèrement plus grandes qu'il ne faut et tracez-y l'emplacement des traverses supérieure et inférieure. Nous utilisons ici un assemblage à tenon et mortaise avec renfort d'épaulement pour joindre les composants de la porte aux angles (voir cf.Techniques, p. 244).

Coupez à la dimension voulue les traverses supérieure et inférieure, taillez les mortaises dans les montants, puis découpez les tenons dans les traverses. Les montants doivent rester légèrement plus grands à ce stade pour éviter de casser l'extrémité de la mortaise lors de sa découpe.

Assemblez à sec le cadre de la porte pour vérifier que les assemblages sont justes. Faites de même pour les autres portes.

Pour fabriquer les meneaux horizontaux sur chaque porte, mesurez la largeur intérieure entre les montants et coupez trois meneaux de cette dimension plus 25 mm. (Le nombre de meneaux peut varier selon la dimension de vos portes). Mesurez la distance entre les traverses supérieure et inférieure et coupez deux meneaux verticaux de cette dimension plus 25 mm. (Ici encore, le nombre de meneaux dépend des dimensions de vos portes.) Les meneaux sont assemblés à entaille et fausse languette au cadre et à mi-bois là où ils se chevauchent.

Démontez le cadre et taillez les mortaises pour les roues des portes coulissantes dans le chant inférieur de la traverse inférieure (reportez-vous aux instructions du fabricant).

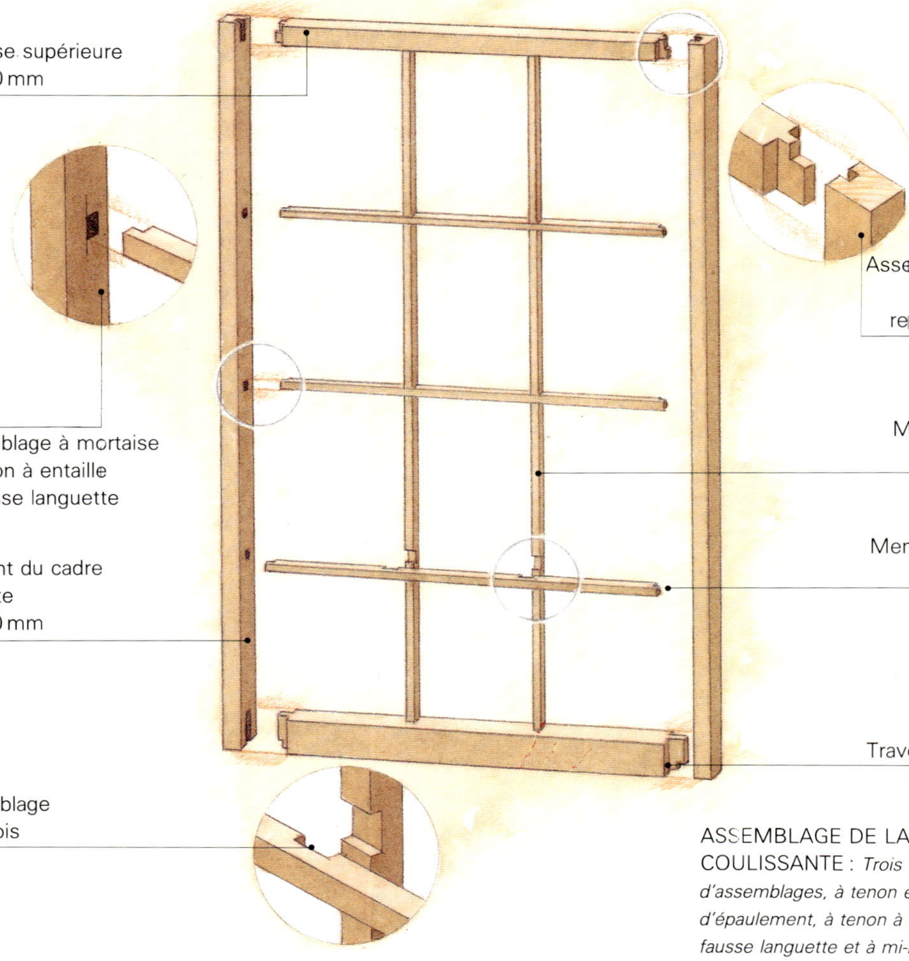

ASSEMBLAGE DE LA PORTE COULISSANTE : *Trois types différents d'assemblages, à tenon et avec renfort d'épaulement, à tenon à entaille et fausse languette et à mi-bois sont utilisés ici.*

Calculez l'espacement de tous les meneaux intérieurs et tracez-les sur la face interne du cadre. Réglez votre trusquin d'assemblage à l'épaisseur complète des meneaux de 25 × 25 mm et tracez une ligne à partir du dos du cadre pour marquer la position extérieure des meneaux.

À l'aide d'un ciseau carré (ou mieux d'une bedane ; mais un ciseau ordinaire très robuste fera l'affaire) ou d'une défonceuse, creusez ou défoncez des mortaises de 12 mm de profondeur et de la moitié de l'épaisseur des meneaux carrés et de toute leur largeur.

Réglez votre trusquin à la largeur du ciseau ou de la mèche de défonceuse que vous avez utilisé pour creuser les mortaises et, sur cette base, tracez l'épaisseur des tenons aux extrémités des meneaux intérieurs. Réglez à nouveau votre trusquin à 12 mm et tracez la longueur des tenons sur chaque extrémité des meneaux. Découpez les tenons (à entaille et fausse languette). Assemblez, le dos de chaque meneau doit arriver à fleur avec le dos du cadre de porte. Coupez à mi-bois tous les meneaux là où ils se chevauchent (voir Techniques, p. 242).

Commencez à assembler en encollant les chevauchements à mi-bois et en assemblant soigneusement les meneaux car ils cassent facilement. Assemblez les traverses supérieure et inférieure dans les meneaux verticaux en encollant au préalable tous les points de jonction.

Appliquez de la colle sur les mortaises et les épaulements d'un côté des portes et assemblez le montant de porte sur ce côté des tenons des traverses supérieure et inférieure et des meneaux horizontaux simultanément.

Faites de même pour assembler l'autre montant de porte.

Placez des serre-joints à pompe en travers des portes, alignés sur les meneaux ou placez un serre-joints à sangles tout autour de la porte. Assurez-vous que la porte soit parfaitement à plat et d'équerre (les diagonales doivent être de la même longueur).

Lorsque la colle a pris, enlevez les

serre-joints et coupez l'excédent de bois aux extrémités des montants de porte. À l'aide d'un rabot bien affûté, rabotez les faces des portes pour être sûr que tous les assemblages sont bien à fleur.

Faites de même pour les autres portes. Si ce type d'assemblage vous semble trop difficile ou trop long à réaliser, la porte peut être tourillonnée (voir Techniques, p. 245). Les assemblages à tourillons conviennent également parfaitement s'ils sont encollés avec un adhésif PVA.

Pour installer le tissu derrière la porte, pratiquez une rainure au dos du cadre de la porte. Le tissu sera ensuite enfon cé dans la rainure et retenu par une baguette coincée en force dans la rainure. Utilisez une défonceuse pour effectuer la rainure qui doit être de 9 mm de large et de la même profondeur. La rainure est pratiquée dans le dos du cadre de la porte, son bord extérieur à 25 mm de l'intérieur du cadre.

Coupez une baguette carrée de 9 × 9 mm et vérifiez qu'elle coince bien lorsque vous la glissez dans la ainure. Le cas échéant, rabotez-la pour qu'elle soit parfaitement ajustée. Découpez des longueurs de baguette pour enfoncer dans les rainures en coupant d'onglet les angles.

En suivant les instructions du fabricant du système de coulissage des portes, placez la roue dans la mortaise préalablement découpée dans le bas des portes et placez les guides en haut des portes. Essayez les portes en place et vérifiez qu'elles coulissent facilement. Si besoin est, ajustez le système de coulissage selon les instructions du fabricant. Peignez et finissez les portes.

Pour le tissu, nous avons utilisé une toile 50 % polyester/50 % coton. Coupez et placez le tissu en couchant le cadre de porte et en tendant le tissu dessus. Il vous faudra de l'aide pour maintenir le tissu bien tendu. Placez une longueur et vissez la baguette pour maintenir le tissu. Tirez le tissu pour qu'il vienne bien sur le bord opposé et fixez-le de la même façon. Fixez une extrémité puis l'autre de cette façon. Vissez, plutôt que clouez, les baguettes car vous pourrez ainsi les ôter facilement pour laver le tissu.

Remettez les portes en place (voir Techniques, p. 247).

Branchez les lumières intérieures, ici des néons fixés au dos du cadre de porte en haut et sur les côtés afin d'obtenir un éclairage égal.

1 Mise en place du tissu derrière les portes : **Le tissu est maintenu, dans une rainure pratiquée au dos de la porte, par une baguette insérée dans la rainure, retenant ainsi le tissu fermement tendu. Coupez d'onglet les angles des baguettes pour obtenir une finition bien nette.**

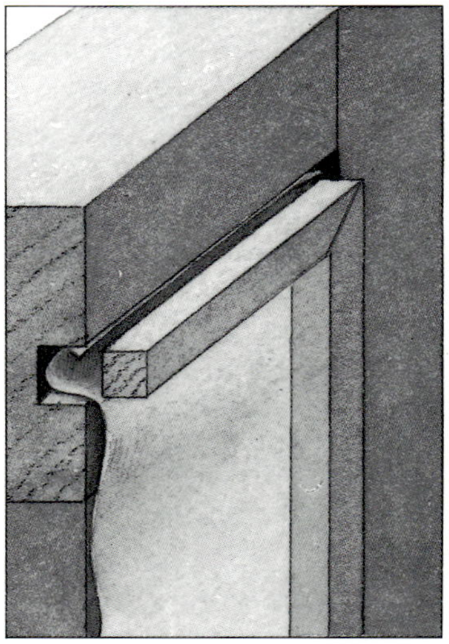

MAISON DE RANGEMENT

Jeu et sens pratique s'unissent dans cette astucieuse structure de rangement en forme de maison de poupée, destinée à encourager les enfants à ranger leurs affaires et à en prendre soin tout en jouant. Un placard aussi séduisant que celui-ci égaye une chambre et est aussi amusant à utiliser. Cette maison, avec ses portes et ses fenêtres qui s'ouvrent, permettra aux enfants de ranger leurs jouets et autres affaires comme dans une habitation réelle.

Sa construction fait appel à des techniques simples. Il n'y a ni angles ni courbes, juste une simple ossature de panneaux de médium qui fournissent une surface facile à décorer. La maison est bâtie dans un renfoncement mais elle peut également être simplement adossée à un mur. Les arches au-dessus des fenêtres centrales sont découpées en forme de poignées pour permettre l'ouverture des portes ou des tiroirs.

La maison peut être décorée selon vos goûts architecturaux. Si vous n'êtes pas très confiant, vous pouvez faire un modèle de fenêtre et de porte et les utiliser comme patrons pour garantir l'unité du dessin; vous pouvez aussi découper des carrés de papier et les coller en guise de portes ou de vitres; vernissez-les de façon qu'ils ne se décollent pas. À l'intérieur, les espaces de rangement peuvent rester à nu ou bien être peints ou tapissés de papier.

MAISON DE RANGEMENT

Voici un ensemble de rangement qui a pour originalité d'être construit en forme de maison. L'espace de rangement est divisé en compartiments pourvus soit de portes conventionnelles montées sur charnières latérales, soit de portes abattantes ferrées à la base; des boîtes à jouets peuvent aussi y être logées, à moins que vous ne préfériez tout simplement disposer d'étagères ouvertes. Dans un souci de sécurité, placez les boîtes à jouets uniquement dans les compartiments du bas, car une fois pleines, elles peuvent être très lourdes.

Il est tout à fait possible de modifier les dimensions proposées, si vous désirez un module plus petit ou plus grand, ou si vous avez l'intention de le placer dans un espace bien précis. Si elle est autonome, vissez la maison de rangement à un mur, au travers du panneau arrière, pour garantir une parfaite sécurité.

OUTILS

- Établi (fixe ou portatif)
- Mètre-ruban
- Règle métallique
- Équerre ou équerre combinée
- Fausse-équerre
- Scie sauteuse ou scie circulaire – pour la découpe des panneaux
- Perceuse électrique
- Mèche (3 mm environ)
- Fraise
- Scie cloche
- Tournevis
- Marteau à panne fendue
- Rabot à replanir
- Défonceuse
- Fraise droite (15 mm)
- Presses en C
- Ponceuse électrique ou cale à poncer

MATÉRIAUX

Désignation	Quantité	Matériau	Dimension
Panneau latéral	2	médium de 15 mm	1460 x 380 mm
Panneau supérieur	1	médium de 15 mm	1200 x 380 mm
Panneau inférieur	1	médium de 15 mm	1200 x 380 mm
Montant intermédiaire	2	médium de 15 mm	1438 x 365 mm
Étagère latérale	4	médium de 15 mm	428 x 365 mm
Étagère centrale	2	médium de 15 mm	326 x 365 mm
Panneau arrière	1	médium de 15 mm	1440 x 1200 mm
Toit	2	médium de 15 mm	780 x 380 mm
Cloison du grenier	2	médium de 15 mm	découpées dans une pièce de 365 x 310 mm
Pignon	1	médium de 15 mm	découpé dans une pièce de 1200 x 300 mm
Tasseau de faîtage	1	bois blanc	380 x 50 mm
Devant du socle	1	médium de 15 mm	1220 x 40 mm
Arrière du socle	1	médium de 15 mm	1220 x 40 mm
Côté du socle	2	médium de 15 mm	350 x 40 mm
Porte latérale	au choix	médium de 15 mm	470 x 420 mm *
Porte centrale	au choix	médium de 15 mm	470 x 320 mm *
Coffre à jouets : avant	1	médium de 15 mm	470 x 320 mm *
Coffre à jouets : arrière	1	médium de 15 mm	470 x 320 mm *
Coffre à jouets : côté	2	médium de 15 mm	470 x 345 mm *
Coffre à jouets : fond	1	médium de 15 mm	335 x 310 mm *

* Les dimensions des portes et du coffre à jouets sont approximatives; découpez les pièces selon les besoins en prévoyant un jeu de 1,5 mm sur tout le pourtour; la porte centrale la plus haute devra être découpée en fonction de la pente du toit.

L'ensemble nécessite quatre feuilles de médium de 2440 x 1220 mm; vous pouvez aussi utiliser du latté de 15 mm.

L'OSSATURE

Tracez et découpez toutes les composantes de l'ossature, c'est-à-dire le panneau supérieur, le panneau inférieur, les panneaux latéraux et les montants intermédiaires.

PANNEAUX LATÉRAUX

Tracez puis découpez, avec une défonceuse équipée d'une fraise droite de 15 mm, une feuillure de 15 mm de largeur et 5 mm de profondeur le long des rebords supérieur et inférieur de chacun des panneaux latéraux, et du côté intérieur (fig. 1, page 106).

Divisez la face intérieure de chacun des panneaux en trois sections égales, puis tracez, à cheval sur les repères inscrits, des entailles de 15 mm de largeur. Creusez les entailles à la défonceuse (profondeur : 5 mm).

PANNEAUX SUPÉRIEUR ET INFÉRIEUR

Tracez les positions des entailles de 15 mm de largeur sur la face supérieure du panneau inférieur et sur la face inférieure du panneau supérieur, de telle sorte que la section centrale ait une largeur de 320 mm. La largeur des deux sections latérales est alors de 420 mm.

Découpez les deux entailles de 15 mm de largeur et 5 mm de profondeur en travers du panneau inférieur (fig. 2, page 106). Le panneau supérieur est entaillé sur ses deux faces; reportez les tracés sur la face supérieure, mais prévoyez une profondeur de 3 mm seulement, de manière que le panneau ne soit pas trop fin à l'endroit des entailles.

MONTANTS INTERMÉDIAIRES

Leur longueur est inférieure de 22 mm à celle des panneaux latéraux. Placez un des montants intermédiaires contre un panneau latéral de telle sorte que ce dernier déborde de 10 mm à la base et de 12 mm au sommet; tracez les entailles des étagères (fig. 3, page 106). Reportez les tracés sur les côtés du montant. Tracez le second montant intermédiaire. Découpez les entailles de 15 mm de largeur et 3 mm de profondeur.

FEUILLURAGE DU PANNEAU ARRIÈRE

Découpez une feuillure de 15 mm de largeur et 5 mm de profondeur le long des rebords arrière intérieurs des deux panneaux latéraux et des panneaux supérieur et inférieur.

ASSEMBLAGE DE LA MAISON DE RANGEMENT

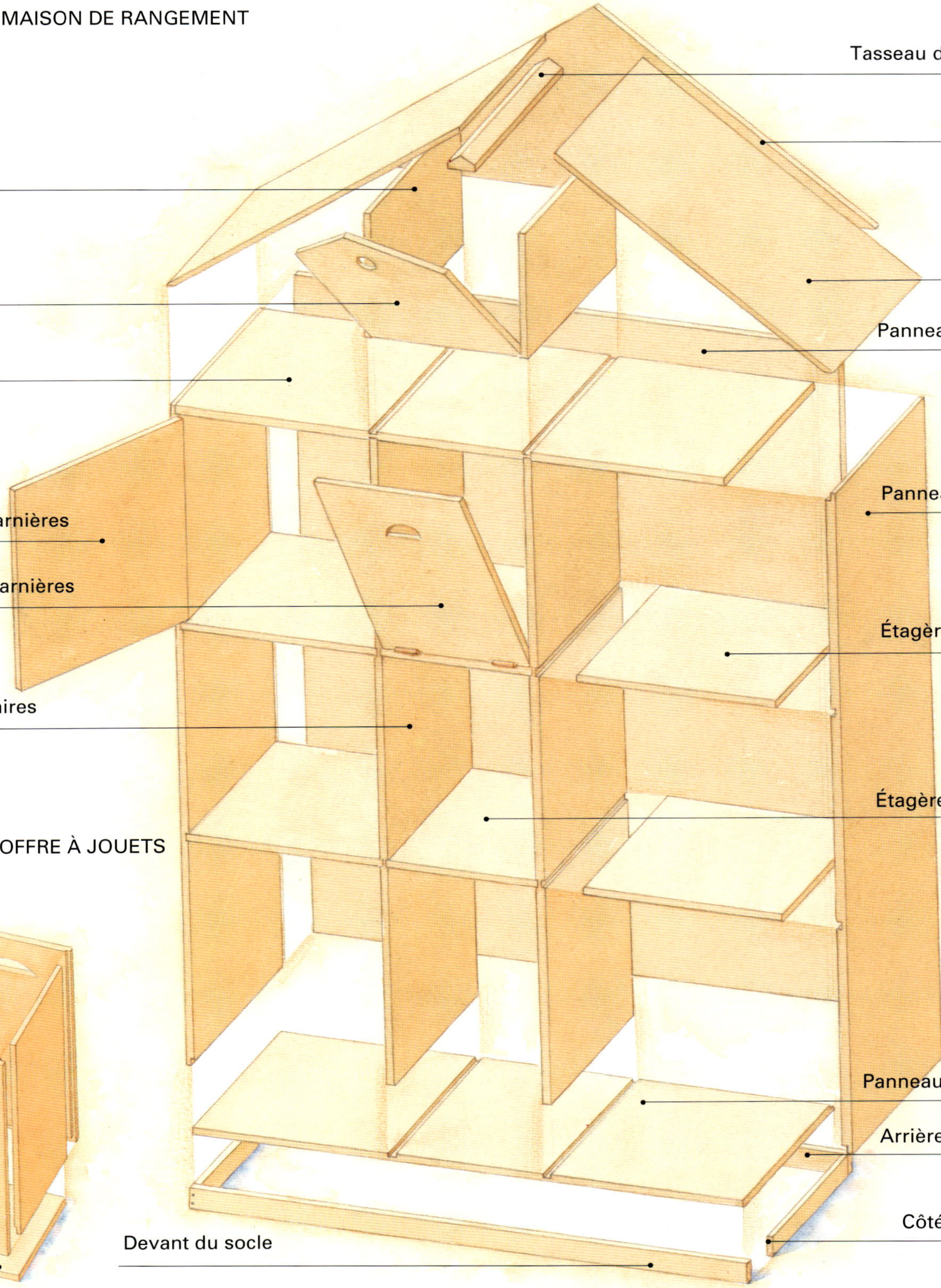

ASSEMBLAGE DU COFFRE À JOUETS

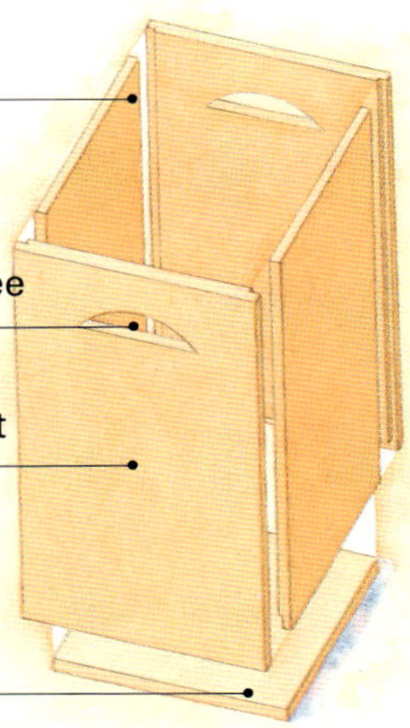

MAISON DE RANGEMENT

ASSEMBLAGE

Percez et fraisez trois trous de 3 mm sur la ligne médiane de chacune des entailles et des feuillures des panneaux supérieur, inférieur et latéraux. Veillez à ce que les montants intermédiaires affleurent le rebord avant des panneaux. Collez et vissez les différents éléments de l'ossature – panneaux supérieur, inférieur et latéraux et montants intermédiaires – avec des vis à bois de 4 x 30.

Pour un parfait équerrage de l'ossature, les diagonales doivent être exactement de même longueur. Clouez des tasseaux en diagonale sur l'avant et à l'arrière, pendant que la colle sèche, pour maintenir cet équerrage.

PANNEAU ARRIÈRE

Vérifiez les dimensions du panneau arrière sur l'ossature assemblée, puis découpez ce panneau; contrôlez son parfait équerrage.

Présentez le panneau arrière en place et marquez les positions des montants intermédiaires, de l'intérieur. Percez, au travers du panneau, et toujours de l'intérieur, en six points répartis également le long des lignes ainsi tracées. Fraisez ces trous de l'extérieur.

Percez et fraisez, de l'extérieur du panneau arrière et en six points le long de la ligne médiane de la feuillure découpée sur le rebord arrière des panneaux supérieur, inférieur et latéraux, des trous pour fixer le panneau à l'ossature.

Collez et vissez le panneau arrière : au travers des panneaux supérieur, inférieur et latéraux, dans le panneau arrière et au travers du panneau arrière, dans les montants intermédiaires.

ÉTAGÈRES

Vérifiez les dimensions intérieures de l'ossature assemblée et découpez les étagères centrales et latérales. Contrôlez le bon assemblage, puis appliquez de la colle dans les entailles et glissez les étagères en position : elles doivent affleurer le bord avant des montants. Percez, fraisez et vissez au travers des montants latéraux, dans les étagères latérales (fig. 4).

SOCLE

Découpez les différents éléments du socle. Collez et clouez les côtés entre les pièces avant et arrière, à plat joint (voir *Assemblage*, page 105).

Posez l'ossature assemblée à plat sur le panneau arrière et fixez le socle au moyen de blocs de collage (des chutes) collés et vissés en plusieurs points du pourtour.

TOIT

PANNEAUX DU TOIT

Découpez les deux panneaux composant le toit à la bonne largeur, mais conservez pour le moment l'excédent de longueur.

Réglez une fausse équerre à 63° et chanfreinez à cette valeur les arêtes sommitales des panneaux; utilisez une scie circulaire ou une scie sauteuse réglée à 63°, ou rabotez le biseau à la main (fig. 5).

À l'extrémité inférieure des panneaux, tracez un angle de 27°; découpez les deux panneaux à cette valeur.

Clouez provisoirement les panneaux du toit au panneau supérieur et vérifiez que les arêtes s'appuient correctement l'une contre l'autre au faîtage.

CLOISONS DU GRENIER

Présentez les cloisons du grenier en place dans les entailles du panneau supérieur; maintenez-les à la verticale. Repérez la longueur et l'angle auxquels il vous faudra découper les cloisons; aidez-vous d'une fausse équerre (fig. 6). Procédez à la découpe.

Déposez les panneaux du toit, puis percez et fraisez ensuite le bord inférieur, en trois points et en biais (fig. 5).

Percez et fraisez à la verticale, au travers du toit et dans les cloisons du grenier, en trois points; assurez-vous que les cloisons affleurent sur l'avant (fig. 6). Assemblez panneaux et cloisons, à sec, au reste de l'ossature.

TASSEAU DE FAÎTAGE

Coupez de longueur le tasseau de faîtage et présentez-le en place ; tracez et rabotez les biseaux de sorte que le tasseau trouve parfaitement sa place dans l'angle du faîtage. Assemblez à sec et vissez le tasseau aux panneaux du toit (fig. 5, en bas à gauche).

PIGNON

Prenez le panneau du pignon et présentez-le en place, en alignant le rebord inférieur sur le sommet du panneau arrière. Tracez, de l'intérieur, les angles du toit. Déposez le panneau et découpez-le suivant les tracés, de sorte qu'il s'insère sous le toit, dans le prolongement du panneau arrière (voir *Assemblage*, page 105).

Le pignon étant en place, marquez la position des cloisons du grenier, de l'intérieur. Déposez le pignon, puis percez de l'intérieur, en deux points, sur l'axe médian de chacun des tracés inscrits. Fraisez ces trous, de l'arrière. Montez les cloisons à sec.

Percez et fraisez du dessus et perpendiculairement au toit, en quatre points, dans le bord supérieur de chaque cloison. Repérez-vous sur l'axe médian des tracés d'épaisseur inscrits sur le pignon.

Démontez toute la structure du toit, collez tous les assemblages et assemblez à nouveau, en collant, vissant et fraisant le pignon en place. Laissez sécher la colle.

1 Feuillurage des panneaux latéraux : Découpez des feuillures de 15 x 5 mm le long des rebords intérieur, supérieur et inférieur.

2 Entailles : Découpez des entailles de 3 mm sur les deux faces du panneau supérieur, et de 5 mm dans le panneau inférieur.

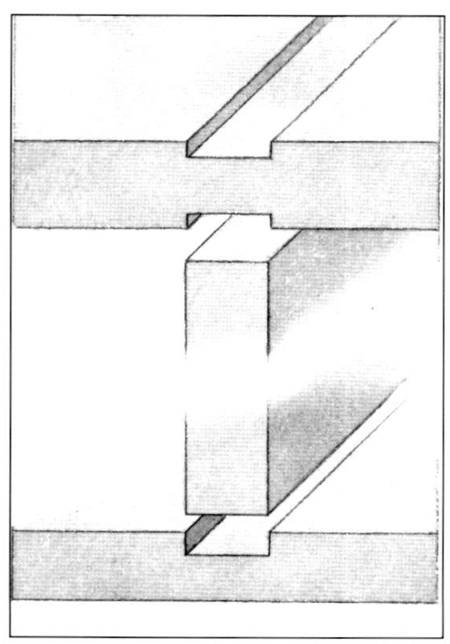

3 Découpe des montants : Posez un montant intermédiaire sur un montant latéral, en retrait de 12 mm du rebord supérieur.

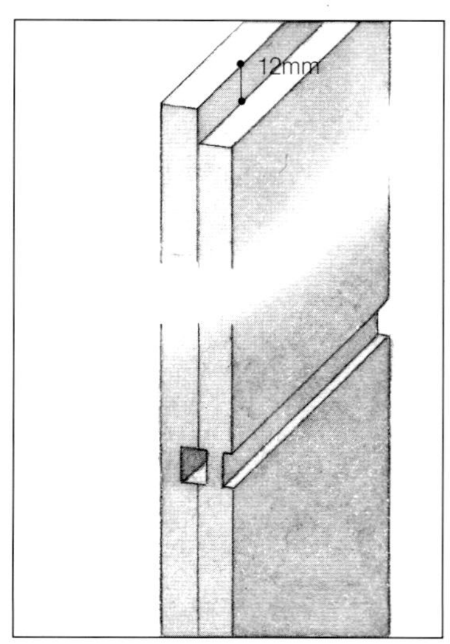

PORTES

PORTES LATÉRALES

Prenez les dimensions de l'ouverture et réduisez ces cotes de 3 mm dans chaque sens de façon à ménager un intervalle de 1,5 mm sur tout le pourtour. Découpez une porte et ferrez-la avec deux charnières en applique : elle doit affleurer l'avant du meuble. Fixez un loqueteau magnétique à contact.

Fabriquez et fixez autant de portes latérales qu'il est nécessaire.

PORTES ABATTANTES

Découpez et mettez en place les portes abattantes centrales comme les portes latérales mais fixez les charnières à la base de la porte. Les poignées sont réalisées à la scie sauteuse.

PORTE DU GRENIER

Elle est découpée selon le profil du toit. Vissez des charnières le long du rebord inférieur, et un loqueteau en sous-face du tasseau de faîtage. Découpez un trou de 50 mm de diamètre qui servira de prise.

BOÎTE À JOUETS

Elle se glisse dans l'un ou l'autre des compartiments inférieurs. Prenez les mesures de l'ouverture et réduisez ces cotes de 3 mm dans chaque sens. Découpez les panneaux avant et arrière à ces dimensions. Découpez ensuite, sur ces deux éléments, des feuillures de 15 x 5 mm le long des rebords intérieurs verticaux. Découpez les côtés de la boîte : leur profondeur est celle des compartiments, diminuée de 20 mm.

Découpez des feuillures de 15 x 5 mm le long des rebords inférieurs intérieurs des panneaux avant, arrière et latéraux. Percez et fraisez les panneaux avant et arrière, en quatre points situés sur l'axe correspondant au centre de la feuillure latérale. Collez et vissez l'ossature.

Découpez le fond qui s'inscrit dans les feuillures découpées à la base des panneaux. Percez et fraisez, en trois points, au travers des panneaux avant, arrière et latéraux, le long d'un axe correspondant au centre de la feuillure. Collez et vissez.

Découpez les poignées des panneaux avant et arrière avec une scie sauteuse.

L'ouverture pratiquée au sommet de la maison épouse la forme du toit. Une poignée circulaire permet d'ouvrir facilement la porte, munie d'un système de fermeture magnétique.

4 Pose des étagères : Collez-les dans les entailles des montants intermédiaires. Vissez-les au travers des montants latéraux.

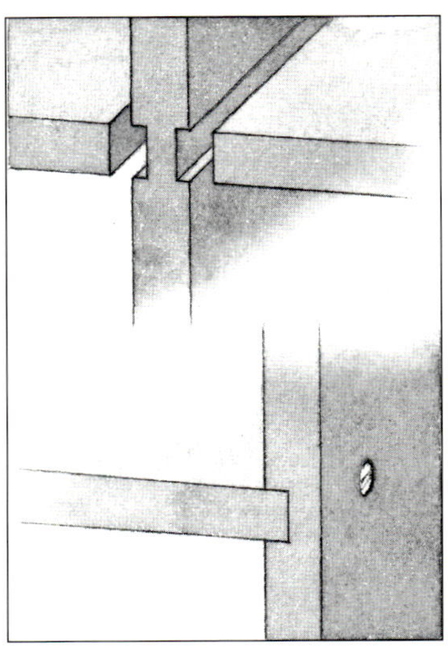

5 Pose du toit : Le panneau du toit est découpé à 63° au faîtage et à 27° à la base. À droite : Clouez provisoirement le toit en place pour vérifier l'assemblage. À gauche en bas : Le tasseau de faîtage est biseauté selon l'angle des panneaux du toit. Clouez provisoirement au travers du tasseau, dans les panneaux du toit.

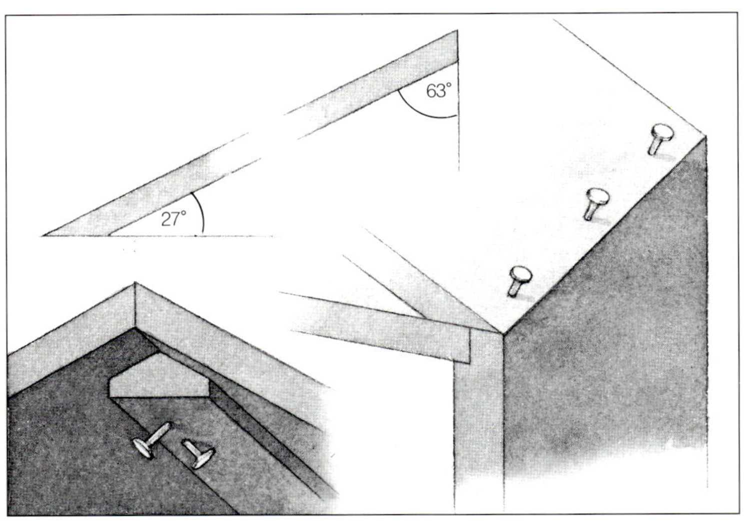

6 Cloisons du grenier : Découpez en angle les rebords supérieurs des cloisons, selon la pente des versants. Fixez à fleur de la façade avant.

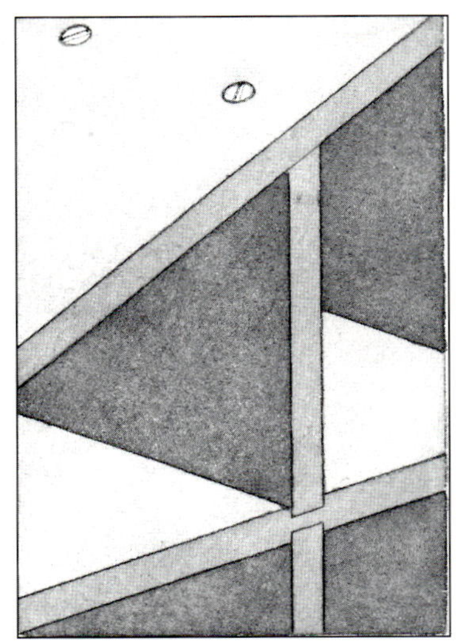

LIT À TIROIR

Le manque d'espace de rangement pour les couvertures, les couettes et les vêtements hors saison pose toujours un problème dans une chambre.

Ce lit de larges dimensions offre un espace de rangement sous le matelas et la tête de lit. Par ailleurs le repose-tête rembourré permet de s'asseoir et de lire confortablement au lit. Le lit est conçu de façon à être facilement démonté le jour où vous souhaiterez déménager, ce qui est souvent difficile avec les lits doubles.

Les housses amovibles du pied et de la tête de lit s'enlèvent aisément pour le nettoyage et peuvent être confectionnées dans un tissu coordonné à celui des rideaux et du reste de l'ameublement.

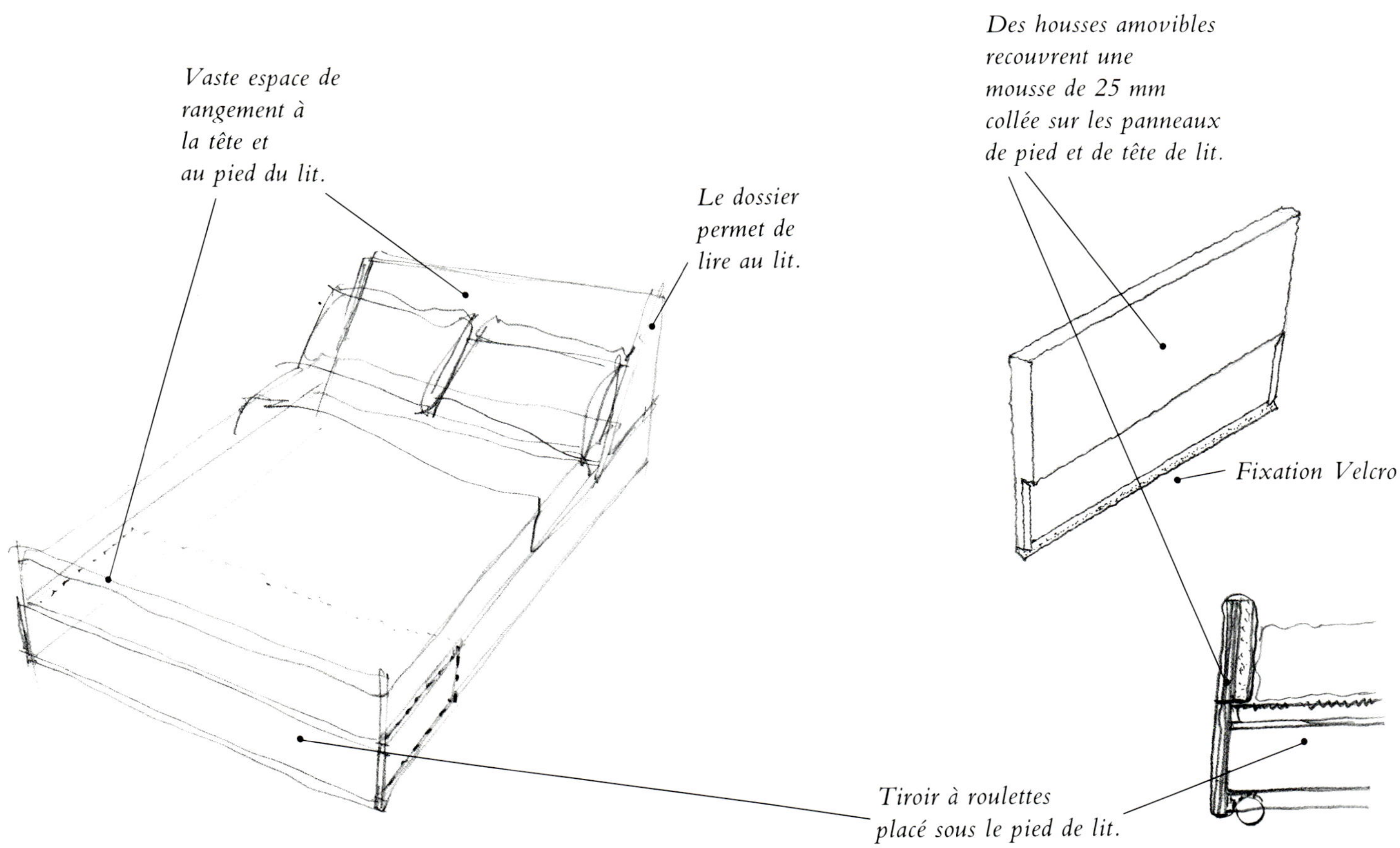

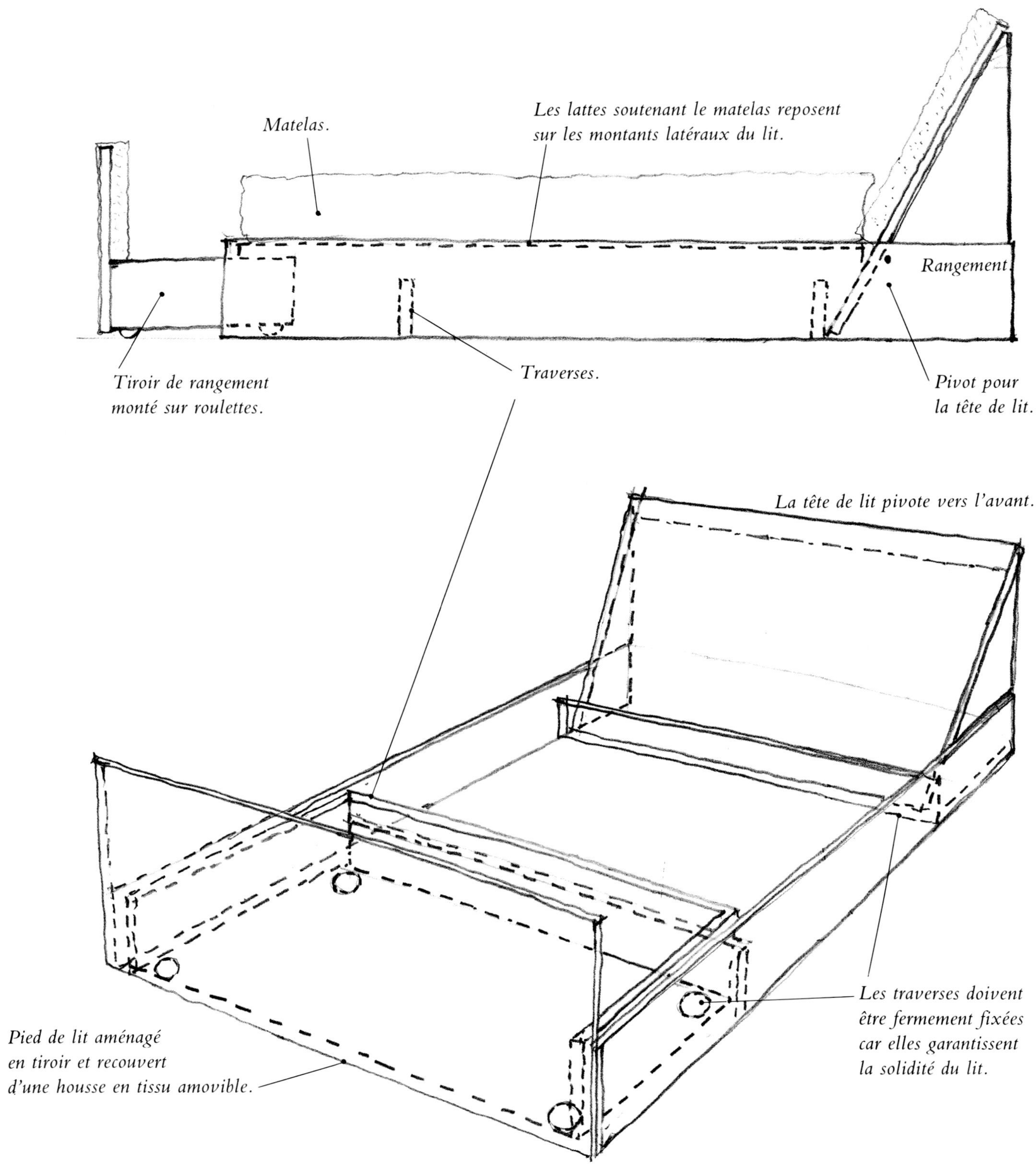
Matelas.
Les lattes soutenant le matelas reposent sur les montants latéraux du lit.
Rangement.
Tiroir de rangement monté sur roulettes.
Traverses.
Pivot pour la tête de lit.
La tête de lit pivote vers l'avant.
Pied de lit aménagé en tiroir et recouvert d'une housse en tissu amovible.
Les traverses doivent être fermement fixées car elles garantissent la solidité du lit.

Le lit doit être assemblé dans la pièce pour laquelle il est destiné. Il est néanmoins conçu pour être démonté et remonté s'il le faut, lorsque vous déménagerez par exemple.

Décidez d'abord de sa largeur. Le matelas déterminera la longueur — 2 m, généralement — plus 350 mm pour la tête de lit.

Une fois le lit en place dans la chambre, assurez-vous qu'il reste assez d'espace entre son extrémité et les murs, ou un meuble, pour pouvoir tirer complètement le tiroir à l'aide du panneau de pied. Le tiroir présenté ici mesure 610 mm de long.

Le matelas détermine également la largeur du lit. Celui présenté ici mesure 1,80 m de large mais ce modèle peut être fabriqué pour un matelas de 1,50 m ou de 1,40 m. Il peut également être adapté pour un lit à une place. La hauteur du lit est elle aussi variable. Elle est ici de 450 mm et laisse ainsi un vaste espace de rangement en dessous.

La tête de lit inclinée offre un soutien confortable lorsque vous vous redressez dans votre lit et sert de coffre avec pour couvercle le repose-tête capitonné.

Un rangement supplémentaire situé sous le lit permet de mettre de côté, couettes, couvertures et literie de réserve. Pour l'atteindre, il suffit d'ôter le matelas et de soulever la partie centrale du sommier à lattes.

La structure du lit est en contre-plaqué, en médium ou en aggloméré. Dans ce dernier cas, les chants devront être recouverts d'une baguette de bois dur. Il faudra en tenir compte lorsque vous calculerez vos dimensions.

La série de patères de style Shaker (photographie de la double page précédente) est très facile à construire. Elle est constituée d'une plinthe de bois dur fixée au mur, tout autour de la pièce, à hauteur de cimaise, sur laquelle sont ensuite fixées, à intervalles réguliers, des patères. Elles servent à suspendre aussi bien des accessoires que des tableaux.

MATÉRIAUX

Désignation	**Quantité**	**Matériau**	**Longueur**
SOCLE			
Panneaux latéraux	2	Contre-plaqué, medium ou aggloméré de 19 mm	Longueur du matelas + 350 mm × par hauteur désirée
Panneaux transversaux intérieurs	2	Voir ci-dessus	Largeur du matelas x par hauteur des côtés − 100 mm
Tasseaux d'angle	4	50 × 50 mm en bois blanc	Hauteur des panneaux transversaux intérieurs
TÊTE DE LIT			
Supports triangulaires	2	Contre-plaqué, médium ou aggloméré de 19 mm	1 125 × 575 mm coupés dans le sens de la diagonale
Cales de remplissage triangulaires	2	Voir ci-dessus	Vos dimensions
Traverse	1	75 × 25 mm ; bois blanc	Largeur du matelas
Éléments de la tête de lit	2	Contre-plaqué, médium ou aggloméré de 19 mm	Largeur du matelas (voir texte pour la hauteur)
Tasseau de renfort	1	50 × 50 mm	Largeur du matelas − 37 mm
ÉLÉMENT DE SUPPORT DE MATELAS			
Traverses latérales	2	Bois blanc ; 75 × 50 mm	Longueur du matelas + environ 75 mm
Traverse d'extrémité	1	Voir ci-dessus	Largeur du matelas
Traverse centrale	1	Voir ci-dessus	Longueur du matelas + environ 75 mm
Lattes	Selon besoins	Bois blanc ; 75 × 25 mm	Largeur du matelas
Tasseaux intérieurs transversaux	4	Bois blanc ; 75 × 25 mm	Distance entre les panneaux transversaux
TIROIR À ROULETTES			
Panneau de pied	1	Médium de 12 mm	Largeur du lit − 12 mm × par hauteur requise
Côtés du tiroir	2	Voir ci-dessus	Hauteur des côtés du lit − 150 mm
Dos	1	Voir ci-dessus	Hauteur des côtés du tiroir × largeur du matelas − 50 mm
Fond	1	Voir ci-dessus	Dimensions intérieures du tiroir à roulettes

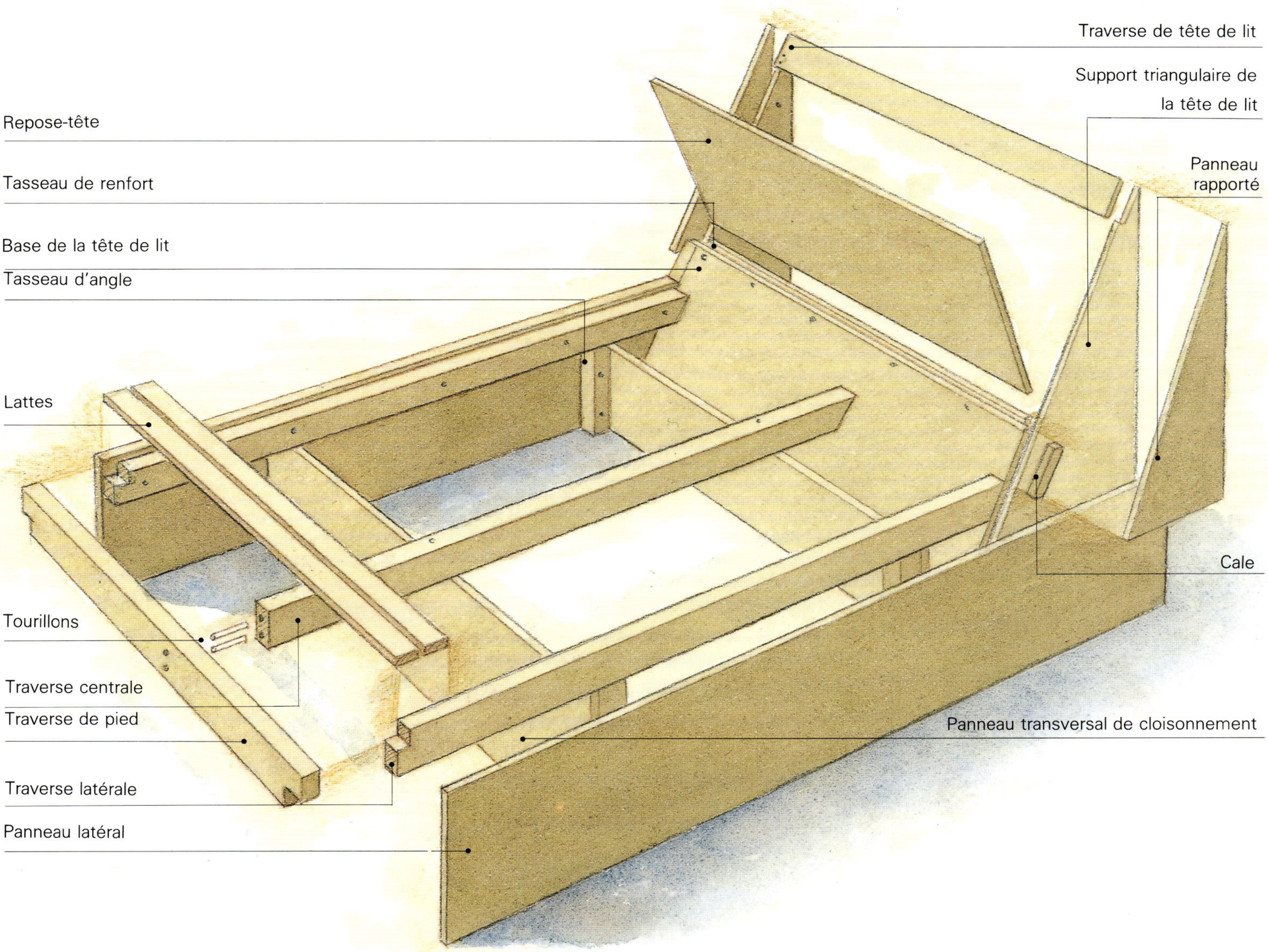

PRINCIPE DE CONSTRUCTION DU LIT :
La structure de base du lit est représentée ici. Seuls manquent les tasseaux transversaux placés sous les lattes et le tiroir qui se glisse sous le pied du lit.

OUTILS

- Mètre ruban à enrouleur
- Colle
- Équerre droite à lame d'acier
- Tasseau d'espacement
- Scie à panneau
- Perceuse électrique
- Scie à tenons
- Défonceuse
- Tournevis
- Serre-joints
- Marteau
- Couteau à enduire
- Rabot (ou cale de ponçage et papier de verre)

LE SOCLE

Découpez deux panneaux latéraux dans du contre-plaqué, du médium ou de l'aggloméré de 19 mm à la longueur du matelas plus 350 mm × par la hauteur souhaitée. Notre socle mesure 2 350 mm × 450 mm.

Il vous faudra également deux panneaux transversaux intérieurs de cloisonnement et quatre tasseaux d'angle. Mesurez 610 mm à partir de chaque extrémité des panneaux latéraux et l'emplacement des panneaux transversaux de cloisonnement. Percez et fraisez les tasseaux d'angle sur une face. Vérifiez leur équerrage à l'aide d'une équerre métallique, puis collez et vissez-les sur les panneaux latéraux, bien à l'intérieur des marques et parfaitement à fleur avec le chant inférieur.

Placez les panneaux de cloisonnement intérieur contre un des panneaux latéraux, bien à fleur du chant inférieur (et à l'extérieur des quatre tasseaux d'angle) puis percez, fraisez et vissez à travers les panneaux transversaux de cloisonnement dans les tasseaux d'angle (dessin n° 4). Ne collez pas cet assemblage. Vous pourrez le démonter facilement, le cas échéant, si vous déménagez par exemple.

Mettez l'autre panneau latéral en place et assemblez de la même façon.

TÊTE DE LIT

En les divisant dans le sens de la diagonale, découpez deux supports triangulaires pour la tête de lit dans un rectangle de 11 125 × 575 mm.

TRAVERSE

Une traverse au sommet de la tête de lit soutient le repose-tête. Coupez un bois de section 75 × 25 mm à la dimension de la largeur du matelas.

FABRICATION DU CADRE

Placez la traverse verticalement sur un des triangles posés à plat. Celle-ci doit être bien à fleur avec le chant de face du triangle, et placée aussi haut que possible sans pour autant dépasser le chant arrière. Marquez son contour sur l'extrémité du triangle. Faites de même sur l'autre triangle (dessin n° 2).

À l'aide d'une scie à tenons ou d'une scie sauteuse, découpez à l'intérieur des marques. Vous obtenez ainsi une entaille dans laquelle s'insérera la traverse de tête de lit.

Ajustez les deux supports triangulaires à l'intérieur des panneaux latéraux au sommet du lit et bien à fleur avec les extrémités de ces derniers. Percez et fraisez au moins quatre trous à l'intérieur de chaque triangle puis vissez un trlangle au bout de chaque panneau latéral (dessin n° 3).

Mettez la traverse en place. Percez et fraisez la traverse et vissez-la dans les entailles des triangles en prenant soin de placer les vis dans la partie inférieure de la traverse. Encore une fois, assurez-vous du bon affleurage de la traverse (dessin n° 4).

Pour les triangles de remplissage (dessin n° 5), placez un morceau de médium contre le panneau latéral. Alignez-le avec le chant arrière du support triangulaire et tracez le triangle à découper. Fixez les triangles de remplissage en perçant, fraisant et vissant de l'intérieur des supports triangulaires. Utilisez trois vis pour chaque triangle.

La tête de lit est constituée de deux éléments — la base et le repose-tête — placés l'un au-dessus de l'autre et coupés à la largeur du lit. Pour ce qui est de la hauteur de la base, mesurez

1 Fixation des panneaux transversaux de cloisonnement sur les panneaux latéraux : Collez et vissez les tasseaux d'angle sur les panneaux latéraux puis positionnez les panneaux transversaux contre les tasseaux, bien à fleur avec le chant inférieur et vissez en place à travers les panneaux transversaux dans les tasseaux.

2 Traverse de tête de lit : Placez la traverse debout sur le haut du support triangulaire et tracez l'encoche.

3 Fixation du triangle de soutien de la tête de lit : Vissez les soutiens de tête de lit dans la face intérieure des panneaux latéraux.

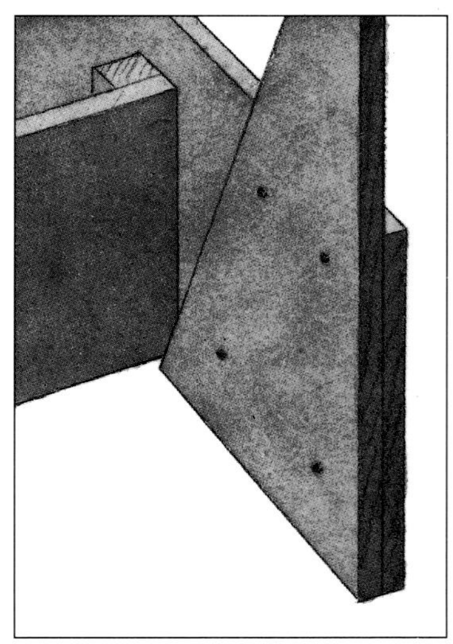

le support triangulaire depuis le sol jusqu'a environ les trois quarts supérieurs de l'épaisseur du matelas, celui-ci étant en place. La dimension du repose-tête sera la distance entre ce point et le haut du triangle plus 12 mm. Ces 12 mm servent de prise pour les doigts lorsqu'il faut enlever le panneau pour accéder à l'espace rangement situé en dessous.

TASSEAU DE RENFORT

Le tasseau de renfort est coupé dans un bois blanc de 50 × 50 mm d'une longueur correspondant à la largeur du matelas moins 38 mm (épaisseur des deux supports triangulaires). Collez et vissez la base de la tête de lit sur les chants de face des supports triangulaires. Placez le tasseau de renfort en haut de cette base et maintenez-la en place à l'aide de serre-joints à mi-hauteur de son épaisseur. Vous créez ainsi un appui de 25 mm sur lequel viendra se poser le repose-tête. Percez, fraisez et vissez à travers la base de la tête de lit dans le tasseau. Mettez le repose-tête en place et vérifiez ses dimensions, puis enlevez-le pour le tapisser. Le tissu l'amènera juste à fleur avec les chants des triangles rapportés, ce qui donnera une finition soignée.

Appliquez un tasseau de bois blanc de 25 × 25 mm contre l'espace restant entre le sommet de la base de la tête de lit et le panneau latéral. Marquez les coupes et réalisez-les avec une scie à tenons. Le bord inférieur du tasseau sera ainsi coupé en biseau et s'adaptera au côté du lit. Collez et clouez ou vissez le tasseau en place de chaque côté (dessin n° 1, p. 116). Rabotez puis ponçez pour que les chants soient parfaitement à fleur. Ce tasseau donne ainsi une ligne bien nette. Il faudra l'enduire et le peindre comme le reste du lit.

Le chant supérieur des panneaux latéraux devra être arrondi, soit à l'aide d'une défonceuse équipée d'une lame spéciale, soit en les rabotant puis en les ponçant. Vous pouvez également coller et clouer une bordure sur le chant supérieur pour obtenir une finition de type professionnelle.

TÊTE DE LIT CAPITONNÉE :
Le repose-tête capitonné et tapissé bascule vers l'avant pour révéler un espace de rangement supplémentaire situé sous la tête du lit.

4 Assemblage et fixation de la traverse de tête de lit : La traverse de tête de lit est fixée avec deux vis placées assez bas dans la traverse.

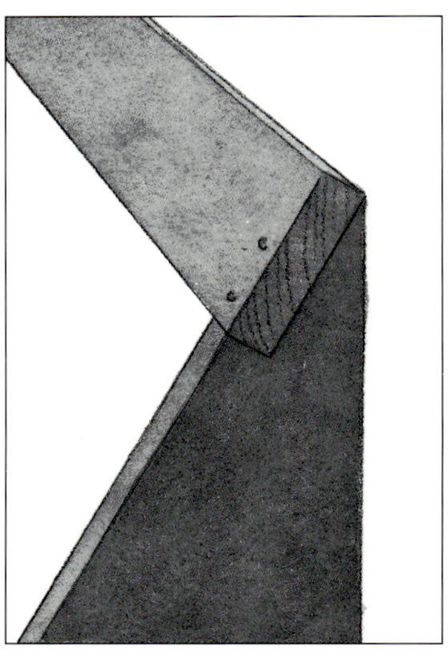

5 Fixation des triangles rapportés : Fabriqués dans le même matériau que les panneaux latéraux, ils donnent une finition à chaque côté. Découpez-les pour qu'ils s'ajustent parfaitement et vissez à travers depuis l'intérieur des triangles de soutien.

6 Tête de lit et tasseau : Vissez la base de la tête de lit en place. Coincez le tasseau de renfort contre le chant supérieur et vissez.

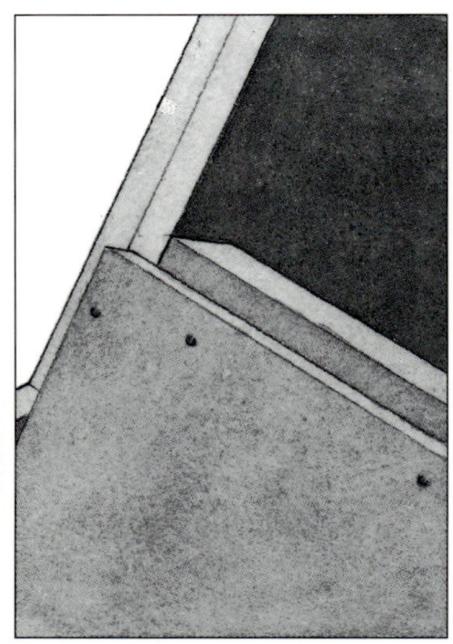

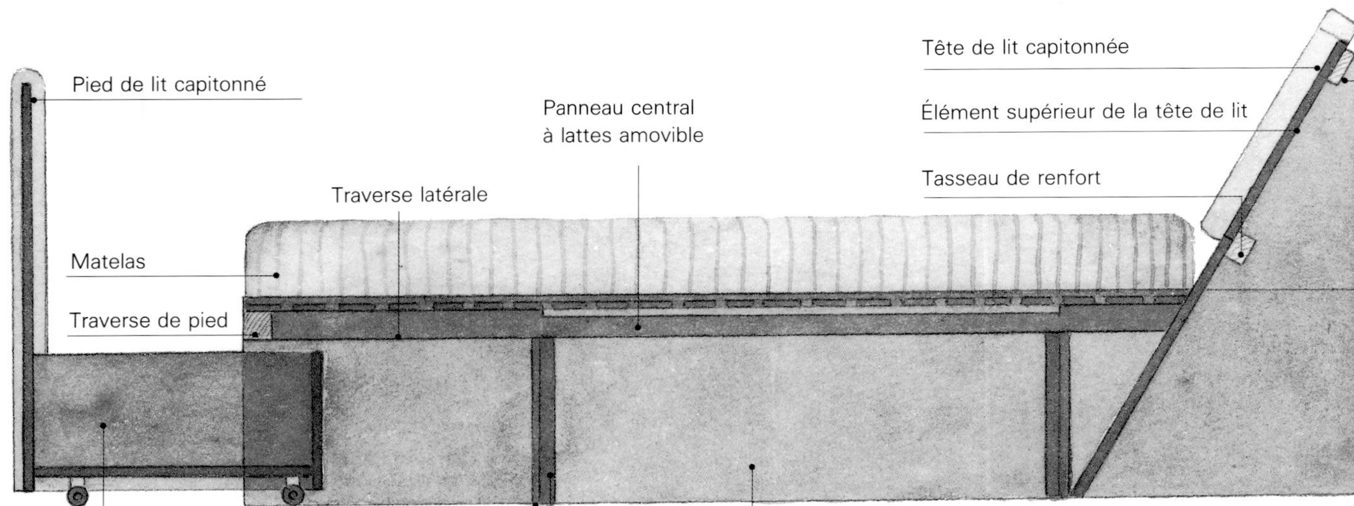

COUPE DU LIT : *Cette coupe montre clairement les différents espaces de rangement, points forts de la conception de ce meuble. Le tiroir à roulettes est vraiment très accessible.*

1 Ajouter la cale de remplissage : Utilisez une cale de bois blanc pour combler l'espace entre le côté et l'élément inférieur de la tête de lit.

2 Mise en place et fixation des traverses latérales de soutien du matelas : Coupez l'extrémité des traverses de soutien du matelas situées contre la tête de lit à un angle permettant un ajustement parfait avec l'élément inférieur. Remarquez que le chant supérieur du panneau latéral est arrondi pour offrir un aspect bien net.

3 Assemblage de la traverse de pied : La traverse d'extrémité est assemblée à mi-bois aux angles avec la traverse latérale ; elle chevauche et est vissée aux traverses latérales.

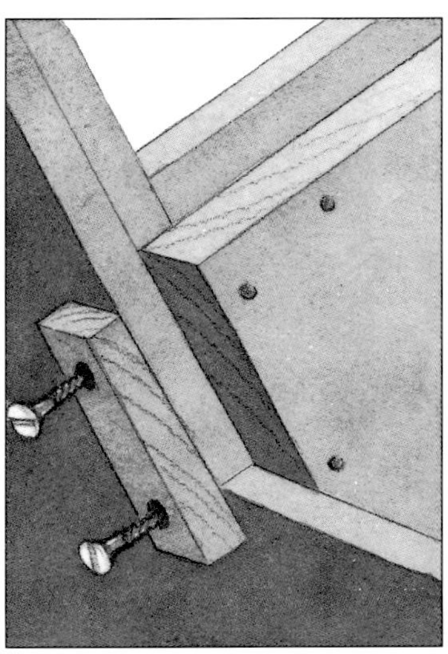

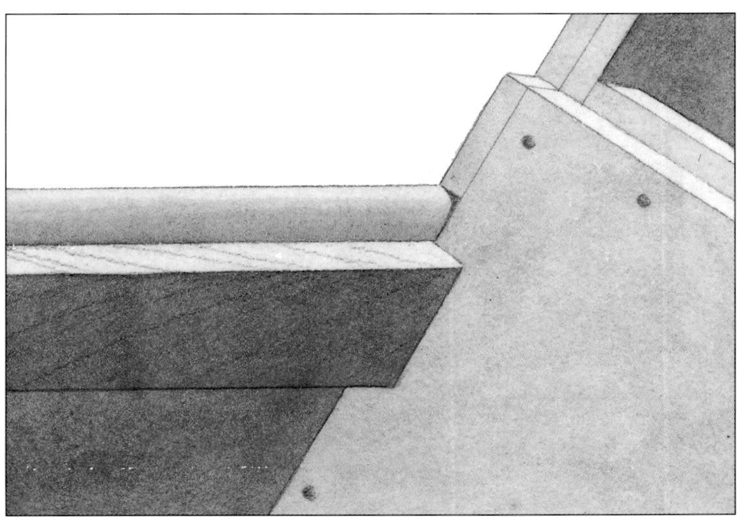

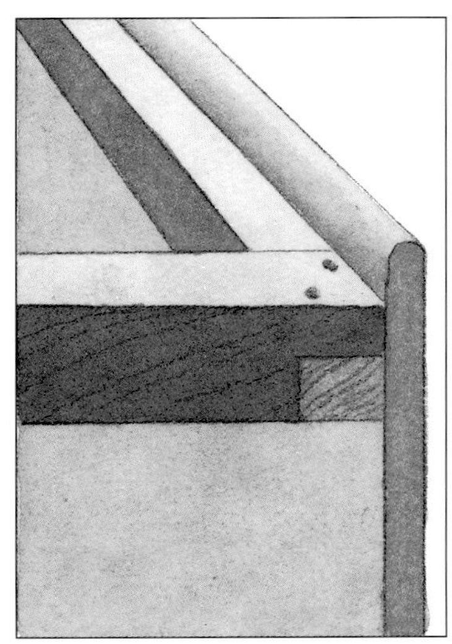

ÉLÉMENT DE SUPPORT DU MATELAS

Les traverses latérales sont coupées à la longueur du matelas plus une petite longueur pour que les angles puissent être coupés au même angle exactement que la tête de lit. Posez leur chant de 50 mm sur les panneaux transversaux de cloisonnement le long des côtés et trusquinez l'extrémité de chaque traverse latérale sur la tête de lit. Coupez l'angle obtenu et poussez-les contre la tête de lit puis tracez-les bien à fleur des extrémités des panneaux latéraux et coupez-les à angle droit.

La traverse de pied est coupée à la largeur du matelas. Coupez des assemblages à mi-bois sur l'angle (voir Techniques,p. 242)pour assembler les traverses latérales et la traverse de pied.

Collez et vissez les traverses latérales en place, en vissant à travers les traverses dans les panneaux latéraux. Fixez la traverse d'extrémité en place en insérant de petites vis à travers les assemblages à mi-bois.

La traverse centrale est coupée dans un bois blanc de section 75 × 50 mm à la longueur du matelas plus quelques centimètres. Posez-la sur les panneaux transversaux de cloisonnement et trusquinez-la à la tête de lit comme ci-dessus. Coupez-la de façon à ce qu'elle bute bien contre la face intérieure de la traverse de pied. Vissez-la dans les panneaux transversaux.

Percez à travers la traverse de pied dans l'extrémité de la traverse centrale en deux endroits à une profondeur d'environ 75 mm à 100 mm et tourillonnez à sec à l'aide de tourillons de 12 mm (voir Techniques, p. 245).

Calculez le nombre de lattes dont vous aurez besoin en divisant la longueur du matelas par 100 mm (une latte plus un espace). Coupez toutes les lattes de la largeur du matelas. La section qui sépare les panneaux transversaux de cloisonnement est un élément à lattes qui peut être soulevé pour donner accès au rangement situé en dessous.

Les tasseaux transversaux de bois blanc maintiennent les lattes sur l'élément à lattes amovible. Mesurez la distance intérieure entre les panneaux transversaux de cloisonnement et coupez quatre longueurs de tasseaux de 75 × 25 mm à cette dimension.

À l'aide d'une pige d'écartement (voir Techniques, p. 236), placez les lattes à espaces réguliers et reportez l'emplacement des tasseaux transversaux sur la première latte. Les deux lattes extérieures doivent être placées en retrait de chaque bord d'au moins 50 mm. Vissez les extrémités des tasseaux transversaux extérieurs à leur place sur la première latte. Continuez le long des tasseaux transversaux en espaçant et en vissant le reste des lattes. Puis répartissez de manière égale les deux tasseaux transversaux intérieurs et vissez-les à leur place.

Placez ce panneau sur la section centrale et vissez les lattes restantes dans les traverses latérales en les répartissant de manière égale. Assurez-vous qu'à chaque extrémité la latte est à fleur.

4 Assemblage des traverses : La traverse centrale vient se coincer contre la traverse de pied. Percez à travers la traverse de pied et enfoncez au marteau des tourillons.

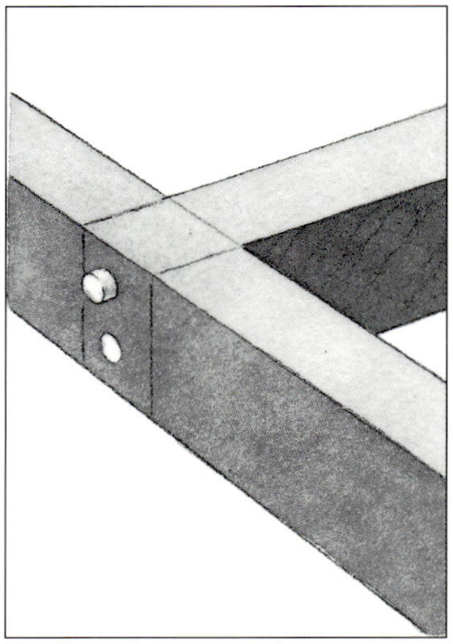

5 Fabrication de l'élément à lattes amovible situé sous le matelas : Cet élément situé entre les panneaux transversaux de cloisonnement est amovible. Les lattes sont vissées sur quatre tasseaux transversaux. Les deux tasseaux transversaux extérieurs sont placés en retrait pour s'insérer à l'intérieur des traverses latérales.

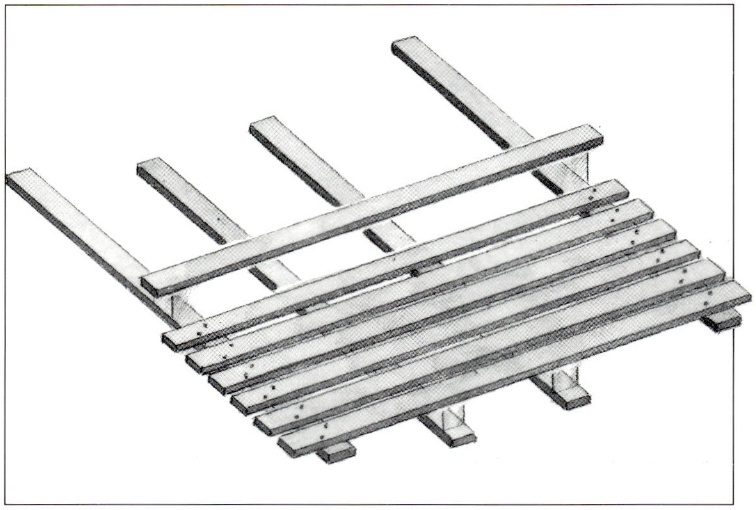

6 Espacement des lattes fixes : Placez l'élément amovible sur la section centrale et vissez les lattes restantes, à intervalles réguliers, sur les traverses latérales.

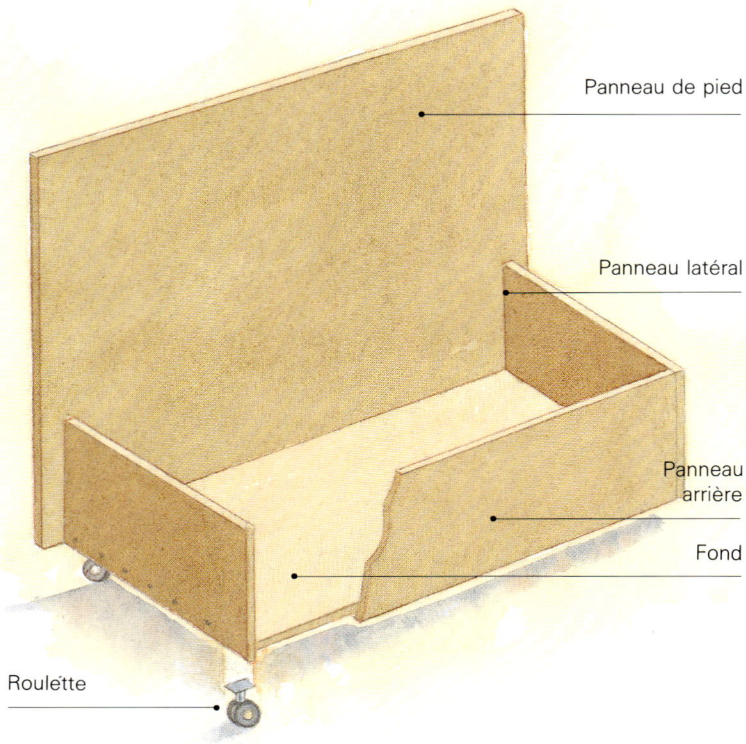

1 Assemblage du tiroir : Les côtés sont en retrait par rapport au panneau de pied et le panneau arrière est inclus entre les côtés.

LE TIROIR À ROULETTES

Il vous faut terminer le lit avant de vous attaquer au tiroir. Le pied de lit est découpé dans du médium à la largeur totale du lit moins 12 mm. Sa hauteur est laissée à votre choix ; dans ce projet, elle est de 890 mm.

Il est préférable que la hauteur des deux côtés du tiroir en médium soit inférieure d'au moins 150 mm par rapport aux côtés du lit. Ceci permet au tiroir de rouler en dessous de la traverse de pied et d'adapter les roulettes. Pour ce projet, les deux côtés font 300 mm de haut et 610 mm de long.

Pour le panneau arrière, découpez un panneau de médium de la hauteur du tiroir. Sa largeur doit être celle du matelas moins 50 mm. Collez et vissez à travers les côtés dans les chants du panneau arrière puis collez et vissez à travers le pied de lit dans les côtés en vous assurant que le pied de lit déborde des côtés de façon égale.

Mesurez les dimensions intérieures du rectangle pour déterminer celles du fond et découpez-le à sa taille dans du médium. Le fond doit être placé à 25 mm au-dessus des extrémités inférieures des côtés. Pour le fixer solidement en place afin de le visser, posez le fond sur des chutes de tasseau de 25 mm d'épaisseur puis placez la carcasse par-dessus le fond. Ceci vous assurera un espacement égal de 25 mm à partir des extrémités inférieures de la carcasse.

Vissez tout autour à travers les côtés dans le fond en ayant pris soin au préalable de tracer la hauteur de la ligne médiane du fond à l'extérieur de la carcasse. Enfin, vissez des roulettes de 50 mm aux quatre coins du fond pour faciliter son déplacement.

CAPITONNAGE DU LIT

REMBOURRAGE

Le rembourrage est constitué de mousse de polystyrène expansée de trois épaisseurs différentes, recouverte de Dacron. Le meilleur outil pour découper la mousse est le couteau à découper électrique. Vous pouvez également utiliser un couteau à pain, une lame de scie à métaux ou n'importe quelle lame à dents de scie.

TÊTE DE LIT

Découpez un morceau de mousse de 50 mm d'épaisseur aux dimensions de l'élément supérieur de la tête de lit. Pulvérisez sur la tête de lit de la colle latex en bombe et collez la mousse en l'appliquant soigneusement.

Découpez un morceau de mousse de 50 mm d'épaisseur de la longueur du chant supérieur et, en le positionnant soigneusement, collez-le avec de la colle en bombe.

Utilisez une mousse de 25 mm d'épaisseur pour les côtés. Découpez 2 morceaux, de la longueur des côtés de la tête de lit plus l'épaisseur de la mousse recouvrant le chant supérieur et collez-en un de chaque côté.

Collez une couche de tissu sur la mousse avec une colle en bombe et laissez sécher.

PANNEAU DE PIED

Découpez un morceau de mousse de 25 mm de la largeur du panneau de pied pour qu'elle couvre depuis le haut des côtés du tiroir, par-dessus le haut du panneau jusqu'en bas.

Tracez une ligne sur l'intérieur du panneau de pied à la hauteur du haut des côtés du tiroir et pulvérisez de la colle sur le bois jusqu'à cette ligne et sur la face extérieure. Collez la mousse à partir de cette ligne en l'appliquant sur toute la longueur du bois.

Découpez deux morceaux de mousse de 25 mm qui couvriront les petits espaces de chaque côté du tiroir sur sa face intérieure et collez-les en place.

2 Rembourrage de la tête de lit : Collez de la mousse de 50 mm sur l'élément supérieur de la tête de lit et sur le rebord supérieur ; et de la mousse de 25 mm sur les côtés.

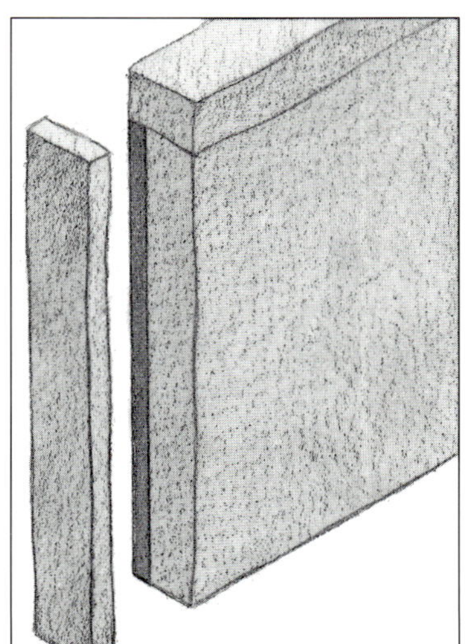

3 Rembourrage du panneau de pied : Un morceau de mousse épais de 25 mm recouvre la face et le dos du panneau de pied ; pour les tranches, utilisez une mousse de 12 mm.

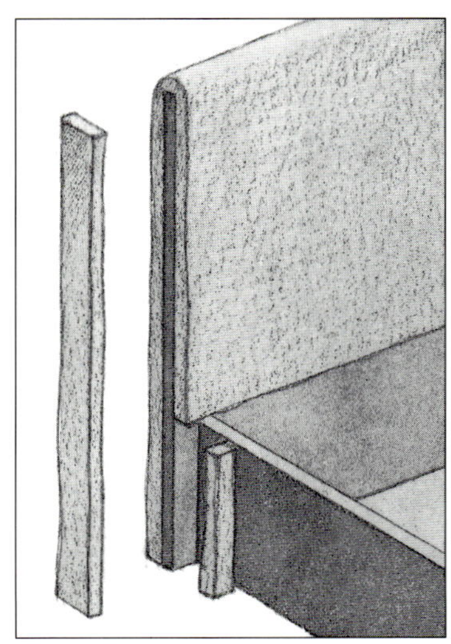

Découpez deux bandes de mousse de 12 mm à la dimension des chants des côtés et collez-en une de chaque côté.

Collez et laissez sécher une couche de Dacron sur la mousse.

HABILLAGE

Il s'agit de housses à pans repliés sous l'extrémité inférieure et maintenus par une bande Velcro. Il vous faudra sans doute joindre plusieurs lés.

Les assemblages devront se faire par deux coutures espacées de manière égale. Si vous utilisez un tissu à motifs, il vous faudra également faire correspondre les motifs. Les tissus unis sont donc plus faciles à travailler. Si vous voulez éviter d'avoir à assembler des largeurs, vous pouvez utiliser un tissu uni et l'appliquer dans la largeur et non dans la longueur.

Si vous ne vous sentez pas capable de coudre une bande entre les deux panneaux, vous pouvez effectuer une seule couture pour assembler l'intérieur et l'extérieur de l'habillage.

TÊTE DE LIT

Découpez un pan de tissu et un autre pour l'arrière de la tête de lit, en laissant une marge de tissu tout autour pour les coutures et pour assembler les largeurs. Si vous devez coudre plusieurs lés, faites-le en premier et découpez le tissu plus grand qu'il ne faut en faisant correspondre les coutures des pans intérieur et extérieur.

Pliez les pans en deux dans le sens de la largeur et épinglez-les au centre du bord supérieur de façon à ce que les coutures correspondent.

Ensuite, mesurez la bande de façon à ce qu'elle recouvre le haut et les côtés et puisse se glisser de 75 mm sous les chants inférieurs à chaque extrémité. Découpez le pan du panneau en laissant de la marge des deux côtés pour les coutures. Pliez-le en deux dans le sens de la largeur, pincez-le au centre et aux emplacements des angles, sur les deux côtés.

Placez le pan extérieur contre la bande, bord à bord en faisant correspondre les pinces et les angles. Épinglez, bâtissez puis cousez à la machine en partant du faufilage central, d'abord dans une direction puis dans l'autre le long du dessus et en descendant le long des deux côtés jusqu'aux angles inférieurs. Cette méthode permet d'être sûr que les deux pans de tissu sont cousus de manière égale.

Attachez le pan arrière à l'autre extrémité de la bande, les bons côtés ensemble, les bâtis et les angles se correspondant parfaitement. Épinglez, faufilez et cousez à la machine comme précédemment, jusqu'à chaque angle.

Pour soigner la finition des extrémités des pans, retournez les ourlets sur l'envers et cousez-les à la machine. Découpez une bande Velcro de la longueur des longs pans et cousez-la en place à la machine aux extrémités du tissu de sorte que l'une déborde par-dessus l'autre. Repliez d'abord les deux bouts et assemblez les longs pans à l'aide de la bande Velcro.

PANNEAU DE PIED

Mesurez le panneau de pied capitonné d'un bord à l'autre et découpez un pan pour la face interne en laissant quelques centimètres de plus pour les coutures et environ 75 mm pour fermer le rembourrage en bas (n'oubliez pas d'assembler les lés avant). Découpez le pan de la face extérieure, en laissant de la marge de chaque côté et suffisamment pour rabattre sous le bord inférieur. Découpez du tissu pour le long panneau en en laissant suffisamment pour les coutures et pour rabattre sous le bord inférieur.

Fabriquez la housse comme pour la tête de lit en égalisant les coutures et en cousant le panneau extérieur d'abord. Sur l'intérieur, cousez jusqu'à la hauteur des côtés du tiroir puis ajoutez un petit morceau de tissu de chaque côté pour recouvrir l'étroite bordure de chaque côté du tiroir. Cousez-les sur la housse en ne vous trompant pas de côté. Découpez et assemblez soigneusement autour de chaque côté du tiroir en rabattant les extrémités puis en les cousant à la machine. Pour obtenir une finition parfaite des extrémités inférieures, rabattez et cousez à la machine.

À l'extérieur, repliez à l'intérieur les extrémités et pliez en dessous la grande longueur. Assemblez-la au bord inférieur et avec une bande Velcro, la face douce sur le tissu et l'autre sur le bois. Fixez la bande Velcro sur le bois avec de la colle, des punaises ou des agrafes. Vous pouvez également utiliser de la bande Velcro autocollante. Sur la face interne, fixez le rebord inférieur et les rabats latéraux avec de la bande Velcro.

4 Fabriquer le revêtement de la tête de lit : Découpez les pans extérieur et intérieur en laissant de la marge tout autour pour les coutures et les assemblages, plus environ 75 mm pour rabattre sous le rebord inférieur. Épinglez, faufilez puis faites les coutures à la machine.

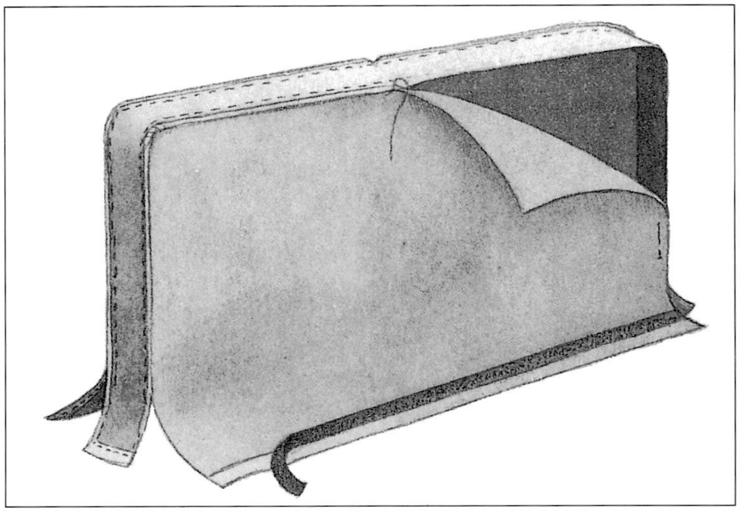

5 Fabriquer le revêtement du panneau de pied : Procédez de la même façon que pour la tête de lit en découpant et en assemblant soigneusement autour des côtés du tiroir. Sur les extrémités étroites du tiroir, attachez de minces bandes de tissu. Fixez-les à l'aide d'une bande Velcro le long de l'extrémité inférieure et des rabats latéraux.

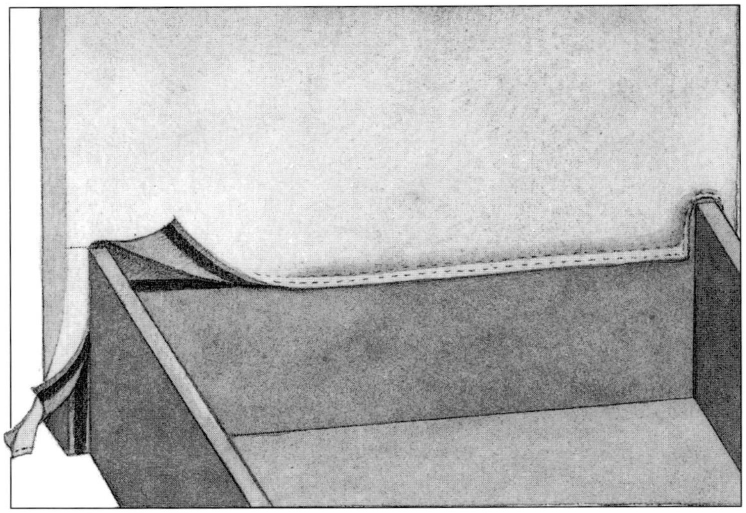

BERCEAU À BASCULE

Un berceau a une grande valeur sentimentale. Avant la naissance du bébé, fabriquer ou remettre en état un berceau ou un couffin est souvent une façon, pour les parents, d'exprimer leur émotion et leurs espoirs.

Pour les pères, il sera d'ailleurs très satisfaisant de réaliser le premier lit d'enfant et d'apporter ainsi leur contribution en un moment où ils se sentent parfois exclus. La signification du berceau durera plus longtemps que son usage.

Un berceau à bascule ou une bercelonnette est un lit traditionnel pour un nouveau-né, son doux balancement ayant la vertu d'apaiser un bébé peu accoutumé à l'immobilité totale. Les bascules sont les éléments les plus difficiles à construire, bien qu'il s'agisse là d'un exercice intéressant de menuiserie. On les fabrique en collant des bandes de contreplaqué auxquelles on donne forme par serrage contre un gabarit. Les trous percés dans les panneaux d'extrémité sont surtout décoratifs, mais ils servent aussi à accrocher des jouets et des hochets.

Le plan du berceau présenté ici consiste en un simple cadre en pin, muni de barreaux latéraux. Il faut s'assurer que l'inclinaison des pièces est telle que les panneaux d'extrémité en contre-plaqué peuvent s'y insérer.

Le berceau est adapté à un nouveau-né. Il sera vite trop étroit, mais il pourra resservir. Les dimensions du berceau conviennent à un petit matelas de taille standard.

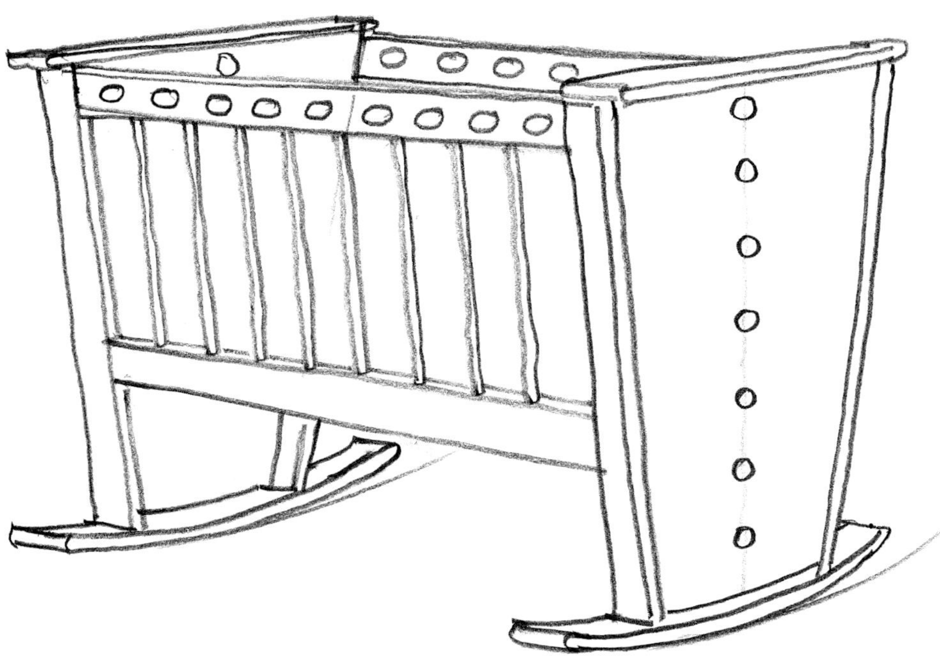

THE SUN COMES UP
SHREK!

BERCEAU À BASCULE

Trop vaste, le lit d'enfant ne convient pas au nouveau-né qui s'y sentirait perdu. Pour ces premiers mois si importants, le berceau est bien plus accueillant. Celui que nous vous proposons est pourvu de bascules : vous pourrez ainsi endormir votre bébé en le berçant. Les magasins spécialisés proposent des matelas appropriés. Notre modèle est conçu pour un matelas standard de 730 x 350 mm.

Ne cherchez pas à modifier la conception du projet. Les dimensions des bascules et la position du support du matelas par rapport au sol ont été soigneusement étudiées de façon à garantir la stabilité de l'ensemble. L'espacement des barreaux latéraux est calculé de manière que le bébé ne puisse s'y coincer la tête, les mains ou les pieds. De même, les orifices des panneaux d'extrémité et du sommet des traverses latérales supérieures doivent atteindre 25 mm de diamètre pour éviter que les petits doigts ne s'y trouvent pris.

Les pièces principales du berceau sont en bois blanc raboté de 55 x 25 mm. Vous ne trouverez probablement pas ces dimensions dans le commerce; procurez-vous donc des pièces de 75 x 25 mm que vous scierez aux dimensions avec une scie circulaire (ou demandez à votre détaillant d'effectuer cette opération). La face sciée devra être rabotée.

Pour les côtés, on utilise des tourillons de bois dur de 12 mm de diamètre; les panneaux d'extrémité et le fond sont découpés dans du contre-plaqué de 6 mm. Choisissez ce matériau avec soin, surtout si vous comptez apporter une finition soignée (dans ce cas il vous faudra un contre-plaqué à parements en bois noble). Des arrêts peuvent être fixés sous les bascules pour éviter que le berceau ne se renverse.

OUTILS

- Établi (fixe ou portatif)
- Couteau universel
- Mètre-ruban
- Règle en acier
- Équerre
- Scie à panneaux
- Scie circulaire
- Scie à tenons
- Scie sauteuse
- Trusquin
- Perceuse électrique
- Support de perceuse (facultatif)
- Mèche à bois (3 mm)
- Mèche à trois pointes (10 mm)
- Fraise
- Mèches plates (25 et 12 mm)
- Gabarit de perçage
- 2 presses en C ou sangle de serrage
- Rabot à replanir (manuel ou électrique)
- Défonceuse et fraise droite (6 mm)
- Ciseaux
- Maillet
- Ponceuse électrique ou cale à poncer

MATÉRIAUX

Désignation	Quantité	Matériau	Dimension
Montant	4	bois tendre de 75 x 25 mm ramené à 55 mm de largeur	625 mm
Traverse	4	bois tendre de 75 x 25 mm ramené à 55 mm de largeur	700 mm
Pièce d'habillage	2	bois tendre de 75 x 25 mm ramené à 55 mm de largeur	580 mm
Barreau	18	tourillon de bois dur de 12 mm de diamètre	300 mm
Panneau d'extrémité	2	contre-plaqué de 6 mm	Hauteur : 640 mm Largeur : 512 mm en haut, 312 mm en bas
Bascule	2	4 pièces de contre-plaqué de 6 mm pour chaque bascule	découpées dans une pièce de 650 x 58 mm environ
Fond	1	contre-plaqué de 6 mm	selon besoins (environ 750 x 385 mm)
Tasseau-support	2	bois tendre de 25 x 25 mm	selon besoins (environ 750 mm)
Tourillon (pour assemblages)	24	bois dur de 10 mm de diamètre	
Divers : panneau de particules de 19 mm pour le gabarit des bascules			

CONSTRUCTION

Sciez et rabotez aux dimensions (55 x 25 mm) les pièces du bâti principal. Puis coupez de longueur les montants, les traverses et les barreaux.

CÔTÉS

Chacun des côtés du berceau se compose de neuf barreaux fixés verticalement entre deux traverses horizontales (fig. 1). Marquez, sur la ligne médiane d'un des petits côtés d'une traverse, l'emplacement de neuf trous dont les centres sont espacés de 70 mm. Placez les quatre traverses côte à côte dans des presses et reportez les tracés de la première traverse sur les trois autres.

Fixez une mèche à trois pointes de 12 mm sur une perceuse électrique, et percez un trou de 10 mm de profondeur à chacun des emplacements inscrits sur les traverses. Votre travail sera plus précis si la perceuse est placée à la verticale sur un support de perçage. Sinon, fixez les quatre traverses solidement à l'établi.

Appliquez un peu de colle dans chaque orifice et assemblez les deux côtés. Placez les barreaux entre deux traverses et amenez-les en place à l'aide d'un maillet; utilisez une chute de bois pour protéger la surface des traverses des coups de maillet. Posez les côtés sur une surface plane durant environ six heures jusqu'à ce que la colle ait pris.

1 Fabrication des côtés : Neuf trous espacés de 70 mm sont percés dans les traverses haute et basse; les barreaux sont logés dans ces trous.

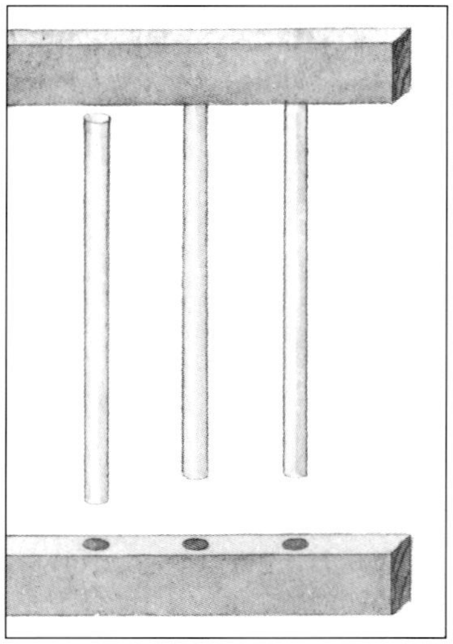

ASSEMBLAGE DU BERCEAU

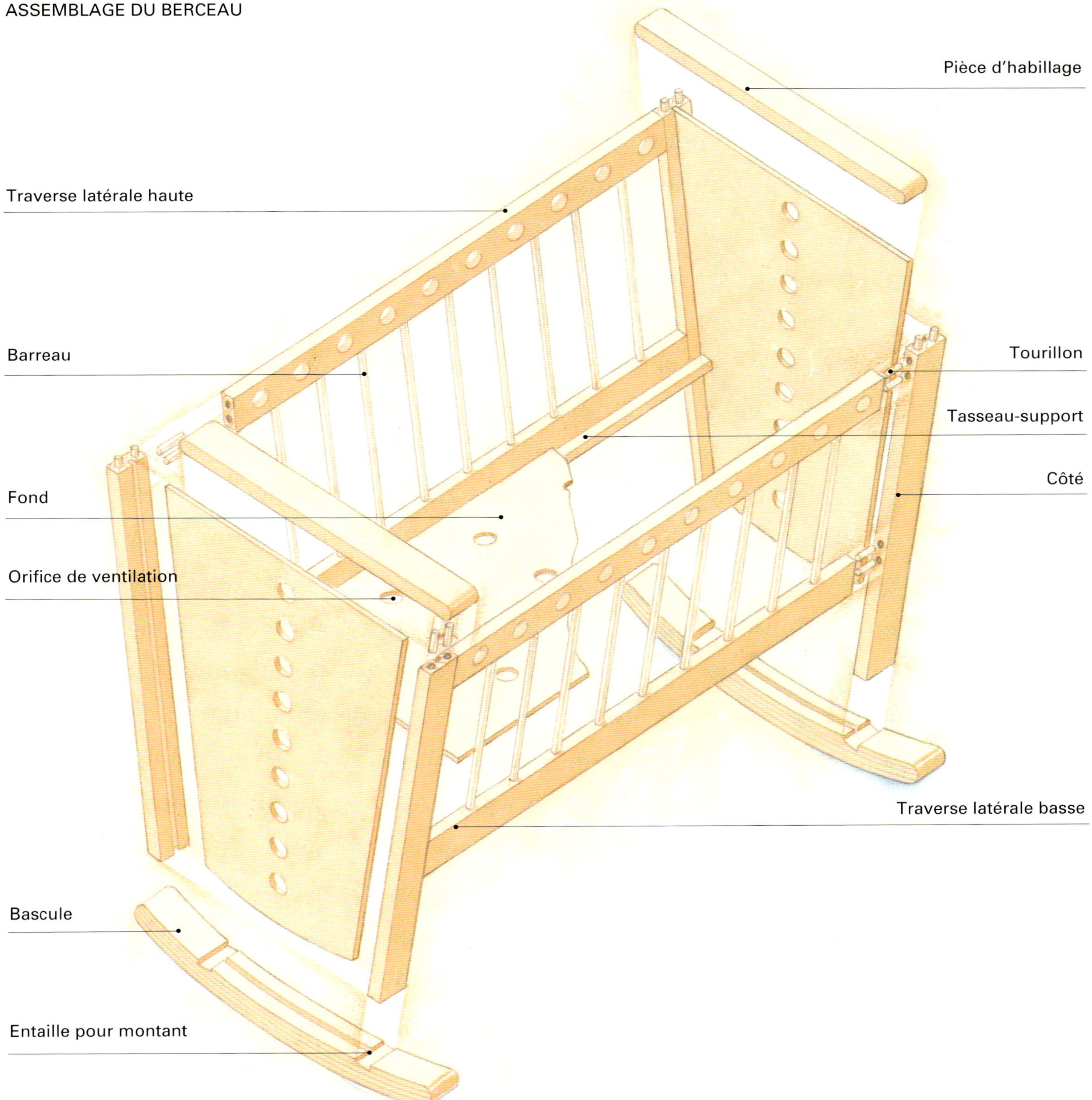

BERCEAU À BASCULE

MONTANTS

Le long de la ligne médiane de la face intérieure de chacun des montants, découpez à la défonceuse une rainure de 6 x 6 mm.

Les quatre montants sont assemblés aux traverses des côtés au moyen de deux tourillons pour chaque assemblage (fig. 1). Posez les côtés à plat sur l'établi, avec un montant à chaque extrémité, et marquez les positions des quatre assemblages : le sommet des montants affleure celui des traverses. En vous aidant d'un gabarit de perçage, percez les trous des tourillons (diamètre : 10 mm) à l'extrémité de chaque traverse, et dans les montants, aux emplacements correspondants. Contrôlez l'assemblage à sec. Appliquez ensuite un peu de colle dans les orifices, introduisez les tourillons et amenez les montants en place avec un maillet (fig. 2). Protégez les surfaces avec une chute de bois.

FABRICATION DES BASCULES

Pour confectionner les bascules, on accolle quatre bandes de contre-plaqué en les cintrant autour d'une forme en panneau de particules – des chutes de 19 mm d'épaisseur conviendront très bien (fig. 3).

Le rayon de l'arc de la forme est de 960 mm. La meilleure façon de tracer cette courbe consiste à attacher un crayon à une ficelle de la longueur appropriée, elle-même fixée à un clou. Inscrivez l'arc sur une pièce de panneau de particules de 19 mm d'épaisseur, d'environ 700 x 300 mm; découpez la courbe avec une scie sauteuse.

Pour que la forme atteigne l'épaisseur convenable (54 mm), placez côte à côte trois pièces de panneau de particules d'environ 700 x 150 mm. Vissez ces trois pièces les unes aux autres (fig. 3, en bas).

Découpez les huit bandes de contreplaqué de 6 mm qui composent les bascules ; leur longueur est de 650 mm. En les coupant à 58 mm de largeur, vous réservez une marge de 3 mm pour la finition ; la largeur finie, 55 mm, correspond à la largeur des pièces servant de montants.

Collez les bandes correspondant à chaque bascule, avec une colle à bois en poudre à base de résine, non flexible. Maintenez les pièces contre la forme avec des presses en C ou une sangle de serrage, jusqu'à ce que la colle ait durci (environ 8 heures). Répétez l'opération avec la seconde bascule.

PANNEAUX D'EXTRÉMITÉ

Tracez les panneaux d'extrémité sur du contre-plaqué de 6 mm. Leur hauteur est de 640 mm, pour une largeur au sommet de 512 mm et à la base de 312 mm. Veillez à ce que le biais soit équivalent de chaque côté de la ligne médiane. Découpez les panneaux.

Présentez une bascule à la base d'un des panneaux d'extrémité ; alignez et centrez les deux pièces ; reportez la courbure de la bascule sur la bordure inférieure du panneau. Découpez le panneau le long de ce tracé avec une scie sauteuse. Procédez de même avec le second panneau d'extrémité.

Assemblez à sec les panneaux d'extrémité et les côtés, puis retournez l'ensemble à l'envers.

Amenez une des bascules en position contre le panneau d'extrémité. Assurez-vous que la ligne médiane de la bascule est bien alignée sur celle du panneau. Marquez les emplacements où les montants viendront s'appuyer sur les bascules.

Avec une équerre, prolongez ces tracés sur les côtés des bascules. Avec une scie à tenons, sciez le long de ces lignes, puis évidez les entailles avec un ciseau (voir *Assemblage du berceau*, page 123).

À la défonceuse, exécutez une rainure de 6 mm de largeur et 10 mm de profondeur, au centre de chaque bascule, d'une entaille à l'autre. Le rebord inférieur du panneau d'extrémité viendra s'y loger.

Du dessous, percez et fraisez en biais à travers les bascules jusque dans les montants (fig. 4) ; fixez avec deux vis à bois de 5 x 65 dans chaque montant. Assemblez à sec pour contrôler l'ajustage.

ASSEMBLAGE DU FOND

Découpez deux tasseaux-supports dans du bois blanc de 25 x 25 mm ; leur longueur correspond à la distance séparant les panneaux d'extrémité.

Au rabot, découpez un biseau sur un côté de chacun des tasseaux de sorte que leur face supérieure se trouve à l'horizontale, comme le fond (fig. 5). Collez et vissez (vis de 4 x 40) les tasseaux en position, à fleur du rebord inférieur de la traverse latérale basse.

1 Assemblage des montants aux côtés : **Marquez la position des traverses latérales sur les côtés des montants. Percez et assemblez .**

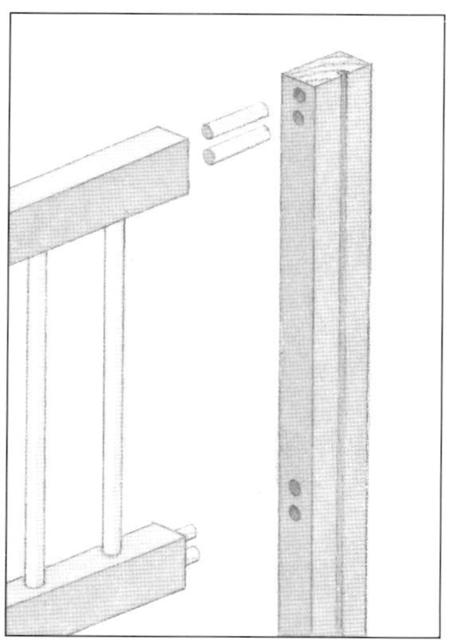

2 Rainure pour panneau d'extrémité : **Une rainure est creusée au centre de la face intérieure des montants. Le panneau d'extrémité s'y insère.**

3 Cintrage des bascules : **Chaque bascule se compose de quatre bandes de contre-plaqué de 6 mm, cintrées sur une forme courbe réalisée à cette fin ; le rayon de l'arc est de 960 mm. Les bandes de contre-plaqué sont ensuite collées et serrées jusqu'à ce que la colle ait pris.**

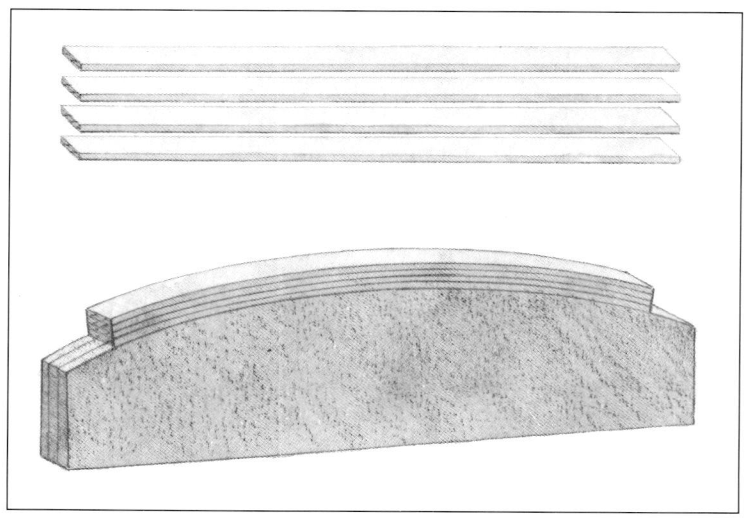

Mesurez les diagonales pour contrôler le bon équerrage du berceau. Mesurez ensuite les dimensions intérieures du berceau et découpez à ces dimensions le panneau de fond en contre-plaqué. Une fois en place, ce panneau assure l'équerrage.

PIÈCES D'HABILLAGE

Ôtez les panneaux d'extrémité et rabotez les rebords supérieurs des côtés jusqu'à l'horizontale. Procédez des extrémités vers le centre pour éviter d'endommager les rebords extérieurs des montants. Replacez les panneaux d'extrémité.

Découpez les deux pièces d'habillage. À chaque extrémité, elles sont assemblées aux montants avec des tourillons (fig. 6) ; par ailleurs, creusez le long de leur face inférieure une rainure de 6 x 6 mm et de 512 mm de longueur dans laquelle viendra s'insérer le rebord supérieur du panneau d'extrémité.

Percez les montants et la face inférieure des pièces d'habillage ; assemblez à sec avec des tourillons de 10 mm (deux pour chaque montant). Utilisez un gabarit de perçage.

EN GUISE DE DÉCOR

Démontez le berceau. Maintenez, à l'aide d'une presse, chacun des panneaux d'extrémité contre une chute de bois, et percez des trous de 25 mm de diamètre le long de l'axe médian (les centres des trous sont espacés de 70 mm).

Percez également des trous de 25 mm dans les traverses supérieures, au centre de chaque intervalle séparant les barreaux (voir *Assemblage du berceau*, page 123). Ne suspendez pas de jouets et ne tendez pas de ficelle entre les orifices.

Dans le panneau de fond, percez douze orifices d'aération (quatre rangées de trois) de 25 mm de diamètre.

ASSEMBLAGE FINAL

Arrondissez les extrémités des bascules et des pièces d'assemblage avec une cale à poncer ou une ponceuse.

Procédez au collage dans l'ordre suivant : (1) panneaux d'extrémité et côtés ; (2) bascules à la base des panneaux d'extrémité ; (3) pièces d'habillage au sommet des panneaux d'extrémité. Quant au panneau de fond, posez-le en place. Veillez ensuite à ce que toutes les arêtes et les orifices soient bien arrondis et poncés.

4 Assemblage des bascules : **Insérez les panneaux d'extrémité dans les montants puis retournez le berceau à l'envers. Entaillez les bascules là où vient s'appuyer la base des montants et creusez les rainures pour les panneaux d'extrémité. Vissez au travers des bascules, dans chaque montant.**

5 Tasseaux-supports : **Découpez les tasseaux aux dimensions intérieures. Vissez à fleur de la traverse inférieure.**

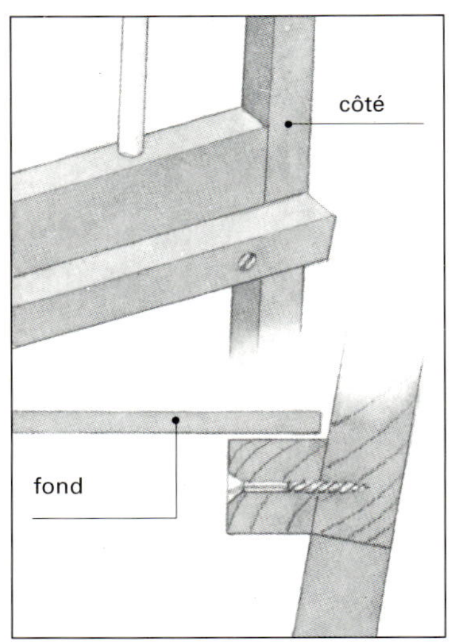

6 Pose de la pièce d'habillage : **Rainurez sa face inférieure pour loger la pièce d'extrémité. Tourillonnez ses extrémités aux montants.**

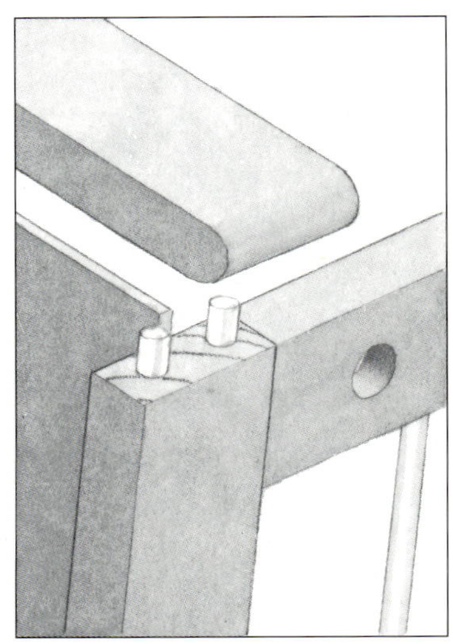

FAUTEUIL À BASCULE

Un fauteuil à bascule d'adulte est un endroit idéal pour lire avant de se coucher. Mais une petite chaise à bascule, conçue tout spécialement, comme celle-ci, a bien plus de sens et d'intérêt pour l'enfant. Avoir sa propre chaise est une source de fierté, un symbole de l'enfance, auquel on attache une signification spéciale.

Le plan et la construction de cette chaise à bascule sont assez simples. Le plus délicat, dans sa réalisation, est de donner forme aux bascules qui sont faites de bandes de contre-plaqué. Le reste de la chaise est également en contre-plaqué auquel on donne, à la scie sauteuse, les formes voulues. Le contre-plaqué est une surface facile à décorer. La chaise peut être peinte d'une couleur qui s'harmonise à la pièce et agrémentée d'un coussin pour qu'elle soit tout à fait confortable.

La fantaisie et l'humour sont importants dans la conception du mobilier pour enfants. Les accoudoirs du fauteuil ressemblent aux grandes oreilles de Mickey Mouse et les deux ouvertures du dossier font songer à des yeux.

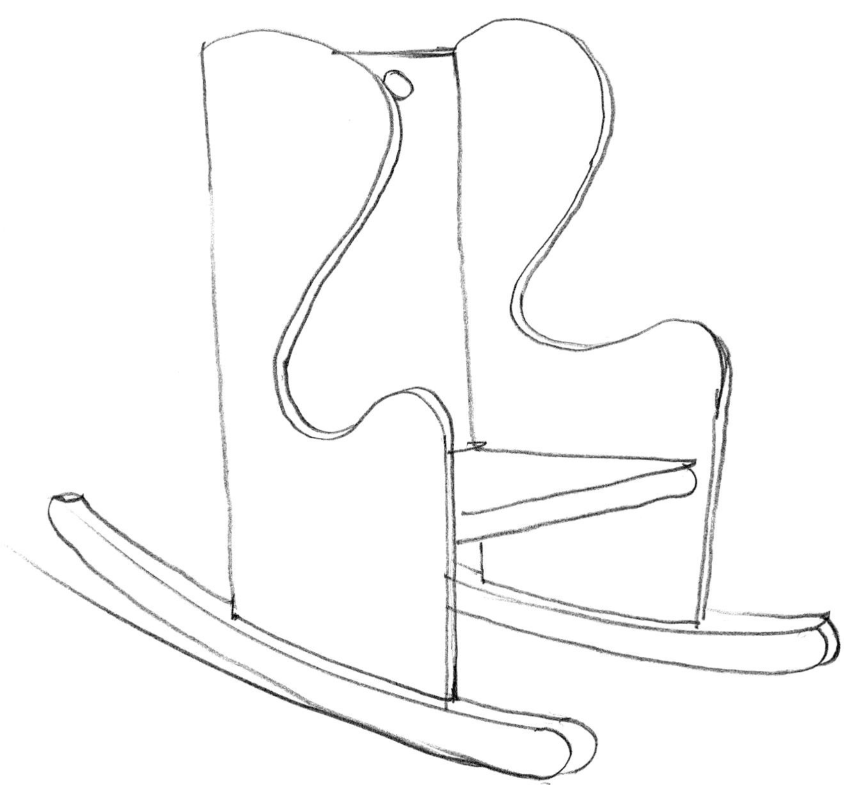

FAUTEUIL À BASCULE

Les enfants eux-mêmes interrompent aussi leurs allées et venues pour faire une pause ; et à ce moment-là, ils apprécient un siège confortable où ils peuvent se reposer et se détendre, lire ou regarder la télévision. Ce fauteuil à bascule est le siège idéal. Sa hauteur totale est de 700 mm, et il convient parfaitement pour les enfants de quatre ans environ. L'ensemble du meuble est fabriqué en contre-plaqué de 10 mm. Vous aurez besoin d'une feuille de 1400 x 910 mm : vous pouvez soit la faire découper aux dimensions, soit acheter une feuille standard aux dimensions supérieures les plus proches (les chutes vous seront certainement utiles pour un autre projet).

OUTILS

- Établi (fixe ou portatif)
- Couteau universel
- Mètre-ruban
- Règle en acier
- Équerre
- Trusquin
- Scie à panneaux ou scie circulaire
- Perceuse électrique
- Mèche plate de 25 mm, pour percer les trous dans le panneau arrière
- 2 presses en C
- 2 serre-joints à coulisse ou sangles de serrage
- Rabot à replanir
- Défonceuse et fraise droite de 6 mm
- Fraise quart-de-rond pour défonceuse (rabot, outil «Surform» ou cale à poncer)
- Ponceuse électrique de finition ou cale à poncer
- Scie sauteuse

ASSEMBLAGE DU FAUTEUIL À BASCULE

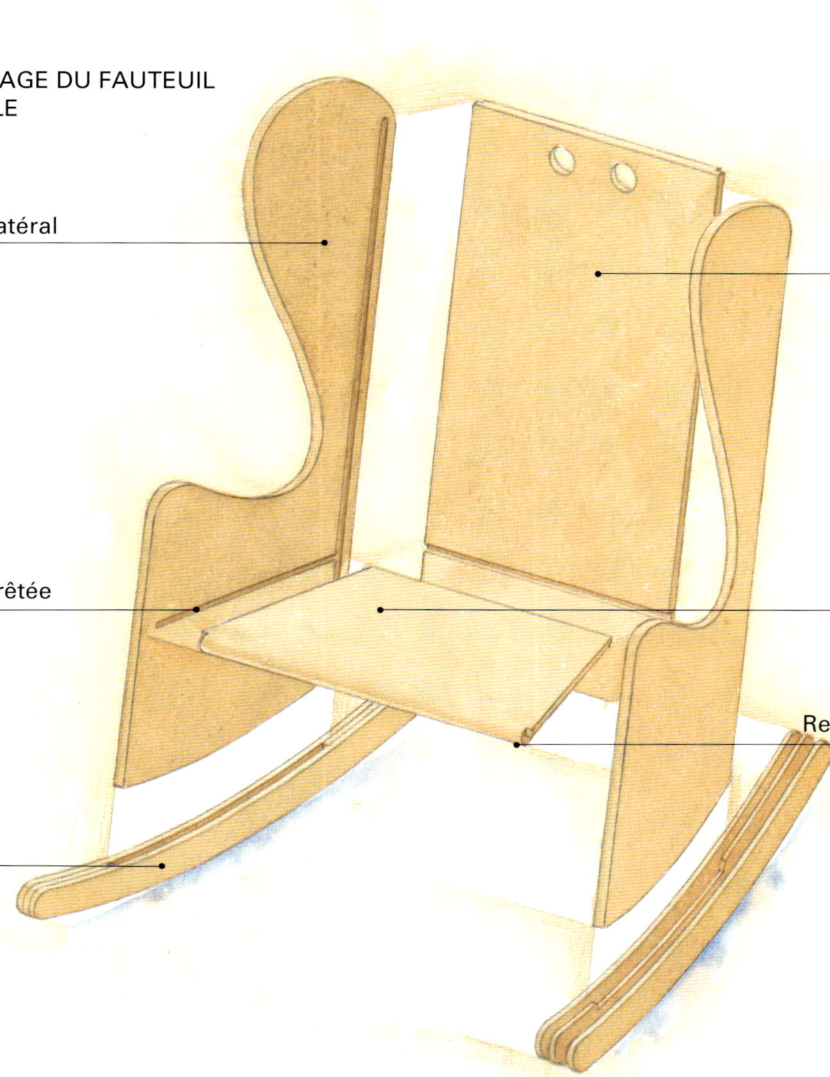

MATÉRIAUX

Désignation	Quantité	Matériau	Dimension
Côté	2	contre-plaqué de 10 mm	pièces découpées dans une feuille de 700 x 320 mm*
Dos	1	contre-plaqué de 10 mm	600 x 260 mm
Assise	1	contre-plaqué de 10 mm	profondeur : 296 mm. largeur : 310 mm à l'avant, 260 mm à l'arrière
Renfort de l'assise	1	contre-plaqué de 10 mm	310 x 50 mm
Bascule	2	3 pièces de contre-plaqué de 10 mm pour chaque bascule	pièces découpées dans une feuille d'environ 660 x 400 m

* Voir plan quadrillé en page 129

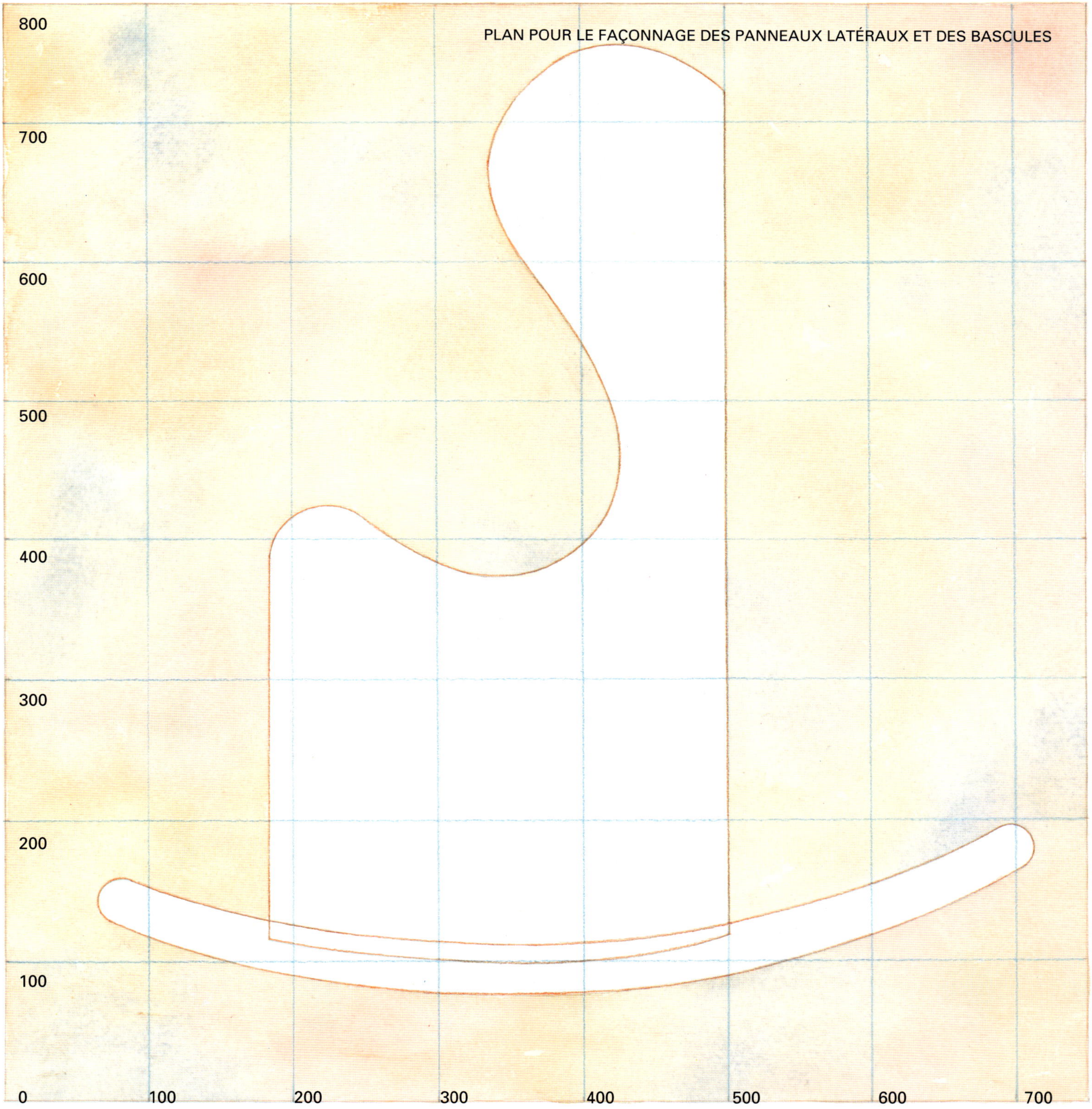
PLAN POUR LE FAÇONNAGE DES PANNEAUX LATÉRAUX ET DES BASCULES
800
700
600
500
400
300
200
100
0
100
200
300
400
500
600
700
mm

FAUTEUIL À BASCULE

CONSTRUCTION

Tracez les principales pièces (côtés, dos et assise) sur la feuille de contreplaqué de 10 mm. Vérifiez à nouveau la conformité de toutes les mesures, puis découpez les pièces avec une scie sauteuse ou une scie circulaire.

PROFILAGE DE L'ASSISE

Tracez le devant de l'assise de manière qu'elle mesure 310 mm de largeur. Sur les côtés, elle se rétrécit progressivement : sa largeur est de 260 mm à l'arrière. La profondeur avant-arrière est de 296 mm. Lorsque vous êtes sûr d'avoir dessiné une forme régulière, découpez l'assise avec une scie sauteuse ou une scie circulaire.

PROFILAGE DES CÔTÉS

En vous référant au plan quadrillé (page 129), dessinez les contours d'un panneau latéral et de sa bascule sur une grande feuille de papier (du papier kraft par exemple ou du papier journal).

Lorsque la forme vous convient (il n'est pas nécessaire qu'elle soit exactement semblable), reportez les contours sur l'un des panneaux latéraux en contre-plaqué. Le procédé le plus simple consiste à suivre le tracé, sur l'envers du papier, avec un crayon un peu gras, puis à poser la feuille de papier, à l'endroit, sur la feuille de contre-plaqué, et à la fixer sur les côtés et dans les angles avec du papier adhésif. Suivez à nouveau le tracé avec le crayon, en appuyant fortement. Les contours seront décalqués sur le panneau.

PROFILAGE DES BASCULES

Chaque bascule se compose de trois épaisseurs de contre-plaqué ; il vous faut donc découper six pièces identiques au total. En appliquant la méthode détaillée ci-dessus pour le panneau latéral, reportez le profil de la bascule sur la portion de contre-plaqué réservée à cet effet et découpez la première pièce avec une scie sauteuse. Poncez ou rabotez cette pièce pour lui donner précisément les contours définis sur le plan quadrillé (page 129). Le bord concave (supérieur) peut être profilé avec une scie sauteuse ou un outil «Surform».

Servez-vous de cette première pièce comme gabarit pour tracer les cinq autres pièces sur le panneau de contre-plaqué. Découpez-les avec une scie sauteuse et poncez les bords.

FABRICATION DES BASCULES

Chaque bascule est composée de trois pièces de contre-plaqué profilées et collées ensemble. Avant d'assembler les bascules, les deux pièces centrales sont entaillées : dans ces entailles viendront se loger les panneaux latéraux (fig. 1). Pour marquer l'emplacement des découpes, présentez une des pièces profilées contre un panneau latéral ; la position correcte apparaît sur le plan. La bascule déborde de 120 mm à l'avant du panneau et de 220 mm à l'arrière.

Marquez la largeur d'un panneau latéral sur le bord concave d'une pièce profilée. Faites, entre les repères inscrits, et en suivant la courbure du rebord inférieur du panneau, une entaille de 12 mm de profondeur sur toute l'épaisseur de la pièce. Répétez l'opération sur une autre pièce profilée.

Collez chaque ensemble de trois pièces, en encadrant à chaque fois une des pièces entaillées entre deux pièces entières (fig. 1, en bas). Serrez. Lorsque la colle est sèche, arrondissez les extrémités et poncez toutes les surfaces. Vous pouvez ajouter des butées pour éviter que le fauteuil ne se renverse.

TRAÇAGE DES ENTAILLES POUR LE DOS DU FAUTEUIL

Le dos et l'assise s'inscrivent dans des entailles qui doivent être découpées dans les faces intérieures des panneaux latéraux. La figure 2 vous donne, dimensions à l'appui, le détail de ces assemblages. Les côtés du dos et de l'assise sont feuillurés de façon à s'ajuster dans les entailles.

Pour tracer l'entaille du dos sur le panneau latéral, mesurez et tracez une ligne à 15 mm du rebord arrière du panneau (fig. 3). Cette ligne correspond au rebord antérieur de l'entaille. Avec un trusquin, tracez une ligne parallèle à une distance de 6 mm en direction du rebord arrière. Cette seconde ligne marque la largeur de l'entaille.

Pour déterminer la longueur de l'entaille, introduisez un côté dans une bascule et présentez le dos de façon qu'il soit placé immédiatement au-

1 Façonnage des bascules : Elles se composent de trois pièces de contre-plaqué ; entaillez la pièce du milieu où se logera le panneau latéral.

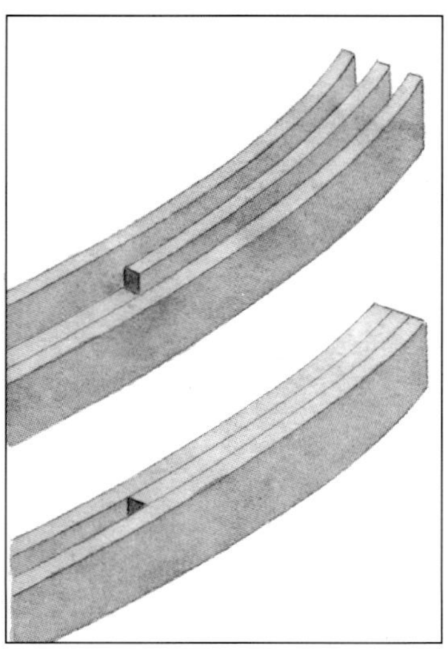

2 Entaille et feuillure : Les principaux assemblages sont des entailles de 6 x 5 mm dans lesquelles s'insèrent les feuillures correspondantes.

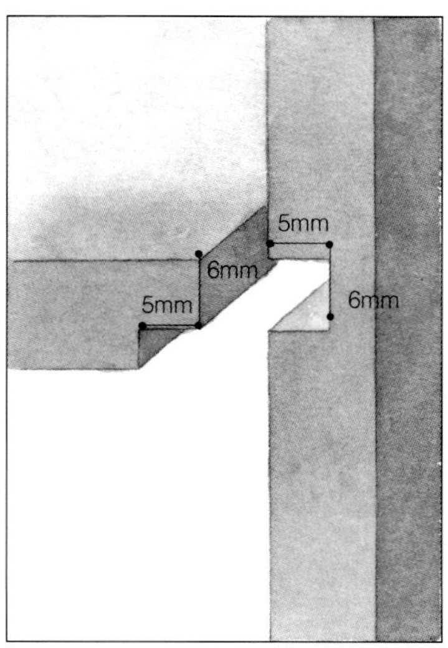

3 Dos et panneaux latéraux : Creusez une entaille à 150 mm du rebord arrière du panneau latéral. Le dos vient s'y loger.

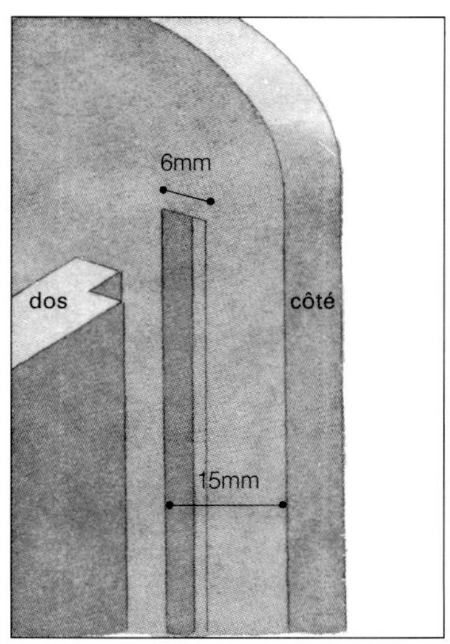

4 Dos et assise : Creusez une entaille à 15 mm du rebord inférieur du dos; le rebord arrière feuilluré de l'assise vient s'y loger.

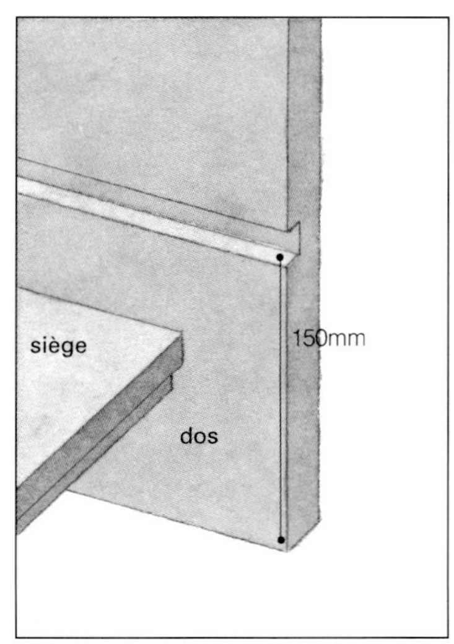

dessus de la bascule. Repérez le sommet et la base du dos sur les lignes tracées; ces repères définiront la longueur de l'entaille.

Marquez des repères équivalents pour l'entaille du second panneau latéral. (N'oubliez pas qu'il y a un côté gauche et un côté droit, en miroir.)

TRAÇAGE DES ENTAILLES POUR L'ASSISE

Mesurez une distance de 150 mm à partir du rebord inférieur du dos puis, à l'aide d'un trusquin, tracez une entaille de 6 mm de largeur là où l'assise feuillurée sera assemblée au dos (fig. 4).

Présentez le dos contre chacun des panneaux latéraux et reportez, sur ces panneaux, les tracés marquant la hauteur de l'assise. Présentez l'assise, à cette hauteur, contre chaque panneau latéral, en la tenant à 90° par rapport au tracé marquant l'entaille du dos (fig. 5), et mesurez la longueur de l'entaille de l'assise sur le panneau latéral de sorte qu'après découpe il subsiste un épaulement (portion non entaillée) de 6 mm sur le devant de l'assise (fig. 6).

Tracez, de la même manière, l'entaille de l'assise sur la face intérieure de l'autre panneau latéral.

Découpez toutes les entailles avec une défonceuse équipée d'une fraise de 6 mm réglée à 5 mm de profondeur de coupe.

DÉCOUPE DES FEUILLURES DU DOS ET DE L'ASSISE

Pour s'inscrire parfaitement dans les entailles, les languettes découpées sur les côtés de l'assise et du dos doivent avoir 6 mm de largeur et 5 mm de profondeur. Exercez-vous préalablement à la technique du défonçage sur des chutes de contre-plaqué, puis feuillurez en sous-face le rebord arrière et les côtés de l'assise, en pensant à garder à l'avant un épaulement de 6 mm (fig. 6). Feuillurez également les côtés verticaux du dos, sur la face opposée à l'entaille devant recevoir l'assise (fig. 3).

FINITIONS

Percez, dans le dos du fauteuil, deux trous de 25 mm de diamètre; leurs centres sont situés à 35 mm environ du rebord supérieur et distants entre eux de 35 mm également. Outre leur aspect décoratif, ces orifices sont très pratiques pour déplacer le fauteuil.

Poncez soigneusement toutes les surfaces des panneaux. Assemblez à sec pour vérifier le bon ajustement des pièces.

Pour des raisons esthétiques, collez et clouez une chute de contre-plaqué de 50 mm de largeur à l'avant et en dessous de l'assise (fig. 7).

À l'aide d'une fraise quart-de-rond montée sur une défonceuse, d'un outil «Surform» ou d'une cale de ponçage, arrondissez le rebord avant de l'assise, les rebords du renfort de l'assise, les rebords supérieur et inférieur du dos, le pourtour des panneaux latéraux et l'intérieur des orifices, de façon que toutes ces bordures soient parfaitement lisses.

Appliquez de la colle dans les entailles et assemblez tous les éléments; fixez l'assemblage à l'aide d'une sangle de serrage ou de serre-joints à pompe.

Apportez la finition de votre choix.

5 Assise et panneaux latéraux : Marquez l'entaille du dos sur les panneaux latéraux. Creusez les entailles pour les côtés de l'assise.

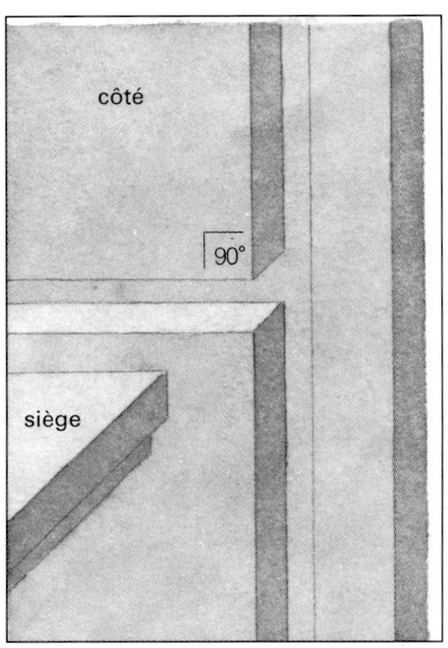

6 Feuillurage de l'assise : Les feuillures sont de 6 x 5 mm sur les côtés et à l'arrière de l'assise. Sur les côtés, elles s'arrêtent à 6 mm du rebord avant.

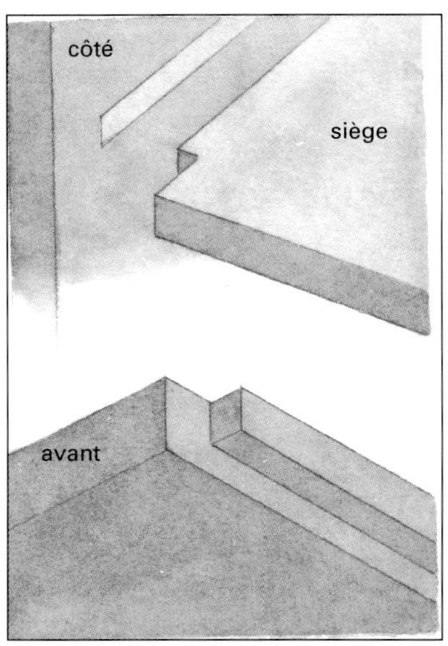

7 Renfort de l'assise : Collez et clouez une chute de bois en sous-face de l'assise, à fleur du rebord avant. Arrondissez les deux arêtes.

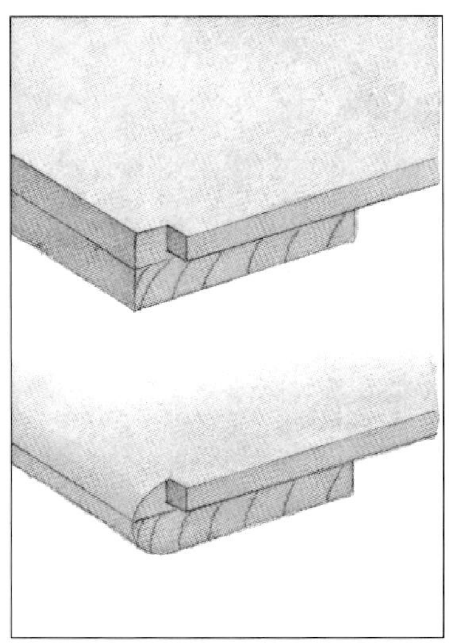

MAISON DE POUPÉE

La maison de poupée a toujours eu beaucoup de succès. Les premières, en effet, étaient extrêmement élaborées ; il s'agissait plus de miniatures architecturales dont l'intérieur présentait un nombre incroyable de détails. Mais depuis le XVIIIe siècle, il existe des maisons de poupées avec lesquelles les enfants peuvent déployer leur créativité. Elles leur offrent la possibilité de recréer le monde, et de fabriquer ou de collectionner le mobilier des pièces.

Cette maison, qui évoque les demeures écossaises avec son toit à fronton et les encadrements des portes et des fenêtres, suit une conception très simple en caisson; le panneau avant est monté sur charnières. Un fronton et d'élégantes moulures ornent le toit. Sur le pourtour de la porte, du contre-plaqué finement rainuré imite la pierre de taille. L'ensemble est en médium, un matériau facile à découper et à décorer.

Si vous possédez déjà des meubles de poupée, vous pouvez aisément modifier les dimensions de la construction pour parvenir aux proportions souhaitées. Quant à la décoration intérieure et extérieure, elle sera aussi soignée que vous le désirez. Notre modèle a été peint couleur sable puis enduit de cirage incolore, un procédé qui assure la finition texturée. Une fois achevée, cette maison peut même trouver sa place dans le salon.

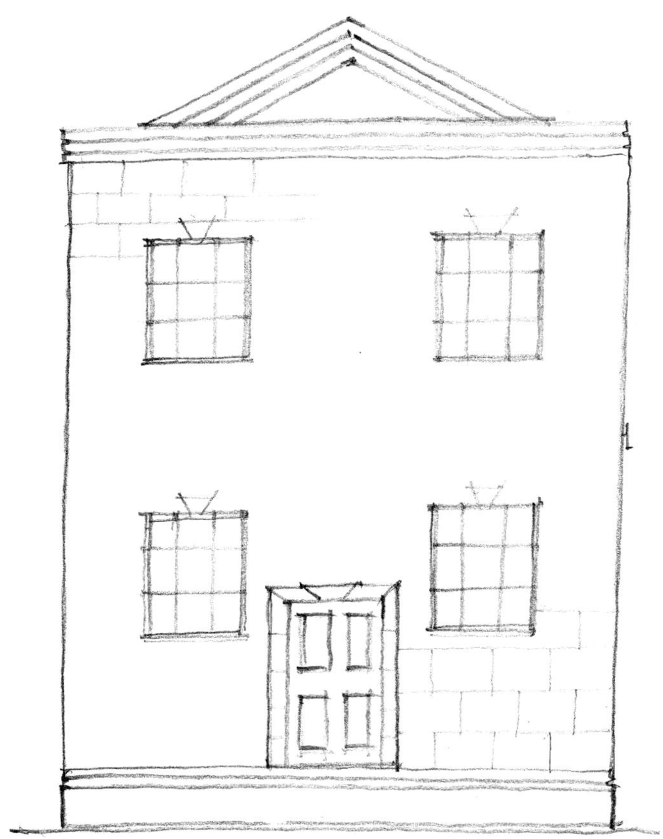

MAISON DE POUPÉE

MATÉRIAUX

Désignation	Quantité	Matériau	Dimensions
CAISSON			
Panneau supérieur	1	médium de 15 mm	650 x 321 mm
Base	1	médium de 15 mm	650 x 335 mm
Côté	2	médium de 15 mm	705 x 321 mm
Cloison centrale	1	médium de 15 mm	695 x 316 mm
Étagère	2	médium de 15 mm	312 x 316 mm
Panneau arrière	1	médium de 4 mm ou contre-plaqué ou panneau de fibres	705 x 640 mm
Façade	1	médium de 12 mm	660 x 650 mm
SOCLE			
Traverse avant	1	médium de 18 mm	670 x 75 mm
Traverse arrière	1	médium de 18 mm	634 x 75 mm
Côtés	2	médium de 18 mm	345 x 75 mm
DÉCOR			
Bandeau de façade	1	médium de 15 mm	680 x 40 mm
Bandeau latéral	2	médium de 15 mm	découpés dans une pièce de 680 x 40 mm
Moulure du fronton	2	médium de 15 mm	500 x 40 mm
Fronton	1	médium de 4 mm	445 x 90 mm
Arrêt de porte	2	médium de 15 mm	650 x 35 mm
Porte (imitation)	1	médium de 4 mm	200 x 75 mm
Petits-bois (verticaux)	4	balsa de 6 x 6 mm	165 mm
Petits-bois (horizontaux)	8	balsa de 6 x 6 mm	125 mm

OUTILS

- Défonceuse
- Ciseaux
- Scie à tenons
- Marteau à garnir
- Chasse-pointe
- Couteau à enduire
- Tournevis
- Fausse-équerre
- Perceuse électrique ou chignole à main
- Scie sauteuse ou scie à guichet
- Foret hélicoïdal – d'environ 3 mm – pour percer les avant-trous

La maison de poupée traditionnelle est un jouet merveilleux. Reproduction miniature d'une véritable habitation, elle suscite la créativité des enfants. Tous ceux qui ont la chance d'en posséder une la privilégient et ne se lassent pas d'en faire le centre de leur monde imaginaire. Ce modèle simple mais classique est facile à construire avec l'aide d'une défonceuse. La souplesse d'emploi est un des atouts majeurs de sa conception : vous pouvez augmenter ou diminuer les dimensions pour les adapter à vos besoins spécifiques.

Lors de la construction d'une maison de poupée, l'important est de choisir l'échelle en fonction des objets qui seront placés à l'intérieur, de telle sorte que les chambres soient proportionnées au mobilier et aux figurines qui les occupent.

La maison est construite presque entièrement en médium. Seuls les petits-bois sont en bois blanc; et vous pouvez remplacer par du contre-plaqué ou du panneau de fibres le panneau de fond en médium.

Peignez les murs ou recouvrez-les de papier peint à votre goût. Quant au mobilier, libre à vous d'improviser ou d'acquérir meubles et accessoires dans les magasins spécialisés.

CAISSON PRINCIPAL

Découpez tous les éléments composant le caisson : le panneau supérieur, la base, les côtés, la cloison centrale, les étagères et le panneau arrière.

Avec une défonceuse, découpez une feuillure de 15 mm de largeur et 10 mm de profondeur le long des deux bords latéraux du panneau supérieur, de l'avant vers l'arrière (fig. 1, en haut).

Découpez des feuillures de mêmes dimensions le long des deux rebords latéraux de la base, mais interrompez la découpe à 15 mm du rebord avant, de façon à ménager un débord (fig. 1, en bas). Achevez de dégager les angles des feuillures au ciseau.

1 Feuillurage du caisson : En haut : feuillurez les côtés du panneau supérieur (15 x 10 mm). En bas : les feuillures de la base sont arrêtées.

2 Entailles des panneaux haut et bas : Découpez des entailles de 15 x 5 mm au centre des panneaux. L'entaille de la base est arrêtée.

ASSEMBLAGE DE LA MAISON DE POUPÉE

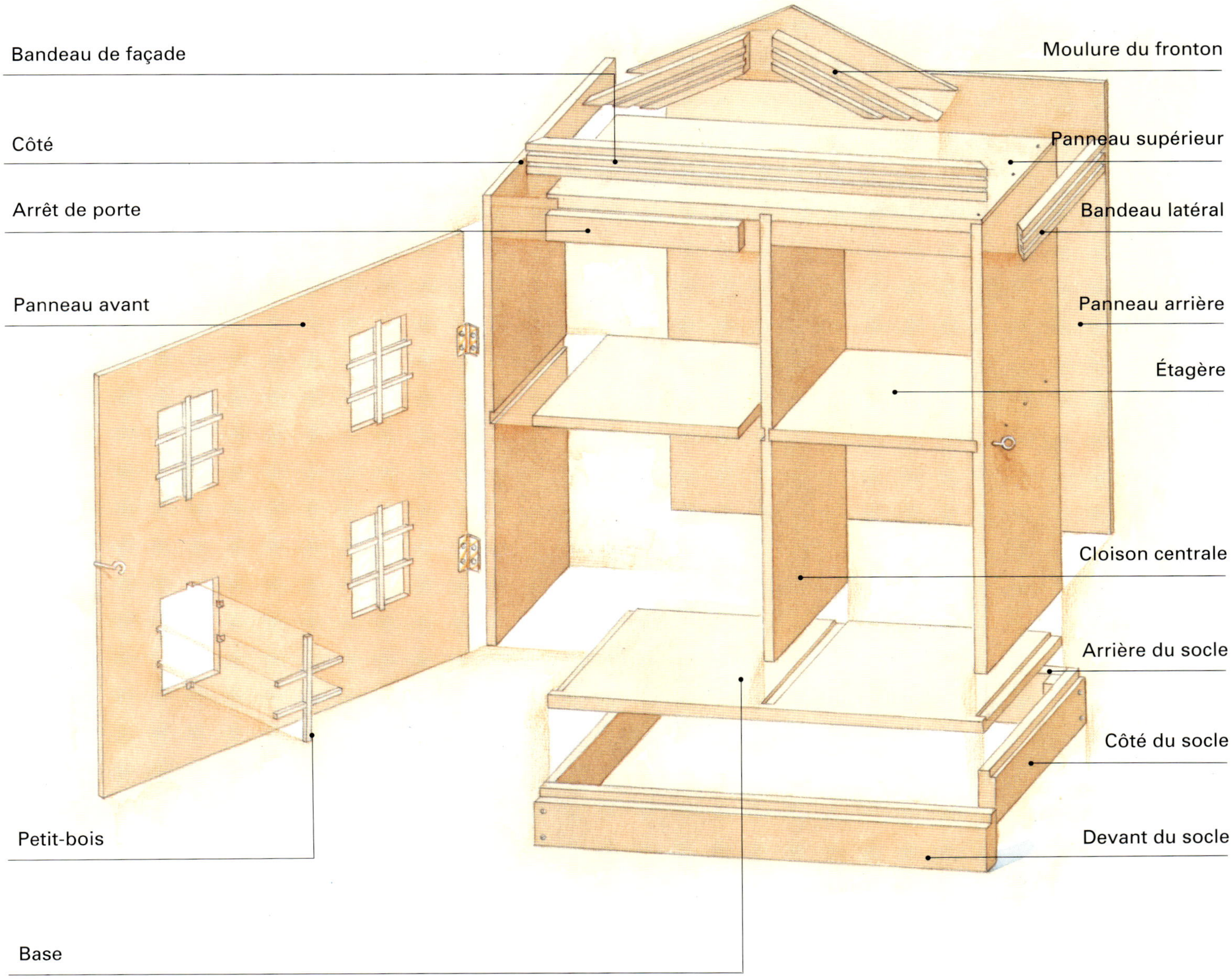

MAISON DE POUPÉE

DÉCOUPE DES ENTAILLES

Au centre du panneau supérieur et des côtés, et au centre des deux faces de la cloison centrale, découpez des entailles de 15 x 5 mm dans lesquelles s'insèreront les étagères. Entaillez également la base mais interrompez la découpe à 15 mm du rebord avant, dans l'alignement des découpes latérales (fig. 2, page 134 et fig. 1, page 136).

FEUILLURAGE POUR PANNEAU ARRIÈRE

Découpez une feuillure dans les rebords arrière du panneau supérieur, des côtés et de la base et logez-y le panneau arrière. La découpe est large de 10 mm; son épaisseur correspond à celle du panneau arrière (4 mm).

ASSEMBLAGE DE LA CARCASSE

Collez et clouez le panneau supérieur aux côtés; faites de même avec la base. Veillez à ce que tous les bords soient bien à fleur et d'équerre. Glissez la cloison centrale en place, de l'arrière; collez-la et clouez-la. Introduisez les deux étagères, de l'arrière, puis collez-les et clouez-les au travers des côtés du caisson. Collez et clouez le panneau arrière en place (fig. 2). À l'aide d'un chasse-pointe, enfoncez les têtes des clous sous la surface du bois, rebouchez les orifices avec de la pâte à bois, et poncez lorsque le produit est sec.

SOCLE

Découpez les quatre côtés du socle; collez-les et vissez-les avec deux vis de 3,5 x 40 dans chaque assemblage. La traverse avant dissimule les côtés, lesquels encadrent la traverse arrière. Collez une chute de médium de 18 mm dans les angles pour renforcer les assemblages. Les chutes doivent être à fleur, ou légèrement en dessous du sommet du socle (fig. 3). En guise d'ornement, découpez une feuillure de 6 x 6 mm sur l'avant du socle, dans le rebord supérieur externe.

Vissez le socle à la base avec des équerres de 50 mm – deux à l'avant et deux à l'arrière.

FIXATION DES ARRÊTS DE PORTE

Découpez deux morceaux de médium de 15 mm. Fixez-les en sous-face du panneau supérieur, de chaque côté de la cloison centrale, avec de la colle et des vis de 3,5 x 25 (voir *Assemblage de la maison de poupée*, page 135).

MOULURES

Découpez toutes les moulures à leur longueur approximative. À la défonceuse, exécutez deux rainures décoratives (6 x 6 mm) sur leur longueur (fig. 4). Coupez d'onglet les angles du bandeau de façade et des bandeaux latéraux, puis collez-les et clouez-les en place, à fleur du panneau supérieur (fig. 5).

Découpez le triangle du fronton dans du médium de 4 mm. Les deux moulures du fronton sont découpées en angle à leur base et coupées d'onglet à leur point de jonction au sommet. Tracez les angles avec une fausse équerre, puis collez et clouez les moulures sur le triangle de médium, à fleur des rebords, de telle sorte que les rainures coïncident exactement.

Avec un foret hélicoïdal, percez des avant-trous dans les moulures du fronton, puis clouez au travers du bandeau de façade, dans le fronton. Collez une chute de médium à l'arrière du fronton, contre le panneau supérieur, pour maintenir ce fronton. Chassez les têtes des pointes sous la surface et mastiquez.

FENÊTRES

Découpez le panneau avant puis tracez le pourtour des fenêtres (150 x 110 mm). Découpez leurs ouvertures avec une scie sauteuse, une scie à guichet ou une défonceuse.

PETITS-BOIS

Le balsa convient parfaitement pour la fabrication des petits-bois, c'est-à-dire les montants et les traverses intermédiaires des fenêtres. Pour chacune, découpez un montant et deux traverses, supérieurs de 10 mm en longueur aux dimensions de la fenêtre, soit 165 et 125 mm. Avec une scie à denture fine et un petit ciseau, creusez des entailles à mi-bois à mi-longueur des traverses, et au tiers et aux deux-tiers de la longueur des montants (fig. 6). Collez les pièces. Inscrivez la position des petits-bois à l'arrière du panneau, sur le pourtour et dans l'encadrement des fenêtres. Découpez les entailles (6 x 6 mm) puis collez les petits-bois assemblés.

1 Entailles de la cloison centrale : Pour les étagères, découpez-les de 15 x 5 mm au centre de chacune des faces de la cloison centrale.

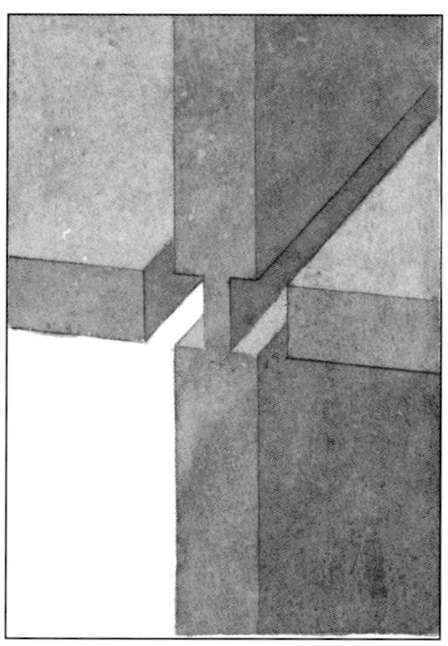

2 Panneau arrière : Il s'insère dans des feuillures découpées dans les rebords arrière du panneau supérieur, des côtés et de la base.

3 Assemblage du socle : En haut : collez et vissez les éléments du socle; renforcez les angles avec des chutes de médium. En bas à gauche : découpez une feuillure de 6 x 6 mm dans le rebord supérieur de l'avant du socle. En bas à droite : Vissez le socle à la base avec des équerres.

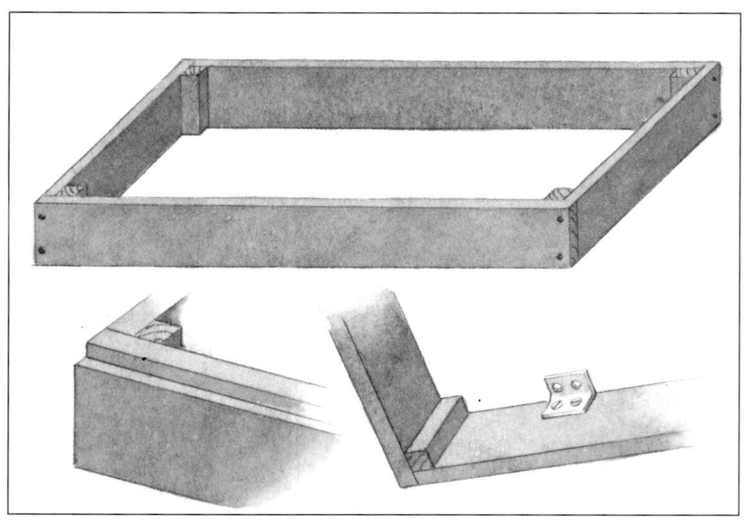

4 Rainurage des bandeaux : **Découpez les moulures (façade, côtés, fronton) puis découpez sur leur longueur deux rainures de 6 x 6 mm.**

5 Pose des bandeaux : **Découpez les onglets aux extrémités des bandeaux. Collez et clouez-les à fleur du sommet du caisson.**

6 Petits-bois : **Découpez les entailles à mi-bois dans les montants et les traverses. Collez les petits-bois dans les encoches.**

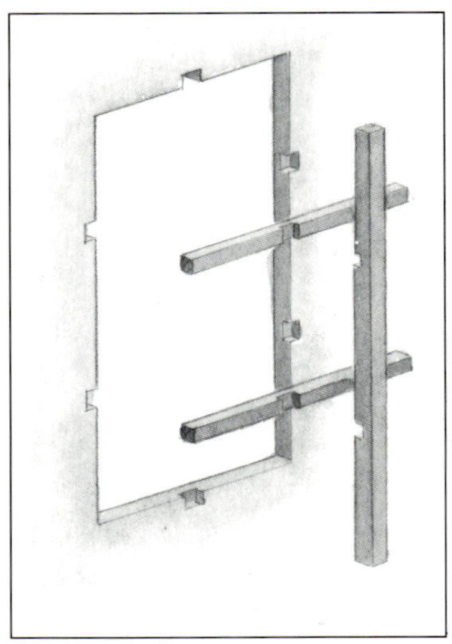

FINITIONS

Fabriquez une fausse porte d'entrée dans une chute de médium et collez-la en façade du panneau avant monté sur charnières; fixez un crochet sur le côté du panneau et un piton à œil sur le côté.

La peinture de la maison peut être exécutée de diverses façons : couche de peinture émulsion sur les murs, et sous-couche suivie d'une couche de vernis polyuréthane. Pour exécuter la finition externe présentée ici, le caisson a été recouvert d'une peinture jaune. Les briques ont été esquissées au crayon et la surface a été enduite d'une couche de cirage incolore. Protégez le tout en passant une couche de vernis incolore.

THÉÂTRE DE MARIONNETTES

Ce splendide théâtre de marionnettes, en suscitant le goût et le talent des enfants pour le spectacle durant leurs heures de jeux, ferait un superbe cadeau de Noël. Il a été conçu pour être utilisé avec des marionnettes, et il est assez grand et assez profond pour que l'on puisse facilement y monter des pièces. Le théâtre peut être démonté et replié sans difficulté quand on ne s'en sert pas. Malgré son aspect imposant, sa réalisation n'est pas trop coûteuse mais elle nécessite beaucoup de temps. En revanche, il ne réclame pas de compétences particulières en menuiserie.

De conception classique, le théâtre se compose d'une avant-scène en arche dont les retours d'ailes soutiennent un décor de fond, une partie médiane avec, sur l'un des côtés, un escalier donnant accès à un balcon, et une partie arrière comprenant deux retours en L encadrant un autre décor de fond. Sous le balcon, les portes s'ouvrent sur un autre paysage. L'effet général est très théâtral avec les différentes ouvertures, les fausses perspectives et la lumière filtrante sur les côtés. Les trois décors peuvent être peints sur leurs deux faces, ce qui double le nombre de possibilités, et rien ne vous empêche d'en créer de nouveaux pour d'autres spectacles.

Pour la construction, on utilise du contreplaqué et des tasseaux. Le montage est simple et ne nécessite aucun assemblage; seule la réalisation de l'escalier demande un peu de minutie. La partie médiane sera plus simple à exécuter si vous supprimez le balcon. Votre habileté sera essentiellement mise à contribution lors de la découpe des différents éléments, chacune des parties devant venir s'emboîter correctement sur les tasseaux-repères vissés à la base.

La construction présente, avant toute décoration, une architecture assez sophistiquée. En finition, vous pouvez reproduire les détails d'un théâtre miniature à découper ou adopter un style plus simple si vous n'avez pas confiance en vos talents de peintre.

THÉÂTRE DE MARIONNETTES

Avec ce théâtre de marionnettes traditionnel, les enfants s'amuseront des heures durant à créer et à jouer leurs propres pièces.

Ce théâtre est entièrement fait de contre-plaqué de 4 mm, et de tasseaux de bois blanc raboté de 25 x 25 mm qui renforcent l'ensemble de la construction. La base est constituée de tasseaux de bois blanc de 50 x 25 mm qui soutiennent le plateau.

Le théâtre se compose de quatre parties – l'avant, le centre, l'arrière et la base – et comporte trois panneaux-décors indépendants, peints sur chacune de leurs deux faces et représentant autant d'arrière-plans pour les scènes successives. Les côtés sont ouverts de façon à faciliter l'entrée sur scène et la sortie des marionnettes.

OUTILS

- Établi (fixe ou portatif)
- Mètre-ruban
- Équerre
- Scie sauteuse
- Perceuse électrique
- Mèche de 4 mm
- 2 presses en C
- Rabot à replanir ou rabot électrique
- Ponceuse électrique ou cale à poncer
- Marteau léger
- Scie à découper – pour découper les encoches des marches de l'escalier

MATÉRIAUX

Désignation	Quantité	Matériau	Dimension
SECTION AVANT			
Façade	2	contre-plaqué de 4 mm	1000 x 800 mm
Aile latérale	2	contre-plaqué de 4 mm	800 x 270 mm
Support du décor avant	4	contre-plaqué de 4 mm	800 x 150 mm
Décor avant	1	contre-plaqué de 4 mm	800 x 740 mm
Tasseau d'écartement	2	bois blanc raboté de 25 x 25 mm	780 mm
Tasseau d'écartement	4	bois blanc raboté de 25 x 25 mm	800 mm
Tringle du rideau	1	tourillon de 12 mm	1000 mm
SECTION CENTRALE			
Panneau central	2	contre-plaqué de 4 mm	800 x 600 mm
Support du balcon	4	contre-plaqué de 4 mm	400 x 173 mm
Balcon	1	contre-plaqué de 4 mm	990 x 350 mm
Décor central	1	contre-plaqué de 4 mm	800 x 290 mm
Côté de l'escalier	2	contre-plaqué de 4 mm	400 x 250 mm
Panneau arrière de l'escalier	1	contre-plaqué de 4 mm	400 x 145 mm
Marche	12	contre-plaqué de 4 mm	155 x 30 mm
Tasseau d'écartement	4	bois blanc raboté de 25 x 25 mm	800 mm
Tasseau d'écartement	4	bois blanc raboté de 25 x 25 mm	400 mm
Pièce de repérage	2	bois blanc raboté de 25 x 25 mm	env. 130 mm
Raidisseur	selon besoins	bois blanc raboté de 25 x 25 mm	3,5 m env. découpé aux dimensions
SECTION ARRIÈRE			
Support du décor arrière	4	contre-plaqué de 4 mm	800 x 300 mm
Aile arrière	2	contre-plaqué de 4 mm	800 x 475 mm
Décor arrière	1	contre-plaqué de 4 mm	800 x 440 mm
Tasseau d'écartement	4	bois blanc raboté de 25 x 25 mm	800 mm
BASE			
Plateau	1	contre-plaqué de 4 mm	1040 x 1040 mm
Socle	2	bois blanc raboté de 50 x 25 mm	1040 mm
Socle	7	bois blanc raboté de 50 x 25 mm	découpé aux dimensions
Tasseau-repère	9	bois blanc raboté de 25 x 25 mm	découpé aux dimensions

Divers : toile et colle à tissu pour les charnières; environ 1,5 m de tissu pour les rideaux.

ASSEMBLAGE DU THÉÂTRE DE MARIONNETTES

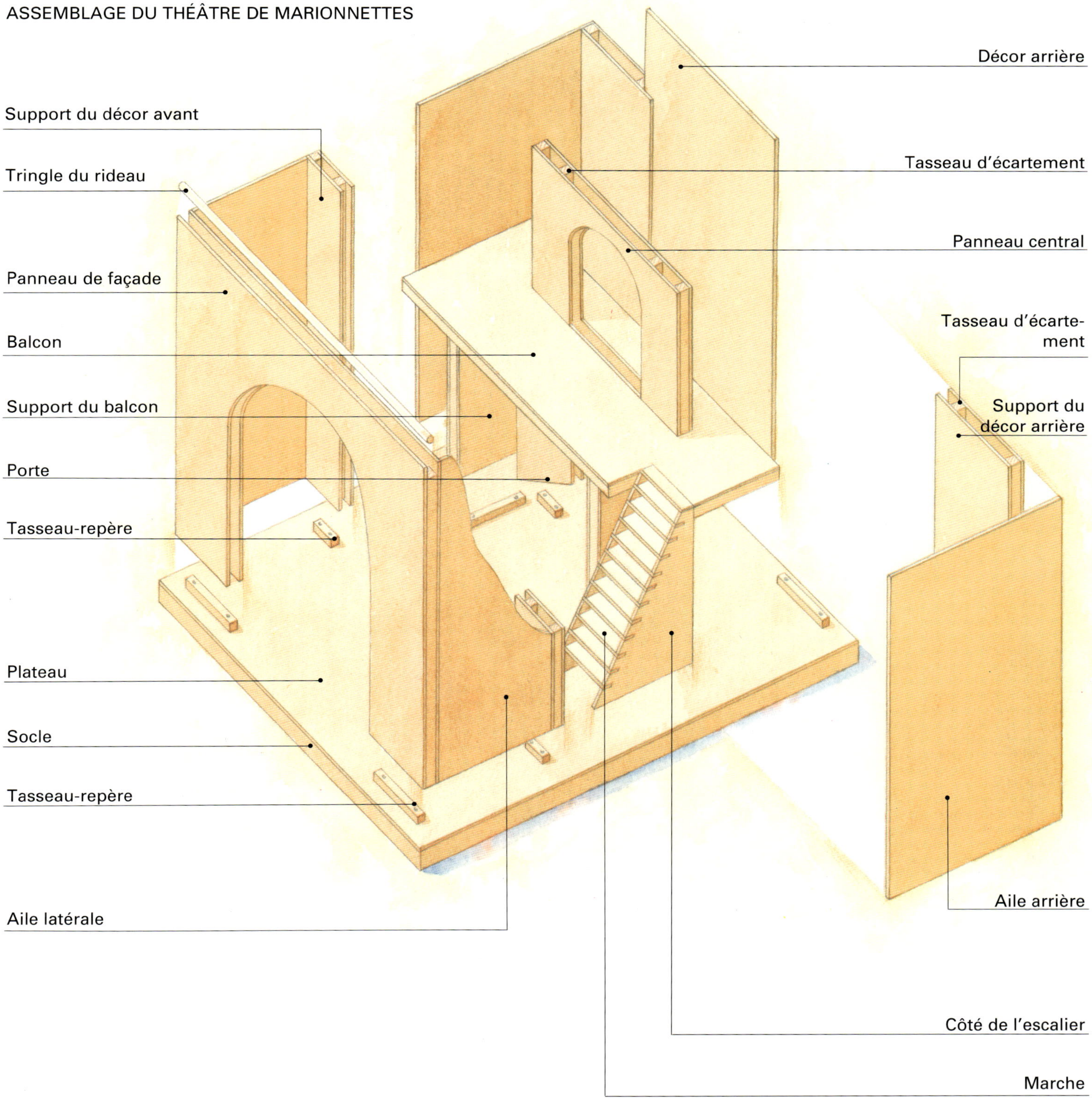

THÉÂTRE DE MARIONNETTES

ASSEMBLAGE DE LA SECTION AVANT

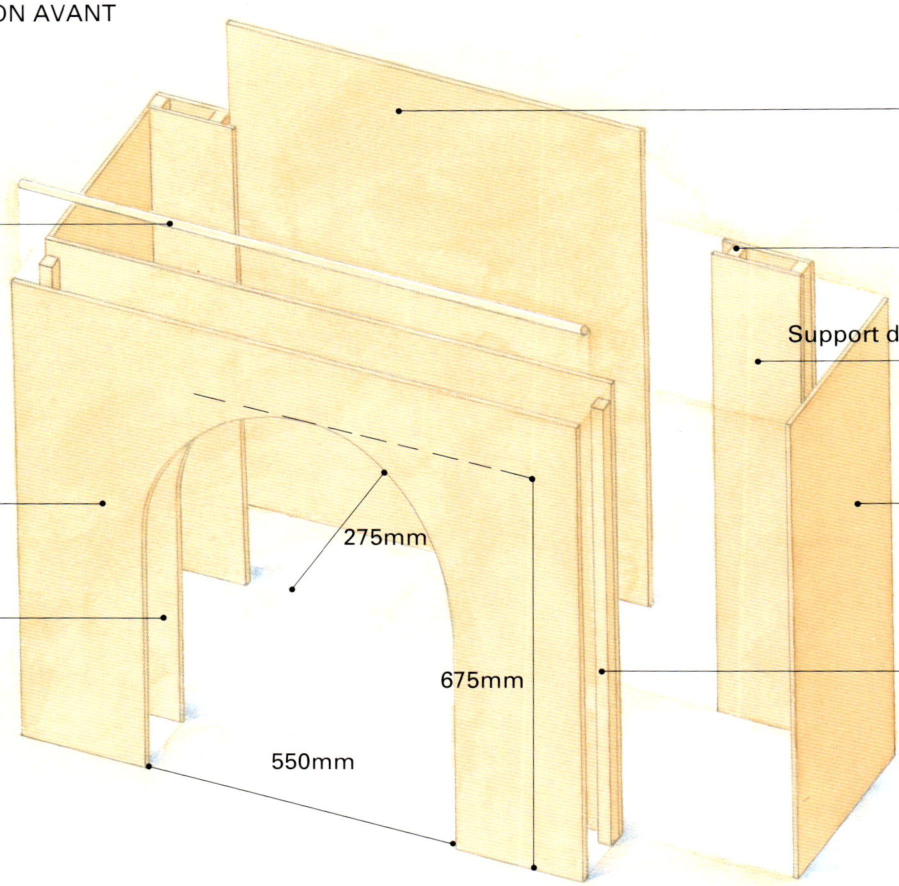

AVANT-SCÈNE

Découpez toutes les pièces de contreplaqué nécessaires pour la section avant. Dessinez l'arche sur l'une des feuilles de contre-plaqué qui composent la façade. Sa largeur est de 550 mm et sa hauteur de 675 mm; réservez 125 mm de contre-plaqué au-dessus du sommet de l'arc dont le rayon est de 275 mm.

Découpez l'arche avec une scie sauteuse. Reportez les contours sur l'autre feuille de contre-plaqué du panneau de façade; découpez cette feuille. Vous pouvez aussi serrer les deux feuilles l'une contre l'autre avec des presses et découper les deux pièces simultanément.

Découpez deux tasseaux d'écartement de 780 mm de longueur, puis collez-les et clouez-les entre les deux feuilles de contre-plaqué, à fleur des rebords latéraux et inférieurs (voir *Section avant : assemblage*). Ainsi, il reste de la place pour que la tringle repose au sommet des tasseaux, et pour que les rideaux puissent être tirés sur les côtés.

Découpez quatre tasseaux d'écartement de 800 mm de longueur; collez et clouez-en deux entre les deux feuilles qui composent les supports du décor avant. L'un des tasseaux affleure les rebords du contre-plaqué, l'autre est placé à 20 mm en retrait des deux autres rebords de telle sorte que le décor avant puisse être glissé en place (fig. 1). Ce panneau peut être peint sur ses deux faces.

AILES LATÉRALES

Les deux ailes sont rattachées à la façade et aux supports du décor avant au moyen de longues charnières en toile forte (fig. 2). De la sorte, les ailes et les supports du décor avant peuvent être repliés contre la façade et aisément transportés. Découpez quatre bandes de toile forte de 800 mm de longueur. Avec de la colle pour tissu, collez deux de ces bandes sur la face intérieure du panneau de façade et des ailes latérales de telle sorte que les ailes affleurent les rebords de la façade. Collez les deux autres bandes à l'extérieur des ailes, le long des rebords arrière, de façon à les relier aux supports du décor.

TRINGLE DU RIDEAU

La tringle – du tourillon de 1000 mm de longueur – est posée au sommet des tasseaux d'écartement de la façade (voir *Section avant : assemblage*). Une fois le rideau cousu sur le tourillon, clouez ce dernier à chacune de ses extrémités, dans les tasseaux d'écartement.

SECTION CENTRALE

Découpez toutes les pièces de contreplaqué qui composent la section centrale, y compris le panneau de décor, le balcon et les supports du balcon.

Deux ouvertures sont découpées dans le panneau central (fig. 3). Sur l'une des feuilles de contre-plaqué, tracez les emplacements de la porte basse et de l'arche supérieure; leur largeur est de 250 mm. La porte basse a une hauteur de 300 mm. Pour l'arche, tracez la ligne de base à 405 mm de la base du panneau; la hauteur de l'arche est de 355 mm, le rayon de la courbe étant de 125 mm. Il reste donc 40 mm de contre-plaqué sur le dessus (fig. 3).

Découpez la porte basse et l'arche avec une scie sauteuse, puis utilisez cette première feuille pour reporter les tracés sur la seconde ; il est possible de serrer les deux feuilles dans des presses et de les découper ensemble. Conservez l'une des pièces de contre-plaqué provenant de la découpe de la porte basse pour les battants de la porte.

Dans du bois blanc raboté de 25 x 25 mm, découpez quatre tasseaux d'écartement de 800 mm de longueur chacun. Collez et clouez ces tasseaux entre les deux feuilles du panneau central, un à fleur de des côtés les plus longs, et un à 20 mm en retrait des côtés des découpes centrales (fig. 3).

ASSEMBLAGE DE LA SECTION CENTRALE

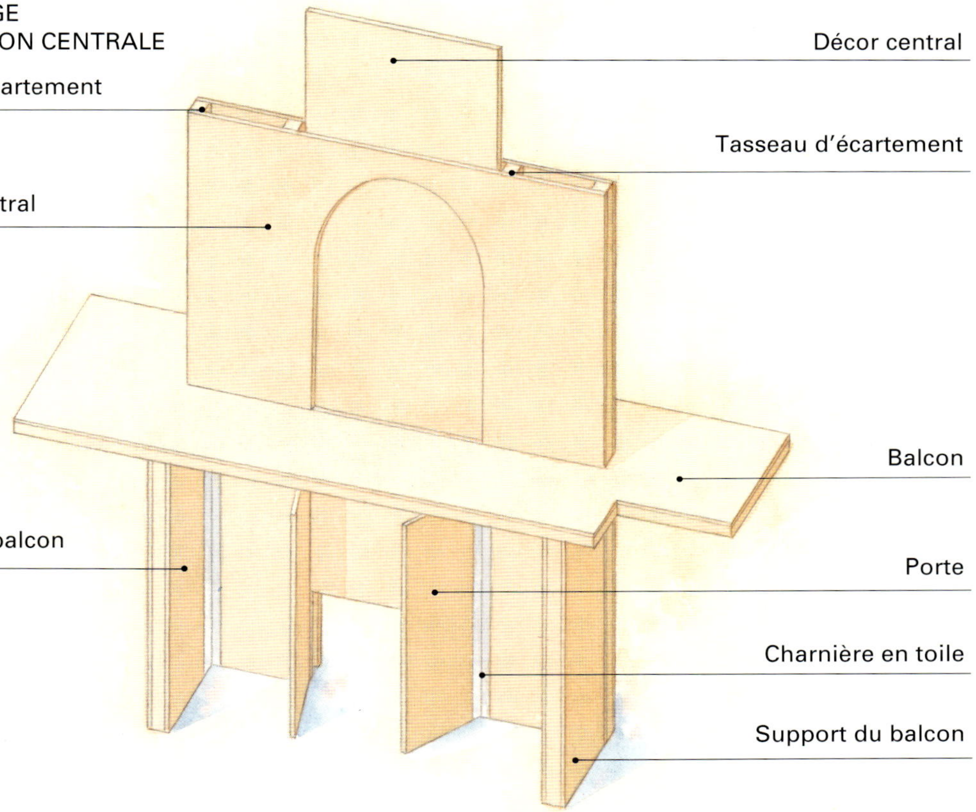

1 Supports du décor avant : **Placez les tasseaux d'écartement. L'un affleure les bords, l'autre est à 18 mm en retrait des bords opposés.**

2 Section avant : pose des charnières en toile : En haut, à gauche : posez la toile sur la face interne des ailes et à l'arrière de la façade. En haut, à droite : posez la toile à l'extérieur des ailes et sur les bords des supports du décor avant. En bas : les éléments de la section avant se replient les uns sur les autres.

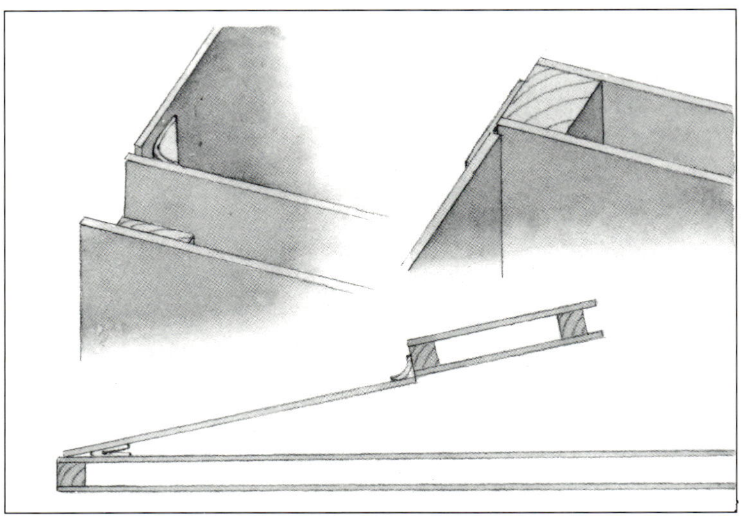

3 Panneau central : Deux passages sont ménagés; découpez les feuilles de contre-plaqué ; fixez les tasseaux d'écartement entre les deux.

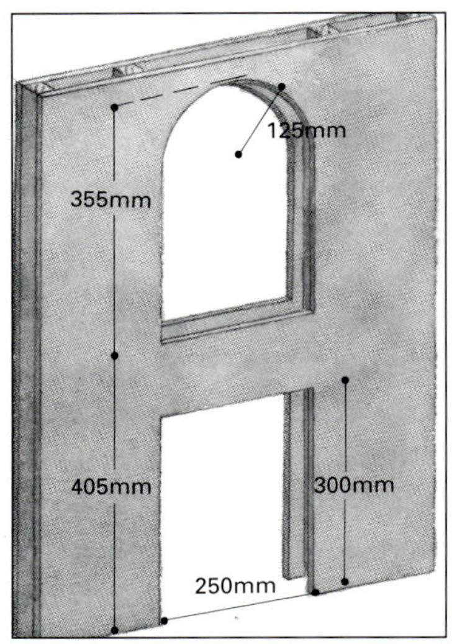

THÉÂTRE DE MARIONNETTES

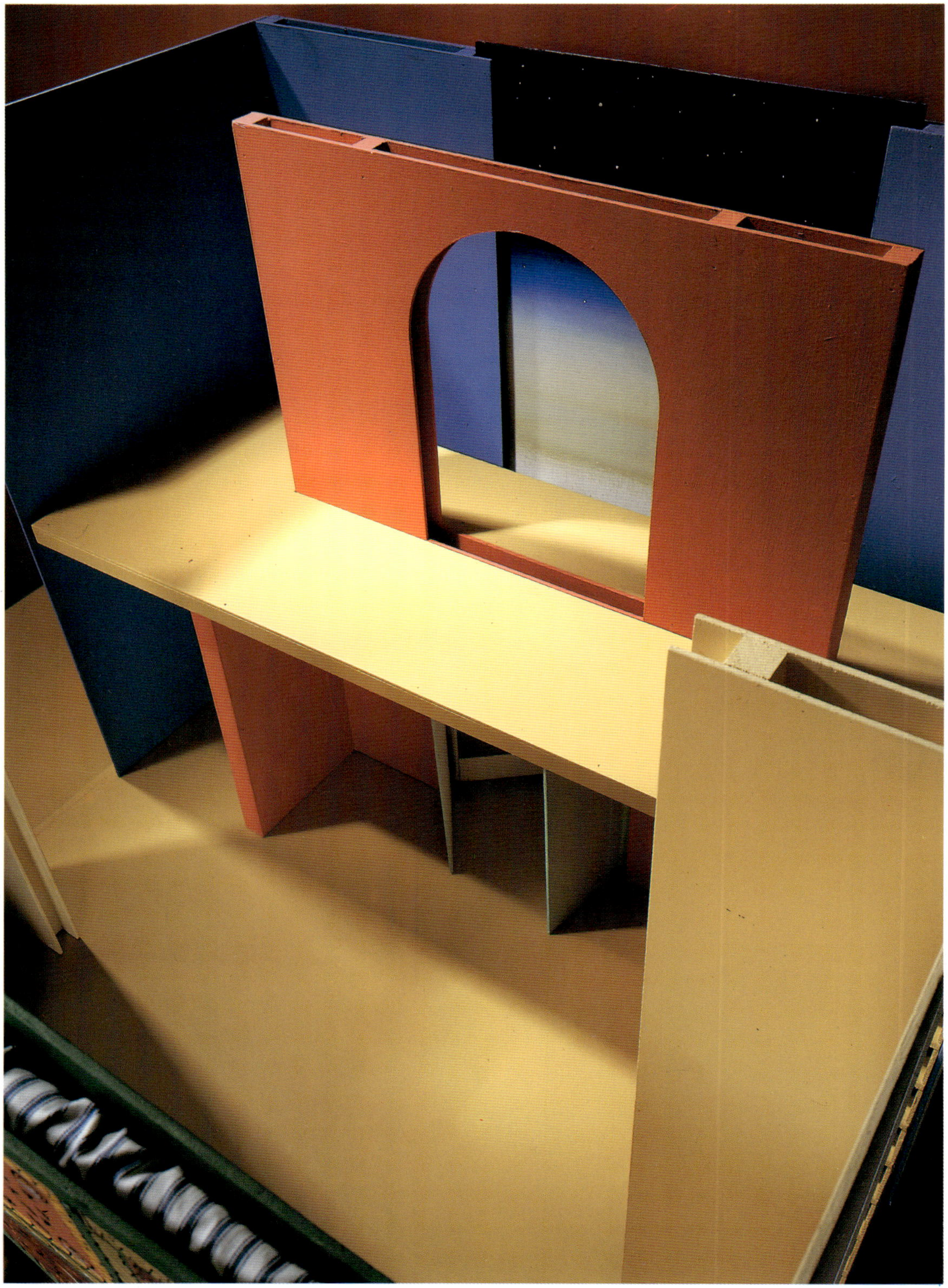

SUPPORTS DU BALCON

Découpez quatre tasseaux d'écartement de 400 mm de longueur. Collez-les et clouez-les entre les feuilles de contreplaqué qui composent les supports, à fleur de chacun des côtés (fig. 1).

Fabriquez des charnières en découpant deux longueurs de toile forte de 400 mm. Fixez les supports à la base de la face antérieure du panneau central, à fleur du rebord extérieur (fig. 1).

PORTE À DEUX BATTANTS

Sciez en son centre et dans sa longueur une des pièces provenant de la découpe de la porte inférieure. Fabriquez des charnières pour chacun des battants en découpant deux longueurs de toile (300 mm). Fixez les battants sur le devant du panneau central, de chaque côté de la découpe inférieure (fig. 2).

BALCON

Le balcon est entaillé dans l'angle antérieur droit, à l'arrivée de l'escalier. Cette découpe est de 155 mm de largeur et 100 mm de profondeur (fig. 3, en haut).

1 Supports du balcon : Ils sont reliés au panneau central au moyen de charnières en toile fixées à fleur des rebords extérieurs.

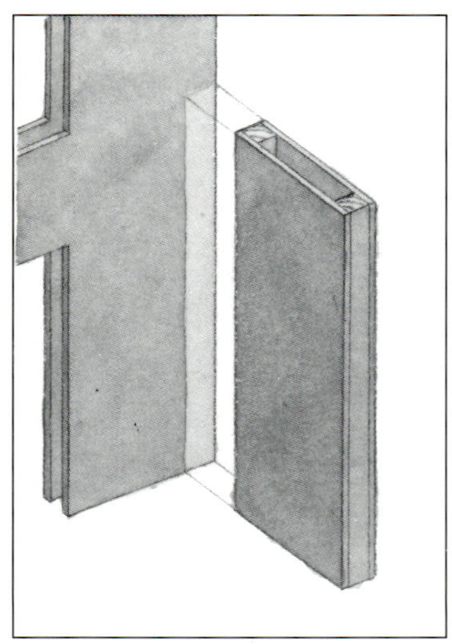

Le panneau central s'inscrit dans une rainure découpée dans le balcon. Cette rainure a 602 mm de longueur et 30 mm de largeur; elle est située à 193 mm en retrait du rebord antérieur, en position médiane sur le grand axe de longueur (fig. 3, en haut).

Il est important que cette rainure soit très précisément localisée : vérifiez bien votre tracé avant de procéder à la découpe. Découpez la rainure avec une scie sauteuse après avoir percé deux trous pour assurer le passage de la lame.

Découpez deux pièces de repérage d'environ 130 mm de longueur dans du bois blanc raboté de 25 x 25 mm; ces pièces s'inscriront dans les cavités ménagées au sommet des supports du balcon (fig. 1).

Pour trouver la position de ces pièces, glissez le balcon en place sur le panneau central, retournez le tout et tracez le pourtour des supports pour repérer leur position en sous-face du balcon. Ôtez le balcon et placez les pièces de repérage aux emplacements ainsi définis. Collez et clouez en place.

DÉCOR CENTRAL

Découpez un panneau de contre-plaqué de 800 x 290 mm qui vient glisser dans le panneau central. Des décors y seront peints que l'on découvrira au travers de la porte basse et de l'arche. (Peignez les deux faces du panneau pour changer les décors).

ESCALIER

Découpez le panneau arrière, les deux côtés et les douze marches aux dimensions spécifiées dans la liste des matériaux (page 140). La hauteur de l'escalier correspond à celle du balcon, en sachant qu'une marche repose, au sommet, sur les côtés de l'escalier.

Découpez en diagonale les pièces de contre-plaqué correspondant aux côtés de l'escalier : elles ont 25 mm de largeur au sommet et 250 mm à la base.

Marquez onze encoches régulièrement espacées le long des diagonales. Ces encoches sont parallèles à la base; elles mesurent 30 mm en longueur et 4 mm en largeur. La marche d'arrivée est simplement posée au sommet de l'escalier (fig. 4).

Pour faciliter la découpe des encoches, percez un trou de 4 mm de diamètre à l'extrémité de chaque encoche, puis découpez chacun des côtés avec une scie à tenons ou une scie sauteuse.

Pour découper des encoches parfaitement concordantes, ce qui est important si l'on veut que les marches soient bien horizontales, serrez les deux côtés de l'escalier dans des presses, l'un contre l'autre, et découpez les encoches simultanément.

Collez et clouez le panneau arrière en place entre les deux côtés. Collez et clouez la marche supérieure, puis collez et glissez en place la marche inférieure (utilisez de la colle vinylique).

Laissez sécher la colle puis collez et glissez en place toutes les autres marches; plus l'assemblage est ajusté plus il sera résistant. Après séchage, poncez les extrémités des marches à fleur des côtés de l'escalier.

SECTION ARRIÈRE

Découpez, dans le contre-plaqué, le décor de fond, les quatre panneaux des supports et les deux ailes arrière, conformément aux dimensions spécifiées dans le tableau des matériaux (page 140).

Découpez quatre tasseaux d'écartement de 800 mm de longueur et fabriquez les deux supports du décor de fond de la même façon que les supports du décor de l'avant-scène : les tasseaux sont pris «en sandwich» entre les feuilles de contre-plaqué.

Deux tasseaux sont collés et cloués à fleur des bords extérieurs des panneaux; les deux autres sont placés à 20 mm en retrait des bords intérieurs : le décor de fond vient glisser dans les rainures ainsi ménagées.

Assemblez, avec de la toile forte, les deux ailes et les deux supports (fig. 1, page 146), de façon que les panneaux puissent être repliés sur l'une ou l'autre face : les deux côtés peuvent ainsi être employés lors des changements de scène, en même temps que l'ensemble peut être replié et rangé à plat.

Le décor de fond, haut de 800 mm et large de 440 mm, se glisse entre les supports. Ce panneau peut, lui aussi, être décoré sur ses deux faces.

2 Pose des portes : Fabriquez deux battants dans l'une des chutes de la découpe ; fixez-les au panneau central avec des charnières.

3 Fabrication du balcon : En haut : exécutez deux découpes précises : au centre, pour loger le panneau central, et dans l'angle antérieur droit, à l'arrivée de l'escalier. En bas : ajoutez des raidisseurs en sous-face du balcon et deux pièces de repérage pour les supports du balcon.

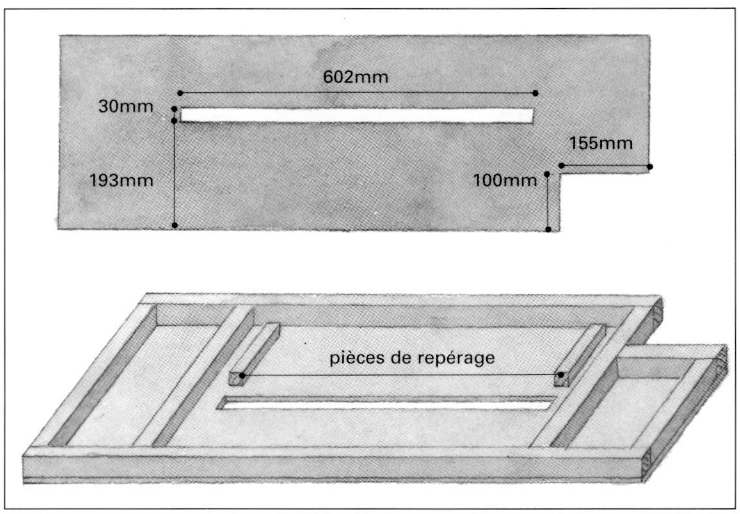

4 Escalier : Collez et clouez le panneau arrière entre les côtés. La marche d'arrivée est posée au sommet et les autres dans les encoches.

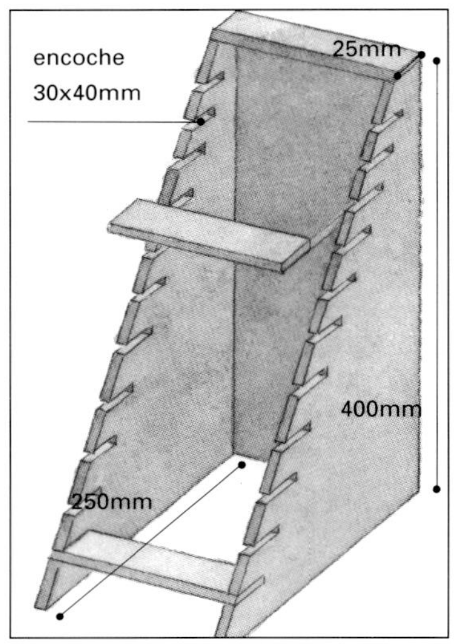

THÉÂTRE DE MARIONNETTES

BASE

Le plateau est un carré de contre-plaqué de 1040 x 1040 mm. Ces dimensions ménagent un débord d'environ 20 mm sur tout le pourtour du théâtre lorsque toutes les pièces sont en place.

Pour le socle, nous avons employé du bois blanc raboté de 50 x 25 mm. Ces pièces sont fixées en sous-face du plateau, à fleur des côtés sur tout le pourtour, et au centre en guise de renfort (fig. 2).

Découpez deux tasseaux de 1040 mm de longueur ; ils seront fixés le long des bords avant et arrière.

Découpez trois autres tasseaux qui s'inscriront entre les deux premiers – deux à fleur des côtés et le troisième à mi-distance. Enfin, coupez quatre derniers tasseaux qui serviront d'entretoises entre les tasseaux des côtés et celui du centre.

Collez et clouez l'ensemble des tasseaux, puis collez et clouez le plateau par-dessus, en clouant au travers du contre-plaqué, dans les tasseaux.

Poncez les bords du plateau à fleur des tasseaux.

TASSEAUX-REPÈRES

Ces tasseaux de 25 x 25 mm sont fixés sur le plateau : ils maintiennent en place les trois sections : avant-scène, section centrale et section arrière (voir *Théâtre de marionnettes : assemblage*, page 141). Découpez les tasseaux de manière qu'ils s'inscrivent, sans être trop ajustés, à l'intérieur des «sandwichs» qui seront disposés sur le plateau.

Pour marquer la position des tasseaux-repères, amenez les trois sections en position sur le plateau, en ménageant un intervalle de 20 mm environ sur tout le pourtour. Veillez à ce que les tasseaux qui occupent, sous le plateau, toute la longueur de deux des côtés, soient placés à l'avant et à l'arrière, car l'auditoire verra le devant du socle. Dessinez au crayon, sur le plateau, le pourtour des différentes sections, ou mesurez précisément les emplacements. Ôtez les sections et inscrivez les positions des tasseaux-repères en prévoyant l'épaisseur du contre-plaqué et des tasseaux d'écartement. Collez et vissez les tasseaux-repères, puis vérifiez leur bon positionnement en replaçant les trois sections.

FINITIONS

Cela vaut la peine de consacrer encore un peu de temps à fignoler les détails pour que votre œuvre soit imprégnée de l'atmosphère théâtrale.

RIDEAUX

Prévoyez une quantité de tissu égale à 1,5 ou 2 fois la largeur de l'arche, quantité que vous couperez ensuite en deux coupons. La largeur de tissu dépend également de son épaisseur, pour garder la possibilité de rabattre complètement les rideaux au-delà des côtés de l'arche. Comptez un surplus de tissu sur les côtés pour retourner et régulariser les bords, et environ 75 mm en longueur pour pouvoir exécuter un ourlet à la base et dans le haut une gaine dans laquelle coulissera la tringle (fig. 3).

Coupez le tissu puis cousez – à la main ou à la machine – l'ourlet et les côtés. Rabattez le rebord supérieur pour confectionner la gaine, puis introduisez la tringle. Posez l'ensemble au sommet du panneau de façade et clouez la tringle à ses deux extrémités dans les tasseaux d'écartement.

Un autre effet décoratif consiste à nouer des cordelières, et à laisser les rideaux apparents de chaque côté de l'arche (ci-contre). Nous avons aussi collé une chute de tissu au sommet de l'arche en guise de lambrequin.

EFFETS DÉCORATIFS

Les supports et les ailes ont été recouverts de couleurs vives et contrastées. Mais c'est surtout la décoration de la façade qui vous permettra de créer l'atmosphère même du théâtre. La peinture a été appliquée sur un mode très impressionniste, les détails ayant ensuite été soulignés au marqueur noir. Cette technique, toutefois, vous semblera peut-être outrepasser vos propres capacités. Il vous reste la possibilité de tenter une imitation simplifiée : le décor se compose d'une série de motifs qu'il n'est guère difficile de peindre sur un fond uniforme; ajoutez-y ensuite quelques détails.

Quant aux panneaux servant de décors aux représentations théâtrales, libre à vous de représenter le pré, la plage ou la nuit étoilée de façon très sommaire ou au contraire avec tout un luxe de détails.

1 Section arrière : En haut : les ailes sont reliées, sur l'extérieur, aux supports du décor arrière. En bas : la section en position de rangement.

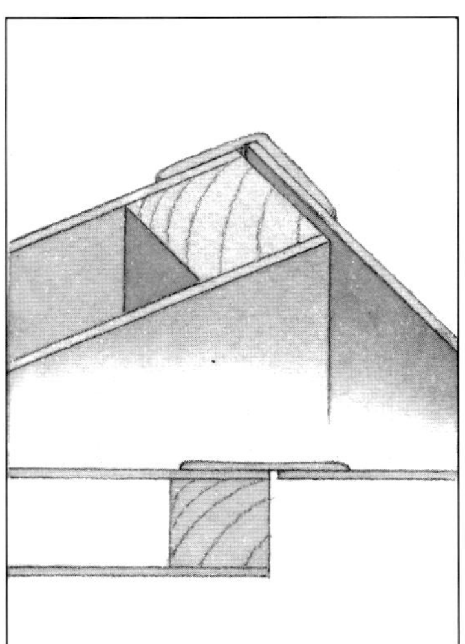

2 Fabrication de la base : Collez et clouez les tasseaux de 50 x 25 mm en sous-face du plateau : sur le pourtour et le long de l'axe médian puis quatre autres comme entretoises entre les précédents.

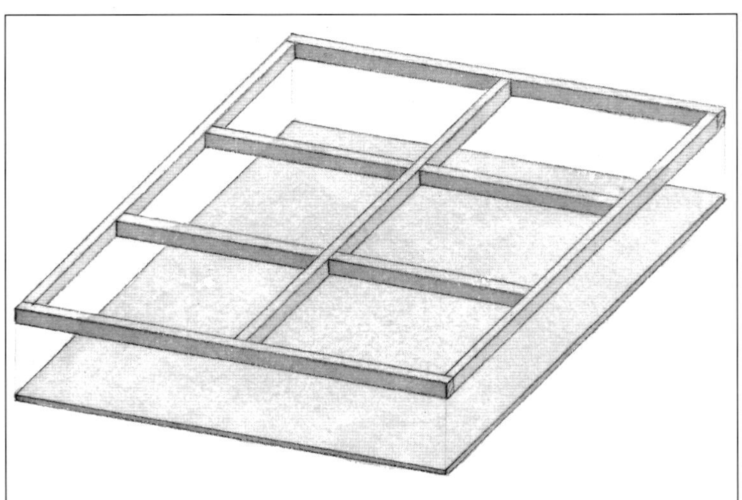

3 Pose des rideaux : Rabattez le bord supérieur des rideaux de façon à fabriquer une gaine dans laquelle vous introduirez la tringle.

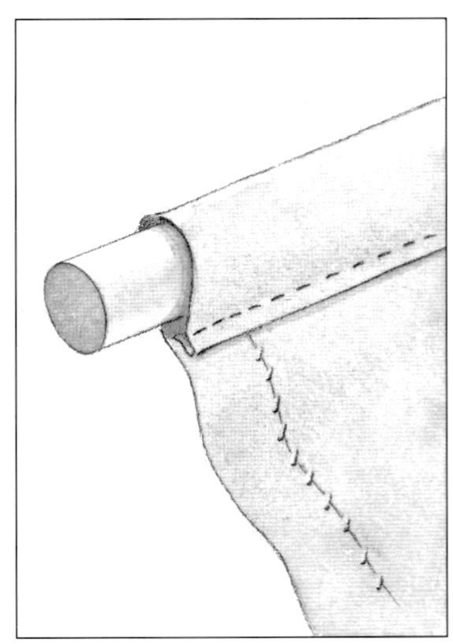

TABLE À DESSIN

Lorsqu'ils souhaitent dessiner ou peindre, les enfants peuvent bien sûr s'installer sur la table de la cuisine. Cependant, il est préférable de disposer d'une table à leur taille, où ils pourront de surcroît entreposer crayons, papier et pinceaux. Dès leur plus jeune âge, les enfants adorent faire des dessins, même si au début il ne s'agit que de gribouillages. Cette table à dessin les encouragera à laisser libre cours à leur créativité.

Cette table en pin de conception très simple se compose d'une ceinture collée et vissée, ou tourillonnée, et d'un plateau, monté sur charnières, en panneau de particules mélaminé, un matériau très facile à nettoyer. Ce plateau recouvre un espace où ranger boîtes de crayons, tubes de peinture et autres fournitures. Cette tablette n'est pas obligatoire : si vous préférez ne pas la mettre, vissez le plateau plutôt que de le monter sur charnières.

Les enfants peuvent utiliser une grande quantité de papier. Sur un côté de la table, un tourillon maintenu dans des encoches sert de support à un rouleau de papier ; vous pouvez soit découper des feuilles individuelles soit dérouler une grande longueur. À l'autre extrémité du plateau, des orifices ménagés dans une traverse-râtelier reçoivent les gobelets servant à la peinture; ainsi, si un récipient est renversé les dégâts seront réduits.

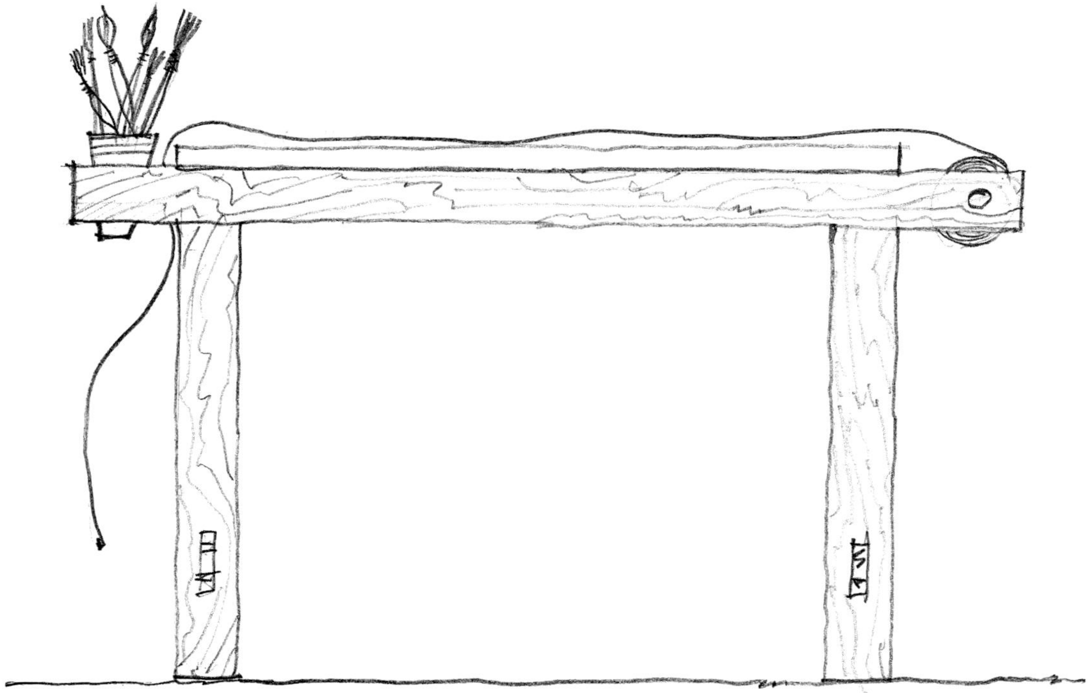

TABLE À DESSIN

MATÉRIAUX

Désignation	Quantité	Matériau	Dimension
Traverse haute (longue)	2	bois blanc raboté de 75 x 25 mm	1000 mm
Pied	4	bois blanc raboté de 75 x 25 mm	610 mm
Traverse haute (courte)	2	bois blanc raboté de 75 x 25 mm	570 mm
Traverse-râtelier	2	bois blanc raboté de 75 x 25 mm	570 mm
Traverse basse	2	bois blanc raboté de 75 x 25 mm	528 mm *
Porte-papier	1	tourillon de 12 mm de diamètre	610 mm *
Tourillon	8	tourillon de 12 mm de diamètre	80 mm
Plateau	1	panneau de particules mélaminé	765 x 610 mm *
Tablette (facultatif)	1	contre-plaqué ou panneau de fibres de 4 mm	725 x 570 mm *
Tasseau -support	4	bois dur de 10 x 10 mm découpé selon besoins	2,5 m

Divers : chant thermocollant; compas pour plateau sur charnières; 2 charnières en applique (plateau ouvrant) ou 4 équerres de 50 mm (plateau fixe).

* Dimensions approximatives; prenez les mesures exactes avant de procéder aux découpes.

PANNEAU D'EXPOSITION
Lorsqu'ils ont terminé, les enfants doivent pouvoir exposer leurs œuvres. Nous avons peint une église et quelques maisons sur cette pièce de bois, avant de la découper et d'y fixer une bordure magnétique où accrocher les peintures.

OUTILS

- Mètre-ruban
- Équerre
- Scie à tenons
- Perceuse électrique ou chignole à main
- Mèche plate de 12 mm
- Tournevis
- Fraise
- Une paire de presses en C
- Marteau
- Mèche extensible ou scie-cloche ou scie sauteuse ou scie à guichet
- Ciseau
- Maillet ou marteau

La peinture est une des occupations favorites des enfants car elle suscite leur imagination et leur créativité. Peu d'activités offrent aussi facilement – il suffit d'un pinceau, de peinture et d'un peu d'eau – un tel champ d'exploration à l'expression libre. Cette dernière, cependant, s'accommode mal des contraintes, et il n'est pas toujours aisé d'assurer les conditions idéales pour une activité aussi salissante.

Cette table à dessin, fonctionnelle et de conception simple, offre une excellente solution aux soucis, bien compréhensibles, de protection des meubles et des tissus d'ameublement dans la maison. Un plan de travail est combiné à un espace de rangement : l'installation et le nettoyage ne demandent que quelques instants.

L'ensemble est conçu autour d'un rouleau standard de papier d'apprêt que vous trouverez dans n'importe quel magasin de décoration d'intérieur. Il s'agit d'un papier blanc, peu coûteux, que l'on pose d'ordinaire sur les murs, mais qui offre une grande surface pour le dessin.

Le rouleau est placé sur une barre en bois à une extrémité de la table et le papier se tire par-dessus la surface de la table. Le papier usagé est glissé dans une fente pratiquée à l'autre extrémité de la table. Peintures et récipients sont entreposés en toute sécurité dans des orifices découpés dans une étagère-râtelier.

La surface de la table, en panneau de particules mélaminé, se nettoie d'un simple coup d'éponge. Ce plan de travail peut être fixe mais, moyennant un petit effort supplémentaire, il est possible d'adjoindre une tablette et de monter le plan de travail sur charnières : on ménage ainsi un espace de rangement très pratique.

ASSEMBLAGE DE LA TABLE À DESSIN

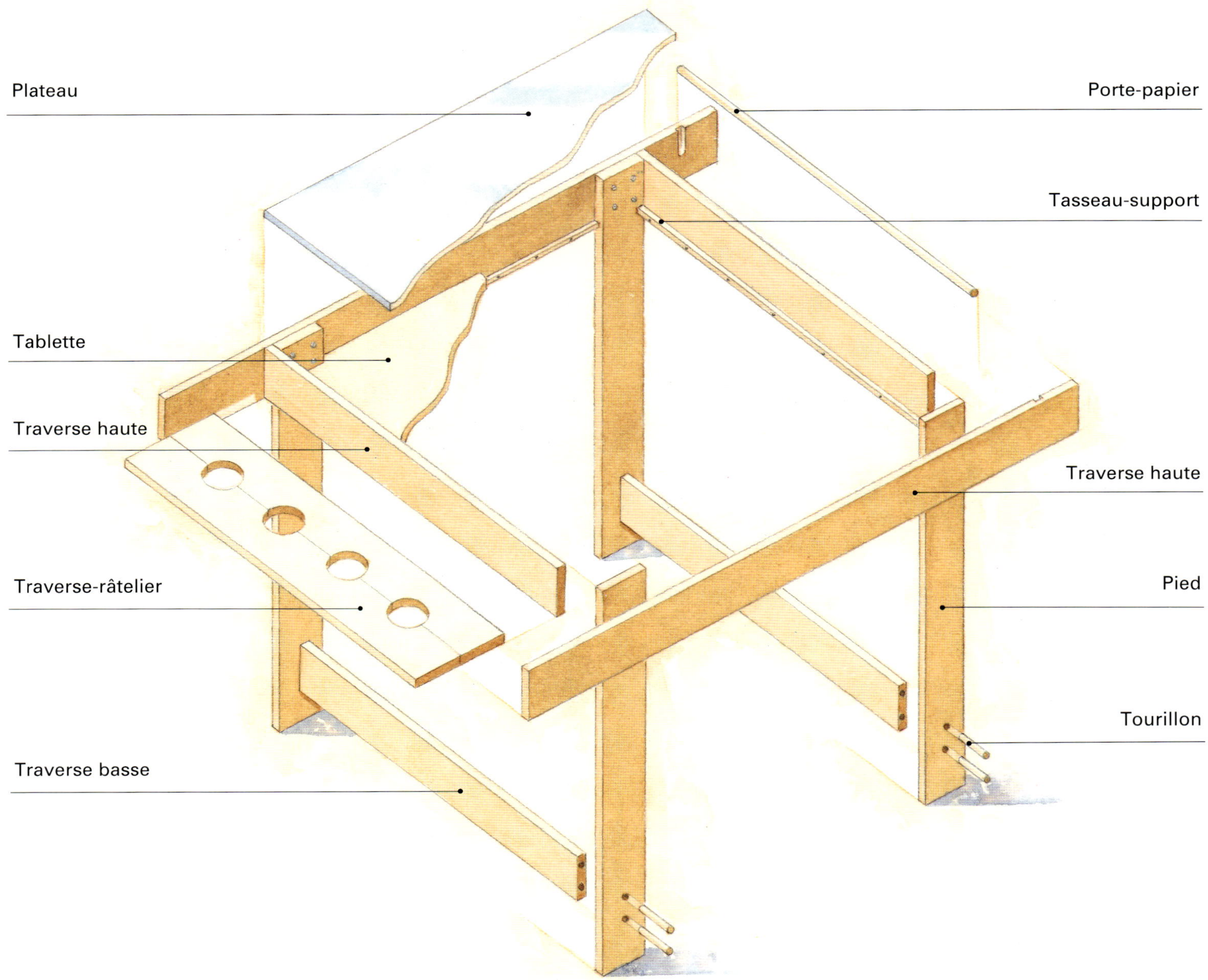

TABLE À DESSIN

CONSTRUCTION

Coupez tout d'abord de longueur les traverses hautes et les pieds. Découpez également les deux éléments de la traverse-râtelier et assemblez-les avec de la colle vinylique (ou colle blanche); serrez et laissez sécher.

CEINTURE

Marquez, sur les traverses longues, la position des lignes médianes des traverses courtes. Celles-ci sont situées à 150 mm de la traverse-râtelier et à 110 mm de l'autre extrémité.

Avec une équerre, reportez ces tracés sur les faces opposées des traverses longues.

Sur les quatre lignes ainsi repérées, percez trois avant-trous, régulièrement espacés, qui recevront des vis de 4,5 x 50. Fraisez les orifices de sorte que les têtes des vis affleurent la surface du bois (voir *Techniques*, page 239).

Collez et vissez les traverses longues aux extrémités des traverses courtes en contrôlant l'équerrage (fig. 1). Serrez les assemblages durant le séchage de la colle.

PIEDS

Les pieds sont fixés dans les angles intérieurs de la ceinture. Chacun est collé et vissé de l'intérieur de la ceinture, avec des vis de 4,5 x 40 (fig. 2). Percez et fraisez les avant-trous au travers des pieds et des traverses longues, en vérifiant que les arêtes supérieures des pieds affleurent le sommet de la ceinture.

TRAVERSES BASSES

Mesurez et découpez les traverses basses. Le rebord supérieur de chaque traverse est situé à 150 mm de la base des pieds. Tracez une ligne à ce niveau, reportez le tracé sur la face opposée, puis marquez les positions de deux tourillons également espacés. À l'aide de presses, fixez une traverse en position entre deux pieds, puis percez des trous de 12 mm de diamètre et 75 mm de profondeur au travers des pieds, jusque dans la traverse. Procédez de la même façon avec l'autre traverse basse.

Découpez et préparez huit tourillons de 12 mm de diamètre et 80 mm de longueur. Rainurez finement ces tourillons sur leur longueur.

PLATEAU MONTÉ SUR CHARNIÈRES
Le simple ajout de charnières permet de créer un espace de rangement pour les crayons, la peinture et autres fournitures. La traverse-râtelier empêche les pots de peinture de tomber.

1 Construction de la ceinture : Marquez sur les traverses longues les positions des traverses courtes; celles-ci doivent se trouver à 150 mm d'une extrémité et à 110 mm de l'autre. Collez et vissez, au travers des traverses longues, dans les extrémités des traverses courtes.

2 Fixation des pieds : Les pieds sont collés et vissés, bien à l'équerre, dans les angles intérieurs de la ceinture.

3 Traverses basses : Amenez les traverses en position entre les pieds, à 150 mm de la base. Percez et tourillonnez en place.

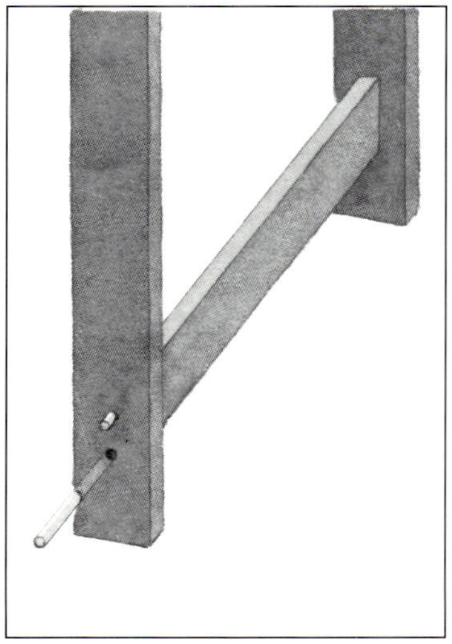

Appliquez de la colle vinylique dans les trous et introduisez les tourillons avec un marteau en laissant déborder les extrémités (fig. 3). Maintenez les presses jusqu'à ce que la colle soit sèche, puis sciez les têtes des tourillons à fleur des traverses.

TRAVERSE-RÂTELIER

Le nombre et le diamètre des trous du râtelier sont fonction des dimensions des récipients utilisés. Nous avons percé, à intervalles réguliers, quatre trous de 50 mm de diamètre (fig. 4). Le perçage peut se faire avec une mèche extensible ou différentes scies (voir *Techniques*, page 238).

Présentez le râtelier entre les traverses longues, à fleur de leurs faces inférieures et de leurs extrémités. Pour le papier, ménagez un interstice entre le rebord intérieur de la traverse-râtelier et la face extérieure de la traverse courte. Si l'espace est insuffisant, rabotez le rebord de la traverse-râtelier.

Percez et fraisez quatre trous dans le côté de chaque traverse longue et fixez la traverse-râtelier en place avec des vis de 4,5 x 50 (fig. 5).

PORTE-PAPIER

À l'extrémité opposée de la table, fixez la barre qui maintient le rouleau de papier. Cette pièce est posée dans des entailles découpées au centre de la partie débordante des traverses longues (fig. 6). Les entailles mesurent 6 mm en largeur et 25 mm en profondeur. Avant le perçage, marquez leur position pour assurer leur alignement. Percez à la base de l'entaille puis sciez les côtés avec une scie à tenons. Dégagez les entailles au ciseau. Découpez la barre de façon qu'elle s'insère parfaitement, sans toutefois être trop ajustée.

PLATEAU

Le plateau est découpé de manière à affleurer les rebords extérieurs de la ceinture. Auparavant, mesurez les dimensions exactes. Il est préférable de demander à votre détaillant de procéder à la découpe, car les panneaux mélaminés s'écaillent facilement le long de la ligne de coupe. Recouvrez les bordures du panneau de chant thermocollant en vente chez le même détaillant.

Si vous choisissez un dessus fixe, vissez-le aux traverses courtes avec deux équerres de 50 mm placées à l'intérieur de la ceinture et en sous-face du panneau.

Si vous montez le plateau sur charnières, utilisez deux charnières de 75 mm; les charnières en applique sont les plus faciles à poser (voir *Techniques*, page 247). Pour plus de sûreté, fixez un support d'abattant qui maintiendra le dessus en position d'ouverture.

TABLETTE

Celle-ci n'est nécessaire que si le plateau est monté sur charnières. Pour les tasseaux-supports, utilisez du ramin de 9 x 9 mm. Découpez quatre tasseaux; collez et clouez ces supports à fleur des rebords inférieurs des traverses.

Les dimensions de la tablette correspondent aux dimensions intérieures entre traverses longues et courtes. Mesurez puis découpez. Servez-vous d'une chute d'un des pieds de 75 x 25 mm comme gabarit pour exécuter les découpes d'angle. Encollez le dessus des tasseaux-supports et présentez la tablette en position.

Poncez toutes les pièces, puis choisissez une finition (vernis ou peinture).

4 **Traverse-râtelier : Assemblez bord contre bord deux pièces de bois blanc de 75 x 25 mm. Percez les orifices pour les gobelets à peinture.**

5 **Pose de la traverse-râtelier : Placez-la entre les traverses longues, à fleur de leurs faces inférieures et de leurs extrémités. Vissez.**

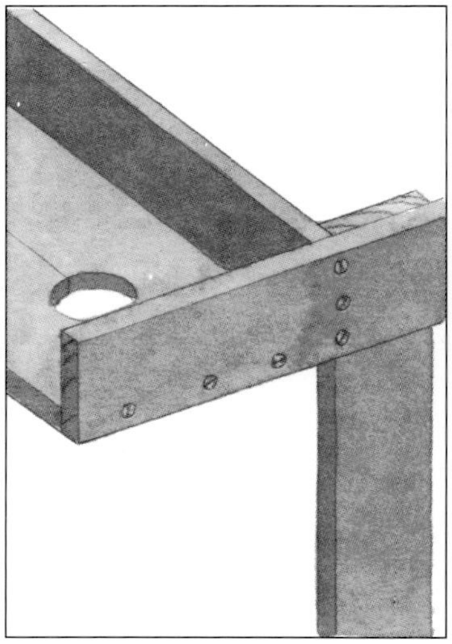

6 **Pose du porte-papier : Découpez, sur les faces intérieures des traverses longues, des encoches où s'insère un tourillon de 12 mm.**

7 **Pose de la tablette : La tablette est entaillée dans ses angles; elle repose sur des tasseaux-supports cloués aux traverses longues et courtes.**

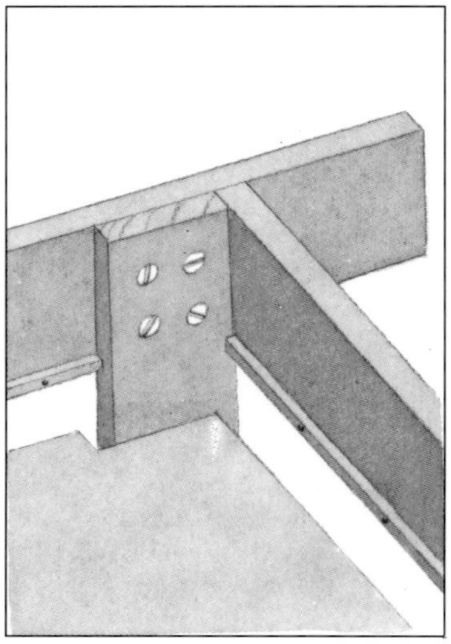

JOHN PEED & SON.
SEED and BULB MERCHANTS,
LONDON, S.E.
SPECIALITIES.
CALADIUMS.
GLOXINIAS.
BEGONIAS.

EXTÉRIEURS

Notre conception du confort, de l'élégance, du style et de la décoration, ne doit aucunement se limiter aux espaces intérieurs. Si vous avez un jardin, il y a du reste de fortes chances que vous vous en occupiez déjà vous-même : planter, semer, tondre, poser des clôtures et des dalles sont des tâches très courantes.

Cette deuxième partie de l'ouvrage propose un ensemble de projets très variés, destinés à la fois aux débutants et aux bricoleurs plus confirmés. Ils comprennent les éléments essentiels au jardin, tels les bacs à fleurs, les sièges ou des constructions plus élaborées comme le pavillon d'été. Malheureusement, l'esthétique de ces accessoires classiques est trop souvent négligée. Les matériaux s'avèrent pourtant bon marché, et les installations que vous aurez conçues seront moins coûteuses que celles des magasins spécialisés. Il est toutefois recommandé de se renseigner auprès des commerçants : le prix des treillages manufacturés, par exemple, est plus modique que celui du bois nécessaire à leur fabrication.

Aménager soi-même son jardin présente un autre avantage. On peut facilement s'inspirer de traits particuliers à l'architecture de la maison pour les reprendre dans la conception des structures de jardin. Il suffit par exemple de reproduire les couleurs de la porte sur les sièges ou les bacs à fleurs pour unifier l'ensemble et relier visuellement l'intérieur à l'extérieur. Qu'il s'agisse d'un jardin aménagé sur un toit, d'une terrasse ou d'un vaste terrain, cet espace pourra mettre en valeur votre personnalité au même titre que les pièces intérieures.

BANC DE JARDIN

Si le style moderne et parfois même avant-gardiste sont bien acceptés en décoration intérieure, le mobilier de jardin reste, quant à lui, classique et traditionnel. Le siège en fer forgé d'inspiration victorienne et, ces dernières années, le style créé par Sir Edwin Lutyens, caractérisé par ses courbes très classiques, remportent un grand succès.

Ce banc de jardin avec un dossier droit en lattes et un siège plat évoque la beauté stricte et fonctionnelle du mobilier Shaker du XIXe siècle. Extrêmement simple comparé aux autres meubles de jardin exposés dans les magasins spécialisés, le banc est néanmoins l'un des projets les plus difficiles à réaliser. En effet, il doit être de qualité supérieure aux autres structures de jardin car il sera examiné avec beaucoup d'attention.

Même si vous rentrez vos meubles de jardin pendant l'hiver, ils subiront néanmoins une certaine dégradation en raison de leur exposition aux intempéries. L'eau stagnant en surface accélère la détérioration et la pourriture. Dans cet exemple, le siège est légèrement incliné pour permettre à l'eau de s'évacuer et un espace étroit entre le dossier et le siège facilite son écoulement. Les arêtes verticales des pieds sont chanfreinées pour limiter les heurts éventuels de la tondeuse à gazon. Ce banc se distingue par la hauteur et le style du dossier. Les lattes espacées de façon régulière imitent les roseaux et lui confèrent une note distinctive. Il n'est pas conçu pour s'étendre, mais, habillé d'un long coussin, il s'intégrera parfaitement au mobilier de la maison.

N'hésitez pas à jouer de la couleur dans un jardin. Le jaune et les différentes tonalités de bleu sont aussi jolis l'hiver que l'été et sont plus flatteurs que les nuances plus sages de vert foncé ou de blanc.

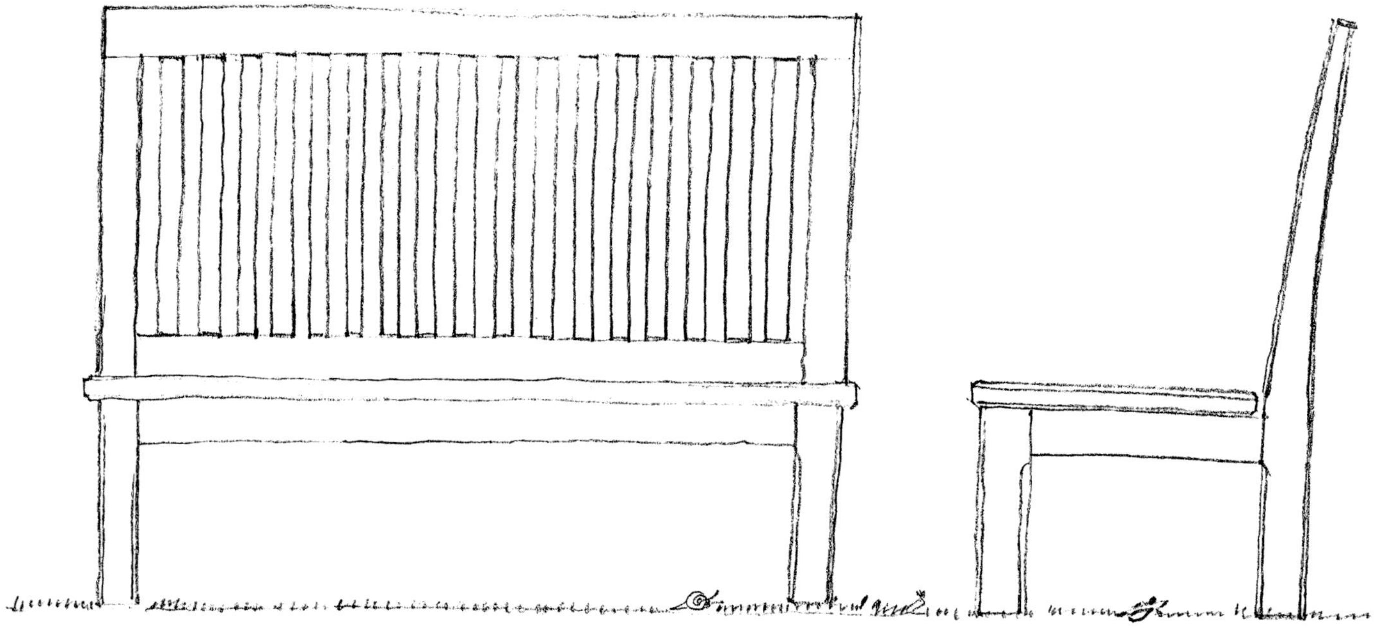

BANC DE JARDIN

Le banc est certainement le meuble de jardin le plus courant. Le fabriquer vous-même sera plus économique et vous en tirerez d'autre part une profonde satisfaction. Si besoin est, vous pouvez vous inspirer du modèle présenté et l'adapter à votre jardin selon vos propres goûts. Choisissez avec précision l'emplacement du banc, car il sera un centre d'intérêt important et attirera tout de suite le regard. Mais vous pouvez aussi l'installer dans un coin ombragé et tranquille de votre jardin pour venir vous asseoir et vous reposer en toute intimité.

Ce banc peut être construit en bois dur, mais il est beaucoup plus économique et s'intègre mieux à l'environnement s'il est en bois tendre de bonne qualité. Dans ce cas, il est important de le traiter avec un bon enduit protecteur durant toutes les étapes de la construction pour éviter qu'il s'abîme. Appliquez un enduit protecteur pour bois clair, après que les différentes pièces ont été découpées, mais avant l'assemblage ; la solidité des joints ne sera pas diminuée si vous laissez sécher l'enduit protecteur pendant 24 heures avant d'appliquer la colle. Une deuxième couche d'enduit devra être appliquée après l'assemblage et avant la couche finale.

L'utilisation d'un enduit protecteur de couleur claire vous permet, par la suite, de choisir la finition que vous désirez : peinture ou application d'un vernis hydrofuge utilisé fréquemment pour les cadres des fenêtres en bois. Si vous désirez le peindre, il est astucieux de le faire avec de la peinture laquée pour extérieur ou microporeuse (satiné). En général, ces peintures sont composées d'une couche d'impression pénétrant dans le bois pour le protéger et leur emploi est préférable à l'application d'une seconde couche d'enduit.

Le meilleur moyen pour construire un banc solide et durable est d'assembler le châssis central par mortaises et tenons et les lattes du dossier et les planches du siège par tourillons. Cependant, si vous ne vous sentez pas assez habile pour découper de façon précise les mortaises et les tenons, vous pouvez assembler l'ensemble du banc par tourillons. Dans ce cas, il est primordial d'appliquer une colle à bois hydrofuge de bonne qualité sur chaque joint avant l'assemblage et de les maintenir bien serrés jusqu'à ce que la colle sèche complètement.

MATÉRIAUX

Pièce	Quantité	Matériaux	Longueur
Pieds arrière	2	100 x 75 mm bois tendre poli	1,035 m
Pieds avant	2	75 x 75 mm bois tendre poli	43 cm*
Traverses du cadre latéral	4	75 x 50 mm bois tendre poli	48 cm
Traverse frontale	1	*Idem*	1,79 m
Traverse arrière basse	1	140 x 32 mm bois tendre poli	1,79 m
Traverse arrière haute	1	75 x 50 mm bois tendre poli	1,88 m*
Lattes du dossier	32	38 x 25 mm bois tendre poli	distance entre les traverses
Planches du siège	4	140 x 32 mm bois tendre poli	1,86 m
Tourillons (entre le siège et la traverse arrière basse)	5	tourillons en bois dur de 12 mm	environ 95 mm
Tourillons (pour assembler les planches du siège et adapter les lattes arrière)	comme requis	tourillons en bois dur de 8 mm	environ 40 mm

* Coupez à une longueur supérieure puis à la bonne taille après la fixation.

OUTILS

- Établi
- Couteau marqueur
- Mètre à ruban métallique
- Règle en acier
- Équerre
- Scie à panneau (ou scie électrique circulaire)
- Scie à tenons (ou scie sauteuse)
- Ciseau à bois
- Trusquin à tracer
- Trusquin d'assemblage
- Perceuse électrique
- Mèche à tourillon ou à pointe de centrage de 8 mm
- Foret plat de 12 mm
- Gabarit pour tourillons
- Serre-joints à coulisse (ou presse à sangle)
- Varlope à repasser (manuelle ou électrique)
- Défonceuse électrique et mèche à chantourner
- Maillet

pied arrière
latte du dossier
tourillon
planches du siège
pied avant
traverse frontale
traverse arrière haute
traverse arrière basse
traverse du cadre latéral supérieur
traverse du cadre latéral inférieur

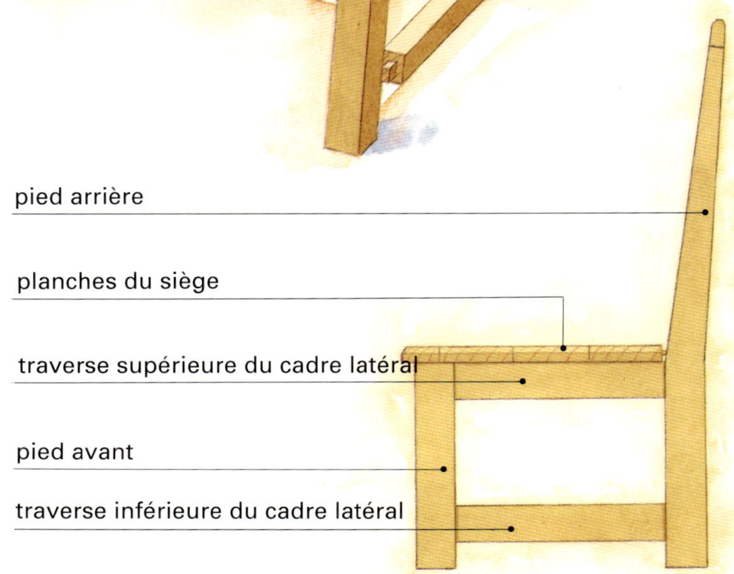
pied arrière
planches du siège
traverse supérieure du cadre latéral
pied avant
traverse inférieure du cadre latéral

BANC DE JARDIN

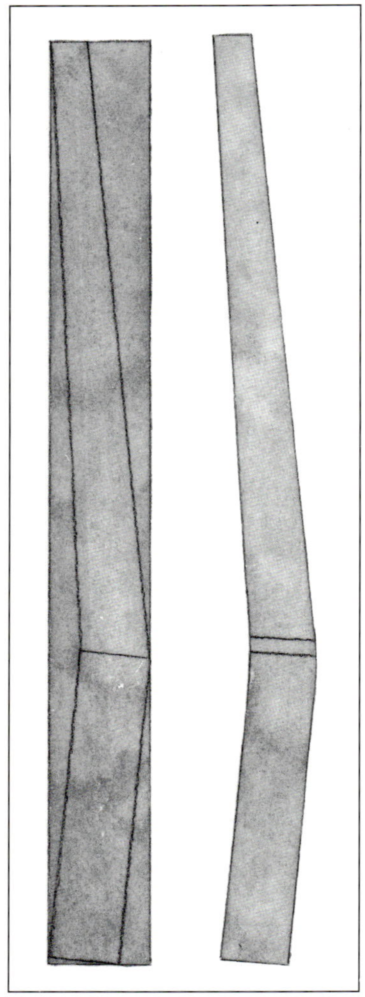

Façonnage des pieds arrière : posez le pied avant en angle sur le pied arrière et marquez sa position. Mesurez 35 mm en partant de l'arrière vers le haut et reliez les tracés à ceux du dessus du pied avant. Coupez en suivant les tracés, en courbant légèrement la forme à l'arrière. Marquez l'épaisseur du siège d'une ligne parallèle au niveau supérieur du pied avant.

CHÂSSIS LATÉRAUX DU BANC

FAÇONNAGE DES PIEDS AVANT

Coupez les pieds avant à une longueur légèrement supérieure à la taille définitive (au moins 43 cm au total), mesurez 40 cm à partir du bas pour marquer la longueur réelle. Tracez une ligne continue à angle droit sur toutes les faces du pied (voir *Techniques*, p. 236). Ne vous occupez plus des pieds avant pour le moment.

FAÇONNAGE DES PIEDS ARRIÈRE

Les pieds arrière sont taillés dans du bois de 100 x 75 mm. Marquez-les en posant l'un des pieds avant sur la face la plus large de l'un des pieds arrière, légèrement incliné en angle, mais touchant les bords inférieurs et latéraux (fig. 1). N'oubliez pas que le pied avant est en surlongueur dans sa partie supérieure et alignez-le sur la ligne du pied déjà achevé. Tracez la forme du pied avant sur le pied arrière.

Dans la partie supérieure du pied arrière, mesurez 35 mm à partir du parement arrière sur les deux côtés et reliez ces deux points aux points supérieurs qui définissent la position du pied avant, traçant ainsi la forme du pied arrière (fig. 1).

Après avoir marqué l'un des pieds arrière, coupez en suivant les lignes droites tracées sur la face avant du pied, tout en arrondissant l'angle situé à l'arrière du pied afin d'obtenir une légère courbe. Rabotez les chants du parement frontal en ligne droite et équarrissez vers les côtés puisque les joints sont mesurés à partir de ce chant.

Utilisez comme modèle le pied arrière déjà taillé pour marquer l'autre et coupez. Une fois les deux pieds coupés, marquez l'épaisseur du siège qui doit être parallèle à la position du pied avant, dans sa partie supérieure ; pour cela, utilisez une des planches du siège et une équerre.

TRACÉ DES MORTAISES ET TENONS

Alignez l'une des traverses latérales (la partie large contre le pied) sur la marque effectuée sur l'un des pieds avant, dans sa partie supérieure, (fig. 2), tout en tenant compte du dépassement de cette partie supérieure. Marquez la position du bas de la traverse sur le pied. De cette ligne, marquez la longueur de la mortaise (5 cm). Équarrissez les lignes sur le pourtour et vers les parements intérieurs (voir *Techniques*, p. 236).

Pour le joint inférieur, mesurez 6 cm sur le parement arrière à partir de la partie inférieure du pied, puis encore 5 cm vers le haut, pour la partie supérieure de la mortaise. Avec une équerre, reportez toutes ces lignes à l'arrière de l'autre pied avant. Équarrissez le pourtour de la mortaise supérieure jusqu'à la face interne du deuxième pied avant.

À l'aide d'une équerre, reportez la longueur et la position des mortaises, en partant des pieds avant, sur le parement de façade des pieds arrière.

Utilisez un ciseau à bois de 19 mm, réglez un trusquin d'assemblage à cette même largeur et ajustez le manche de façon à ce que la mortaise se trouve au centre du chant des traverses latérales (et non au milieu de chaque pied).

Marquez les mortaises supérieures situées sur les parements de façade des pieds arrière, et sur les deux parements internes des pieds avant. Dans les deux cas, mesurez à partir du chant externe afin que les traverses latérales de façade et les traverses latérales hautes soient enfoncées à fleur de bois.

Marquez les tenons situés aux extrémités des quatre traverses latérales (fig. 3) et de la traverse frontale.

Réglez le manche du trusquin d'assemblage pour le centrer par rapport aux pieds et marquez les mortaises inférieures au centre sur les parements internes de tous les pieds pour chacune des traverses latérales basses.

Mesurez 5 cm sur l'une des traverses latérales en partant de chaque extrémité et tracez l'épaulement du tenon. Équarrissez le pourtour des parements. À l'aide d'une équerre, reportez les lignes sur les autres traverses latérales. Mesurez 5 cm sur la traverse frontale, en partant de chaque extrémité et équarrissez le pourtour comme précédemment. Pour renforcer la construction, il est important de tracer avec précision toutes les distances séparant les épaulements sur les traverses latérales. Tracez la largeur du tenon supérieur, à 5 cm des chants inférieurs de toutes les traverses hautes, de sorte que les tenons soient à mi-bois sur le chant inférieur.

Les tenons sont situés au centre des deux traverses latérales basses ; mesurez donc 1 cm vers le haut à partir du chant inférieur, puis 5 cm pour la largeur de la mortaise (fig. 3).

DÉCOUPE DES JOINTS

Coupez les mortaises à une profondeur dépassant légèrement 5 cm (voir *Techniques, assemblage à mortaises et tenons*, p. 244). Coupez ensuite les tenons.

Assemblez les différentes pièces à sec (sans colle) pour vérifier l'ajustage. Pour garantir un assemblage solide, les extrémités des tenons sur la traverse de façade ainsi que celles des tenons de façade des traverses latérales hautes doivent être taillées de façon à former un angle de 45° (voir fig. 4).

Coupez les saillies situées sur la partie supérieure des pieds avant afin que ces derniers s'emboîtent à fleur de bois avec les traverses latérales hautes.

DOSSIER

AJUSTAGE DE LA TRAVERSE BASSE ARRIÈRE

Prenez un ciseau à bois de 12 mm environ et réglez le trusquin d'assemblage exactement à la même largeur. Ajustez le manche pour que le tenon soit décalé par rapport à l'arrière, sur la traverse basse arrière, ce qui permet de réaliser un assemblage à mi-bois (fig. 1, p. 162). En partant des parements de façade, marquez les mortaises sur les parements internes des pieds arrière. Tracez les tenons à mi-bois sur la traverse basse arrière.

Alignez la traverse basse arrière sur le tracé du siège, côté face, afin qu'elle forme un angle droit avec le parement de façade supérieur du pied arrière (fig. 1, p. 162). Marquez la position de la traverse et tracez un épaulement de 1,5 cm sur les parties supérieure et inférieure.

Sur la traverse basse arrière, tracez les épaulements à 5 cm en partant des extrémités et à 1,5 cm à partir des bords des épaulements. Avant de couper les tenons, assurez-vous que la longueur séparant les épaulements est la même que celle de la traverse de façade. Coupez les tenons et creusez des mortaises de 5 cm de profondeur au ciseau à bois.

AJUSTAGE DE LA TRAVERSE HAUTE ARRIÈRE

En partant de la partie supérieure du pied arrière vers le bas, marquez 5 cm et équarrissez le pourtour à l'aide d'une équerre. Reportez ces longueurs sur l'autre pied. Le trusquin toujours à 1,2 cm, ajustez le manche pour qu'il soit au centre de cette ligne d'épaulement, en partant du parement frontal (fig. 2, p. 162). À présent, marquez les tenons sur les deux pieds.

2 **Mortaises du pied avant : elles sont au milieu du chant des traverses latérales frontales et supérieures et au centre des latérales inférieures.**

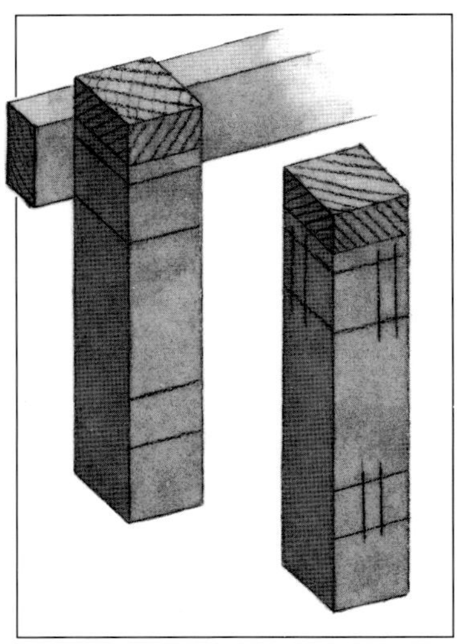

3 **Tenons. En haut : coupez-les à mi-bois pour les traverses latérales et supérieures. En bas : le tenon est au milieu de la traverse latérale basse.**

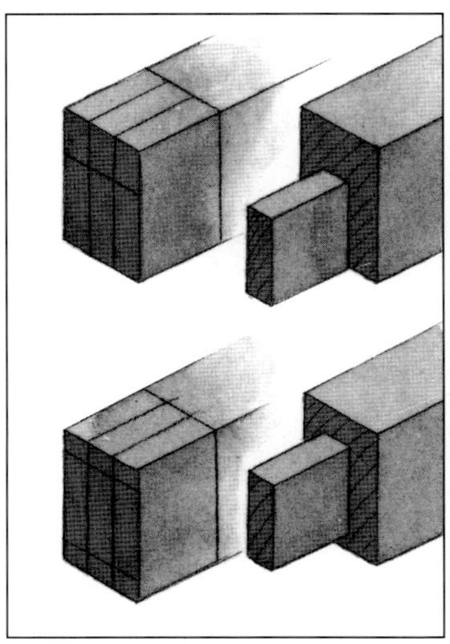

4 **Assemblage à sec des pieds avant aux traverses latérales et frontales. À gauche : position des mortaises coupées sur le pied. En médaillon : traverse frontale et latérale haute à fleur avec les chants extérieurs du pied. À droite : les extrémités des tenons sont à angle droit avec les traverses.**

BANC DE JARDIN

La longueur de la traverse haute doit dépasser de 5 cm la longueur définitive. Utilisez cependant la traverse basse pour marquer l'écartement entre les épaulements et équarrissez le pourtour de la traverse haute aux deux extrémités. À partir de ces lignes, faites un trait à 5 cm vers l'extérieur.

Le trusquin réglé à la largeur du tenon, tracez les mortaises sur le chant inférieur de la traverse, en partant du parement frontal (fig. 2). Marquez la largeur de chaque tenon à 5 cm en partant du parement interne des pieds afin d'obtenir des tenons à mi-bois.

Creusez des mortaises de 5 cm de profondeur et coupez les tenons. Assemblez à sec les pieds arrière avec les traverses hautes et basses pour vérifier qu'ils s'adaptent bien et coupez les saillies à fleur de bois avec les parements externes des pieds.

FAÇONNAGE DE LA TRAVERSE HAUTE

L'arrière de la traverse haute épouse la forme effilée des pieds arrière (fig. 3). Tracez une ligne en haut de chaque pied arrière pour continuer la forme effilée sur la traverse ; joignez ces lignes en en traçant une autre le long du chant supérieur de la traverse haute.

Ôtez la traverse et arasez l'excédent au rabot électrique ou à l'égoïne. Terminez l'effilé en lissant au rabot la surface de la traverse haute.

ASSEMBLAGE DES LATTES DU DOSSIER

Le choix de la largeur des lattes du dossier et de leur espacement peut varier. Nous avons utilisé des lattes de 38 x 25 mm, espacées d'environ 19 mm.

Pour faciliter la pose des lattes, fixez deux tourillons de 8 mm de diamètre et 40 mm de long, en haut et en bas, avec un gabarit. L'installation sera plus solide avec un assemblage par tenons et mortaises sur les parties supérieure et inférieure et l'utilisation d'une mortaiseuse permet de gagner beaucoup de temps.

Sur le pied arrière, mesurez la distance entre la partie supérieure de la traverse basse et la surface intérieure de la traverse haute et coupez les lattes à cette longueur si vous les assemblez par tourillons. Prévoyez 19 mm en plus à chaque extrémité pour un assemblage à tenons et mortaises.

Pour obtenir une finition soignée, chanfreinez les bords extérieurs des pieds, des traverses du châssis et du siège.

1 Ajustage de la traverse arrière basse au pied arrière : elle s'emboîte à angle droit, au même niveau que l'inclinaison du pied. Elle s'aligne avec le chant arrière des planches du siège. Tracez les mortaises sur les parements intérieurs des pieds et coupez les tenons à mi-bois sur la traverse arrière basse.

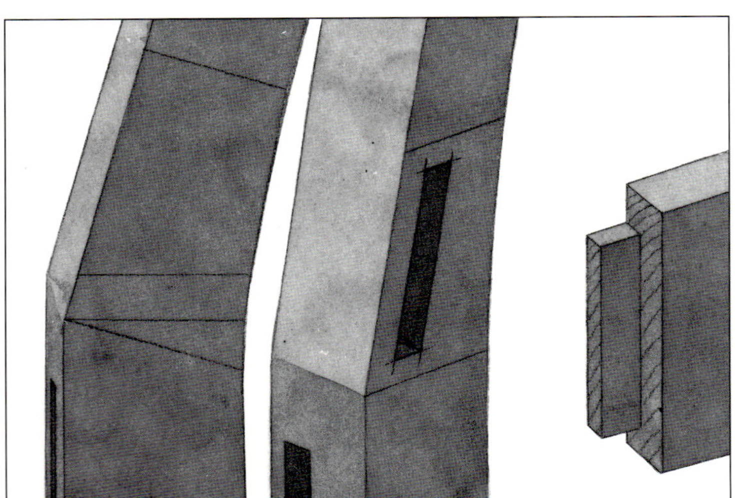

2 Ajustage de la traverse arrière haute au pied arrière : tracez la mortaise aux extrémités de la traverse arrière haute et coupez. Marquez la position de la traverse sur la partie supérieure des pieds et coupez les tenons à mi-bois. Arasez l'excédent aux extrémités de la traverse pour la mettre au niveau des pieds.

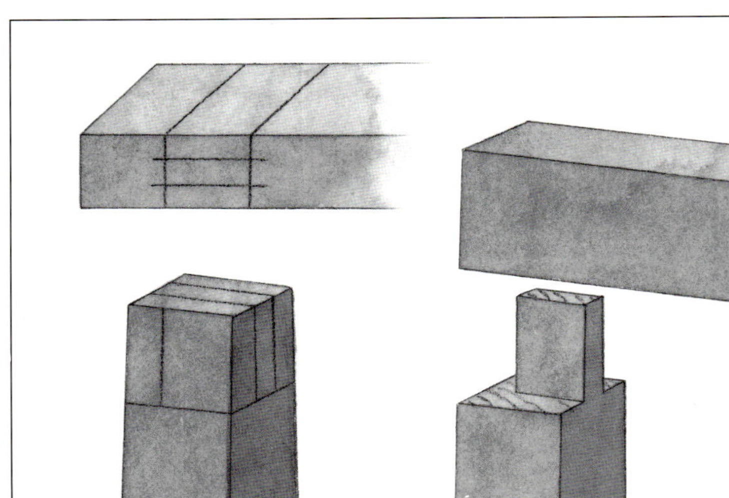

Marquez l'emplacement des deux tourillons à l'extrémité des lattes (fig. 4) et, avec un gabarit équipé de mèche à tourillon de 8 mm, percez des trous de 22 mm de profondeur.

Tracez une ligne centrale le long du chant supérieur de la traverse basse et une autre le long du chant inférieur de la traverse haute, pour marquer la ligne médiane des trous.

Calculez la position des lattes sur la longueur d'une de ces lignes afin d'obtenir un espacement régulier et marquez la position du centre de chaque trou à percer. Réunissez les deux traverses et reportez sur l'autre l'emplacement des tourillons. Percez des trous de 22 mm de profondeur.

ASSEMBLAGE DU CHÂSSIS

Assembler à sec la totalité du banc. Chanfreinez les bords des pieds avant et arrière, les traverses latérales basses, la partie inférieure des traverses latérales hautes, le chant de la traverse basse arrière et la partie inférieure de la traverse de façade, à l'aide d'une défonceuse équipée d'une mèche à chanfrein ou avec un rabot électrique.

Poncez toutes les pièces au papier abrasif afin de lisser les parements et les chants. Collez tous les cadres avant avec une colle hydrofuge qui colmate les trous ; pour ce faire, maintenez-les dans un serre-joints jusqu'à ce que la colle sèche.

À ce stade, il est nécessaire d'ajuster la hauteur des pieds arrière pour que le siège bascule légèrement vers l'arrière ce qui facilite l'écoulement de l'eau. Posez le cadre d'extrémité sur une surface plane et glissez, sous le chant de façade du pied avant, une cale de bois de 15 mm (fig. 5).

À l'aide d'un morceau de bois de la même épaisseur, trusquinez le pied arrière ainsi que le profil et l'arrière du pied avant pour obtenir l'angle correct. Coupez les parties basses des pieds au niveau de ces lignes. Procédez de la même façon pour l'autre cadre d'extrémité.

Collez sur les cadres d'extrémité la traverse de façade et la traverse arrière basse, puis les tourillons et les lattes dans la traverse arrière basse. Enduisez de colle la partie supérieure des lattes, les tourillons et les tenons du dossier, puis remettez en place la traverse haute arrière.

LE SIÈGE

CONSTRUCTION

Le siège est composé de bandes étroites de bois assemblées par tourillons. À l'aide d'un gabarit, assemblez le cadre avec des tourillons de 8 mm de diamètre et 40 mm de long, espacés d'environ 15 à 22,5 cm.

Assemblez ensuite les bandes les unes aux autres avec de la colle à bois hydrofuge prévue pour le colmatage des trous, et maintenez l'assemblage dans un serre-joints à coulisse ou dans des cales de fixation contre un tasseau cloué à la surface de travail.

Une fois la colle sèche, lissez la surface avec du papier abrasif et positionnez le siège sur le cadre, laissant un espace de 4 mm à l'arrière pour l'écoulement de l'eau. Faites des marques tout autour et laissez 19 mm en plus à chaque extrémité et sur la façade, puis taillez le siège en suivant cette ligne de découpe.

Coupez un chanfrein de 12 mm sur les chants supérieurs de la façade et des parties latérales, avec une défonceuse équipée d'une mèche à chantourner ou avec un rabot électrique.

FIXATION

Posez le siège à l'aide de plaques de rétrécissement galvanisées – deux à chaque extrémité et trois le long de la façade – et vissez-les sur les traverses et sur la surface inférieure du siège.

Pour que le siège soit rigide, percez des trous dans la traverse arrière et le siège, à cinq endroits différents, avec un foret plat de 12 mm.

Percez dans le siège un trou de 5 cm de profondeur. Coupez cinq tourillons de 12 mm de diamètre et de 95 mm de long. Utilisez une scie à tenons ou la pointe d'un clou pour faire deux rainures de 2 à 4 mm de profondeur le long des tourillons pour permettre à la colle et à l'air de s'échapper au moment de leur fixation.

Colmatez les trous avec une colle hydrofuge et enfoncez les tourillons. Une fois la colle sèche, arasez les extrémités saillantes pour qu'elles soient au même niveau que la traverse du siège.

Chanfreinez le bord inférieur des pieds pour éviter que le bois ne se fende si l'on traîne le banc sur le sol.

Pour empêcher que les pieds pourrissent, fixez des patins métalliques en dessous.

3 Façonnage de la traverse arrière haute : marquez les côtés et la partie antérieure de la traverse arrière pour suivre le parement arrière du pied.

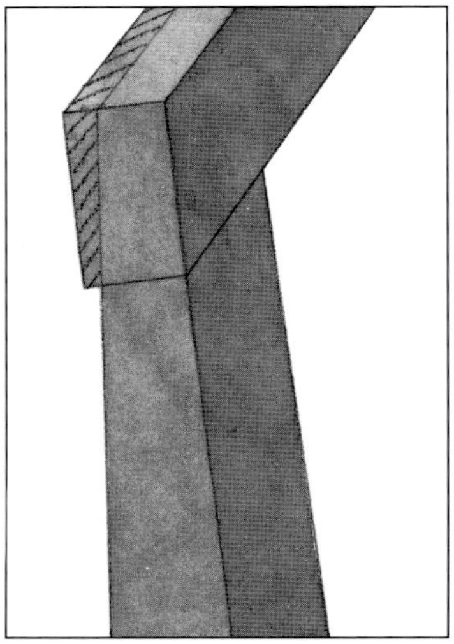

4 Lattes arrière : marquez la position des lattes et des tourillons sur les traverses. Adaptez les lattes entre les traverses arrière avec deux tourillons.

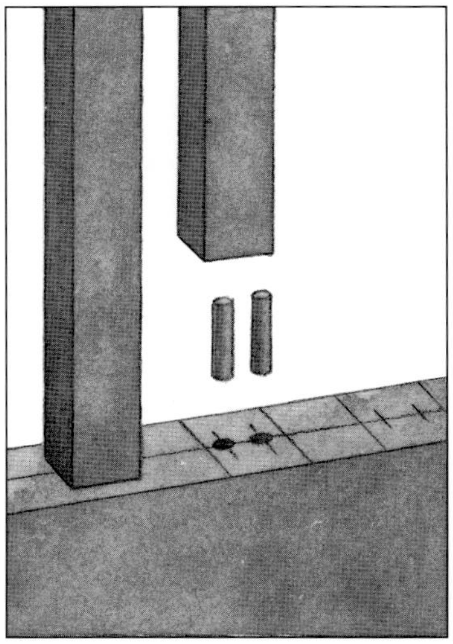

5 Inclinaison des pieds. En haut : posez le cadre du banc sur une surface plane, calez le pied avant avec un morceau de bois et trusquinez les pieds.

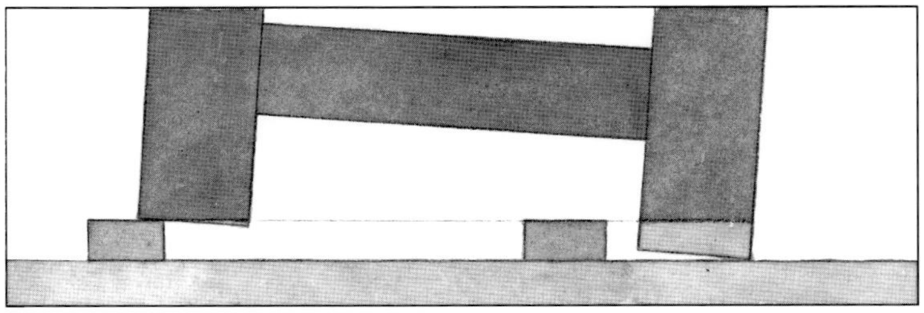

6 Plan en coupe du siège : les planches du siège sont aboutées et assemblées par tourillons. Plus grands, ils fixent le siège à la traverse arrière basse.

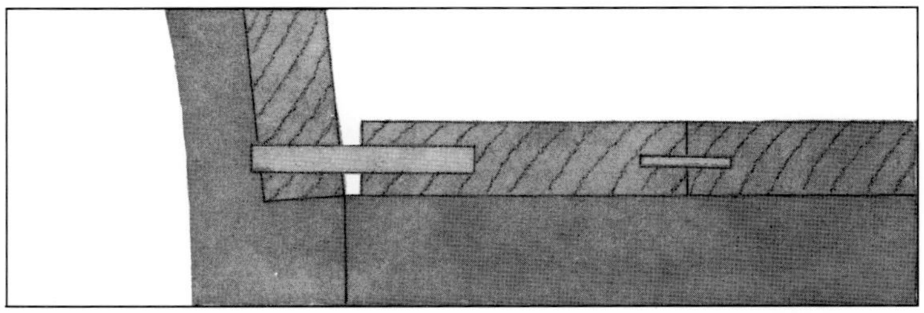

BANQUETTE OCTOGONALE

Même si votre jardin est petit, une banquette entourant le tronc d'un arbre suscitera l'intérêt général. Certes, chaque meuble donne au jardin son originalité, mais ce type de siège est particulièrement séduisant. Sa surface ombragée est un lieu idéal pour les enfants qui s'amuseront à jouer sous le siège, à tourner autour du banc, et ne se lasseront pas de s'asseoir dos à dos avec leurs parents.

Bien que d'apparence compliquée, ce meuble est en fait assez simple à réaliser mais demande, en revanche, beaucoup de temps. Étant donné la position du dossier, incliné vers l'intérieur, la découpe des lattes semble très difficile. Pour éviter les complications, un espacement a été prévu entre les lattes pour toute maladresse de découpe éventuelle.

D'autres simplifications ont été apportées au modèle. Le cadre inférieur est assemblé grâce à une structure simple et astucieuse permettant d'éviter l'assemblage à tenons et mortaises, trop compliqué.

Le bois tendre est facile à travailler. C'est le matériau idéal pour ce genre de construction.

Il faut cependant le protéger en le traitant avec un enduit protecteur pour ensuite appliquer une dernière couche de teinture pour bois ou le peindre, comme dans notre exemple.

Selon l'emplacement de votre siège dans le jardin, vous pouvez choisir une couleur vive : un bleu éclatant, par exemple, peut tout à fait convenir.

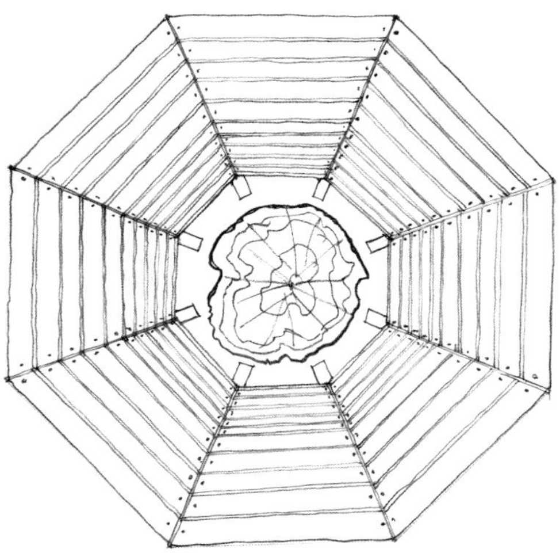

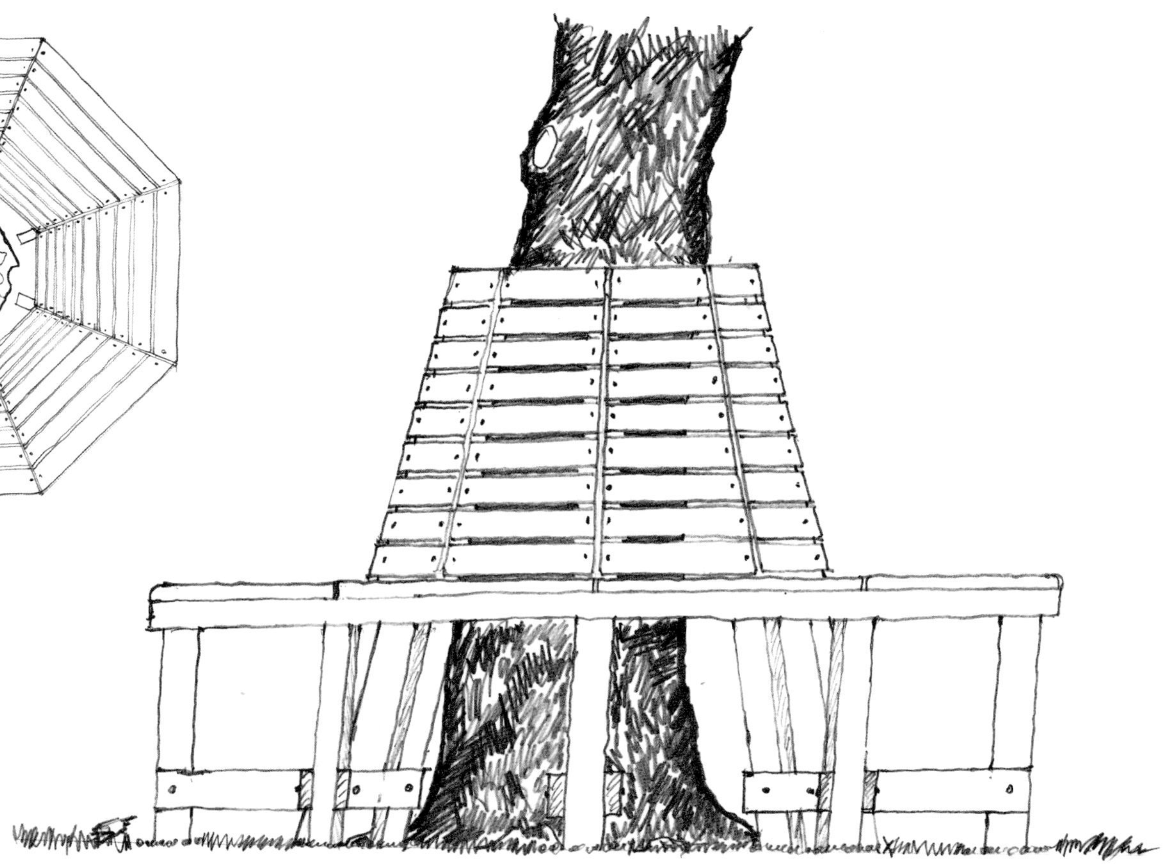

BANQUETTE OCTOGONALE

OUTILS

- Établi (fixe ou portatif)
- Mètre à ruban métallique
- Règle en acier
- Équerre (ou équerre à combinaisons)
- Fausse équerre coulissante
- Rapporteur
- Scie électrique circulaire (de préférence montée sur l'établi ou scie à panneaux)
- Scie à tenons
- Perceuse électrique
- Mèche américaine – environ 3 mm de diamètre
- Forêt à fraiser
- Tournevis
- Marteau à panne fendue
- Chasse clou
- Tenailles
- Varlope à repasser (manuelle ou électrique)

MATÉRIAUX

Pièce	Quantité	Matériaux	Longueur
Pieds arrière	8	75 x 50 mm bois tendre poli	1,05 m
Pieds avant	8	*id.*	50 cm
Traverse du siège	32	75 x 25 mm bois tendre poli	53 cm
Lattes du siège	48	*id.*	au choix
Planches du tablier	8	*id.*	au choix
Lattes du dossier	72	50 x 16 mm bois tendre poli	au choix
Tasseaux de fixation du tablier	8	25 x 25 mm bois tendre poli	inférieurs de 15 cm par rapport aux planches du tablier

Indispensable également : colle à bois hydrofuge ; vis à bois galvanisées à tête fraisée n° 8 de 38 mm.

La taille de la banquette est proportionnée à celle de l'arbre. N'oubliez pas de laisser de la place autour du tronc en prévision de la croissance de l'arbre. Certains arbres d'ailleurs grossissent plus rapidement que d'autres ; cette banquette est construite autour d'un petit noyer, une espèce qui grandit assez lentement. Nous avons laissé un diamètre intérieur de 60 cm tout en haut du support du dossier. Les magasins spécialisés en jardinage offrent une grande variété d'arbres. Il est préférable de planter un petit arbre « standard » (c'est-à-dire un arbre à tronc très long).

La construction de base est composée de huit cadres sur lesquels sont fixées les lattes du siège et du dossier. La dimension des cadres est impérative, mais la longueur des lattes varie selon le diamètre interne de la banquette.

Le banc est composé de deux parties assemblées à blanc pour que les deux moitiés se dévissent facilement pour être fixées autour de l'arbre.

CADRES DU SIÈGE

Taillez les différentes pièces composant le cadre à la longueur voulue.

Chanfreinez le parement frontal de chaque pied arrière à un angle de 22° 30'à partir de la ligne médiane de l'un des parements mesurant 75 mm (fig. 1). Utilisez une scie circulaire, inclinée à l'angle voulu, et une fausse équerre coulissante alignée sur le rapporteur. Lissez les parements avec une varlope manuelle ou électrique.

1 Trusquinage du pied arrière : tracez une ligne médiane sur le parement frontal de chaque pied. Pour chanfreinez les pieds à un angle de 22° 30'.

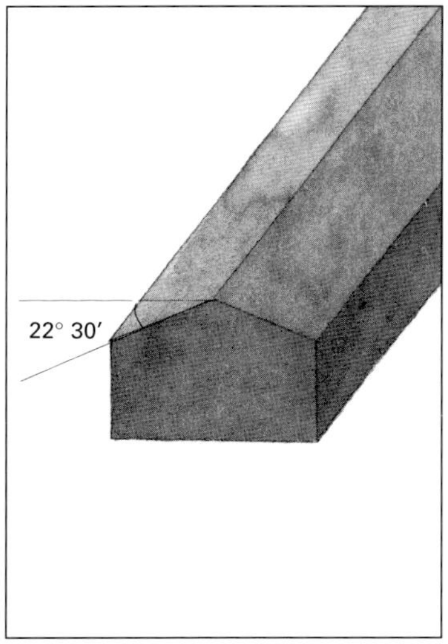

2 Fabrication d'un modèle d'espacement : coupez un modèle d'espacement dans un morceau de bois de récupération aux dimensions indiquées ci-dessous. Ce modèle vous donnera la position exacte des pieds avant et arrière ainsi que celle des traverses du cadre du siège lors de la construction de ce cadre.

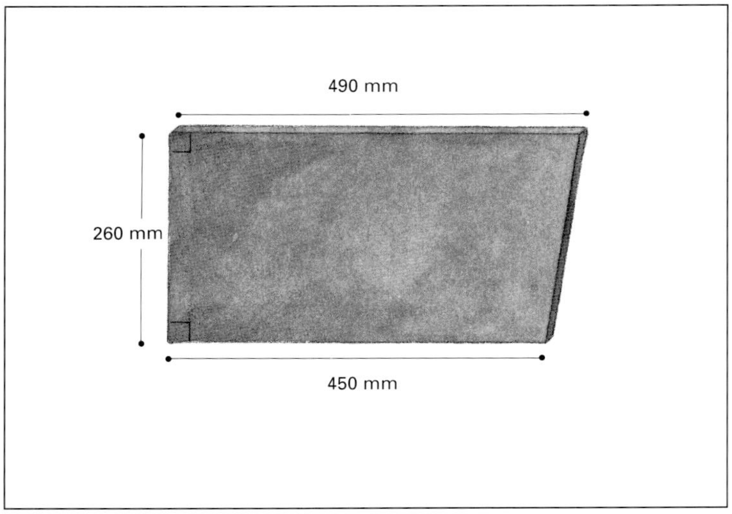

ASSEMBLAGE DE LA BANQUETTE

BANQUETTE OCTOGONALE

Les trous remplis de graviers, entourant les pieds avant et arrière des cadres, facilitent l'assise horizontale de la banquette et protègent les pieds de la pourriture.

Avec un morceau de bois dur ou un panneau en fibres de bois de la forme et aux dimensions indiquées (fig. 2, p. 166), fabriquez un gabarit qui servira à fixer les traverses du cadre du siège sur les pieds avant et arrière et à constituer ainsi les cadres du siège.

Clouez provisoirement un tasseau sur votre établi pour avoir une surface plane sur laquelle vous pourrez faire reposer le bas des pieds. Posez sur l'établi les pieds avant et arrière d'un cadre avec deux traverses du cadre du siège par-dessus et le modèle d'espacement entre les deux (fig. 1). Le pied arrière doit être en angle pour s'aligner sur la partie arrière du modèle ; le pied avant doit être exactement à fleur avec le chant frontal du modèle. Le bas des pieds doit reposer contre le tasseau cloué à l'établi.

La traverse du cadre inférieur du siège est positionnée pour dépasser le pied avant de 12 mm, tandis que celle du cadre supérieur doit être à fleur avec la partie frontale et supérieure du pied avant.

À défaut d'un établi plat, vous pou-

1 Fabrication des cadres du siège : **posez les pieds avant et arrière d'un des cadres sur une surface plane afin qu'ils soient au même niveau que le modèle. La traverse du cadre supérieur repose sur le modèle et est à fleur avec la partie supérieure et frontale de la traverse de façade ; la traverse du cadre inférieur chevauche de 12 mm le pied avant.**

2 Construction des cadres du siège. En haut : collez et vissez les traverses du cadre du siège aux pieds et coupez-les en laissant un chevauchement pour qu'elles soient parallèles à l'inclinaison du pied arrière et dépassent de 12 mm. En bas : le cadre montre les traverses vissées aux pieds avant et arrière.

vez étendre les différentes pièces sur un sol plat, en faisant reposer les pieds contre un mur adjacent pour que le mur soit en alignement avec la base des pieds.

Collez la partie supérieure de la traverse du cadre du siège avec de la colle à bois hydrofuge, puis percez les trous de guidage et vissez-la aux pieds arrière et avant, en enfonçant deux vis à chaque extrémité. Collez et vissez la traverse inférieure du cadre aux pieds, de la même façon.

Retournez le cadre et positionnez les deux autres traverses de la même façon, en haut et en bas. Il est très important que ces traverses soient exactement à angle droit par rapport à celles situées de l'autre côté pour qu'elles soient au même niveau pour recevoir les lattes (fig. 2).

Pour terminer la fabrication des cadres, coupez les traverses du cadre du siège au même niveau que le pied arrière, tout en laissant un chevauchement de 12 mm (fig. 2). Tracez une ligne à cet endroit puis arasez à la scie à panneau ou à la scie circulaire.

Procédez de la même façon pour la fabrication des sept autres cadres.

LATTES DU SIÈGE

Les lattes du siège sont taillées dans du bois tendre poli de 75 x 25 mm. Les dimensions des cadres du siège sont prédéfinies pour que le nombre de lattes nécessaires soit toujours le même, quelle que soit la largeur finale du siège. Vous devez cependant calculer la largeur de chaque latte, laquelle dépend du diamètre intérieur du siège qui, à son tour, varie selon la taille du tronc de l'arbre.

Pour avoir les mesures de la section du siège, positionnez approximativement les huit cadres autour de l'arbre, à la distance que vous avez choisie. Tenez compte de sa croissance et du diamètre que vous souhaitez donner à votre banc.

FABRICATION DES LATTES DU SIÈGE

Après avoir défini l'espacement entre les cadres du siège, mesurez la distance séparant le milieu des pieds arrière, à hauteur du siège et calculez la moyenne (« x » sur la fig. 3). Cela déterminera la longueur du chant intérieur des lattes placées le plus au fond du siège (dans notre exemple, elles mesurent 38 cm).

Reportez la longueur « x » sur le chant arrière d'une latte en bois et, avec une fausse équerre coulissante, dessinez des angles de 112° 30' à chaque extrémité. Vous pouvez alors vous servir de cette latte pour dessiner le plan grandeur nature d'une section du banc (fig. 4) ce qui vous permettra de tailler les cinq autres lattes du siège à la bonne longueur.

Pour faire le plan grandeur nature, marquez les mesures arrière en utilisant comme modèle la latte située le plus au fond pour vous guider dans le tracé des angles. Prolongez les lignes d'angle et vérifiez avec une fausse équerre coulissante que l'angle fait bien 112° 30'. Pour en revenir au cadre du siège, mesurez la distance séparant le milieu du pied arrière de la partie antérieure du cadre (« y » sur la fig. 3). Sur le plan grandeur nature, portez la longueur « y » sur les côtés des angles en ajoutant 2 cm pour prendre en compte l'épaisseur approximative de la planche de tablier sur la façade du siège. Reliez le tracé « y » plus 2 cm à la partie antérieure du plan, en parallèle à la ligne arrière, pour obtenir le chant frontal du siège.

Vous pouvez maintenant définir l'espacement entre les lattes. Positionnez la latte située la plus au fond sur le plan grandeur nature et taillez approximativement cinq autres lattes, en ayant soin de les couper à une longueur supplémentaire. Rassemblez les lattes contre celle qui se trouve le plus au fond, mesurez la distance qui reste vers la ligne frontale du siège et divisez par cinq pour obtenir l'espacement entre chaque latte. À ce stade, si vous voulez agrandir cet espace, rabotez le chant de la latte située la plus au fond pour réduire sa largeur.

Prenez une des lattes et un tasseau d'espacement et coupez à la largeur de l'espace calculé. Dessinez la position des six autres lattes sur le plan grandeur nature. Le plan vous fournira alors la longueur exacte de toutes les lattes pour chaque section du siège.

Taillez toutes les lattes d'une section du siège, mais coupez à 2 mm à l'intérieur de chaque ligne tracée de façon à créer un espace entre les extrémités des lattes. Prenez comme modèle les lattes taillées pour le premier cadre du siège pour couper celles des autres

3 **Mesure des lattes du siège : mesurez la distance séparant le milieu des pieds arrière et la hauteur du siège (« x ») pour obtenir la longueur de la latte du fond. Mesurez ensuite la distance entre le milieu du pied arrière et du pied frontal du cadre (« y ») pour calculer les espacements entre les lattes.**

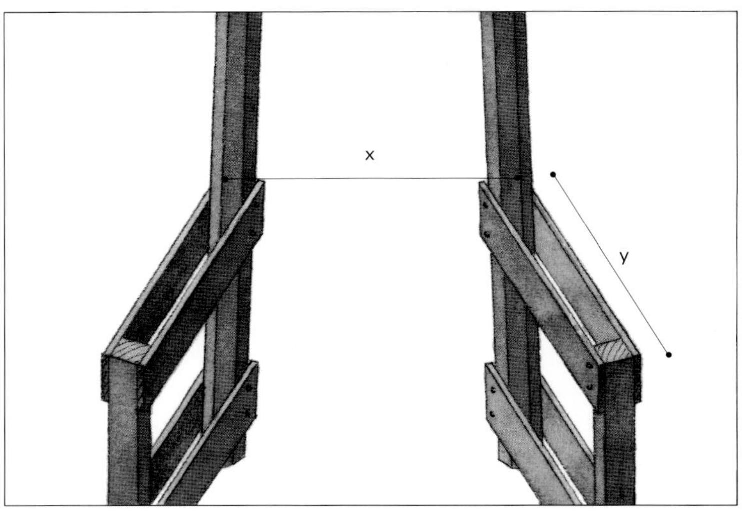

4 **Plan grandeur nature d'une section du siège : marquez la longueur « x » et dessinez les lignes « y » en ajoutant 2 cm à chaque extrémité. Rassemblez six lattes sur le plan, mesurez la distance restant par rapport à la partie frontale et divisez par cinq pour obtenir les espacements. Coupez les pièces d'écartement.**

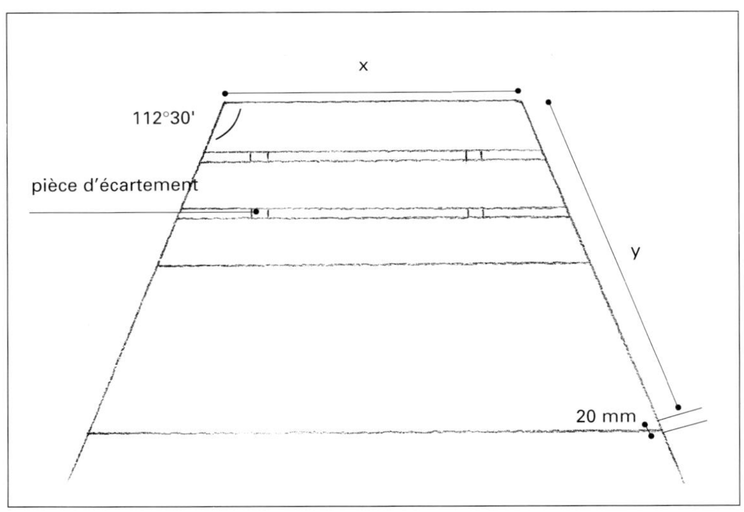

BANQUETTE OCTOGONALE

FIXATION DES LATTES DU SIÈGE

Posez d'abord les lattes du fond. Placez la première latte en travers, à l'arrière des deux cadres du siège, avec un espacement de 2 mm à l'intérieur, par rapport au milieu des pieds arrière. Puis collez et vissez la latte aux traverses du cadre du siège supérieur, en utilisant une vis à chaque extrémité (fig. 1).

Prenez un autre cadre de siège et une autre latte de fond et espacez de la même façon. Collez et vissez comme précédemment.

Procédez de la même façon avec deux groupes de trois sections chacun. Il est très important de n'assembler à sec que deux sections opposées, car il faudra enlever les lattes sur deux côtés opposés de la structure pour fixer le siège autour de l'arbre.

Pour le montage des autres lattes, alignez la latte la plus courte avec celle du fond (fig. 2). Un tasseau d'espacement placé entre elles, alignez une des extrémités de la nouvelle latte avec un tasseau placé contre une des extrémités de la latte déjà fixée. Collez et vissez-la sur la traverse du cadre supérieur, à chaque extrémité.

Poursuivez le travail tout autour, avec la deuxième série de lattes, en continuant d'assembler à sec là où vous l'avez déjà fait. Procédez de la même façon, rangée par rangée, en fixant les lattes sans les coller dans les deux sections assemblées à sec.

Avant de monter les lattes de devant, assemblez les planches du tablier (fig. 3). Coupez un morceau de bois de 75 x 25 mm aux mêmes dimensions que la latte la plus longue et chanfreinez les bords à chaque extrémité pour qu'ils soient alignés avec les angles de la latte du siège. Coupez un tasseau de fixation de 25 x 25 mm à une longueur inférieure de 15 cm à celle de la planche du tablier. Collez-le et vissez-le au milieu pour assembler la planche du tablier avec la latte de devant. Le chant frontal de la latte doit être à fleur avec le parement frontal des planches du tablier. Procédez de la même façon pour poser les autres planches du tablier.

Arasez les chants frontaux des lattes de devant pour qu'ils soient lisses. Collez-les et vissez-les sur les chants frontaux des cadres, sans coller les sections assemblées à sec.

LATTES DU DOSSIER

Le dossier de chacune des sections du siège est composé de neuf lattes, coupées dans du bois tendre poli de 50 x 16 mm. Cependant, les pieds arrière étant inclinés, ces lattes ne sont pas toutes de la même longueur ; en effet, elles se racourcissent à mesure qu'elles se rapprochent de la partie supérieure.

Déterminez l'espacement des lattes de dossier et prenez du bois de récupération de cette épaisseur comme bloc d'espacement. Placez ces blocs au niveau du siège et déterminez l'espacement ; positionnez ensuite la première latte que vous laissez en surlongueur pour le moment. Alignez et marquez les extrémités sur la partie médiane des pieds arrière (fig. 4). Réglez la fausse équerre coulissante à cet angle et coupez la latte du dossier à la longueur tracée. Marquez l'angle exact et taillez les premières lattes à la bonne longueur pour les sections restantes du dossier. Collez et vissez les premières lattes du dossier sur la partie frontale des pieds arrière de toutes les sections du siège, en assemblant à sec les lattes des mêmes sections que précédemment.

Placez la latte suivante à l'aide d'un bloc d'espacement (fig. 4) et marquez les extrémités comme précédemment puis coupez à la bonne longueur. Procédez de la même façon pour les sept autres lattes et fixez-les.

Continuez de cette manière (dans notre exemple le dossier comporte neuf rangées). Si les pieds arrière font saillie au-dessus des lattes supérieures, ils peuvent être coupés à fleur avec la partie supérieure des lattes, pour leur donner une apparence plus soignée.

Démontez les joints assemblés à sec pour que le siège se divise en deux.

ASSEMBLAGE

Amenez les deux « moitiés » du siège autour de l'arbre et procédez à un réassemblage partiel, sans colle, afin de marquer l'emplacement des pieds sur le sol. Démontez à nouveau le siège.

À cet emplacement, creusez des trous pour chacun des 16 pieds, de 15 cm de diamètre et 15 cm de profondeur que vous remplissez de graviers. Ces derniers favorisent le drainage et évitent la pourriture des pieds, et facilitent la pose horizontale de la banquette.

1 **Fixation des lattes du fond** : **servez-vous du plan comme guide mais coupez les lattes en enlevant 2 mm à chaque extrémité. Espacez la latte 2 mm à partir du milieu des pieds arrière, puis fixez-la entre les deux traverses du cadre supérieur. Assemblez à sec les lattes des deux sections frontales.**

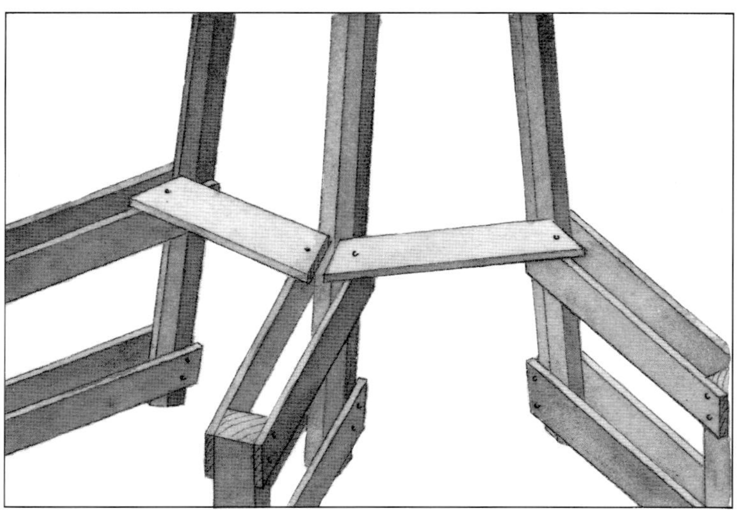

2 **Fixation des autres lattes** : **alignez la deuxième latte avec celle du fond ; positionnez les tasseaux d'écartement, alignez les extrémités de la latte avec celle du fond puis fixez-la aux traverses du cadre. Continuez à travailler en rond en prenant toujours la latte de longueur supérieure.**

FINITION

Avant de peindre, traitez le bois avec un enduit protecteur de bonne qualité qui, une fois sec, peut être peint – la plupart des enduits verts et de couleur claire appartiennent à cette catégorie. Nous en avons appliqué deux couches, en les laissant sécher, et nous avons fait tremper les pieds dans le produit pendant quelques jours.

Une fois le produit sec (il faut au moins une semaine), on peut peindre la banquette. Nous avons utilisé une peinture microporeuse ne nécessitant pas de première couche (excepté l'enduit de protection) et conçue pour l'extérieure. La banquette peut être traitée avec une teinture hydrofuge si vous préférez une finition « couleur bois ».

Vous pouvez enfin assembler la banquette autour de l'arbre. Veillez à ce qu'elle soit bien enfoncée dans le gravier et qu'elle soit parfaitement horizontale. Tous les joints peuvent être collés lors de l'assemblage définitif ; vous pouvez aussi laisser deux sections de lattes « sèches » ce qui vous permettra, le cas échéant, de déplacer facilement la banquette.

3 Fabrication du tablier. En haut : servez-vous d'un tasseau de fixation pour fixer le tablier sur la latte de devant. En bas : chant frontal arrondi.

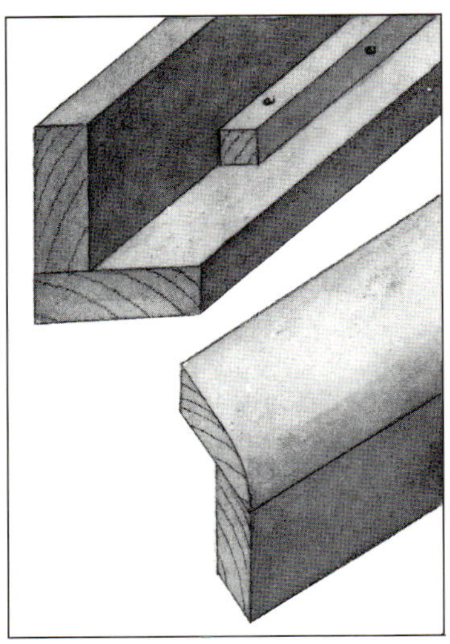

4 Espacement et fixation des lattes du dossier : les lattes du dossier sont en surlongueur. Positionnez-les en vous servant de tasseaux d'espacement, et alignez les extrémités avec le milieu des pieds arrière. Marquez-les. Coupez les lattes à leur longueur définitive puis collez-les et vissez-les.

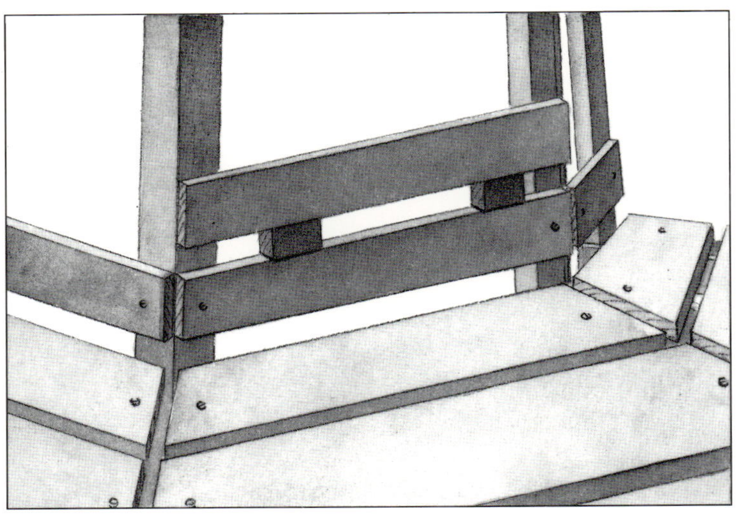

TONNELLE

Dans un jardin, la tonnelle est un élément de décor original qui permet de mettre en valeur les plantes tout en leur offrant des conditions idéales pour qu'elles s'épanouissent (lumière et air).

Sa structure est souvent métallique, mais ici, l'ossature simple mais élégante est faite de tubes en cuivre et de poteaux rustiques en bois que vous trouverez dans tous les magasins de bricolage. Sa construction est assez rapide et facile à exécuter.

Les trois sections de la tubulure (que l'on a frottée avec du fondant pour lui donner une couleur verte) sont coupées exactement à la même longueur et recourbées à la forme requise à l'aide d'une pièce courbe de panneau latté ou de panneau en fibres de bois utilisée comme matrice. Des trous sont percés à environ 10 cm les uns des autres le long des tubes. Des fils métalliques recouverts d'un fin plastique vert sont passés dans les trous pour servir de support aux plantes.

Étant donné le nombre important de poteaux à enfoncer dans le sol, il est beaucoup plus facile d'utiliser des supports à pointes d'acier et des socles. Les pointes métalliques s'enfoncent facilement et l'extrémité des poteaux peut être glissée dans le patin et maintenue en place.

Les traverses verticales et transversales doivent être traitées avec un enduit protecteur et le brun foncé obtenu offre un contraste harmonieux avec le vert du cuivre.

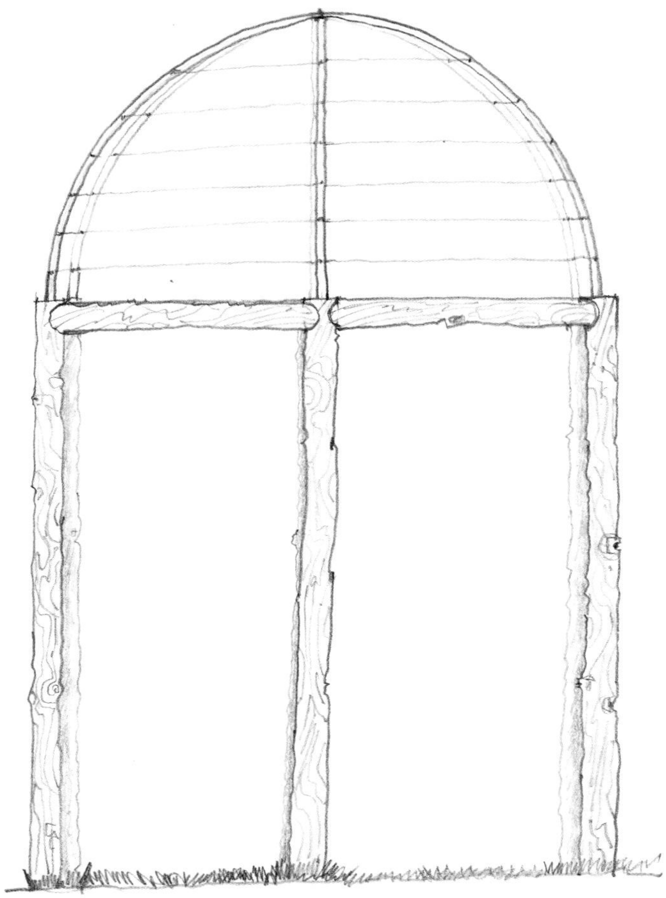

TONNELLE

Cette tonnelle est composée de six poteaux rustiques en bois prétraité, enfoncés dans le sol à intervalles égaux et reliés par des traverses transversales. Ils sont ensuite recouverts d'un dôme fabriqué avec des tubes en cuivre. Si vous passez du fondant sur ces tubes, cela leur donnera une patine verte. Les fils métalliques sont passés autour de la tubulure pour servir de supports aux plantes grimpantes.

CHÂSSIS EN BOIS

La hauteur du châssis peut varier légèrement. Cependant, les poteaux doivent être au minimum à 2 m du sol, sinon certaines personnes risqueraient de se cogner la tête aux traverses transversales. Pour une question de stabilité, la hauteur des poteaux ne doit pas dépasser 2,5 m.

PRÉPARATION DE L'EMPLACEMENT

Choisissez un endroit plat et, à l'aide de pieux et d'un cordeau, marquez la forme hexagonale (fig. 1). Les poteaux sont placés à 1 m du centre et espacés de 1 m. Il y a donc deux mètres entre deux poteaux opposés. Il est indispensable que leur position soit marquée avec précision.

Creusez des trous d'une profondeur de 60 cm pour les poteaux. Vous pouvez le faire avec une bêche étroite ou, si vous en avez la possibilité, avec une machine à percer les trous de poteaux que vous enfoncez dans le sol et que vous retirez pour enlever les déblais de terre. Remplissez le fond de chaque trou (15 cm) avec du ballast pour assurer un bon drainage et empêcher la pourriture des poteaux.

FABRICATION DE L'OSSATURE

Fabriquez six formes en L composées d'un poteau et d'une traverse transversale de la façon suivante : placez les deux poteaux dans les trous voisins et maintenez-les verticalement. Mesurez la distance interne entre eux et ajoutez 50 mm pour prendre en compte la forme de l'extrémité des traverses transversales. Enlevez les poteaux.

Prenez une scie sauteuse pour couper en arrondi l'extrémité des traverses transversales afin qu'elles s'adaptent contre les côtés des poteaux. Vous pouvez aussi utiliser une égoïne pour couper les formes en V.

En haut des poteaux, dessinez des angles de 60° pour aligner les traverses transversales (fig. 2, ci-dessous). Prolongez les lignes vers les côtés opposés du poteau pour trouver la position des tourillons. Coupez des tourillons de 150 mm.

Posez un poteau sur un endroit plat du sol. Placez une traverse transversale contre le poteau et percez dans le poteau et la traverse le trou du tourillon (fig. 3). Le tourillon doit pénétrer la traverse d'environ 50 mm. Fixez le tourillon avec de la colle à bois hydrofuge. Renouvelez l'opération pour les cinq autres formes en L.

CONSTRUCTION DU CHÂSSIS

Placez les deux poteaux dans leurs trous et alignez la traverse transversale placée entre eux. Prenez une règle de précision et un niveau à bulle pour aligner les poteaux – si nécessaire, ajoutez ou enlevez un peu de ballast. Percez dans le poteau « libre » et dans l'extrémité de la traverse transversale pour l'aligner avec les angles tracés au-dessus. Assemblez le poteau « libre »

MATÉRIAUX

Pièces	Quantité	Matériaux	Longueur
Poteaux	6	poteaux rustiques traités ; diamètre 75-100 mm	2,4 m
Traverses transversales	6	poteaux rustiques traités ; diamètre 50-75 mm	au choix
Barres du dôme	3	tubulure en cuivre ; diamètre 22 mm	au choix
Indispensables également : 2 m de tourillons en bois dur de 12 mm de diamètre.			

OUTILS

- Établi (fixe ou portatif)
- Bêche ou machine à percer les trous de poteaux
- Scie à panneau
- Niveau à bulle
- Règle en acier
- Scie sauteuse
- Perceuse électrique
- Marteau
- Tournevis
- Tenailles
- Scie à métaux
- Serre-joints
- Pelle

1 **Plan au sol : les poteaux sont espacés de 1 m ; marquez le centre et tracez des lignes (angle de 60°).**

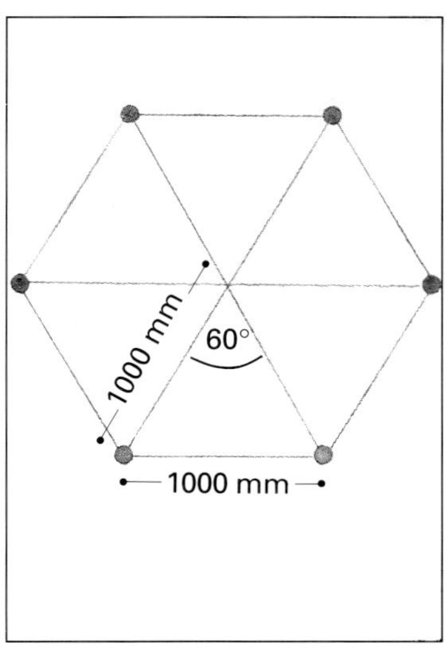

2 **Façonnage des traverses transversales : anglez leur extrémité pour qu'elles s'adaptent aux poteaux. Utilisez la scie sauteuse ou l'égoïne.**

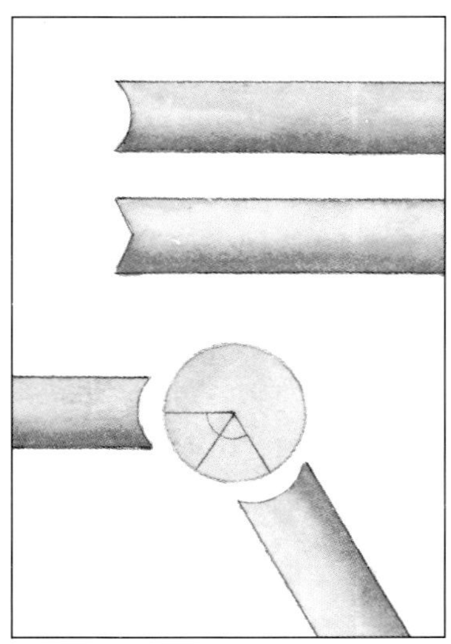

3 **Fixation des traverses transversales : percez-les ainsi que les poteaux. Insérez les tourillons. Des vis inclinées les maintiennent en place.**

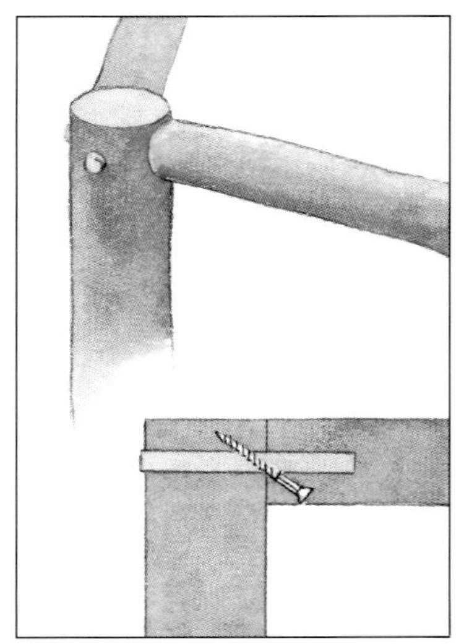

et la traverse transversale avec le tourillon, comme précédemment (fig. 3).

Continuez à assembler les sections en L, en vérifiant que les poteaux sont à la même hauteur, puis sciez la partie saillante des tourillons pour qu'elle soit à fleur avec les poteaux.

Pour renforcer l'assemblage, prenez une vis de 75 mm que vous insérez en diagonale dans chacune des traverses transversales (fig. 3).

Enfin, attachez du fil métallique autour de l'extrémité supérieure des poteaux, en la maintenant à l'aide d'agrafes de 38 mm. Pour que le fil soit bien tendu, tordez ensemble ses deux extrémités avec des tenailles.

LE DÔME

Dessinez un demi-cercle sur un panneau en contre-plaqué (fig. 4) à l'aide d'un crayon et d'un morceau de ficelle qui servira de compas. Vous aurez ainsi la section du dôme. Marquez ensuite à 15 cm les centres représentant la position des trous dans lesquels les fils métalliques seront filetés.

Prenez un morceau de contre-plaqué de 19 mm pour fabriquer une matrice permettant de recourber le tube. Tracez la courbe sur la matrice et découpez avec une scie sauteuse.

PLIAGE DU TUBE

Coupez la tubulure à la bonne longueur avec une scie à métaux. Les tubes utilisés ont une longueur de 3,14 m. Le cuivre devant être plié un peu plus que l'arc, amenez-le à 38 mm à chaque extrémité.

Maintenez la matrice dans l'établi et pliez le morceau de tube autour d'elle. Vous aurez besoin d'aide et chacune des personnes devra exercer une légère pression pour que le tube s'adapte à la forme de la matrice. Si les extrémités perdent leur forme, utilisez un ressort de pliage pour tuyau interne de 22 mm.

Posez le tube recourbé sur le profil initial du dôme et marquez les espaces de 15 cm sur le tube. Percez dans le tube des trous de 3 mm de diamètre sur ces marques.

Pliez les autres tubes en suivant la forme de la matrice puis percez comme précédemment. Marquez toujours les espaces à partir du profil initial du dôme.

ASSEMBLAGE DU DÔME

Marquez le point central de chaque tube, puis aplatissez-le avec un marteau pour pouvoir percer un trou de 6 mm de diamètre dans chaque pièce (fig. 5). Boulonnez les pièces ensemble.

Percez ensuite un trou de 25 mm de diamètre et de 50 mm de profondeur au centre de la partie supérieure de chaque poteau.

Vous pouvez alors soulever le dôme sur le haut des poteaux et loger l'extrémité du tube dans les trous (fig. 6).

Passez le fil métallique dans chacune des rangées de trous et nouez.

Pour fixer le dôme aux poteaux, percez dans le tube horizontalement au-dessus de chaque poteau et glissez un clou de 50 mm.

Faites un mélange de béton maigre (proportions : sable = 5, ciment = 1) et versez-le dans les trous avec des graviers. Tassez-le, puis formez un collier convexe pour que la pluie s'évacue.

ASSEMBLAGE DE LA TONNELLE

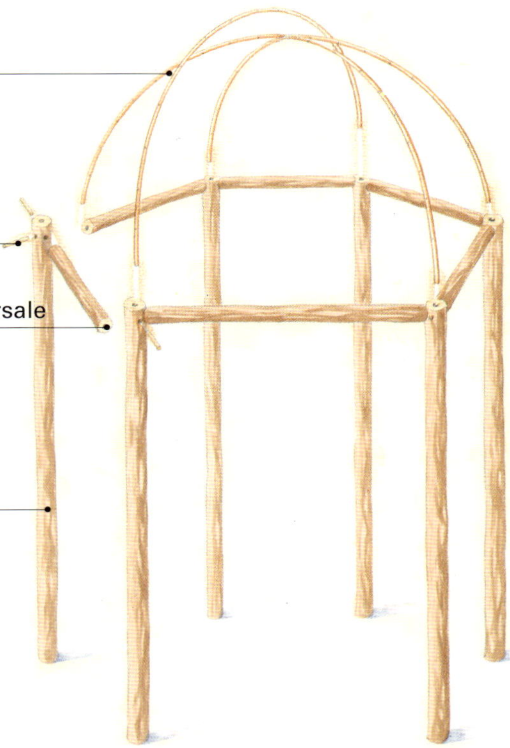

4 Section du dôme : marquez les espacements. Reportez la section de la courbe sur le contre-plaqué pour faire une matrice.

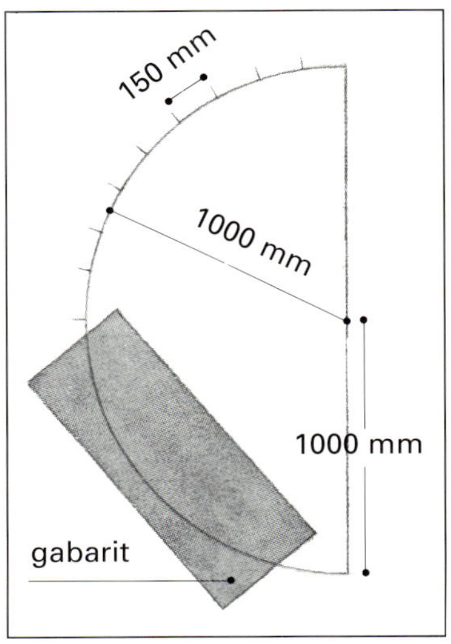

5 Fixation du dôme : aplatissez le centre des tubulures puis percez un trou de 6 mm de diamètre. Boulonnez-les ensemble.

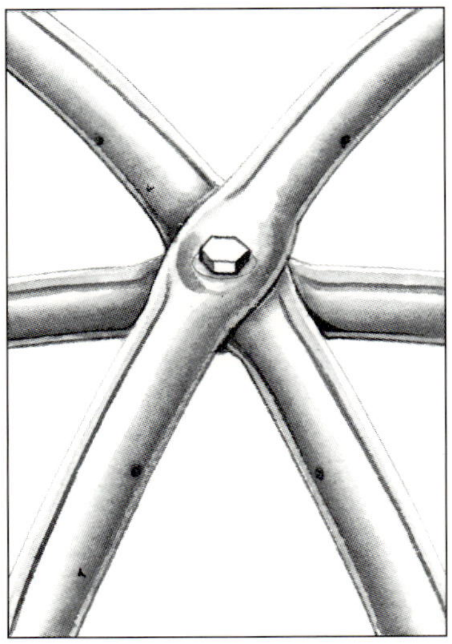

6 Fixation du dôme aux poteaux : percez un trou au centre, en haut de chaque poteau. Glissez le dôme et enfoncez un clou dans le tube.

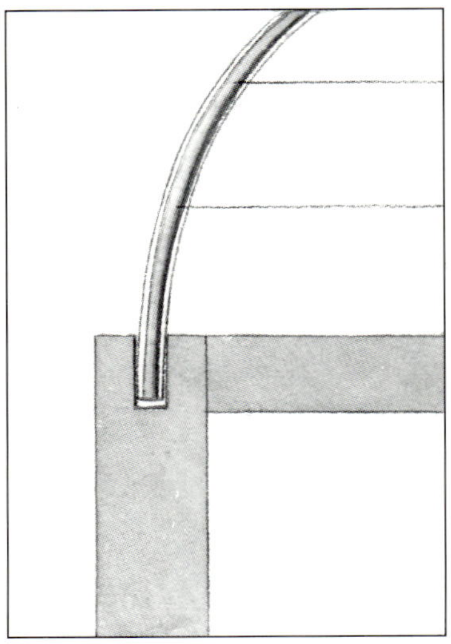

PERGOLA

Dans un petit jardin, une pergola ajoute un élément d'architecture qui donne du relief à l'ensemble de votre décor, surtout si vous l'installez au centre. Dans un jardin plus grand, on peut élargir la pergola pour créer un vrai chemin, un lieu abrité qui contraste avec les espaces ouverts de la pelouse et des massifs de fleurs. On peut aussi faire varier sa longueur mais celle-ci ne doit toutefois pas être inférieure à trois éléments si vous voulez que le projet soit vraiment attrayant.

Pour définir la structure et les dimensions de la pergola, basez-vous sur celles des panneaux des treillages standard qu'il est plus économique d'acheter.

Pour assembler la structure, le plus simple est de construire d'abord le cadre supérieur, puis d'ajouter des étais pour former un toit en pyramide. Il faut alors marquer la position des montants sur le sol, à l'endroit où vous voulez les installer et planter les supports d'acier en pointe ou les patins en métal.

L'étape finale est la couverture par un treillage de la partie externe de la structure. Vu latéralement, le mur en treillage semblera continu mais, le treillage étant lui-même fixé sur les baies de façon alternée, vous pouvez entrevoir votre jardin lorsque vous marchez sous la pergola. Même sans plantes, la pergola a son charme, surtout si vous la peignez d'une jolie couleur. Si vous voulez recouvrir le toit de plantes, il vous suffit d'agrafer un fil métallique autour de la pyramide.

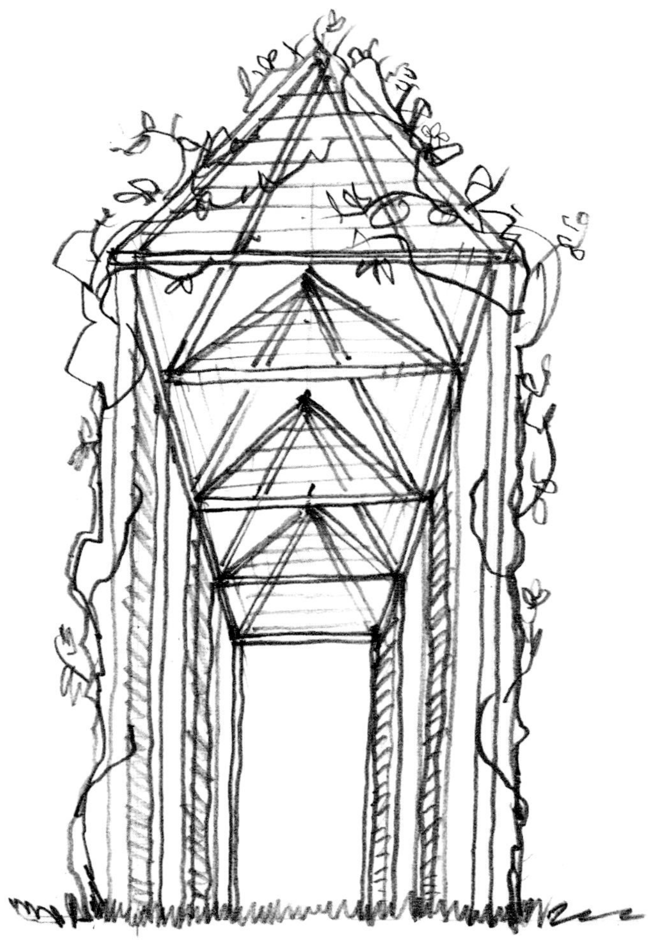

PERGOLA

Le cadre léger de cette pergola peut être construit sur une allée de jardin ; un treillage, facile à fabriquer à l'aide de fils métalliques, agrémenté de plantes grimpantes colorées et odorantes, formera un chemin couvert agréable. Les clématites, notamment les espèces à petites fleurs (*montana* et *Armandii*), les hortensias grimpants (*petiolaris*) et les fleurs au parfum sucré tels le jasmin, le chèvrefeuille et la glycine conviennent très bien à ce type de décor. Le lierre pousse très vite mais est envahissant ; essayez plutôt la vigne de décoration dont les feuilles prennent de magnifiques couleurs à l'automne.

Le « toit » est composé d'une série de pyramides simples installées sur le châssis en bois et fixées en haut des poteaux de clôture, eux-mêmes maintenus verticaux par des supports en acier plantés dans le sol. Les fils métalliques, sur lesquels pousseront les plantes grimpantes, sont montés autour des pyramides et les panneaux des treillages fixés sur les côtés entre les poteaux de soutien.

Ces panneaux se vendent en général en largeur de 1,83 m et en hauteur de 60, 90 et 122 cm. Pour la réalisation de ce projet, on retourne les panneaux pour obtenir une hauteur de 1,83 m et une largeur de 1,22 m.

Les dimensions des panneaux des treillages sont définies par la taille de la pergola. Dans notre exemple, sa largeur est de 1,22 m et l'espace entre les poteaux est de 1,22 m. Il est préférable de conserver ces dimensions pour que la « base » de chaque pyramide soit carrée et s'assurer que les étais sont bien proportionnés par rapport au châssis principal. La hauteur des poteaux est de 2 m ce qui signifie que le treillage doit être à 17 cm du sol. Dans notre exemple, par souci d'esthétique, les treillages sont montés en alternance, toutes les deux baies. Cette pergola comporte quatre baies mais vous pouvez aussi la fabriquer avec un nombre supérieur ou inférieur de baies.

Le bois utilisé est du bois tendre scié et prétraité avec un enduit protecteur, comme celui utilisé pour les clôtures.

Des fils métalliques sont agrafés autour des étais pour permettre aux plantes grimpantes de s'accrocher et de former un toit de verdure.

MATÉRIAUX

Le matériau utilisé est du bois tendre scié et prétraité avec un enduit protecteur.

Pièce	**Quantité**	**Matériaux**	**Longueur**
Traverses longues	2	75 x 50 mm	5,25 m
Traverses transversales	5	*Id.*	1,20 m
Étais pour les pyramides	16	75 x 25 mm	1,35 m *
Poteaux	10	75 x 75 mm	2 m
Panneaux de treillages	8		hauteur 183 x 120 cm
Supports des poteaux	10		
Fil métallique	1 grande bobine		
Vis		acier galvanisé	50 mm n°8
Agrafes		galvanisées, type clôture	19 mm

* Longueur approximative - mesurez et coupez sur place pour plus de précision

OUTILS

- Établi (fixe ou portatif)
- Mètre à ruban métallique
- Règle en acier
- Équerre
- Équerre à combinaisons (pour marquer les angles à 45°)
- Scie à panneaux (ou scie électrique circulaire)
- Scie à tenons
- Trusquin à tracer
- Perceuse électrique
- Foret (environ 3 mm de diamètre pour percer les trous de guidage des vis)
- Marteau de forgeron
- Marteau de charpentier
- Ciseau à bois (25 mm environ)
- Maillet

ASSEMBLAGE DE LA PERGOLA

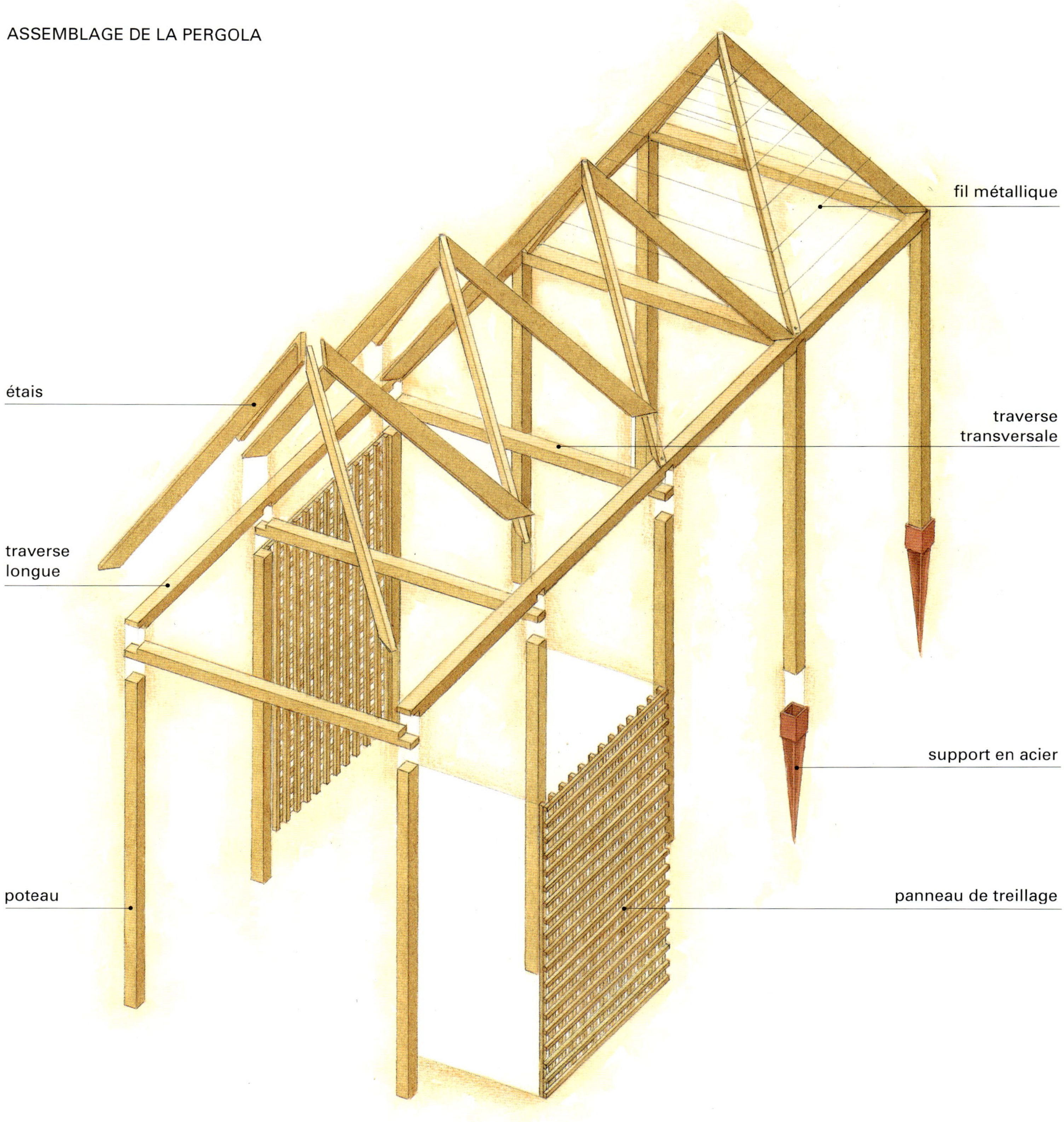

PERGOLA

CHÂSSIS SUPÉRIEUR

Fabriquez d'abord le châssis supérieur sur lequel les « toits » en pyramide seront fixés et qui sera soutenu par les poteaux verticaux. Les traverses longues supérieures sont faites de bois scié prétraité de 75 x 50 mm, d'une pleine longueur (si vous fabriquez une pergola avec les mêmes proportions que celles indiquées ici, la longueur sera celle des quatre panneaux de treillage à laquelle s'ajoute la largeur des cinq poteaux de 75 mm). Si vous ne trouvez pas de pièce de bois de cette longueur, vous pouvez assembler bout à bout deux morceaux de longueur inférieure par un joint à recouvrement ou un joint à mi-bois (voir *Techniques, Assemblages du bois*, p. 242).

Coupez les traverses à la largeur voulue, dans notre exemple 1,37 m (l'écartement entre les deux poteaux plus leur épaisseur.

Marquez la position des poteaux sur les traverses longues en prenant en compte la largeur des panneaux de treillage. Les intervalles internes sont de 1,22 m. Coupez les joints à mi-bois aux endroits adéquats sur les traverses longues et à l'extrémité des traverses transversales pour former des joints à mi-bois en coin sur les traverses transversales à chaque extrémité (fig. 1) et des joints à mi-bois en T sur les traverses intermédiaires (voir *Techniques*, p. 242). Assemblez de façon à ce que les traverses longues soient en haut.

Vissez les joints les uns avec les autres dans les traverses transversales en partant de la surface inférieure.

SECTIONS DES TOITS « EN PYRAMIDE »

Pour connaître la longueur exacte des étais de la pyramide, mesurez la diagonale de la base du châssis. Marquez cette longueur sur un sol plat et tracez des lignes de longueur égale, perpendiculaires à cette première ligne à chaque extrémité pour obtenir le sommet de la pyramide. Vous connaîtrez ainsi les longueurs de bois de la structure formant la pyramide. Ces mesures devraient plus ou moins correspondre à la longueur des traverses transversales.

Coupez le nombre d'étais nécessaires, à une longueur légèrement supérieure à la longueur définitive, puis taillez-les en onglets à 45° aux deux extrémités dans des directions opposées. Coupez-les à leur longueur définitive.

Pour assembler, maintenez deux des étais dans un étau pour que les faces en onglet d'une extrémité se rencontrent. Vissez de chaque côté avec des vis à bois galvanisées n°8 de 50 mm (fig. 2).

Maintenez ce cadre vertical dans un établi, posez un troisième étai contre le joint et percez à environ 45° dans l'autre cadre (fig. 3). Renouvelez l'opération pour le quatrième étai (fig. 4).

Fabriquez le nombre de structures pour pyramide que vous désirez construire. Elles sont fragiles et doivent être maniées avec précaution.

Placez chaque pyramide sur la partie supérieure du châssis et fixez-la avec une vis à chaque angle (fig. 5). Cette structure sera solide. Recommencez l'opération pour toutes les pyramides.

Agrafez les fils métalliques sur les pyramides à intervalles de 15 cm.

FIXATION DES POTEAUX ET ASSEMBLAGE FINAL

Installez la structure supérieure dans sa position définitive et marquez au sol la position des poteaux de clôture. Ils sont espacés de 1,22 m (dimension interne des intervalles) pour pouvoir coïncider avec les traverses transversales.

Le moyen le plus simple pour fixer les poteaux est d'utiliser des supports en acier. Les poteaux se glisseront dans les socles fixés en haut des supports.

Tendez un cordeau le long de la ligne des poteaux. Il vous aidera à les aligner et à vous rendre compte des différents niveaux. Enfoncez l'extrémité du support dans le sol et vérifiez sa verticalité avec un niveau à bulle. Pour l'enfoncer, il est nécessaire d'utiliser un marteau lourd, un marteau de forgeron par exemple. Insérez une courte longueur du poteau en bois de 75 x 75 mm dans le socle pour protéger le support des coups de marteau ou utilisez un outil de creusement recouvert de métal et équipé d'un manche à pinces vous permettant de le stabiliser et de l'empêcher de se tordre.

Enfoncez le support dans le sol avec le marteau. Insérez les poteaux dans les socles, à intervalles réguliers, et vérifiez, en posant le niveau à bulle sur les deux faces adjacentes, que la pointe s'enfonce verticalement.

1 Assemblage des traverses du châssis supérieur : elles forment des joints d'angle à mi-bois aux bords et en T aux points intermédiaires.

2 Assemblage des deux premiers étais : taillez en onglets à 45° leurs extrémités et coupez en bout les faces. Vissez à angles obliques.

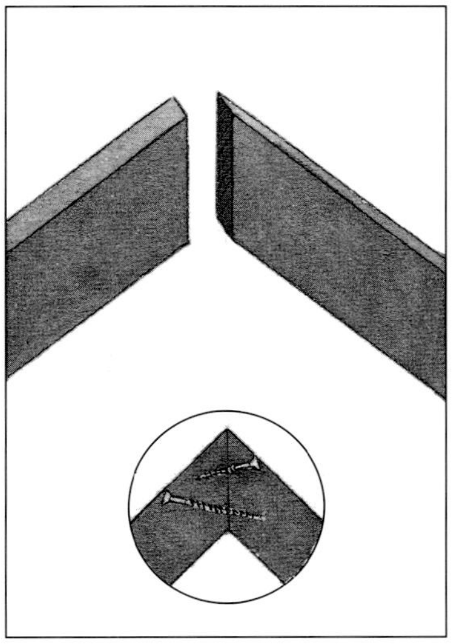

3 Ajouts des autres étais : maintenez le châssis dans l'établi. Vissez les côtés du 3ème étai dans la face du joint ; même opération pour le 4ème.

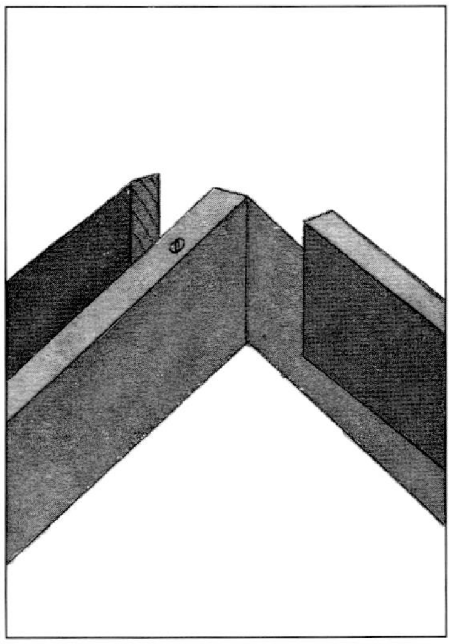

4 Sommet de la pyramide terminée : les joints finis forment le sommet. En médaillon : des vis inclinées fixent le 3ème et le 4ème étais aux deux premiers.

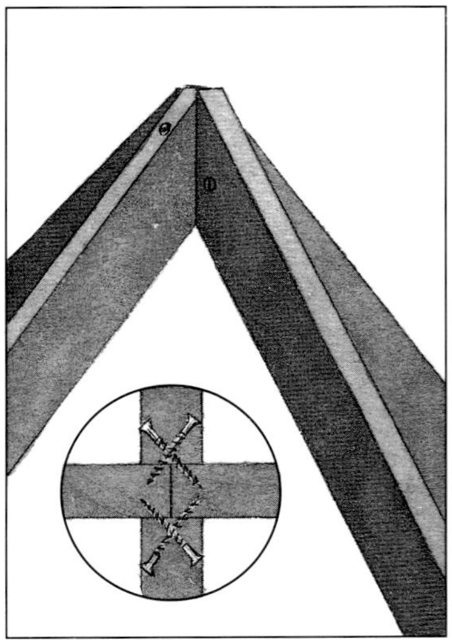

Quand les supports sont enfoncés, on peut installer les poteaux. Certains socles comportent deux boulons qu'il faut serrer pour maintenir les poteaux, tandis que d'autres ont de grandes vis. Vérifiez que les poteaux sont verticaux et avec un morceau de bois droit et un niveau assurez-vous que la partie supérieure des poteaux est au même niveau. Sur les terrains plats ou légèrement en pente ce sera facile ; en revanche, sur les terrains très inclinés, il est normal que les parties supérieures des poteaux suivent la déclivité. Prenez un morceau de ficelle ou un long tasseau pour mettre à niveau le haut des poteaux qui peuvent être coupés à la bonne longueur, avec une égoïne si nécessaire.

L'étape suivante est la fixation du treillage entre les poteaux (nous ne l'avons fixé qu'une baie sur deux). Placez des briques sur le sol pour soutenir les panneaux de treillage à environ 15 cm du sol. Nous avons utilisé des attaches métalliques pour maintenir les panneaux et ces attaches ont d'abord été clouées aux poteaux pour qu'elles soient verticales et enfoncées à la même longueur (environ 25 mm). Les panneaux sont alors soulevés et mis en place. Vérifiez que les traverses horizontales des panneaux sont à niveau. Fixez ensuite les panneaux aux attaches avec des vis galvanisées (voir *Techniques*, p. 251).

Si vous le souhaitez, les panneaux de treillage peuvent être fixés directement aux poteaux. Placez-les à niveau comme indiqué ci-dessus, puis percez les cadres latéraux des panneaux afin que des clous de clôture galvanisés de 75 mm de long puissent être enfoncés d'abord dans les panneaux, sans les fendre, puis dans les poteaux. Trois fixations sont nécessaires sur chacun des côtés pour un treillage de 1,83 m de hauteur.

Vous aurez besoin d'aide pour soulever les toits en pyramide sur les poteaux. Ajustez le toit pour que les poteaux verticaux coïncident avec les joints des traverses d'angle et transversales, puis clouez en biais le cadre sur l'extrémité des poteaux avec deux clous de 100 mm dans le cadre du haut et dans chacun des poteaux (voir *Techniques*, p. 241).

5 Fixation des pyramides au châssis : vissez-les au châssis supérieur à l'aide d'une vis à chaque angle enfoncée dans les traverses du châssis.

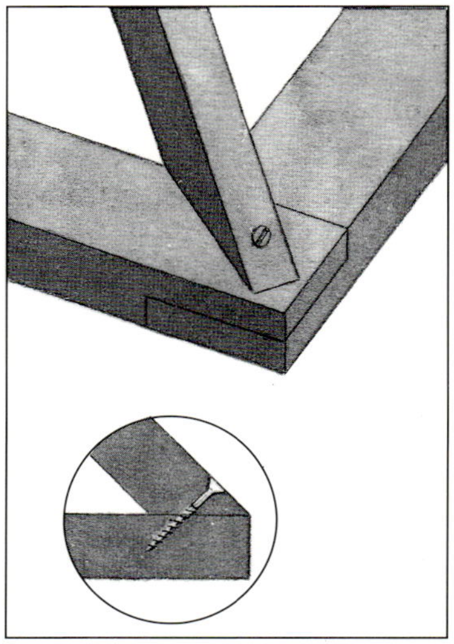

PAVILLON D'ÉTÉ

L'espace supplémentaire que procure un pavillon est toujours très agréable. C'est l'endroit idéal pour entreposer les outils de jardin, les bulbes, les graines, pour rempoter ou accomplir tout autre travail lié au jardin. Il n'est cependant pas obligatoire de l'utiliser uniquement comme lieu de rangement. Il est facile, en effet, d'imaginer d'autres fonctions pour ce type de structure : un atelier d'artiste, une annexe pour les invités et, le *nec plus ultra*, une maison de jeux pour les enfants. Vérifiez toutefois s'il vous faut un permis de construire avant d'effectuer les travaux. Le pavillon devient un lieu privilégié si vous l'aménagez en bureau ou en cabinet de travail. Pour les personnes travaillant à domicile, il permet de séparer le lieu de travail de la maison.

La construction d'un pavillon peut être une perspective décourageante pour beaucoup de bricoleurs non expérimentés ; mais en fait, ce projet ne réclame ni adresse, ni compétences particulières. Il est à la portée de chacun et ne nécessite pas l'habileté indispensable que réclame la fabrication des meubles. Il ne présente aucun assemblage compliqué et les techniques utilisées sont, pour la plupart, connues de tous. Le coût des matériaux (que vous vous procurerez aisément) est assez raisonnable, à moins que l'on évalue très cher le temps passé et son propre travail. Le temps est la principale contrainte. En travaillant seul le soir et les week-ends, cette construction prendra environ trois mois. À plein-temps avec une ou deux personnes, deux semaines suffiront.

Plusieurs traditions ont influencé la construction de ces abris. L'idée d'utiliser de la tôle ondulée (en fait de l'acier profilé) pour le toit nous vient des maisons de la campagne australienne. La forme du toit est inspirée du pavillon de cricket classique.

Selon l'utilisation des couleurs, la maison peut parfois prendre différents aspects : le vert et le blanc évoquent plutôt le pavillon de cricket, les tons pastel un climat de bord de mer, les bleus éclatants, les verts et les roses les Caraïbes.

Ce projet est, cependant, une entreprise de taille et il est conseillé de s'attaquer d'abord aux autres constructions décrites dans ce livre. Mais la satisfaction éprouvée est à la hauteur des exigences requises.

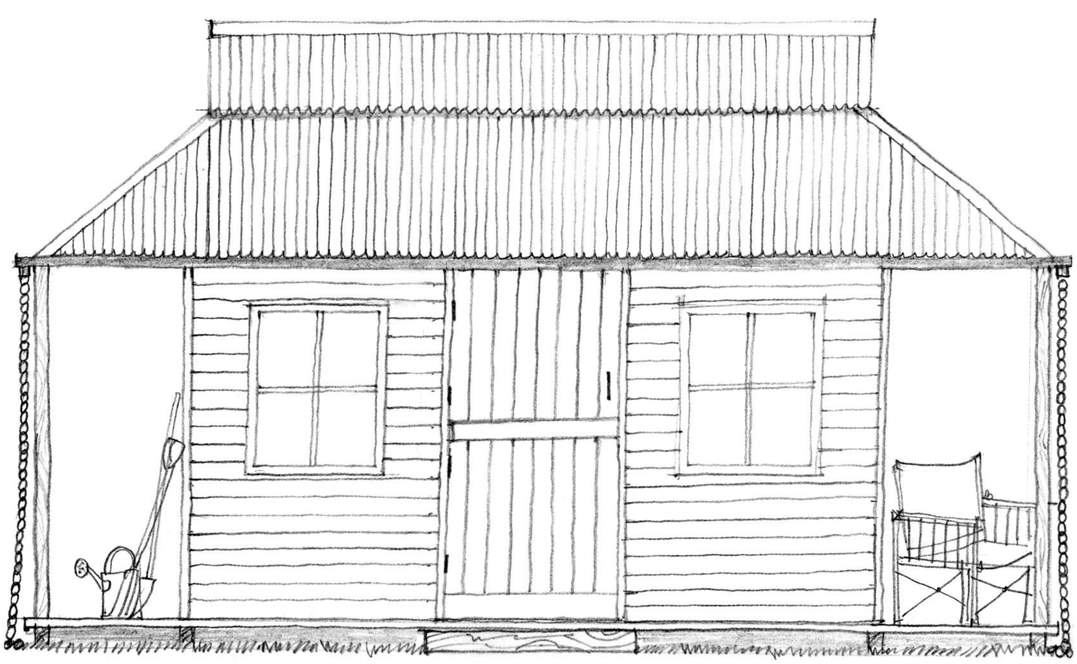

PAVILLON D'ÉTÉ

Un pavillon isolé dans une partie secrète du jardin est un refuge idéal que l'on savoure lorsqu'on veut s'éloigner de l'agitation de la maison. Sa conception révèle tout le charme et le mystère d'une cachette de jardin qui vous incite à en explorer l'intérieur. Les dimensions de la pièce sont d'environ 3,6 x 2,4 m. C'est un espace confortable, intime et chaleureux que l'on peut meubler de chaises en osier. Le prolongement du toit sur la véranda donne une impression d'espace tout en créant une zone protégée (d'une profondeur de 1 m) sous laquelle vous vous abriterez les jours pluvieux. La taille de la base dépend partiellement de la surface constructible autorisée sans permis. Consultez cependant le service d'urbanisme de votre ville car l'utilisation que vous comptez faire du bâtiment aura aussi pour conséquence l'obligation de demander ou non un permis de construire.

L'association amusante de rouge et de bleu choisie dans cet exemple met en valeur la forme et les matériaux. En jouant avec les couleurs, vous modifierez de façon significative l'aspect final du bâtiment. Vous trouverez, à la page 197, d'autres suggestions de combinaisons.

La structure de base repose sur un niveau de dalles en béton supportant lui-même des solives en bois. La véranda est fabriquée avec des lattes en bois traité alors que le sol intérieur est en contre-plaqué pour extérieur. Dans cet exemple, le plancher est peint, mais vous pouvez poser aussi de la moquette, du carrelage ou des panneaux. Il est tout à fait possible d'agrandir la surface en repoussant les murs autour de l'espace prévu pour la véranda si vous préférez avoir une plus grande pièce intérieure. Les murs intérieurs sont habillés de contre-plaqué pour consolider la structure – l'isolation se fait entre ce placage et les panneaux extérieurs. Le plafond intermédiaire est recouvert de panneaux bouvetés et isolés. La structure du toit peut rester apparente mais vous risquez une déperdition de chaleur importante en hiver. Si vous décidez de chauffer la maison, choisissez de préférence un chauffage au fuel ou un radiateur soufflant.

Les chaînes descendant des gouttières font office de tuyaux d'écoulement grâce auxquels l'eau est évacuée dans le sol où sont creusées quatre fosses d'assainissement : c'est l'une des caractéristiques des maisons japonaises.

Les illustrations ci-dessous et à droite donnent un plan général de la construction des murs arrière, frontaux et latéraux ainsi que du toit. Outre les explications et les croquis présentés dans ce chapitre, vous pouvez également consulter les parties *Matériaux* et *Techniques* (pages 232 à 235 et 236 à 253) .

Outils

- Établi portatif
- Mètre à ruban métallique
- Règle en acier
- Équerre ou équerre à combinaisons
- Fausse équerre coulissante réglable
- Scie à panneaux (ou scie circulaire)
- Perceuse électrique
- Foret – 12 mm et 3,2 mm
- Clé à écrous
- Marteau
- Chasse-clou
- Tenailles
- Ciseau à bois
- Maillet
- Pinces coupantes

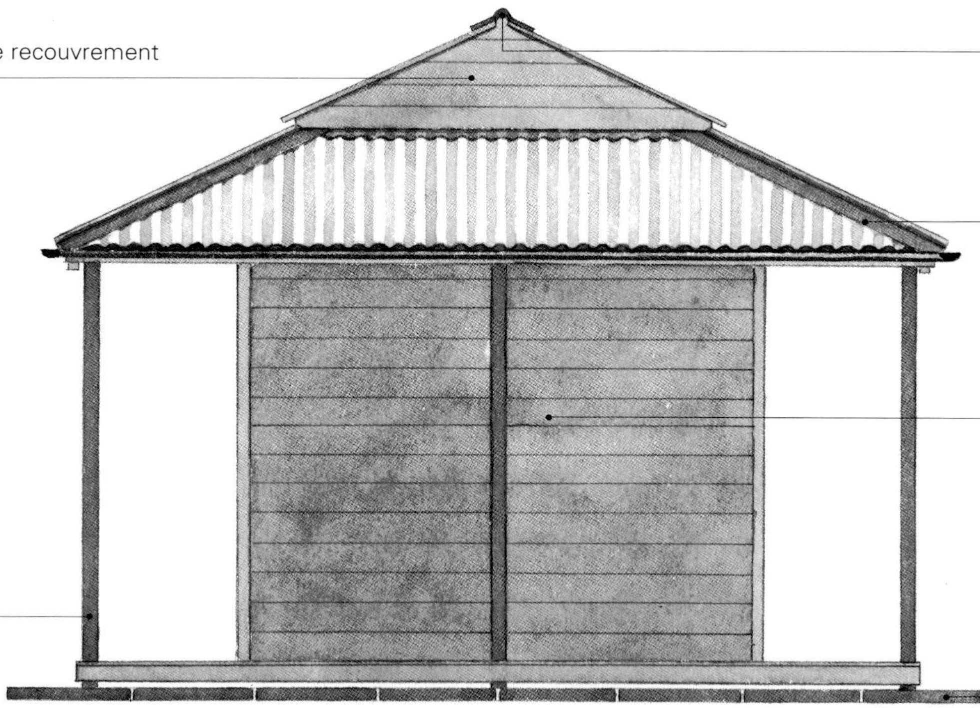
planches de recouvrement
faîtière
arêtier en plomb
planches de recouvrement
pilier
dalles

solive du plafond
ferme principale
panne intermédiaire
panne faîtière
panne du toit surélevée
empannon de la sablière principale
empannon d'extrémité
gouttière
chevron du plafond bas
remplissage
isolation
pilier
plancher en contre-plaqué
solive

PAVILLON D'ÉTÉ : FONDATIONS ET BASE

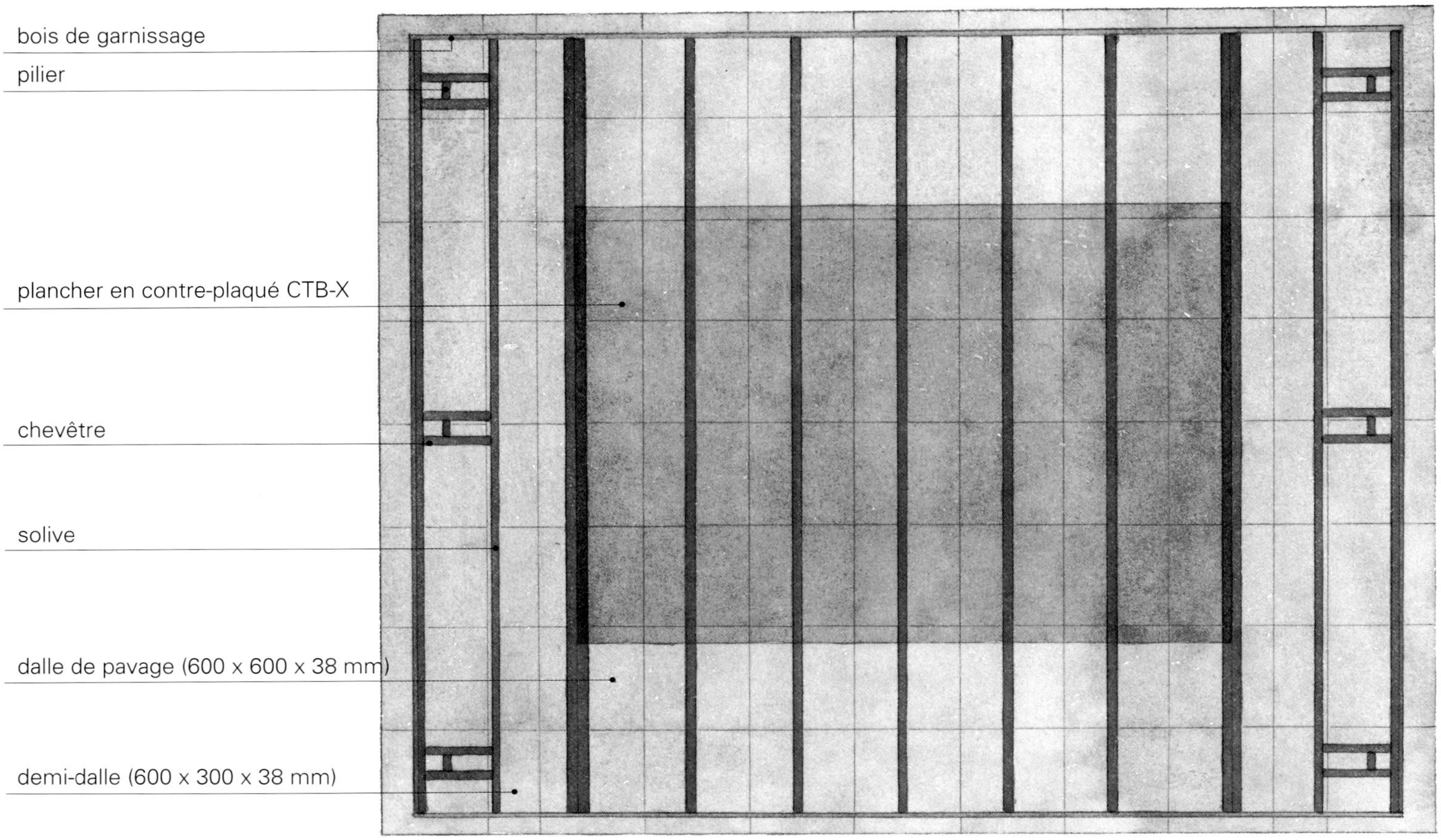

ASSEMBLAGE DE LA BASE

1 Délimitation de la base

Délimitez la base à l'aide de pieux et de cordeaux. On utilise deux tailles de dalles : 600 x 600 mm et 600 x 300 mm pour que les solives soient soutenues au centre tout en laissant une bordure étroite autour du périmètre de la maison.

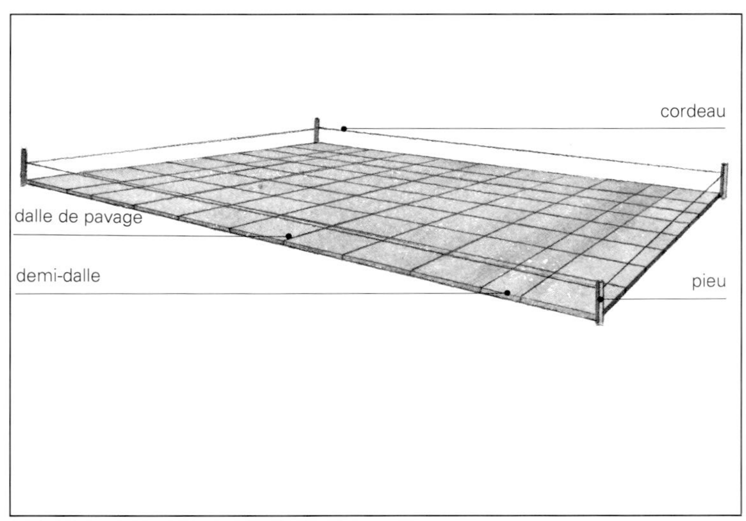

FONDATIONS ET BASE

Délimitez l'emplacement que couvrira la totalité de la base en plantant, aux quatre coins, des pieux entre lesquels vous tendez un cordeau (fig. 1). Choisissez un coin abrité du jardin : cela évitera les risques de dégâts en cas d'orage ou de vents forts. Le pavillon n'étant pas fixé au sol, son emplacement doit donc être décidé avec précision. Évitez les terrains en pente nécessitant un gros travail de terrassement avant la construction de la base à l'horizontale.

Cette base peut être en dalles de pavage ou en béton. Si vous choisissez la première solution, il vous faudra 72 dalles de 600 x 600 x 38 mm ainsi que 16 demi-dalles de 600 x 300 mm qui serviront à construire une bordure étroite autour des murs, tandis que les solives reposeront au centre sur les dalles (voir le schéma *Fondations et base* sur l'illustration ci-contre)

Posez les dalles sur une couche de ciment mélangé avec du sable liant (proportions 1-5). Il est nécessaire de faire une pente d'une déclivité de 1 à 60 entre l'avant et l'arrière pour que l'eau de pluie puisse s'écouler et qu'elle ne stagne pas le long des solives ce qui les ferait pourrir.

Si vous préférez le béton, creusez le sol d'environ 125 mm et faites des fondations en ballast compacté recouvert d'une couche de 50 mm de ciment mélangé (proportions 1 ciment, 5 ballast).

Installez ensuite un coffrage en bois pour retenir le béton après avoir, auparavant, installé les pieux autour de l'emplacement. Le coffrage devra être maintenu en place par des piquets plantés dans le sol. De vieilles lattes de plancher sont idéales pour confectionner le coffrage. N'oubliez pas de faire une légère pente de l'avant à l'arrière dans le coffrage.

Quand la base est terminée, vous pouvez poser les solives fabriquées avec du bois scié prétraité de 100 x 50 mm. Du bois imbibé sous pression serait la meilleure solution. Au total, 13 solives sont nécessaires, y compris une double rangée pour supporter les murs d'extrémité. Les solives extérieures soutiennent le plancher de la véranda à chaque extrémité.

Posez chaque solive sur une bande de carton bitumé qui servira d'isolant pour que l'humidité ne s'infiltre pas par la base. La base étant légèrement inclinée d'avant en arrière, il vous faudra poser des petites cales tous les 600 mm environ sous chaque solive pour qu'elle soit horizontale. Ceci est indispensable pour que votre plancher soit à niveau.

Posez ensuite le plancher de votre pavillon (fig. 3). Il est formé d'un panneau de contre-plaqué CTB-X (résistant aux intempéries et à la chaleur) de 19 mm. Sa surface nominale est 3,6 x 2,4 m. Fixez les panneaux aux solives avec des vis n°8 de 38 mm, entre axe à 400 mm à partir des bords. Fixez d'abord le panneau du milieu, puis un panneau latéral et coupez à la taille adéquate. Posez ensuite des cales en contre-plaqué de 50 x 19 mm sur lesquelles reposeront les murs avant et arrière.

Les solives d'extrémité, supportant la véranda, peuvent être provisoirement enlevées car il peut être dangereux de les laisser en place pendant la construction du pavillon.

2 Installation et mise à niveau des solives du plancher

Les solives en bois sont posées à 60 cm du centre et une double rangée soutient les extrémités des murs. Les dalles étant légèrement inclinées, il faut glisser des cales en dessous des solives pour qu'elles soient horizontales.

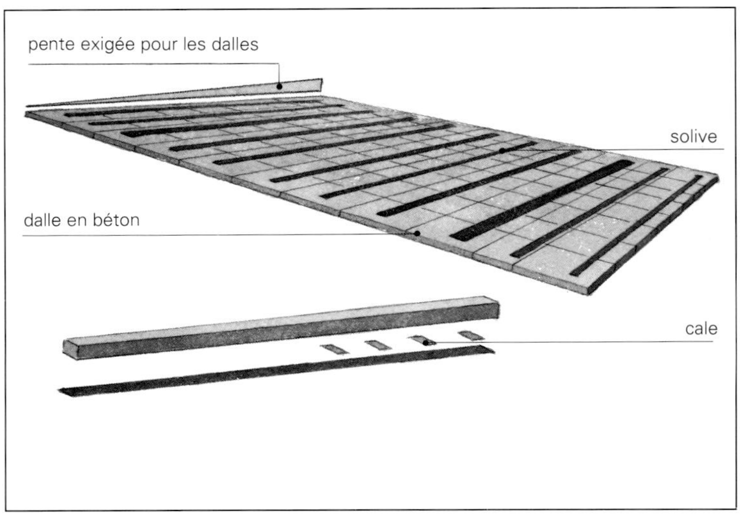

3 Pose du plancher en contre-plaqué

Le plancher est composé d'un panneau de contre-plaqué CTB-X (résistant aux intempéries et à la chaleur) vissé aux solives du plancher à l'aide de vis n° 8 de 38 mm. Posez d'abord le panneau du milieu puis les panneaux latéraux.

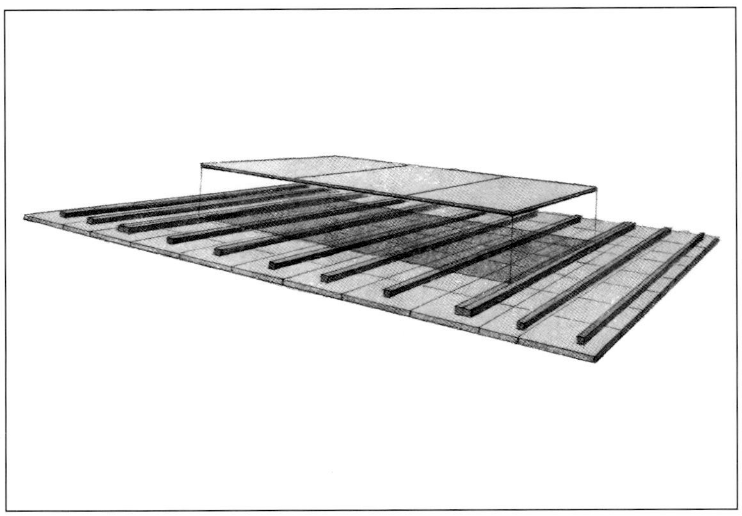

PAVILLON D'ÉTÉ : ASSEMBLAGE DES MURS

MURS

La face interne des murs est faite en contre-plaqué CTB-X (résistant aux intempéries et à la chaleur) d'une épaisseur de 12 mm. Découpez les panneaux de chaque mur à la longueur voulue. Les dimensions des fenêtres sont d'environ 700 x 600 mm, celles de la porte 2 000 x 810 mm. Si vous avez l'intention d'acheter la porte toute faite, prévoyez son ouverture aux dimensions voulues sans oublier de prendre en compte l'encadrement.

Prenez chaque mur, l'un après l'autre, et posez les colombages de 50 x 50 mm (voir fig. 1). Remarquez aussi que les tampons de bois courts horizontaux ne sont pas tout à fait alignés pour pouvoir décaler les fixations par vis dans les panneaux.

Posez les panneaux de contre-plaqué sur le colombage, face interne au-dessus – ils constitueront les parois internes de la maison (fig. 2). Fixez les panneaux au colombage à l'aide de vis n°8 de 38 mm fixées à 400 mm d'intervalle. Noyez les vis et masquez leurs têtes avec du mastic.

Les ouvertures de porte et de fenêtres sont toutes encadrées par des chevêtres de 50 x 25 mm, cloués en biais aux colombages avec des clous de 50 mm (voir à *Techniques*, page 241).

Les murs sont fixés les uns aux autres par des boulons de 125 mm de long et de 12 mm de diamètre. En vous faisant aider par quelqu'un pour mettre les murs en position (fig. 3) et en utilisant un étai, vous pourrez percer les trous de boulons aux angles à travers les montants verticaux attenants. Maintenez chaque angle avant de percer les trous et de fixer les boulons, en laissant, à cette étape, un peu de jeu pour l'ajustement définitif des quatre murs. Quatre boulons doivent être posés à chaque angle aux endroits indiqués (fig. 1, mur arrière). Voici l'ordre logique d'assemblage avec des boulons : mur avant avec mur d'extrémité, puis mur arrière avec l'autre mur d'extrémité et enfin les deux angles restants.

Quand tous les murs ont été assemblés et qu'ils sont à angle droit, la semelle lisse de chacun d'eux (fig. 2, mur avant) peut être fixée aux solives avec des clous de 100 mm espacés d'environ 400 mm.

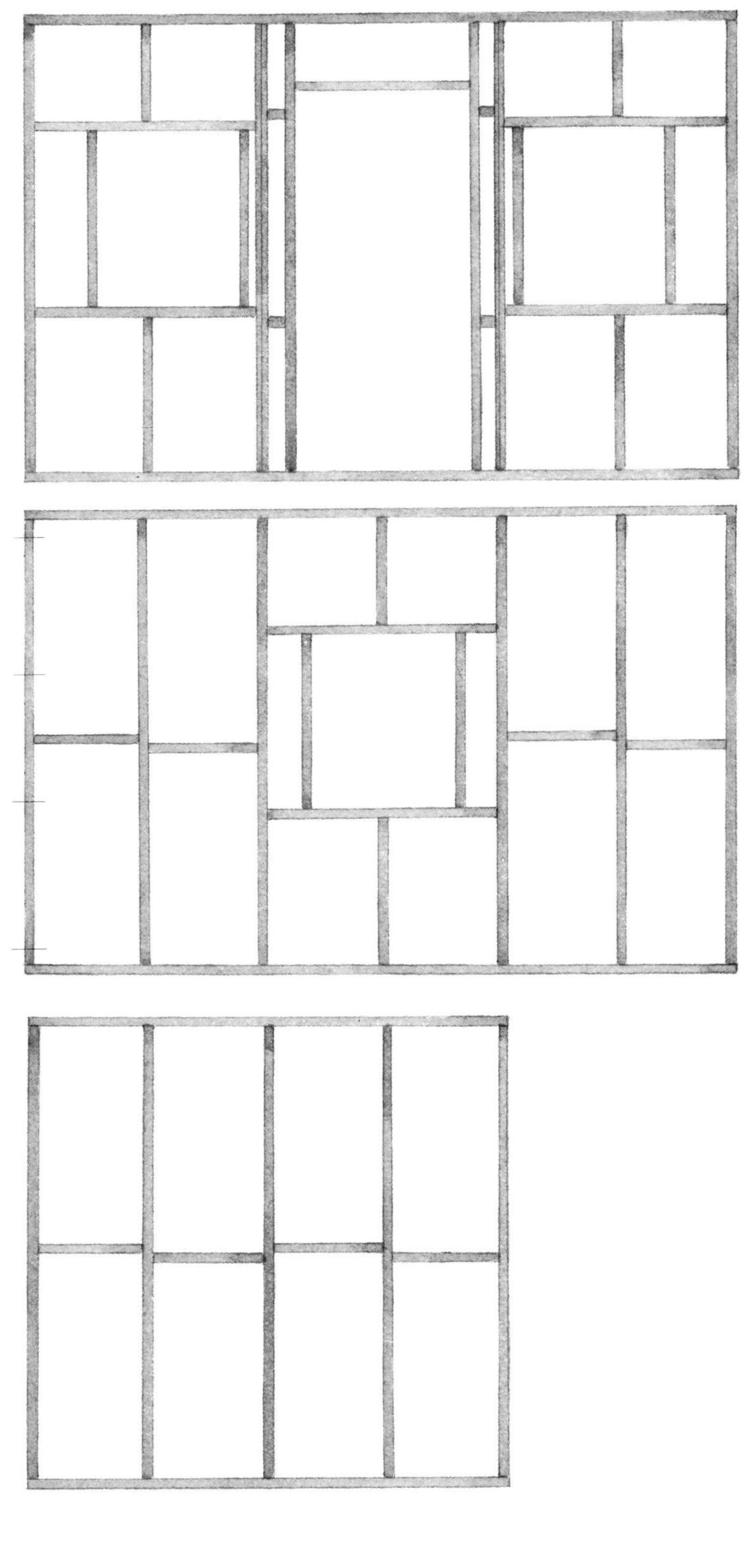

1 Assemblage du cadre de chaque mur :
Les trois schémas illustrent la disposition des colombages de 50 x 50 mm pour chacun des quatre murs. En haut : le cadre avant prévoit des ouvertures pour la porte et les fenêtres. Au centre : le cadre arrière avec l'ouverture de la fenêtre. En bas : les murs pleins d'extrémité.

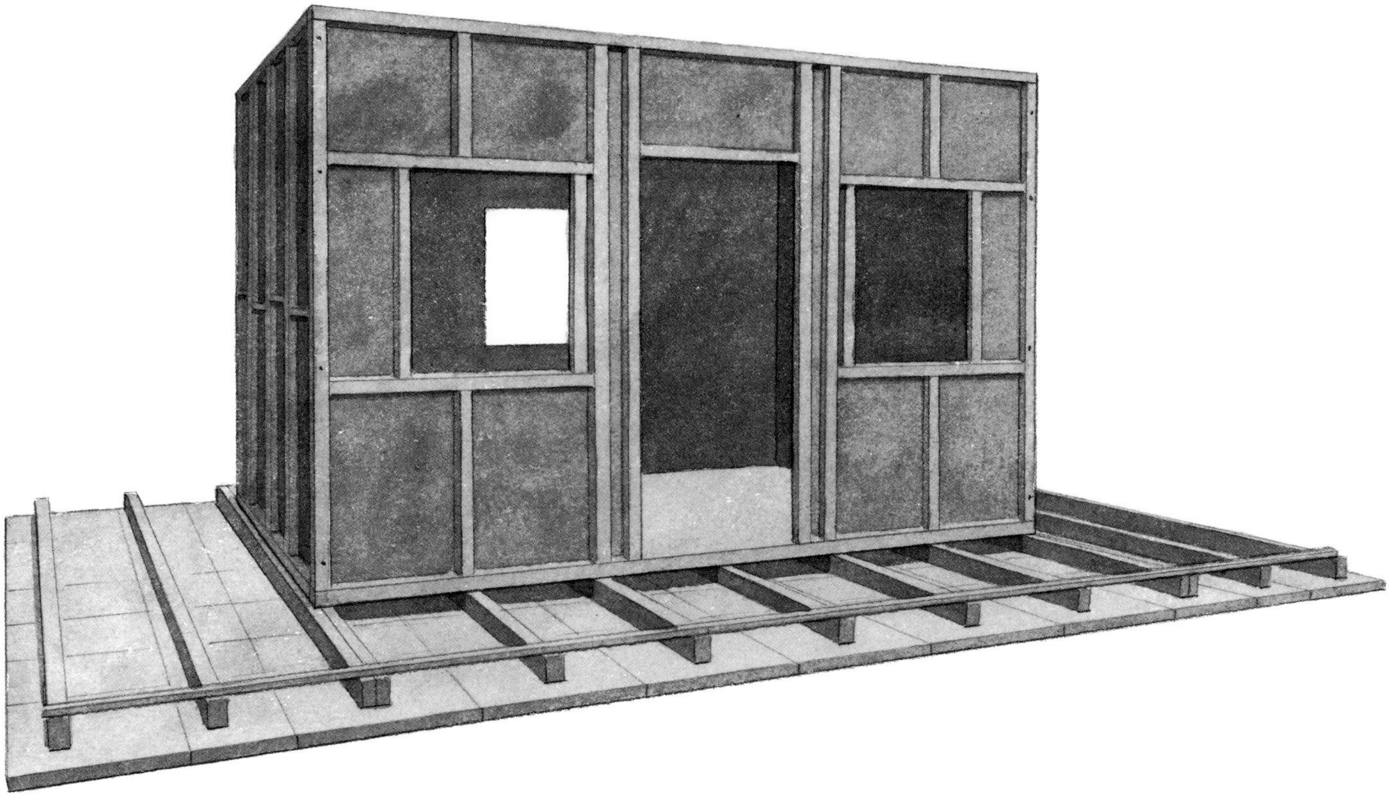

2 Ajout des parois intérieures aux cadres :
Elles sont faites en contre-plaqué d'une épaisseur de 12 mm. Le mur avant est composé de cinq découpes pour les ouvertures des fenêtres dans les parties latérales. Les panneaux sont fixés au cadre avec des vis n°8 de 38 mm.

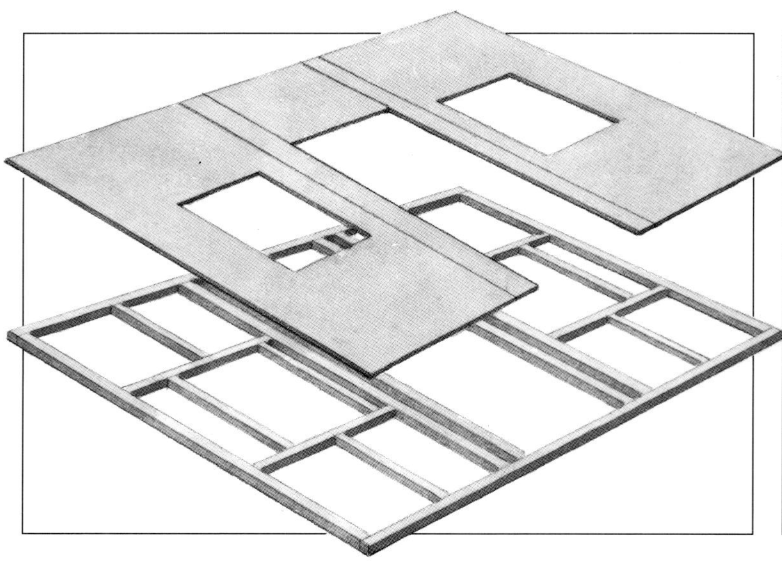

3 Assemblage des quatre cadres :
Chaque cadre à colombage est fixé à l'autre avec des boulons de 125 mm de long. Faites-vous aider pour maintenir les étais et les serre-joints, et alignez les cadres avec les angles. Percez quatre trous à chaque angle pour fixer les boulons.

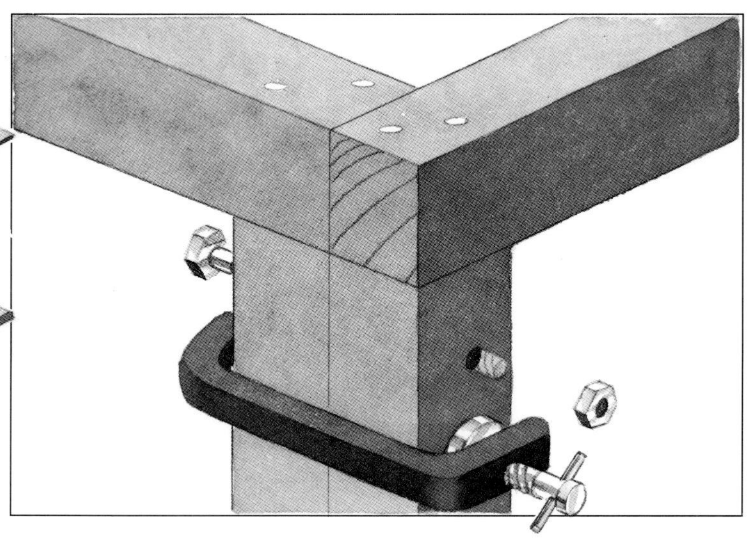

PAVILLON D'ÉTÉ : ASSEMBLAGE DU TOIT

PLAN DE LA CHARPENTE

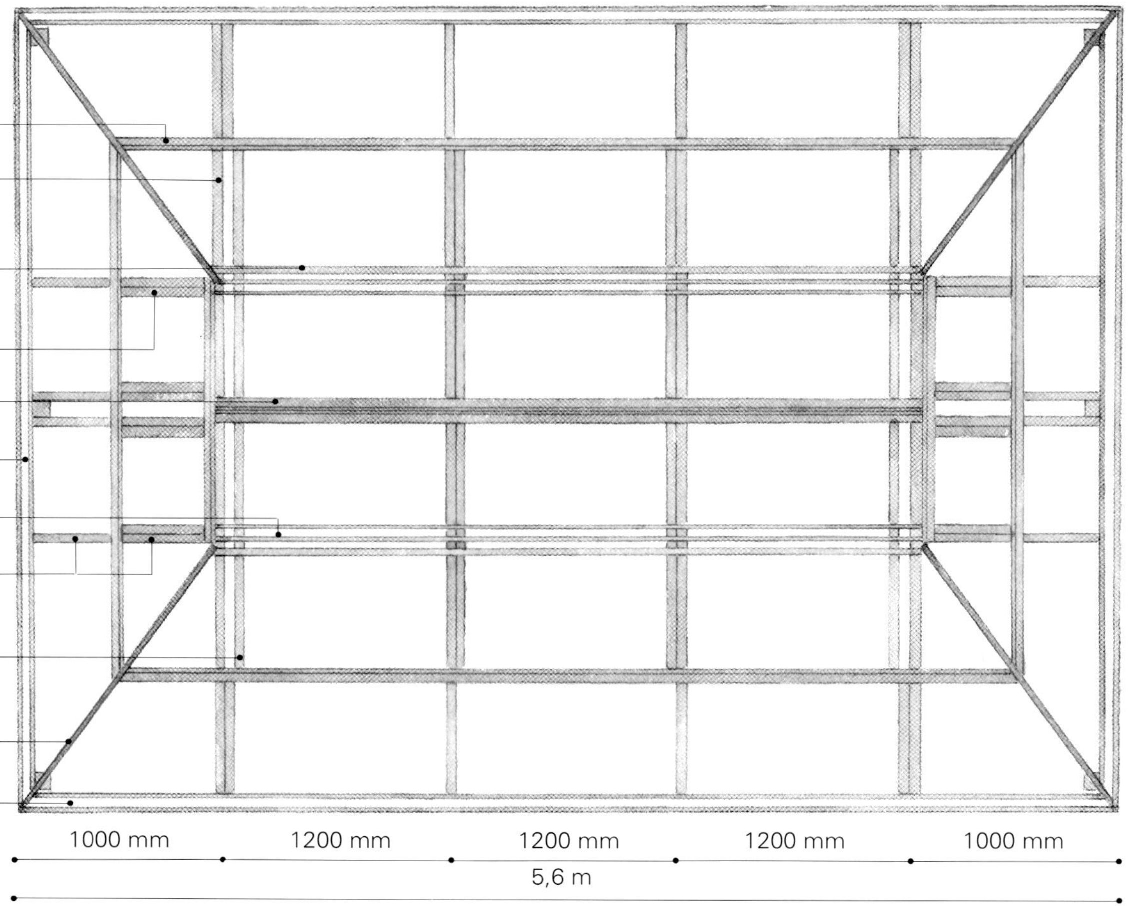

SECTION TRANSVERSALE DU TOIT

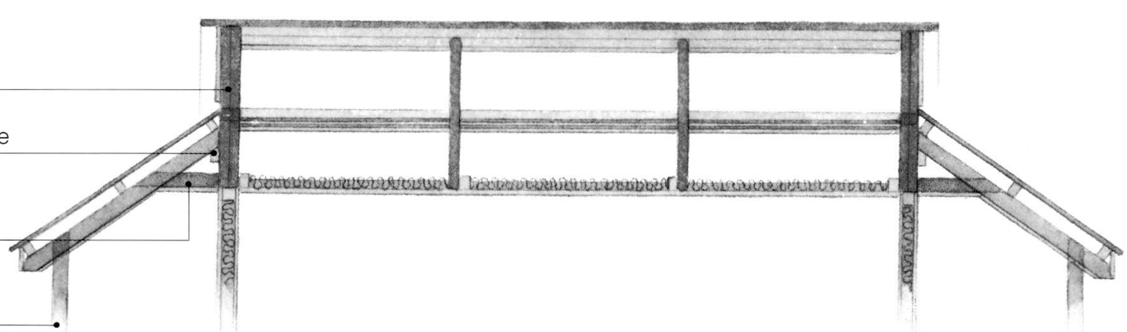

TOIT

La réussite du toit de la véranda de ce pavillon est fondamentale. C'est un toit en pente recouvert de feuilles de tôle ondulée, avec une « arête » aux deux extrémités qui se prolonge pour recouvrir les côtés de la véranda. Ce projet est assez compliqué à réaliser et il est donc vivement conseillé de bien étudier les plans au préalable et d'aborder la construction étape par étape comme indiqué par la suite. La position des chevrons et des pannes deviendra plus claire lorsque vous aurez commencé l'assemblage des pièces.

FERMES PRINCIPALES

Fabriquez d'abord les quatre fermes principales du toit. Chaque ferme, cadre triangulaire assemblé en haut en onglet, est constituée de deux chevrons d'arêtier de 75 x 50 mm, d'environ 2,6 m de long (longueur supérieure à la longueur définitive), renforcés en haut par un gousset d'assemblage triangulaire en contre-plaqué et contreventés au niveau adéquat avec une solive de plafond.

En haut les chevrons sont coupés en angle, joints en bout et maintenus dans l'angle approprié en étant cloués à un gousset triangulaire en contre-plaqué d'une épaisseur de 12 mm. Chacun de ces goussets est incliné à 26° pour empêcher les chevrons de s'écarter des solives de plafond, elles-mêmes boulonnées à la base des chevrons.

Toutes les fermes principales sont identiques, sauf celles d'extrémité composées de chevrons doubles, c'est-à-dire de deux chevrons boulonnés l'un à l'autre par des boulons à bois à tête hexagonale de 12 mm, entourés de rondelles de protection intercalées entre les deux pièces de bois. Des boulons de même taille et des rondelles d'acier servent à boulonner les solives de plafond aux chevrons.

Assurez-vous que les quatre fermes principales sont coupées et clouées au même angle ; clouez la première qui vous servira de modèle.

Coupez les chevrons en laissant une longueur supplémentaire de 200 mm ; vous pourrez les couper à la longueur exacte une fois fixés. Clouez les chanlattes supérieures à leur place.

FIXATION DES FERMES PRINCIPALES

Soulevez les fermes principales vers les murs en les espaçant d'environ 1,2 m N'oubliez pas d'installer les fermes à double chevrons aux extrémités. Assurez-vous que toutes les fermes sont verticales et à angle droit. Clouez-les ensuite aux sablières principales des murs antérieurs et postérieurs avec des clous à tête ronde de 150 mm que vous devrez clouer en biais dans les sablières (voir *Techniques*, page 241).

Maintenez provisoirement les fermes verticalement ; clouez des tasseaux longs en diagonale à travers les chevrons pour qu'ils jouent le rôle d'entretoise (fig. 1, ci-dessous). Placez les tasseaux pour qu'il y ait suffisamment de place pour fixer les pannes sur le faîte, la sablière et les saillies du toit.

FIXATION DES PANNES

Coupez et placez les pannes faîtières. Leur longueur doit être identique à celle de la structure des murs avant et arrière. Elles sont fixées aux chanlattes sur les deux côtés des sommets des fermes principales.

Coupez les pannes de la saillie du toit (placées à l'avant et à l'arrière pour supporter les bords extérieurs du toit en pente) d'une longueur supplémentaire de 2,5 m pour former une saillie de 1,25 m à chaque extrémité (fig. 2). Clouez-les dans les solives.

Coupez ensuite les pannes des sablières des murs antérieurs et postérieurs (celles au-dessus des pannes des saillies de toit) à une longueur supplémentaire à chaque extrémité de 650 mm pour permettre un ajustage ultérieur. Clouez-les sur les chevrons (fig. 2). Enlevez l'entretoisement diagonal, puis coupez et fixez les deux pannes intermédiaires (une de chaque côté) au milieu, entre la panne faîtière et la panne sablière. Elles s'assemblent bout à bout aux extrémités des chanlattes qui peuvent maintenant être coupées à la longueur requise. Les pannes intermédiaires ont une longueur supplémentaire d'environ 300 mm à chaque extrémité pour pouvoir les couper en angle.

FABRICATION DE LA PARTIE SURÉLEVÉE DU TOIT

Les chanlattes assurent l'étanchéité des chevrons. Posez une deuxième panne près de l'extrémité inférieure des chanlattes pour former la partie surélevée du toit.

1 Construction des fermes principales du toit

Chaque ferme est formée en clouant un gousset en contre-plaqué prédécoupé épais de 12 mm à un angle de 26°. Elle est ensuite contreventée par une solive du plafond. Les fermes en bout ont des chevrons doubles qui sont contreventés par les pannes.

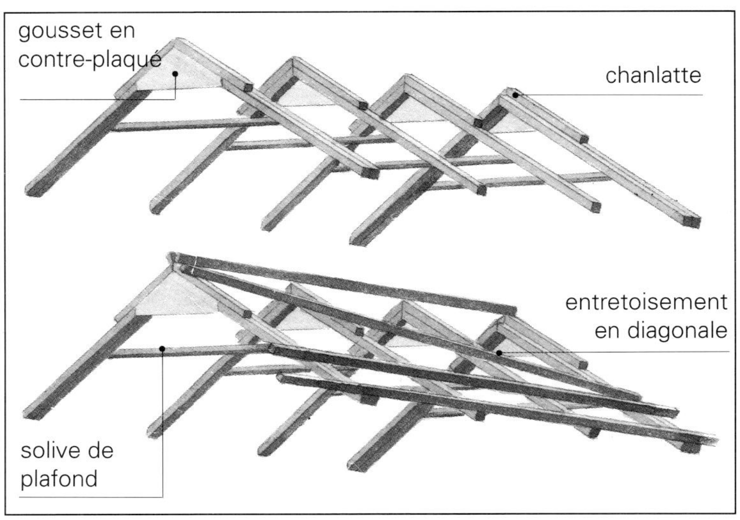

2 Fixation des pannes aux fermes du toit

Les fermes sont espacées le long des sablières principales sur les murs et maintenues verticales par des entretoisements en diagonale. Coupez et maintenez les pannes faîtières en place et clouez-les. Les pannes sablières, les sablières et les pannes intermédiaires ont une longueur supérieure à la taille définitive.

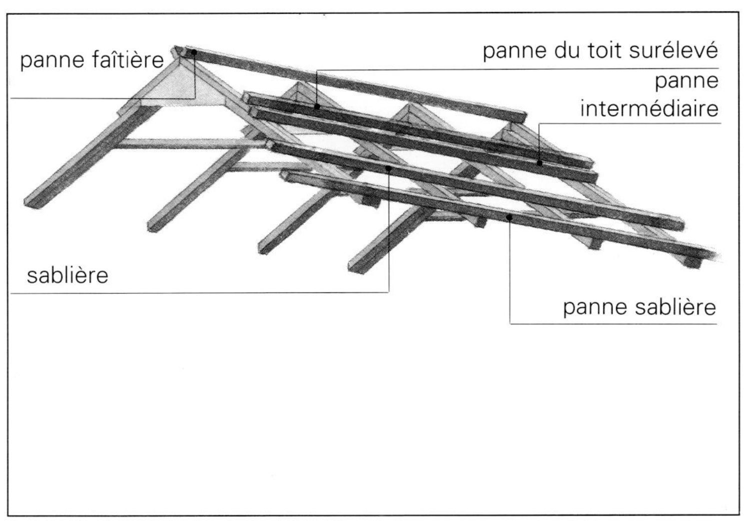

PAVILLON D'ÉTÉ : ASSEMBLAGE DE L'ARÊTE DU TOIT

FIXATION DE L'ARÊTE DU TOIT

Mesurez 1 m le long du bord externe supérieur de la panne sablière, à partir de la face externe de la ferme extérieure. Tracez une ligne à partir de ce point jusqu'au point où se rejoignent l'extrémité de l'appentis et la ferme de bout. L'inclinaison du toit doit être de 36°. Faites un triangle avec du contre-plaqué ou des tasseaux de récupération à cet angle et utilisez-le pour vérifier l'inclinaison pendant la construction (fig. 2).

Attachez une autre ficelle de la partie supérieure de la première panne sablière (1 m à partir de la face de la ferme de bout) à la partie supérieure de la panne sablière correspondante, de l'autre côté (1 m à partir de la panne de bout). À partir de ce point, attachez une autre ficelle jusqu'au point où se rejoignent l'extrémité de l'appentis et la ferme de bout. La disposition générale des croupes du toit et l'inclinaison vers le niveau des saillies sur l'appentis à chaque extrémité du bâtiment deviendra évidente.

En laissant une longueur supplémentaire, coupez l'extrémité des quatre empannons ainsi que les quatre solives de plafond courtes pour les extrémités. Coupez les empannons et les solives dans du bois scié à 75 x 50 mm (fig. 6).

Coupez les empannons des sablières principales. Clouez-les ou boulonnez-les aux pannes en bout (fig. 3). Une fois qu'elles sont fixées équarrissez l'extrémité des sablières principales à la pente des chevrons principaux.

Servez-vous d'une fausse équerre coulissante réglable afin de définir l'angle pour les extrémités des empannons à l'endroit où ils sont aboutés contre les pannes en bout et équarrissez les extrémités des empannons à cet angle. Sur la partie inférieure de chaque chevron, découpez un joint à tenon en croix pour que le chevron repose sur la sablière principale. Ne coupez pas l'extrémité des saillies.

Clouez les empannons et les solives de plafond courtes à chaque extrémité. Assurez-vous que les parties supérieures des empannons sont alignées et que leur inclinaison correspond à celle de la ficelle. Vérifiez que les parties inférieures des solives de plafond courtes sont horizontales et alignées avec les parties supérieures de solives de plafond à l'avant et à l'arrière du bâtiment.

Au centre des extrémités, deux chevrons sont placés à 75 mm l'un de l'autre (fig. 4). Ils seront plus tard boulonnés au pilier de soutien de la véranda.

Coupez les panneaux de croupe de 150 x 25 mm à une longueur supérieure et maintenez-les très proches de leur position définitive pour pouvoir marquer les angles sur l'extrémité des pannes antérieures et postérieures qui reposent sur les panneaux de croupe et qui sont maintenant coupées à leur longueur définitive. Marquez les coupes d'angle à l'aide de la fausse équerre coulissante. Elles sont inclinées dans les deux directions pour que l'extrémité des pannes s'adapte contre les panneaux de croupe mis en place.

La partie supérieure du panneau de croupe est encochée pour se fixer à la sablière principale de l'empannon (fig. 3), et l'extrémité de l'angle du panneau s'adapte à la ferme principale en bout. Cet angle se marque à l'aide de la fausse équerre coulissante pour assurer une pose parfaite. La surface supérieure de chaque panneau de croupe doit être alignée avec le haut des pannes.

Les panneaux de croupe peuvent maintenant être posés et cloués aux extrémités des pannes avant et arrière.

Coupez et clouez ensuite les trois pannes de 75 x 50 mm sur les appentis à l'extrémité du bâtiment. Elles doivent être coupées à la bonne longueur et placées à l'angle approprié pour s'abouter parfaitement contre les panneaux de croupe aux extrémités, et être alignées aux croupes en coin avec les pannes avant et arrière.

Coupez et posez les piliers de soutien de la véranda de 75 x 75 mm au milieu des extrémités pour qu'ils s'insèrent entre la base en béton et les deux empannons centraux. Leur base devra reposer sur un morceau de plomb scellant hermétiquement la maille de bois. Prenez des rondelles et des boulons en bois à tête hexagonale de 12 mm de diamètre. Percez et boulonnez les solives du sol dans la base et entre les deux empannons du haut. Conservez une longueur supérieure puis coupez à fleur de bois et formez un angle avec le haut des pannes.

Les piliers de soutien s'insèrent entre la base en béton et les deux côtés supérieurs des panneaux de croupe. Laissez un espace de 25 à 30 mm à partir des pannes sablières. La surface

1 Coupe transversale sur la largeur de la partie surélevée du toit

Les chanlattes soulèvent le faîte et les pannes du toit pour former la partie surélevée. Les extrémités des fermes sont coupées verticalement, à niveau avec les bords avant supérieurs de la panne sablière, pour donner une fixation d'aplomb aux frises sur lesquelles sont fixées les gouttières.

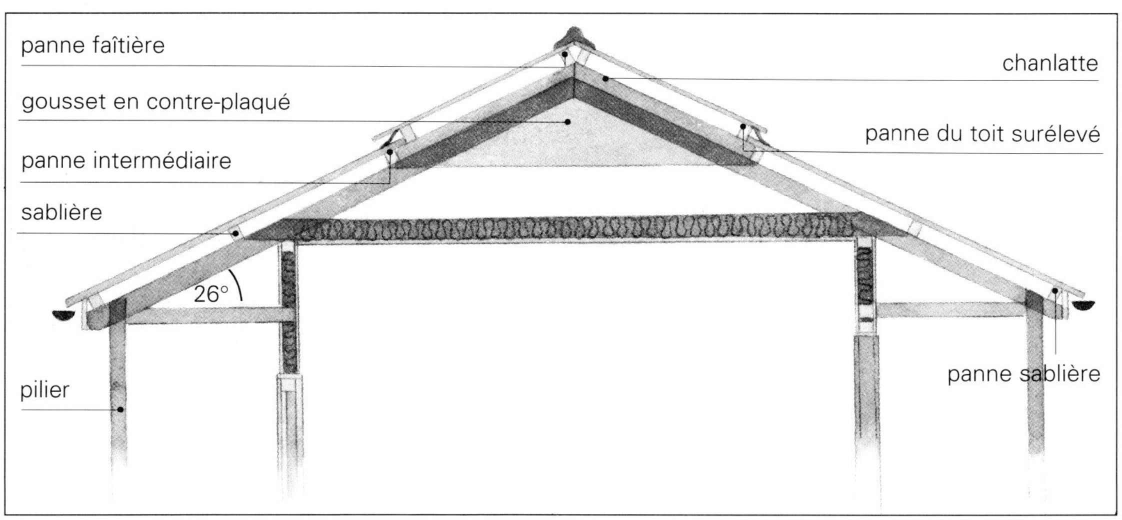

2 Découpe de l'extrémité des chevrons

La fausse équerre coulissante marque l'extrémité des chevrons.

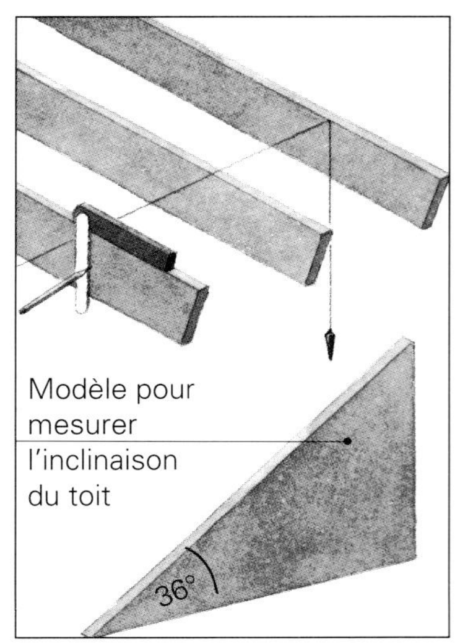

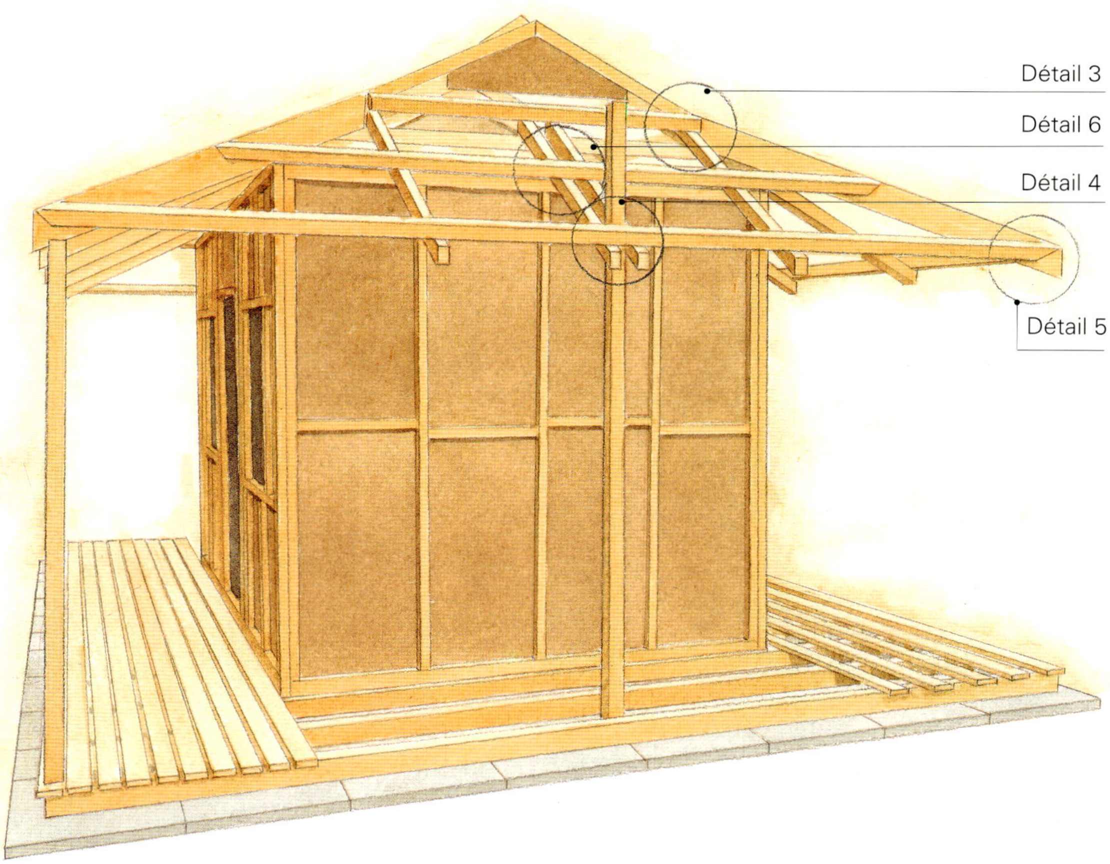

inférieure des panneaux de croupe est encochée pour recevoir les piliers dont l'extrémité supérieure s'encastre dans les encoches ; ils sont ensuite boulonnés aux panneaux de croupe (fig. 5). Coupez le haut des piliers au même angle que l'inclinaison du toit et au même niveau que les pannes.

POSE DE LA FRISE

À l'aide de la fausse équerre coulissante, marquez l'extrémité des chevrons d'un trait vertical déterminant la ligne de découpe. Quand les frises seront posées sur l'extrémité des chevrons, vous pourrez poser les gouttières. Ajustez les chevrons pour qu'ils s'alignent sur la partie supérieure des pannes sablières. La partie inférieure de l'extrémité des chevrons est coupée pour être mise à niveau avec la partie inférieure des frises, avant ou après la pose de ces dernières. Ajustez l'extrémité des panneaux de croupe pour pouvoir poser les frises.

Coupez les frises dans du bois scié de 150 x 25 mm.

3 Assemblage du panneau d'arête/sablière principale : faites une encoche dans le panneau pour l'adapter sur la sablière.

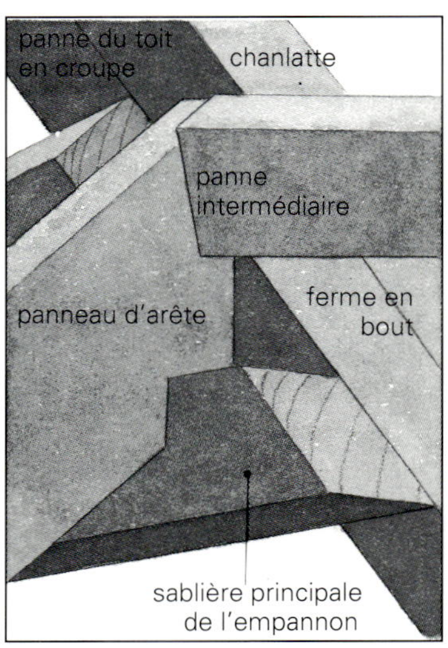

4 Pilier intermédiaire de soutien de la véranda : il est boulonné entre les empannons centraux. Sciez le haut à niveau avec les pannes.

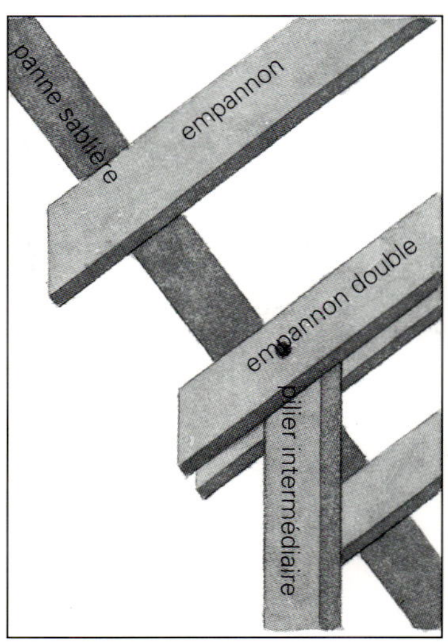

5 Pilier en coin/assemblage du panneau de croupe : faites une encoche dans les panneaux, les piliers en coin fendus s'adaptent sur les croupes.

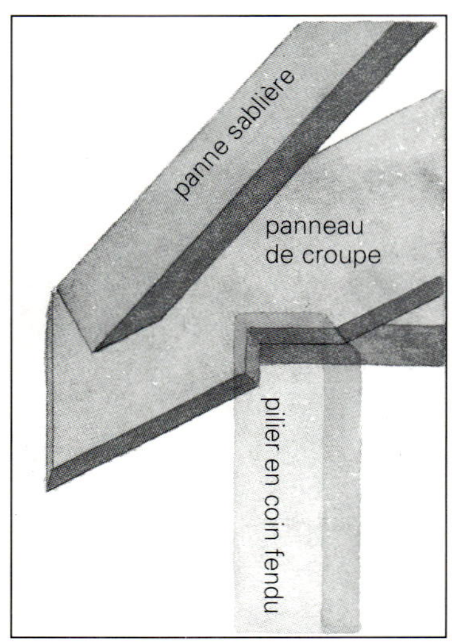

6 Empannons/solives de plafond : empannons cloués aux solives courtes du plafond. Leurs extrémités supérieures doivent être alignées.

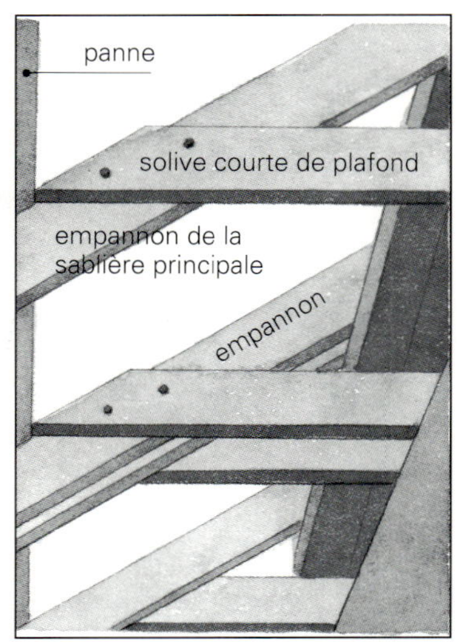

PAVILLON D'ÉTÉ : TOIT ET FINITIONS

POSE D'UN TOIT EN TÔLE ONDULÉE

Vous pouvez acheter des feuilles de tôle ondulée coupées à la taille requise. Fixez d'abord les parties inférieures en clouant les crêtes de l'ondulation dans les pannes et en vissant à travers les noues à l'aide de vis spéciales galvanisées. Assurez-vous que les feuilles voisines ont un recouvrement de deux vagues minimum sur chacun des côtés des panneaux.

Fixez une noue en plomb le long de la panne inférieure des parties surélevées du toit et pressez-la jusqu'aux feuilles inférieures du toit à l'aide d'un rouleau. Appliquez une noue en plomb identique à partir de la ferme principale en bout sur les feuilles d'extrémité de l'appentis (fig. 1). Clouez des planches taillées en biseau de 12 mm aux fermes d'extrémité pour former les pignons (voir *Techniques*, page 251).

Fixez enfin les feuilles de tôle ondulée du toit surélevé, en les vissant et en les clouant dans les chanlattes (comme ci-dessus). Les feuilles adjacentes doivent recouvrir au moins deux vagues sur les deux côtés de chaque panneau.

1 Noue en plomb : posez-la le long de la panne inférieure de la partie surélevée du toit ; roulez-la sur les feuilles inférieures du toit.

Fixez et attachez les faîtières en métal au faîte et aux arêtes des parties en croupe du toit.

FINITIONS

Une fois que les murs principaux sont construits et que le toit est posé, les travaux de finition peuvent commencer. Entre le colombage et les quatre murs, fixez de la laine de verre matelassée de 50 mm d'épaisseur pour assurer l'isolation (fig. 4). Ce matériau semi-rigide peut, le cas échéant, être maintenu dans les colombages avec des pointes, de la même façon qu'une vitre dans le cadre d'une fenêtre.

Les encadrements de fenêtre et de porte sont alors coupés à la bonne longueur dans un panneau de bois tendre raboté sur toutes ses faces de 125 x 25 mm et provisoirement vissés en place (fig. 2 et 3). Montez le cadre des fenêtres en vous servant de deux cadres en bois de 50 x 50 mm vissés ensemble, puis plantez des clous à l'extérieur des cadres pour pouvoir fixer les vitres.

La planche de recouvrement peut maintenant être clouée sur chaque mur. Commencez par la base et continuez en remontant (fig. 4). Coupez la planche pour qu'elle s'adapte parfaitement aux contours des cadres de la fenêtre et de la porte (voir *Techniques*, page 251).

Coupez et clouez les frises de 150 x 25 mm aux saillies et aux entretoises des chevrons.

Des tasseaux d'arrêt sont nécessaires aux quatre coins du pavillon d'été pour fermer la maille des planches de recouvrement. Les tasseaux devront être coupés à la longueur exacte et provisoirement mis en place.

Après avoir tout vérifié, vous pouvez maintenant commencer la décoration. Enlevez les tasseaux d'arrêt pour traiter les planches de recouvrement avec un enduit pour extérieur, une teinture ou une peinture. Peignez ensuite les tasseaux dans une couleur contrastée avant de les remettre en place.

Vous pouvez peindre maintenant le cadre de la porte et des fenêtres, ainsi que le toit et la frise.

Fixez ensuite les gouttières, en les inclinant légèrement vers l'avant à chaque coin dans lequel vous percerez un petit trou. Mettez une chaîne dans chaque sortie et faites-la descendre jusqu'au sol pour canaliser l'eau de pluie dans la fosse d'assainissement. Il est également possible d'adapter un déversoir avec bout d'arrêt et tuyau de descente à chaque coin des gouttières ; mais vous ne pourrez pas faire descendre les chaînes jusqu'au sol exactement aux angles, ce qui peut nuire à la conception générale.

Si les solives externes avaient été provisoirement enlevées, remettez-les maintenant sur une bande de carton bitumé et fixez-les aux poteaux de soutien comme indiqué précédemment (page 192).

Formez maintenant le plancher de la véranda « en caillebotis » en vissant, à l'aide de vis n°8 de 50 mm, des lattes de 75 x 25 mm aux solives, et en laissant entre elles un espace de 19 mm.

Le vitrage en verre de 3 mm de la fenêtre peut maintenant être posé et maintenu en place à l'aide de barres de vitrage. Il est important que ces barres soient à angle droit les unes par rapport aux autres pour que la vitre se mette en place facilement. Vérifiez l'angle de chaque fenêtre en mesurant les diagonales qui doivent être égales. Prenez une vitre de largeur et de hauteur légèrement inférieures à l'ouverture de la fenêtre (2 à 3 mm) pour prendre en compte la dilatation normale.

Vous pouvez aussi acheter une porte toute faite à membrures et en planches avec listeaux ou en fabriquer une à partir d'un panneau à rainure et languette avec du bois de 100 x 25 mm pour les listeaux (traverses transversales) et les membrures (diagonales). Ce peut être une porte de longueur normale ou une porte d'étable comme dans cet exemple. Il vous suffira alors de fabriquer deux portes plus petites avec un listeau plus bas pour chacune d'elles. Pour une porte de longueur normale, un seul listeau central est nécessaire.

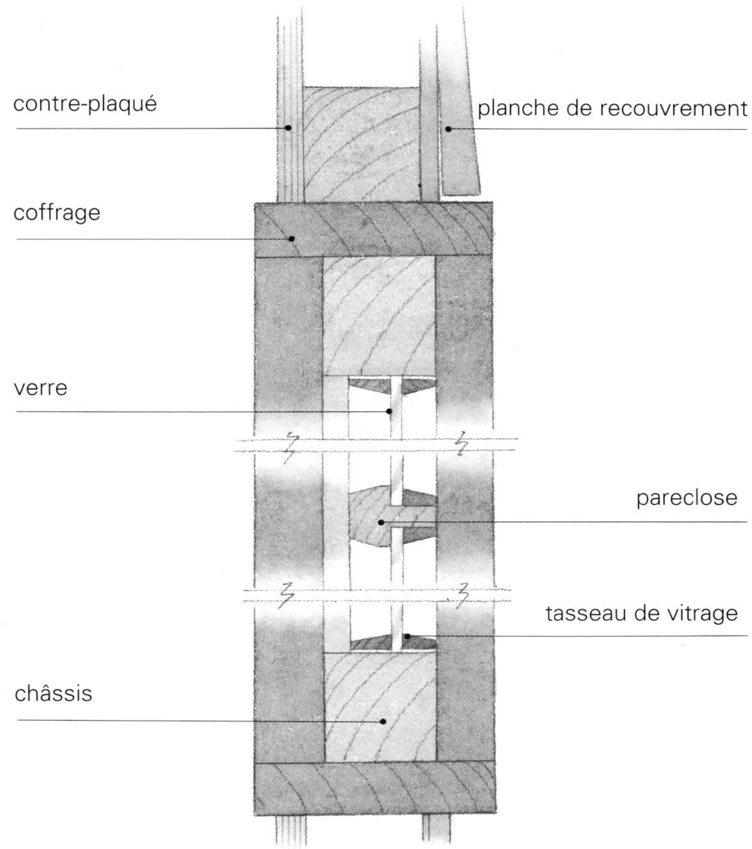

2 Fixation de la porte : vissez le coffrage sur la cloison avec des butoirs de 25 x 12 mm cloués aux côtés et à la partie supérieure du châssis.

3 Assemblage du châssis de la fenêtre. Ci-dessus : les parties supérieure et inférieure sont fixées à des coffrages de 125 x 25 mm.

4 Planche de recouvrement. Ci-dessus : les murs sont formés de planches qui se recouvrent, clouées à la cloison ; travaillez du bas vers le haut.

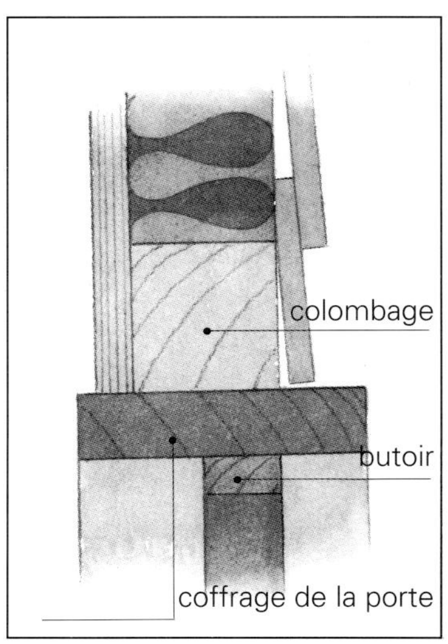

PAVILLON D'ÉTÉ : FINITIONS

Une porte à membrures et à listeaux est fabriquée en clouant des planches aux membrures et aux listeaux et en posant les listeaux supérieurs et inférieurs sur une surface plane pour y visser ensuite le panneau à rainure et languette (voir *Techniques*, page 251). Les planches doivent recouvrir les listeaux d'environ 25 mm à chaque extrémité.

La membrure en diagonale est alors adaptée en faisant une encoche pour l'insérer entre les listeaux. Vissez ensuite dans la membrure. Son but est de reporter le poids sur les charnières et d'éviter ainsi que la porte ne s'affaisse. Il est important que les membrures soient installées dans le bon sens, comme décrit sur la figure 1.

Accrochez deux charnières à chaque porte. Elles doivent être fixées à la maille de bois des listeaux. Si vous construisez une porte à encadrement, utilisez également deux charnières : deux de 75 mm pour chaque moitié de la porte d'étable ou trois pour une porte de taille normale.

Posez ensuite les butoirs de 25 x 12 mm dans l'encadrement de la porte : ils sont composés de deux pièces verticales et d'une pièce supérieure horizontale (fig. 2, page 195). Ils doivent être posés avec précision ; maintenez la porte en place et marquez la position des butoirs à l'intérieur lorsque la porte est fermée, pour vous assurer de la précision de la pose. Ici, ils sont posés à 25 mm à l'arrière de la partie avant de l'encadrement de la porte.

Finissez l'intérieur en habillant le plafond de panneaux à rainure et languette sans oublier d'insérer de la laine de verre matelassée entre les solives (fig. 2), maintenues en place par des chevilles à panneaux comme les murs.

Creusez enfin, à chaque angle, une fosse d'assainissement de 300 x 300 x 300 mm et remplissez-la de bardeaux ou de cailloux (fig. 3). Enterrez-y l'extrémité des chaînes pour qu'elles soient bien tendues et fermement maintenues en place.

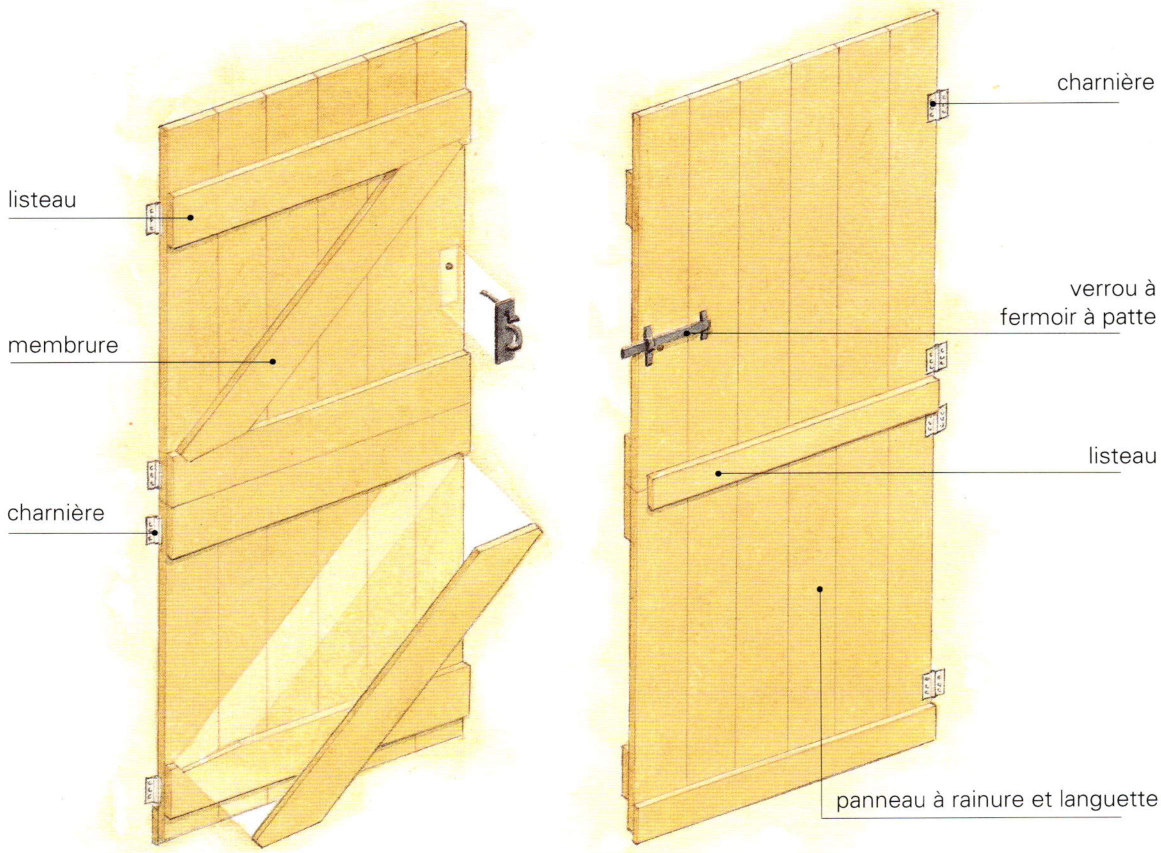

1 Assemblage de la porte. Ci-dessus : ce peut être une porte d'étable (comme dans cet exemple) ou une porte de longueur normale.

2 Isolation du plafond : placage sur le plafond avec des panneaux à rainure et languette ; disposez de la laine de verre entre les solives.

3 Construction d'une fosse d'assainissement : Une chaîne conduit l'eau de pluie de la gouttière à la fosse d'assainissement.

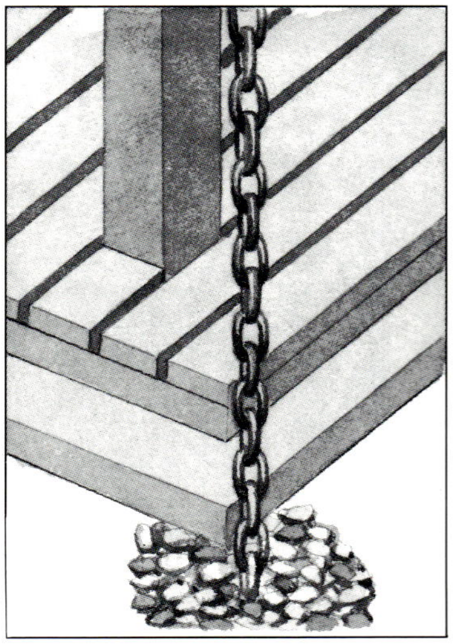

TANIÈRE . . . BELVÉDÈRE . . . CACHETTE . . . CHALET . . . BARAQUE . . . PAVILLON D'ÉTÉ . . . PAVILLON DE CHASSE . . . FERMETTE . . .

CABANON . . . APPENTIS . . . CABANE . . . MAISON POUR ENFANTS . . . NID DOUILLET . . . BICOQUE . . . REMISE . . . STUDIO . . .

PAVILLON . . . LOGE . . . REFUGE . . . ATELIER DE JARDIN . . . HUTTE . . . RESSERRE . . . CAGIBI . . . HAVRE . . . ABRI

PAVILLON D'ÉTÉ

Dans un coin retiré du jardin, le pavillon d'été peut être un simple lieu de repos. L'intérieur est suffisamment grand pour servir de remise pour les outils et de cabane pour rempoter les plantes. Page de droite : *on peut également le transformer en atelier douillet ou en bureau.*

JOHN PEED
& SON.
SEED and BULB
MERCHANTS,
LONDON, S.E.
SPECIALITIES.
CALADIUMS.
GLOXINIAS.
BEGONIAS.

UN ENSEMBLE MULTI-JEUX

Avec son toboggan, sa balançoire, ses échelons à escalader, son bac à sable et sa maison, cette structure sera le pôle d'attraction des jeux de plein-air. Elle a l'avantage d'être particulièrement souple d'emploi.

Vous pouvez fabriquer le cadre aux dimensions qui vous conviennent ; vous pouvez varier la distance d'espacement des barres, ou créer un réseau de structures enchevêtrées en suivant la même idée de base. Il n'y a qu'une seule condition à respecter : la portée des barres ne devra jamais excéder 1,5 mètre.

La construction est formée d'un système très simple de poteaux et de barres. Les barres s'insèrent dans des trous percés dans les poteaux et sont consolidées sur le côté au moyen de vis ; le plus difficile est sans doute de s'assurer que les trous sont correctement percés.

Le bac à sable est fait de planches qui se croisent à mi-bois en s'appuyant contre les poteaux ; le toit en feuilles de contre-plaqué «extérieur» présente le double avantage de garder le sable au sec et de transformer l'ensemble en une vraie maison. La plate-forme du toboggan et le toboggan lui-même sont aussi très simples à réaliser.

Pour des raisons de sécurité, il est essentiel que la structure d'ensemble soit solidement ancrée au sol. On peut procéder de diverses manières : une des méthodes les plus simples consiste à utiliser des tiges métalliques et des «sabots» dans lesquels viennent s'insérer les montants. Les tiges pénètrent facilement dans le sol et assurent un ancrage très solide. Enfin, la structure étant exposée aux intempéries, il est important d'acheter du bois traité sous pression et de l'enduire d'un produit de conservation.

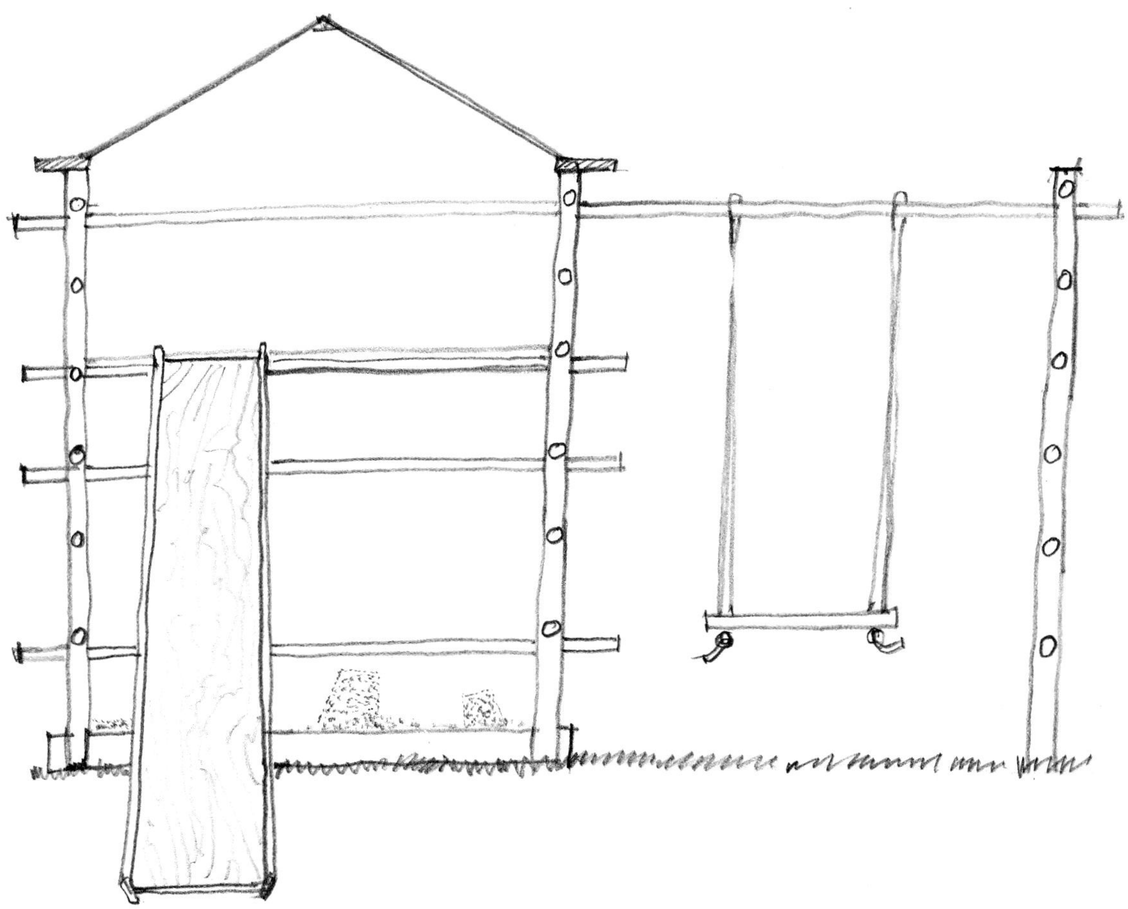

ASSEMBLAGE DE L'ENSEMBLE MULTI-JEUX

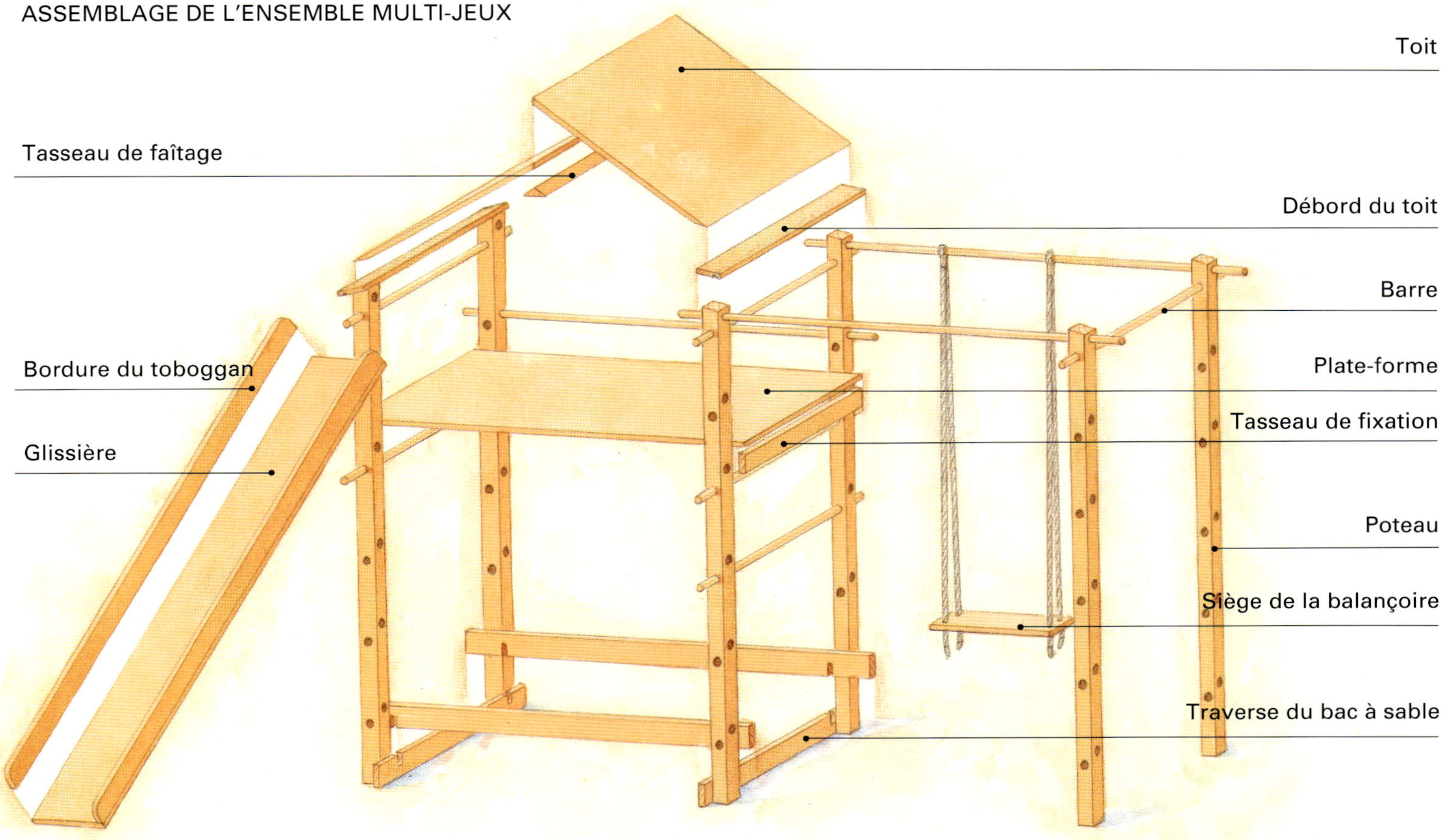

Cet ensemble multi-jeux convient aux enfants âgés de deux à sept ans environ ; plusieurs enfants peuvent y évoluer en même temps. Le bac à sable conviendra parfaitement aux tout-petits ; la classe d'âge supérieure adoptera le toboggan ; et la «maison» définie par la plate-forme et le toit qui la surmonte est le lieu idéal pour laisser se développer l'imagination au service du jeu.

L'ensemble de la structure doit être impérativement fabriqué avec du bois traité; de surcroît, trois ou quatre couches de vernis incolore «extérieur» de bonne qualité devront lui être appliquées en finition. Cette finition «bois naturel» est en parfait accord avec le reste du jardin. Avant d'entamer les travaux, faites tremper les portions des poteaux, qui seront enfoncées dans le sol, dans un produit de conservation durant 24 heures.

La stabilité de l'ensemble exigeant que la base des poteaux soit noyée dans le béton, la structure ne peut être édifiée que dans un jardin. Placez-la sur une pelouse plane, libre d'obstacles. Si, durant l'été, l'herbe risque de se dessécher et le sol de se durcir, creusez une petite fosse autour de la base de la structure, fosse que vous emplirez de copeaux de bois ou d'écorce, ou de quelque autre matériau absorbant les chocs. Vous réduirez ainsi les risques d'accident.

La structure se compose de six poteaux percés à intervalles réguliers, de trous dans lesquels sont logées des barres horizontales de 35 mm de diamètre. Le nombre de barres est laissé à votre appréciation ; leur disposition peut en outre être modifiée, chaque barre étant fixée aux poteaux par des vis. Quand vous replacez la barre, n'omettez surtout pas de la revisser. Il n'est pas nécessaire de disposer des barres dans chacun des trous : vous pouvez laisser des espaces libres en fonction de l'âge et des besoins des enfants.

La plate-forme, composée d'un panneau de contre-plaqué de 18 mm, est fixée aux barres par l'intermédiaire de tasseaux et de tourniquets taillés dans des chutes de contre-plaqué.

Le toboggan amovible est raccordé à une barre à l'aide de deux tourniquets et d'écrous à oreilles. Il peut être démonté et rangé, s'il n'est plus utilisé durant de longues périodes.

Suspendez la balançoire à la barre la plus élevée. Ôtez les barres à l'avant et à l'arrière de la balançoire, de façon qu'aucun obstacle ne se trouve sur sa trajectoire. La hauteur du siège au-dessus du sol varie en fonction de l'âge des enfants qui l'utiliseront ; la longueur de la corde en dépend directement.

UN ENSEMBLE MULTI-JEUX

OUTILS

- Équerre
- Règle en acier
- Fausse équerre
- Perceuse électrique et mèches
- Mèche plate et mèche extensible
- Fraise
- Support de perceuse
- Rabot électrique (pour les biseaux)
- Tarière ou bêche étroite
- Niveau à bulle
- Rabot à replanir (électrique ou manuel)
- Défonceuse et fraise «arrondi d'angle»
- Ponceuse électrique ou cale à poncer

CONSTRUCTION

L'assemblage de l'ensemble multi-jeux est simple ; le travail le plus laborieux consiste à creuser les trous pour les six poteaux. Pour cela, vous pouvez utiliser une bêche étroite, mais une tarière – outil de grande dimension ressemblant à un tire-bouchon, disponible dans les magasins de location – facilite grandement le travail. On lui imprime un mouvement de rotation, dans un sens puis dans l'autre, pour retirer la terre.

DÉCOUPE DES POTEAUX

Coupez les six poteaux de longueur : entre 2,45 m et 2,6 m, selon la hauteur choisie au-dessus du sol. N'oubliez pas que chaque poteau sera enfoncé d'au moins 750 mm dans le sol puis bétonné en place.

TRAÇAGE DES POTEAUX

À l'aide d'une équerre, tracez une ligne sur les quatre faces de chacun des poteaux, à 750 mm de la base ; ce repère correspond au niveau du sol, une fois les poteaux en place. Sur l'une des faces du poteau, marquez les positions des trous des barres, tous les 300 mm au-dessus du niveau du sol (fig. 1). Veillez à ce que chaque repère se trouve bien au centre du poteau.

Sur une face adjacente, marquez l'emplacement du premier trou à 240 mm au-dessus du niveau du sol, puis tous les 300 mm en remontant. De la sorte, les barres seront décalées sur deux côtés adjacents de la structure (fig. 2).

Procédez au marquage, de la même façon, sur les cinq autres poteaux.

PERÇAGE DES TROUS

Percez les trous au travers des poteaux avec une mèche de 36 mm ou une mèche extensible. Pour être sûr que chaque trou est percé au centre du poteau et bien perpendiculairement, utilisez un support de perceuse ou recourez à une équerre comme guide visuel.

Les avant-trous des vis de blocage sont percés sur les faces des poteaux adjacentes aux trous des barres. Chaque avant-trou devra être aligné sur le centre de chaque trou de barre. Percez et fraisez un avant-trou pour une vis de 5 x 40 jusqu'à ce que la mèche croise le trou, plus large, de la barre. Veillez à ce que tous les trous des vis soient percés sur les faces intérieures des poteaux.

ASSEMBLAGE DE LA STRUCTURE

Découpez les 21 barres de 35 mm de diamètre et 1510 mm de longueur ; chanfreinez ou arrondissez les extrémités.

Assemblez, sur l'emplacement définitif, les poteaux et les barres. À ce stade, insérez les barres dans les poteaux de façon uniforme sur tout le pourtour de la structure, même si vous avez l'intention d'omettre ou de redistribuer différemment les barres plus tard. Veillez à ce que les avant-trous des vis de blocage se trouvent sur les faces intérieures des poteaux, et disposez les barres de manière qu'elles dépassent de 75 mm au-delà des poteaux, à chaque extrémité.

Tous les poteaux étant en position, vissez les vis de blocage en enfonçant chacune d'elles à mi-distance dans les barres, de façon que toute la structure soit parfaitement rigide.

Marquez au sol, avec précision, les positions des six poteaux. Ôtez la structure et creusez les trous des poteaux

MATÉRIAUX

Désignation	Quantité	Matériau	Dimension
Poteau	6	bois blanc raboté de 75 x 75 mm	selon besoins
Barre	21	barre de 35 mm de diamètre	1510 mm
Débord du toit	2	bois blanc raboté de 100 x 25 mm	1560 mm
Toit	2	contre-plaqué «extérieur» de 12 mm	1560 x 800 mm
Tasseau de faîtage	1	bois blanc raboté de 75 x 50 mm	1560 mm
Glissière	1	contre-plaqué «extérieur» de 12 mm	2250 x 400 mm
Bordure du tobbogan	2	bois blanc raboté de 75 x 25 mm	2250 mm
Plate-forme	1	contre-plaqué «extérieur» de 19 mm	1360 x 760 mm
Tasseau de fixation	4	bois blanc raboté de 50 x 25 mm	découpé aux mesures
Taquet	6	chute de contre-plaqué de 12 mm	selon besoins
Traverse du bac à sable	4	bois blanc raboté de 73 x 25 mm	1400 mm
Siège de la balançoire	1	bois blanc raboté de 150 x 25 mm	500 mm

Divers : corde (diamètre 25 mm) et ficelle pour la balançoire; béton pour l'ancrage des poteaux; 42 vis de 5 x 40 pour fixer les barres aux poteaux.

1 Perçage des poteaux : Inscrivez sur chacun un repère correspondant au niveau du sol et les positions des trous des barres.

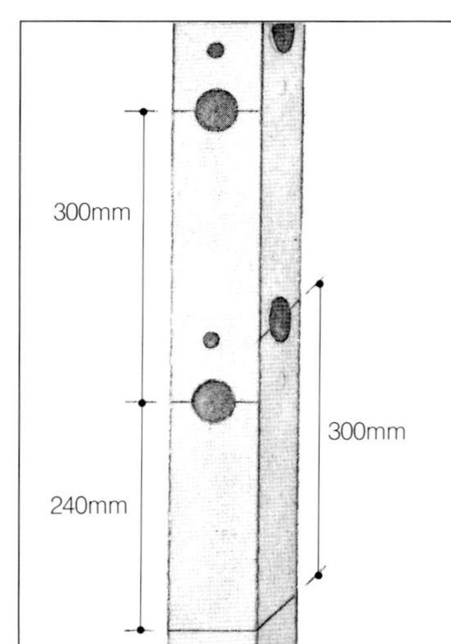

(100 mm de diamètre environ) avec une bêche étroite ou une tarière. Les trous doivent être de 150 mm plus profonds que la portion de poteau à enterrer; dans notre cas, ils auront donc 900 mm de profondeur. Disposez au fond de chaque trou une couche bien compacte de gros gravier qui facilitera le drainage et évitera le pourrissement des poteaux.

Mettez la structure en place dans les trous. Vérifiez que l'ensemble est bien de niveau et d'aplomb et que les repères se trouvent tous au niveau du sol. Si nécessaire, ôtez la structure et ajustez la blocaille.

Préparez le béton en mélangeant le sable, le granulat et le ciment dans les proportions 1-5-1. Équipez-vous de gants pour éviter les brûlures. Déposez les ingrédients sur la surface de travail et mélangez-les avec une pelle jusqu'à ce que la masse soit uniformément grise. Creusez un trou au sommet du tas et ajoutez environ un litre d'eau à la fois.

Remuez le mélange jusqu'à ce que l'eau ait été absorbée, puis versez à nouveau de l'eau et mélangez de façon à obtenir un béton «souple», ni trop sec ni trop humide.

Versez du béton dans un des trous, ajoutez quelques morceaux de brique cassée et tassez le tout avec un morceau de bois pour qu'il n'y ait pas de poche d'air autour du poteau. Comblez les 300 mm restants avec du béton et façonnez une sorte de collerette autour de la base du poteau de sorte que l'eau de pluie s'écoule vers l'extérieur.

Laissez prendre le béton, puis disposez les barres à votre guise; fixez-les.

Biseautez les sommets de tous les poteaux selon un angle de 10°, après avoir marqué l'angle avec une fausse équerre (fig. 2). Les deux paires de poteaux qui soutiennent le toit sont biseautées en sens opposés en raison de l'inclinaison des deux versants (voir *Ensemble multi-jeux : assemblage*, page 201). Les sommets des deux poteaux d'extrémité sont également biseautés pour assurer l'écoulement de l'eau.

FIXATION DU TOIT

Découpez les deux planches de débord. En sous-face de chacune d'elles, découpez une rainure de 6 x 6 mm (la «goutte d'eau»), à 10 mm en retrait du

2 **Assemblage des barres : Arrondissez les extrémités des barres et passez-les dans les orifices des poteaux de sorte qu'elles débordent au maximum de 75 mm à chaque extrémité. Remarquez que le sommet du poteau est biseauté selon un angle de 10°.**

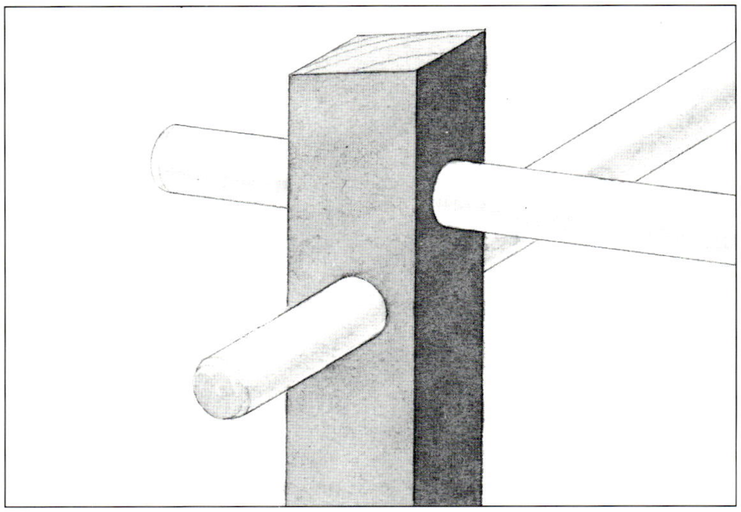

3 **Fabrication du toit : En haut : découpez le tasseau de faîtage de manière qu'il s'inscrive dans l'angle des deux versants. En bas : le sommet des deux versants est biseauté à 53°, la base à 37°. Collez et vissez les panneaux au tasseau de faîtage.**

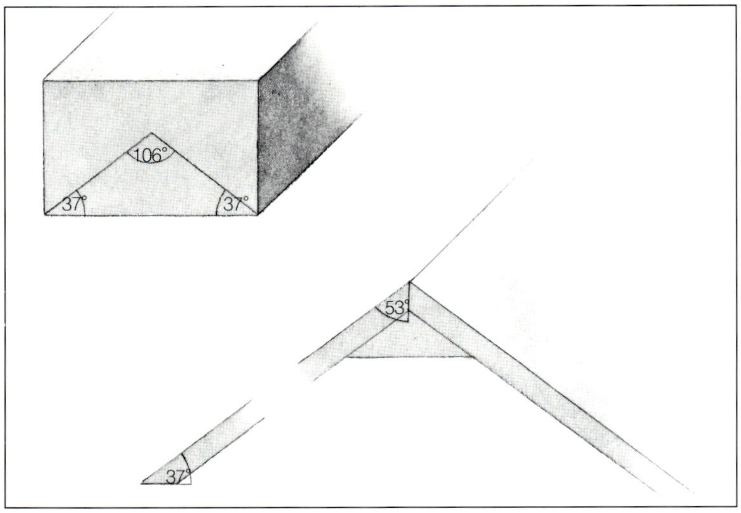

UN ENSEMBLE MULTI-JEUX

rebord. Vissez les planches au sommet des poteaux supportant le toit.

Rabotez le rebord supérieur des panneaux du toit selon un angle de 53°; le rebord inférieur est raboté selon un angle de 37° (fig. 3). Tracez ces angles avec une fausse équerre. Tracez et découpez le tasseau de faîtage aux angles correspondants (fig. 3, page 205).

Fixez les deux versants du toit, au sommet, en les collant et en les vissant au tasseau de faîtage. Servez-vous de vis de 4 x 25 espacées d'environ 300 mm.

Posez le toit assemblé sur les planches de débord, vérifiez l'alignement, puis fixez-le en vissant vers le haut, au travers des planches de débord, dans les versants du toit. Servez-vous de vis de 4 x 40 espacées d'environ 300 mm (fig. 1).

TOBOGGAN

Collez les bordures à la glissière et vissez, au travers de la glissière, dans les bordures. Vérifiez le bon affleurement des rebords et utilisez des vis de 4 x 40 espacées de 400 mm.

Arrondissez les arêtes et les angles aux deux extrémités.

Le toboggan est fixé à une barre au moyen de tasseaux et de taquets (fig. 2). Découpez deux tasseaux de 50 x 25 mm de la largeur du toboggan. Vissez les tasseaux en sous-face de la glissière, un le long du bord supérieur et l'autre à 38 mm du second, de telle sorte que les deux pièces de bois enserrent la barre à laquelle est rattaché le toboggan.

Vissez deux vis dans le tasseau inférieur, en laissant dépasser 18 mm de filetage. Sciez et limez leurs têtes.

Fabriquez deux taquets dans du contreplaqué de 12 mm ; découpez une petite encoche vers le bas de l'un des côtés de façon à pouvoir les rabattre autour des vis et les bloquer à l'aide d'un écrou papillon.

Vissez les taquets au tasseau supérieur (fig. 2) en vous rappelant qu'ils devront pivoter. Ce mode de fixation est sûr, mais il donne néanmoins la possibilité de retirer le toboggan.

Mastiquez les trous des vis au sommet de la glissière. Poncez le mastic lorsqu'il est sec ; poncez aussi les bordures de la glissière. Appliquez enfin, sur toutes les surfaces, plusieurs couches de vernis «extérieur».

Ne fixez pas le toboggan plus haut que la quatrième barre, sinon son inclinaison sera trop forte. Placez un tapis de sport à l'arrivée de la glissière pour absorber les chocs ; maintenez sa bordure arrière sous le toboggan.

PLATE-FORME

Elle peut trouver sa place entre n'importe quelle paire de barres opposées. Si le toboggan est en usage, la plate-forme devra être située entre les barres correspondant au sommet de la glissière, de façon à ménager un accès.

Découpez le panneau de contre-plaqué de 18 mm aux dimensions. Collez et vissez un tasseau de fixation de 50 x 25 mm à fleur de chacun des petits côtés de la plate-forme. Utilisez trois vis à tête fraisée de 4,5 x 40 de chaque côté.

Découpez quatre taquets d'environ 70 x 20 mm dans du contre-plaqué de 12 mm. Arrondissez les extrémités et vissez en sous-face des tasseaux, de telle sorte que les taquets pivotent sur les vis (fig. 3). Vernissez toutes les surfaces.

BAC À SABLE

Ôtez la couche supérieure de gazon sur la superficie du bac à sable et posez simplement des dalles de pavage en béton, bord contre bord. Si la pelouse est inégale, nivelez-la avec du sable. Déposez une épaisse feuille de polyéthylène sur les dalles de manière que ni végétation, ni insectes ne s'introduisent dans le sable.

Découpez les traverses du bac : elles débordent de 25 mm au-delà des poteaux, à chaque extrémité. Appuyez chaque traverse contre les faces intérieures de deux poteaux, et inscrivez sur le côté des pièces de bois les points marquant les angles intérieurs des poteaux. Découpez des assemblages à mi-bois en ces points, du côté du repère correspondant à l'extérieur du poteau (fig. 4). Arrondissez les arêtes supérieures. Fixez les traverses aux poteaux avec deux vis fraisées de 4,5 x 40 à chaque extrémité (fig. 5).

Si vous souhaitez une profondeur de sable plus importante, placez des traverses plus larges ou creusez le sol à la profondeur souhaitée et disposez des traverses de largeur suffisante pour qu'elles s'élèvent à 75 mm au-dessus du sol. Emplissez le bac de sable fin.

1 Débord du toit : Vissez les planches au sommet des poteaux, puis au travers des planches dans le rebord inférieur des panneaux du toit.

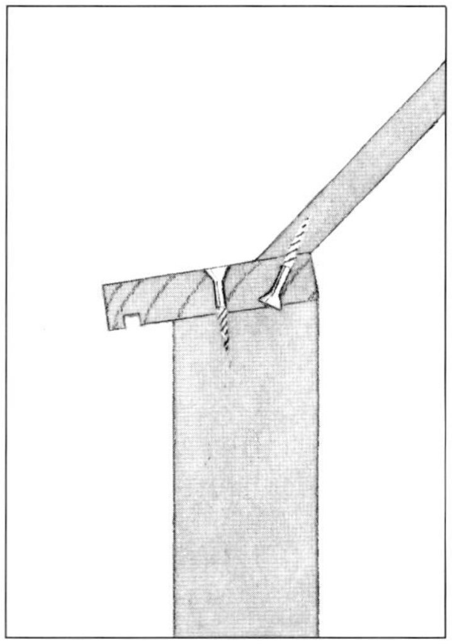

2 Pose du toboggan : Vissez des tasseaux en sous-face de la glissière, de chaque côté de la barre d'appui. Vissez des taquets au tasseau du sommet; ils pivotent, se rabattent sur des corps de vis logés dans le tasseau inférieur et sont maintenus par des écrous papillon.

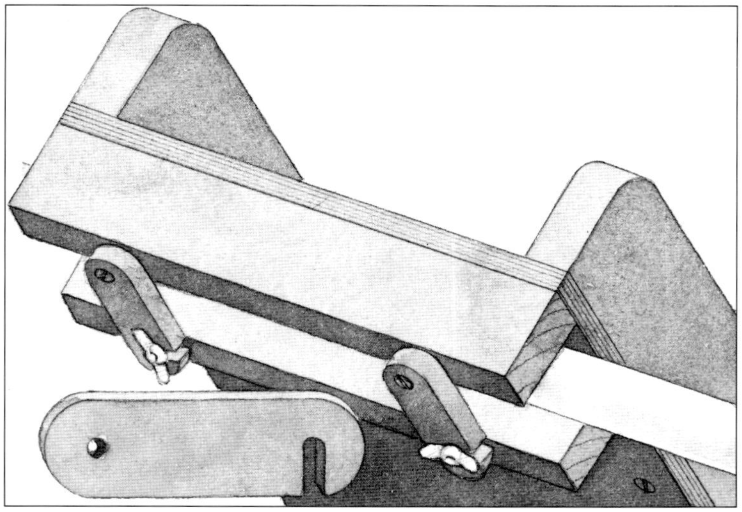

3 Pose de la plate-forme : Collez et vissez les tasseaux le long des petits rebords du panneau. Ajoutez les taquets qui maintiendront l'ensemble.

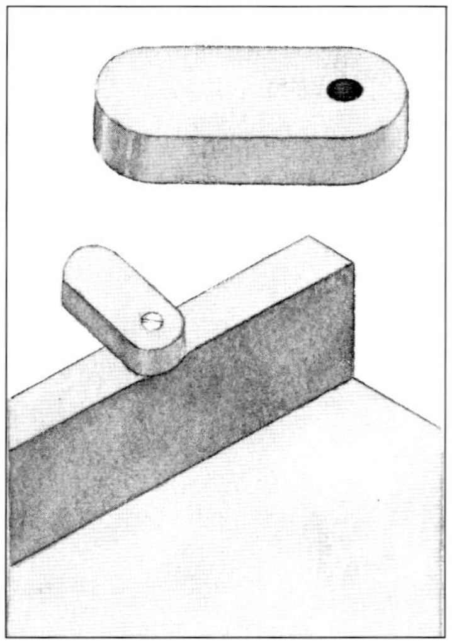

4 Les traverses du bac à sable : repérez l'angle intérieur des poteaux sur le côté des traverses et découpez à mi-bois les assemblages.

5 Pose des traverses : Vissez les traverses aux faces intérieures des poteaux; elles débordent de 25 mm à l'extérieur des poteaux.

6 La balançoire : Passez la corde dans les orifices percés dans le siège et nouez solidement. Au sommet, la barre passe dans la boucle de la corde.

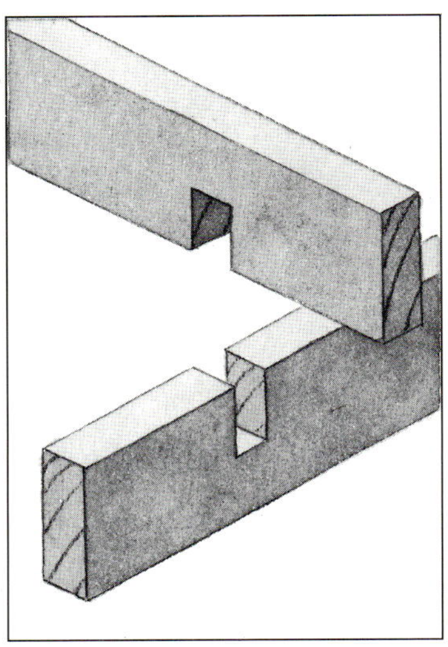

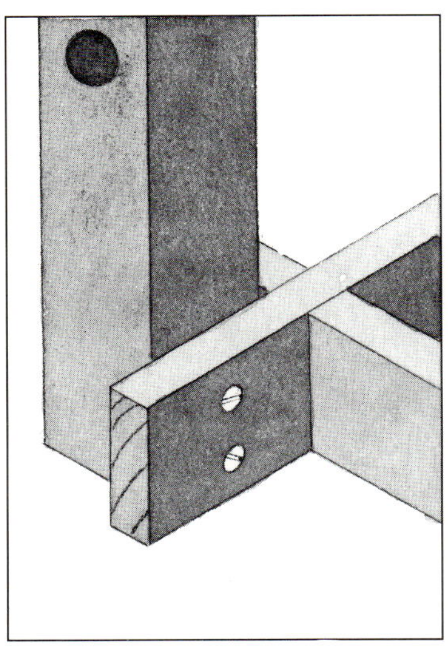

CHÂSSIS DE COUCHES

Si vous n'avez pas les moyens de vous offrir une serre, vous pouvez la remplacer par un châssis de couches. Indispensable pour la pousse des jeunes plants ou des primeurs, il permet également la culture de toutes sortes de salades tout au long de l'hiver : mâche, trévise... Utilisable toute l'année, il constitue un atout essentiel pour votre jardin. Si vous avez une serre, le châssis de couches peut aussi servir pour les plantes de repiquage cultivées en serre ou à stocker pendant l'hiver les plantes bisannuelles fragiles.

La conception de ce châssis de couches est un peu différente de la version traditionnelle que l'on voit souvent dans les jardins. Il offre de multiples usages et sa fabrication est simple. La base en bois est traitée avec un enduit protecteur pour extérieur et contraste avec le couvercle fragile, peint en blanc ou vitré.

L'intérêt de ce projet est que les vitrages sont entièrement amovibles et que l'on peut accéder directement au sol pour bêcher et planter.

La face vitrée doit être orientée vers le sud pour bénéficier au maximum des rayons du soleil. Mais les châssis étant facilement transportables, leur emplacement peut changer d'une année sur l'autre. Si au cœur d'un été, les plantes commencent à roussir, appliquez sur le verre de la peinture blanche opaque.

Contrairement aux cloches ou aux jarres en verre, le châssis de couches est simple à réaliser et économique. En effet, ses diverses utilisations permettent de prolonger la saison des cultures.

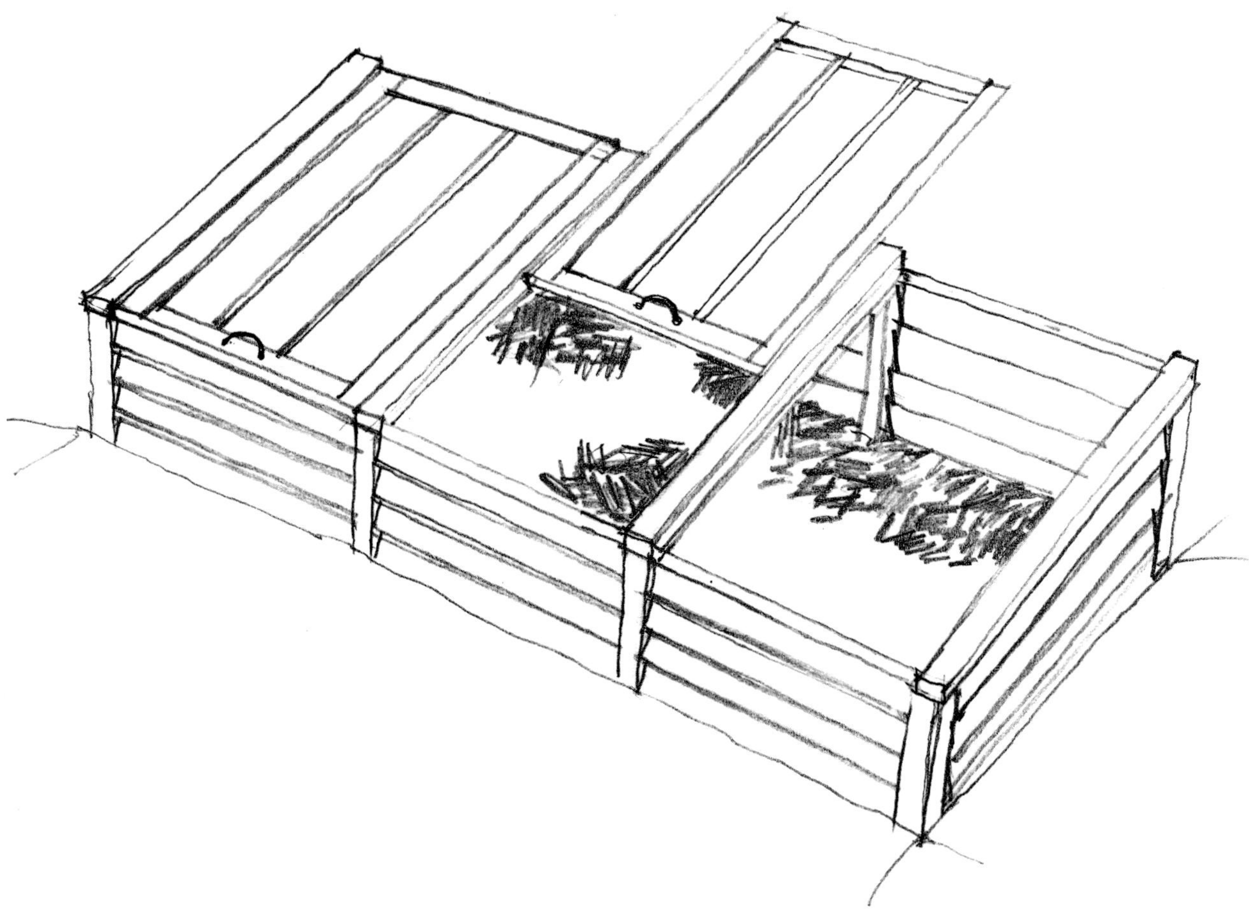

CHÂSSIS DE COUCHES

OUTILS

- Établi (fixe ou portatif)
- Mètre à ruban métallique
- Règle en acier
- Équerre (ou équerre à combinaisons)
- Scie à panneau (ou scie circulaire électrique)
- Scie à tenons
- Trusquin à tracer
- Perceuse électrique
- Foret (environ 3 mm de diamètre)
- Foret à fraiser
- Tournevis
- Marteau à panne fendue
- Chasse-clou
- Tenailles
- Ciseau à bois (25 mm environ)
- Maillet
- Serre-joints à coulisse (ou cales de fixation)

MATÉRIAUX

Les quantités indiquées correspondent à un châssis à trois caissons.

Pièces	Quantité	Matériaux	Longueur
STRUCTURE DU CHASSIS			
traverses basses	4	50 x 50 mm bois tendre scié et traité	1,22 m*
poteaux avant	4	*Id.*	27 cm*
poteaux arrière	4	*Id.*	40 cm*
traverses hautes	4	*Id.*	1,23 m*
tasseaux de support supérieurs	6	25 x 25 mm bois tendre raboté sur toutes ses faces	1,23 m
tasseaux avant de fixation	6	*Id.*	33 cm*
tasseaux arrière de fixation	6	*Id.*	46 cm*
placage avant et arrière	au choix	6 x 19 x 150 mm planches taillées en biseau	largeur du cadre de vitrage plus espace
placage d'extrémité	au choix	*Id.*	1, 12 m
OUVERTURES VITRÉES			
traverses latérales	6	50 x 38 mm bois tendre raboté sur toutes ses faces	1,27 m
traverses hautes	3	*Id.*	80 cm
traverses basses	3	75 x 25 mm bois tendre raboté sur toutes ses faces	80 cm
barres centrales de vitrage	3	38 x 25 mm bois tendre raboté sur toutes ses faces	1,27 m
tasseaux de support du verre - longs	12	25 x 12 mm bois tendre raboté sur toutes ses faces	1,15 m*
tasseaux de support du verre - courts	6	*Id.*	40 cm*
plaques de verre	18	verre clair 42,5 x 40 cm	

Indispensable également : 3 poignées en D, des attaches métalliques pour le verre, du mastic pour sceller le verre, des clous de vitrier pour maintenir les vitres, des supports pour les vitres et des charnières (facultatif).

* Laissez une longueur supplémentaire, puis coupez à la taille définitive après la fixation.

Un châssis de couches sera apprécié par tous les amateurs de jardinage, qu'ils soient spécialisés dans la culture des fleurs, des fruits ou des légumes. Il servira pour les semis, la reproduction et la culture des plantes fragiles ou précoces.

Le châssis décrit ici a été élaboré à partir du châssis de couches standard. Le cadre principal est fait avec du bois tendre scié et traité avec un enduit protecteur (au tannin), assemblé en une série de « caissons », avec des planches taillées en biseau fixées sur les cadres principaux. Votre châssis aura ainsi un style original et personnel. Vous pouvez aussi faire un placage sur toute la longueur du cadre, ce qui facilitera la réalisation.

À vous de choisir la largeur et la longueur du châssis en fonction des plantations que vous voulez faire. Dans cet exemple, le châssis est de taille moyenne : 37 cm de haut à l'avant, 50 cm à l'arrière et 1,22 m de large. Cette conception est astucieuse car elle permet d'avoir une, deux, trois ou plusieurs sections. Les quantités définies dans le tableau « Matériaux » correspondent à la construction d'un châssis de cette taille.

Dans notre exemple, les vitrages sont démontables. Vous pouvez les glisser légèrement en arrière ce qui permet une aération, ou plus loin encore pour soigner les plantes à l'intérieur du châssis. Les vitrages peuvent aussi être soulevés à l'avant et rester légèrement ouverts. Ils sont aussi faciles à glisser et à enlever, soit par l'avant ou par l'arrière.

À la place des vitrages, vous pouvez utiliser des feuilles de plastique transparent. Cette solution est plus prudente si vous avez de jeunes enfants qui jouent dans le jardin. Dans ce cas, fixez les ouvertures à l'arrière avec des charnières ; il vous faudra poser à l'arrière une traverse en bois de 75 x 50 mm, au même niveau que les tasseaux de support.

ASSEMBLAGE DU CHÂSSIS

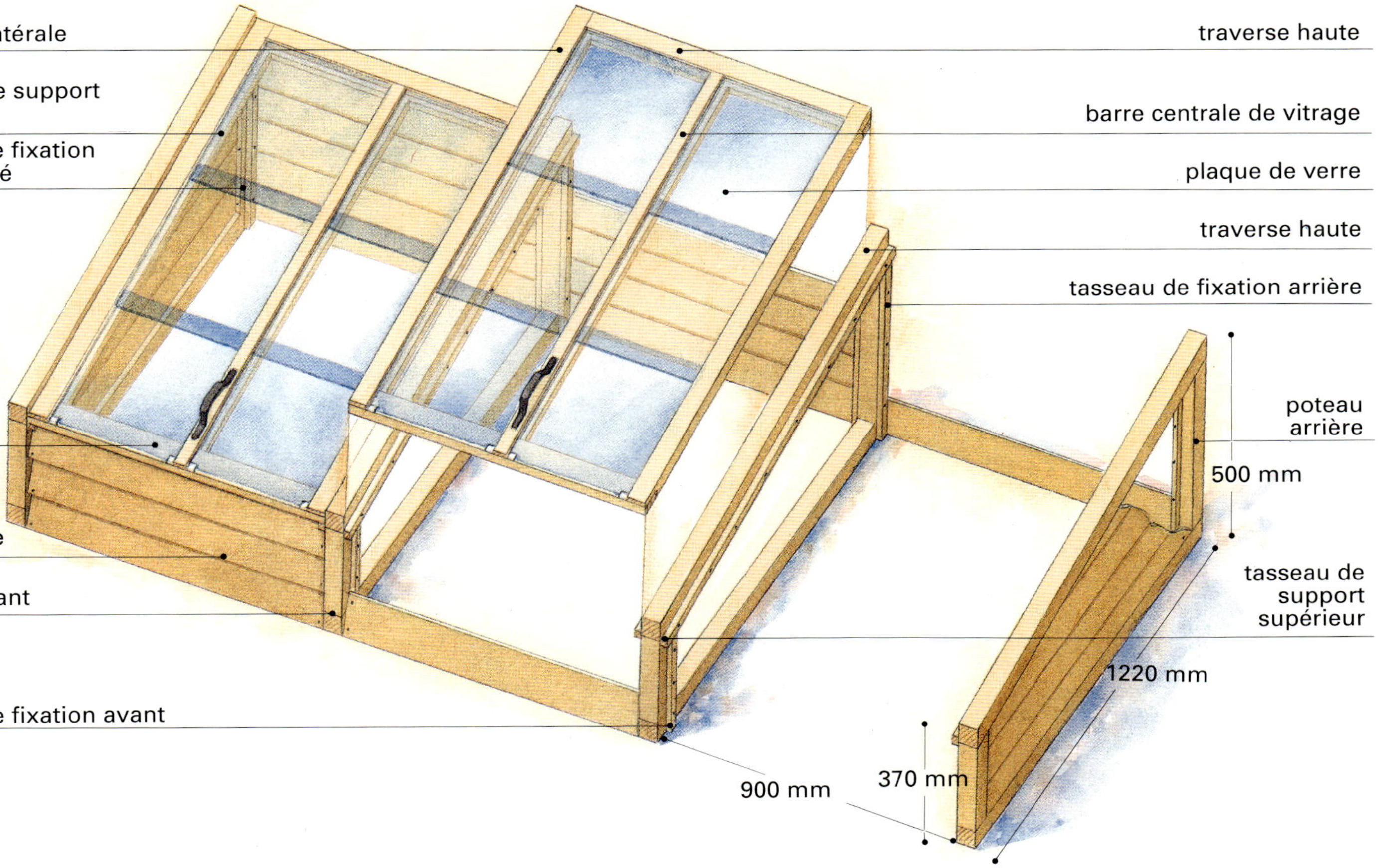

STRUCTURE DU CHÂSSIS

FABRICATION DES DIVISIONS

La structure au sol du châssis est construite autour de quatre divisions (si vous fabriquez un châssis à trois caissons). C'est par elles que vous commencerez.

Coupez d'abord les quatre éléments des divisions – les traverses hautes et basses et les poteaux avant et arrière – dans du bois tendre scié de 50 x 50 mm, en laissant une longueur supplémentaire de 50 mm minimum.

Posez la traverse basse et marquez sa longueur définitive au centre sur un côté. Mettez les poteaux avant et arrière en position le long de la traverse.

Marquez la hauteur définitive des poteaux avant et arrière puis posez la traverse haute le long des marques supérieures (avec la bonne hauteur des poteaux sur les bords extérieurs) pour tracer les angles de coupe sur la partie supérieure des poteaux. Coupez les poteaux.

Clouez en biais les traverses basses et hautes dans les poteaux.

Une fois le châssis fini, vérifiez qu'il est à angle droit, puis coupez les extrémités saillantes des traverses hautes et basses pour qu'elles soient au même niveau que les poteaux. Fabriquez le nombre de châssis que vous voulez (quatre dans notre exemple).

TASSEAUX DE SUPPORT ET DE FIXATION

Placez une découpe de 50 x 38 mm pour faire la traverse latérale du cadre vitré, à 2 mm en dessous du bord supérieur de la traverse haute pour positionner les tasseaux supérieurs de support. Vous aurez besoin d'un tasseau de chaque côté des cadres centraux de divisions et sur les côtés internes des cadres d'extrémité. Clouez-les puis sciez l'extrémité au même niveau que les poteaux avant et arrière.

À moins de clouer le placage sur toute la longueur, de l'avant à l'arrière des cadres de division, il vous faudra clouer des tasseaux de fixation aux poteaux avant et arrière.

Maintenez les tasseaux en position pour pouvoir marquer les extrémités à l'angle du tasseau de support supérieur. Coupez les tasseaux à cet angle, puis vissez-les pour qu'ils soient au même niveau que les bords internes des poteaux avant et arrière (fig. 1, p. 212). Sciez les extrémités des tasseaux au niveau du bord inférieur de la traverse basse. Fixez les tasseaux latéraux sur les deux côtés des cadres de division et sur les côtés intérieurs des cadres d'extrémité.

Pour soutenir le placage aux extrémités, mesurez les hauteurs internes des poteaux avant et arrière sur le cadre d'extrémité. Coupez les tasseaux à ces longueurs et fixez-les aux côtés internes des cadres d'extrémité (fig. 2, p. 212).

CHÂSSIS DE COUCHES

VITRAGES

Coupez tous les éléments nécessaires à leur réalisation. Chaque cadre de vitrage aura deux côtés, une traverse haute, une traverse basse et une barre de vitrage centrale (fig. 3).

Marquez tous les joints (fig. 3). Les côtés sont assemblés à la traverse haute par des joints d'angle à mi-bois (voir *Techniques, Assemblage à mi-bois*, p. 242). La traverse basse chevauche les côtés pour être sur le côté inférieur.

La barre de vitrage est assemblée à la traverse haute par un joint droit en T à mi-bois et à la traverse basse par un joint à recouvrement sur le côté opposé (sur la partie inférieure) pour qu'elle chevauche la traverse basse comme indiqué sur le schéma (fig. 3).

Marquez tous les joints de façon claire pour les reconnaître lors de l'assemblage, puis coupez-les.

FABRICATION DES CADRES DE VITRAGE

Collez tous les joints aux traverses hautes et basses, en commençant par la barre de vitrage centrale. Prenez une colle à bois hydrofuge (Cascamite par exemple). Retournez le cadre pour pouvoir le visser sur la partie inférieure. Vérifiez avec une équerre que le cadre est à angle droit et maintenez-le dans un serre-joints pendant que vous percez les deux trous de guidage et une fraisure sur les trois joints supérieurs. Vissez ensemble les joints supérieurs.

Percez et vissez les joints d'angle du bas avec trois vis pour chacun d'entre eux. Mesurez pour vérifier que la barre de vitrage centrale est bien au milieu de la traverse basse, puis percez deux trous et vissez-la à la traverse basse.

Posez le cadre sur une surface plane et vérifiez qu'il est à angle droit en mesurant les diagonales. Clouez sur un tasseau d'entretoisement pour conserver le cadre à angle droit pendant que la colle sèche. Enlevez l'excès de colle et laissez sécher les joints.

Renouvelez l'opération pour tous les cadres que vous voulez fabriquer (dans cet exemple, trois).

TASSEAUX DE SUPPORT DU VERRE

Coupez quatre tasseaux de 25 x 12 mm à la longueur interne du cadre de vitrage et clouez-les pour qu'ils soient au niveau de la partie inférieure du cadre.

Coupez ensuite deux tasseaux à une longueur correspondant à la largeur interne entre les tasseaux latéraux supérieurs. Clouez les tasseaux en haut entre les deux paires de tasseaux latéraux, le bord inférieur étant au niveau de la partie inférieure du cadre.

Recommencez l'opération pour les autres cadres.

PLACAGE

Nous avons utilisé des planches taillées en biseau pour plaquer le châssis, mais vous pouvez également prendre des planches à feuillures, des planches bouvetées ou des joints en V.

Pour les côtés, coupez le placage aux dimensions internes des cadres d'extrémité. Fixez le placage en commençant par la planche du bas, en le clouant aux tasseaux de fixation. Lorsqu'on utilise des planches taillées en biseau, les panneaux de placage doivent se chevaucher d'environ 12 mm et les clous maintenant le bord inférieur de chaque planche doivent transpercer le bord supérieur de la planche du dessous pour assurer une fixation solide. Prenez des clous galvanisés à tête ronde. Quand vous fixez le placage d'extrémité, les planches supérieures doivent suivre l'inclinaison des traverses hautes.

Les panneaux de placage avant et arrière sont coupés de façon à s'insérer entre les cadres de division afin que les cadres vitrés, une fois installés, puissent se démonter. Il vous faudra laisser un espace suffisant pour prendre en compte le travail du bois en cas d'humidité. Vérifiez que les divisions principales sont espacées et qu'il y a environ 2 mm entre les divisions et les côtés des cadres vitrés qui pourront alors glisser facilement.

Clouez les panneaux de placage aux tasseaux de fixation avant et arrière en commençant par les panneaux du bas comme précédemment. Les angles supérieurs à chaque extrémité des planches du haut devront être entaillés pour que les panneaux de placage s'adaptent parfaitement autour des tasseaux de support supérieurs.

Si vous fixez le placage avant et arrière de façon continue, il n'est pas nécessaire de poser des tasseaux de fixation à l'avant et à l'arrière. Clouez

1 Pose du tasseau de support supérieur et des tasseaux de fixation latéraux. **À gauche : bloc d'écartement à 2 mm de la traverse haute permettant la mise en place du tasseau. À droite : les tasseaux de support couvrent toute la longueur de la traverse haute ; les tasseaux de fixation sont au niveau des bords internes des poteaux avant et arrière et à angle droit pour pouvoir s'ajuster aux tasseaux de support supérieurs.**

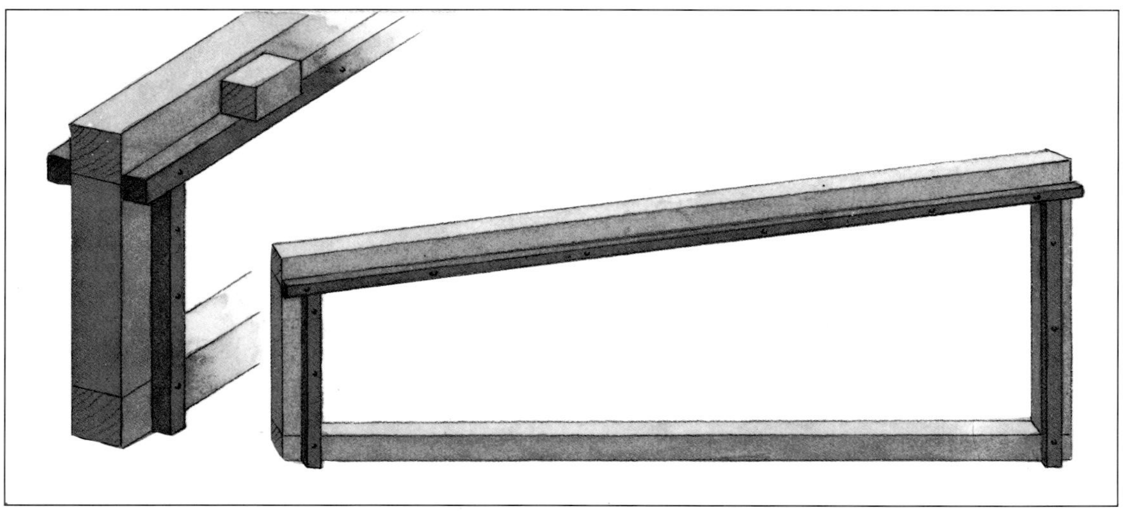

2 Fixation des tasseaux d'extrémité **: coupez-les et posez-les au même niveau que les bords internes du cadre.**

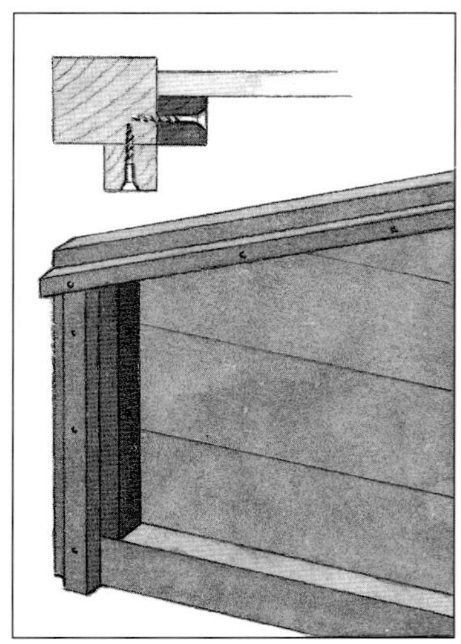

3 Construction des cadres pour les vitres. **En haut : des joints d'angle à mi-bois permettent d'adapter les traverses latérales à la traverse haute. En bas : collez et vissez sur la face intérieure ; un tasseau d'entretoisement maintient le cadre à angle droit.**

les panneaux de placage sur les poteaux avant et arrière des cadres de division. Si les panneaux ne forment pas un placage continu, prenez des panneaux plus courts. Il suffit de les assembler en bout les uns aux autres pour que le joint coïncide avec le point du milieu d'un poteau avant ou arrière. Placez les joints en quinconce pour qu'ils ne s'alignent pas avec les joints des panneaux.

TRAITEMENT DU BOIS ET FINITIONS

Il est indispensable d'appliquer sur le châssis une fois assemblé au moins deux couches d'enduit protecteur clair ou de couleur verte. Quand il est sec, vous pouvez peindre le bois avec une peinture microporeuse, une laque pour extérieur, ou encore avec une teinture protectrice hydrofuge si vous voulez conserver la couleur naturelle du bois. N'utilisez pas de créosote ou tout autre produit protecteur dangereux pour les plantes.

FIXATION DES VITRES, POIGNÉES ET CHARNIÈRES

Coupez le verre à la taille requise pour qu'il s'adapte aux cadres de vitrage. Dans cet exemple, nous avons coupé le verre en trois plaques de chaque côté, et entré la plaque inférieure en premier, les autres chevauchant celle fixée précédemment. La plaque inférieure est maintenue par de petites pinces en aluminium, clouées sur la traverse inférieure du cadre de vitrage et pliées sur le bord des vitres pour empêcher qu'elles ne glissent. Toutes les plaques sont scellées avec du mastic sur les tasseaux de support du vitrage. Elles sont maintenues par des clous de vitrier, clouées dans les traverses de côté pour être horizontales et soutenir la vitre. Les bords inférieurs des plaques qui dépassent, reposent contre deux clous de vitrier qui empêchent ces plaques de glisser.

À la place du verre, vous pouvez utiliser une feuille de plastique transparent, moins onéreuse et moins dangereuse. Achetez du plastique conçu pour l'horticulture qui favorisera la pousse des plantes, ne jaunira pas et ne se déchirera pas. Evitez surtout le plastique contenant un inhibiteur d'ultraviolets (U.V.) car aucune plante ne pousserait.

Pour soulever facilement les vitres pour l'aération ou pour avoir accès aux plantes, vissez une poignée en D dans l'extrémité inférieure de la barre de vitrage.

Si les vitres sont démontables, elles peuvent être soulevées de l'avant et laissées ouvertes pour l'aération en les calant avec un morceau de bois. On peut aussi faire glisser les vitres vers l'arrière ou vers l'avant pour avoir accès à l'intérieur du châssis.

Vous pouvez encore fixer les vitres à l'arrière avec des charnières, surtout si vous utilisez du plastique car il sera plus léger. Dans ce cas, coupez un tasseau de 75 x 50 mm à la longueur totale du châssis et taillez en biseau le bord supérieur pour permettre à la vitre de retomber à 90° (elle pourra ainsi reposer contre le mur ou la clôture derrière le châssis quand elle sera ouverte). À l'aide d'un tasseau au niveau des tasseaux de support supérieurs, vissez dans les poteaux arrière. Vissez ensuite les charnières dans les bords arrière des cadres de vitrage et dans le bord supérieur du tasseau biseauté (voir *Techniques*, p. 248).

Prenez un bloc de bois de 150 x 100 x 50 mm qui permettra à l'air de rentrer en découpant des crans tous les 25 mm le long du bord pour pouvoir régler l'aération jusqu'à 150 mm. Une autre méthode consiste à fixer un support à battant pour conserver la vitre entrouverte. Ce support peut être fixé sur la partie inférieure de la barre de vitrage centrale et coincé dans une attache à ressort quand on ne l'utilise pas.

Si le cadre est recouvert d'une feuille de plastique et maintenu à l'arrière par des charnières, fixez des crochets et des pitons sur le bord avant du cadre pour maintenir les fenêtres bien fermées lorsqu'il y a du vent.

Le châssis devra être placé au soleil. Il peut être simplement posé sur le sol ou sur une rangée de briques enterrées partiellement ce qui permettra de garder le bois au sec. Si le châssis reste toujours à la même place, posez-le sur une couche de barrage d'humidité placée sur deux rangées de briques au-dessus d'une fondation en béton. Fixez le châssis à l'aide de boulons muraux à expansion qui pénétreront dans les traverses basses pour s'insérer dans les fondations en briques ou utilisez un feuillard métallique vissé aux fondations et à l'intérieur de la structure du châssis.

4 Tasseaux de support du verre : coupez-les aux longueurs internes du cadre et les tasseaux supérieurs à la longueur interne.

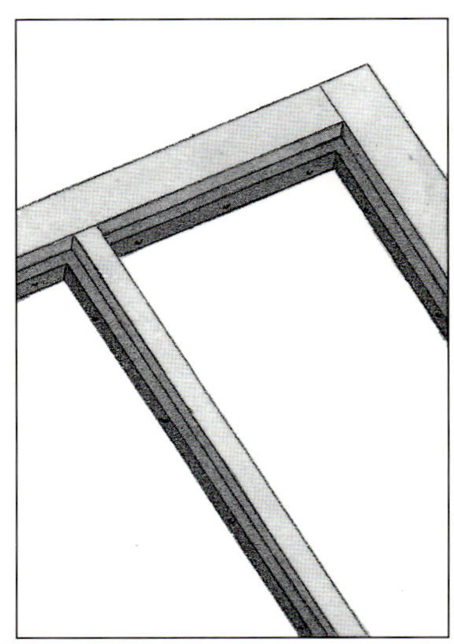

COMPOST ET BACS À FLEURS

Le caisson à compost et le bac à fleurs sont de construction très semblable. Ils sont fabriqués avec des planches de bois grossièrement sciées, fixées à des poteaux. Leur conception est simple et ne nécessite pas de finition élaborée. Ce sont des projets qui serviront à votre apprentissage du bricolage si vous êtes débutant qui vous permettront de réaliser des constructions plus complexes.

Un caisson à compost est très utile pour un jardinier. Il lui fournit toutes les matières organiques nécessaires à ses plantations. De plus, le recyclage de vos déchets est économique et bénéfique à l'environnement.

Les poteaux avant du caisson sont doublés, ce qui crée une fente dans laquelle on peut facilement glisser ou enlever les planches selon que le tas de compost s'élève ou diminue. Le bois « imbibé sous pression » est idéal car le compost est à la fois chaud et humide et le bois doit être très bien protégé.

Le bac est idéal pour les jeunes arbres car nombre d'entre eux se renversent ou souffrent des bourrasques de vent, de la fragilité des racines qui provoque une croissance irrégulière. Les supports en croix permettent de fixer solidement le tronc durant la pousse de l'arbre.

Le bac est recouvert d'une couche de goudron noir pour protéger le bois. Des tire-fond fixent les planches sur les montants ce qui donne une belle finition.

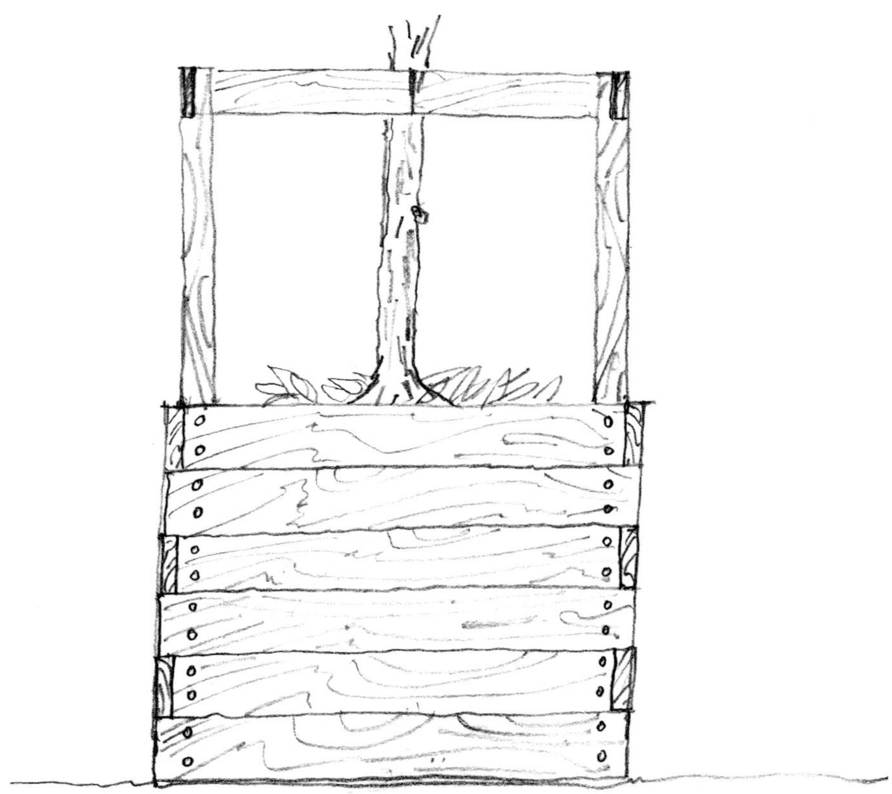

CAISSON À COMPOST

Le principe de construction du caisson à compost est le même que celui du bac (pp.219-221). Il est fait avec du bois scié « qualité pour clôture » et traité avec un enduit protecteur.

On peut donner au caisson la taille que l'on veut. Cependant, il ne doit pas être trop grand, car l'air ne pourrait pas pénétrer au centre du tas de compost, ce qui nuirait à sa qualité.

Dans notre exemple, le caisson est un carré dont les côtés font 91,5 cm. La hauteur peut être modifiée selon vos propres exigences, mais il faut définir les dimensions à partir d'un multiple de 15 cm en prenant en compte les trous d'aération entre les planches. Notre caisson a une hauteur de 99 cm. N'oubliez pas que la hauteur doit vous permettre de stocker une quantité suffisante de compost. Cependant, le tas ne doit pas être trop haut car vous ne pourriez l'atteindre pour le tasser. Il est difficile de donner une taille précise pour les trous d'aération mais nous suggérons entre 12 et 19 mm.

CONSTRUCTION

Coupez toutes les pièces aux longueurs spécifiées dans le tableau « Matériaux » (ci-dessous). Ne coupez les poteaux à leur longueur définitive qu'après avoir fixé les planches pour tenir compte des trous d'aération entre celles-ci. Le caisson est assemblé avec des tire-fond et les presses en G sont très utiles pour maintenir les planches à angle droit pendant l'assemblage. Les têtes des tire-fond constituent la décoration du caisson ; il est donc important qu'elles soient alignées les unes par rapport aux autres et à même distance à partir des angles.

A l'avant du caisson, la seule planche fixe se trouve en bas. Les autres planches de retenue se glissent dans la rainure située entre les poteaux. Elles sont fabriquées à la hauteur adéquate. Il sera facile de les enlever pour accéder au contenu du caisson quand le moment de l'épandage viendra.

MATÉRIAUX

Le bois utilisé est du bois tendre scié et traité avec un enduit protecteur.

Pièce	Quantité	Matériaux	Longueur
Planches « longues »	9	150 x 25 mm	91,5 cm
Planches « moyennes »	6	*Id.*	89 cm
Planches « courtes »	4	*Id.*	86,5 cm
Planches de retenue	6*	*Id.*	*Id.*
Poteaux	6	50 x 50 mm	1,22 m
Tire-fond	100	acier galvanisé	8 x 50 mm

* Coupez 7 planches de retenue si vous désirez que les planches avant soient au même niveau que les planches latérales et arrière.

OUTILS

- Établi (fixe ou portatif)
- Mètre à ruban métallique
- Règle en acier
- Équerre
- Scie à panneau (ou scie circulaire électrique)
- Trusquin à tracer
- Perceuse électrique
- Foret (environ 6 mm de diamètre pour percer les trous de guidage des tire-fond)
- Clé à écrou
- Presse en G

1 Fixation de la première planche aux poteaux : une planche « courte » est fixée aux deux poteaux, à angle droit avec leurs extrémités pour former la rangée inférieure arrière. À chaque extrémité, deux tire-fond la maintiennent en place.

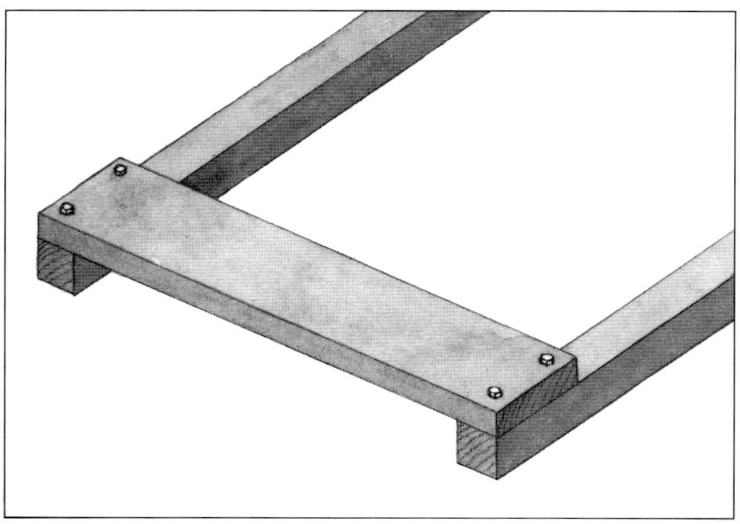

2 Fixation des poteaux latéraux et de la 1ère planche de retenue : une planche « longue » est vissée sur les deux côtés, aux extrémités des poteaux. La 1ère planche de retenue repose à l'arrière des poteaux avant et la dernière est vissée par l'arrière.

ASSEMBLAGE DU CAISSON À COMPOST

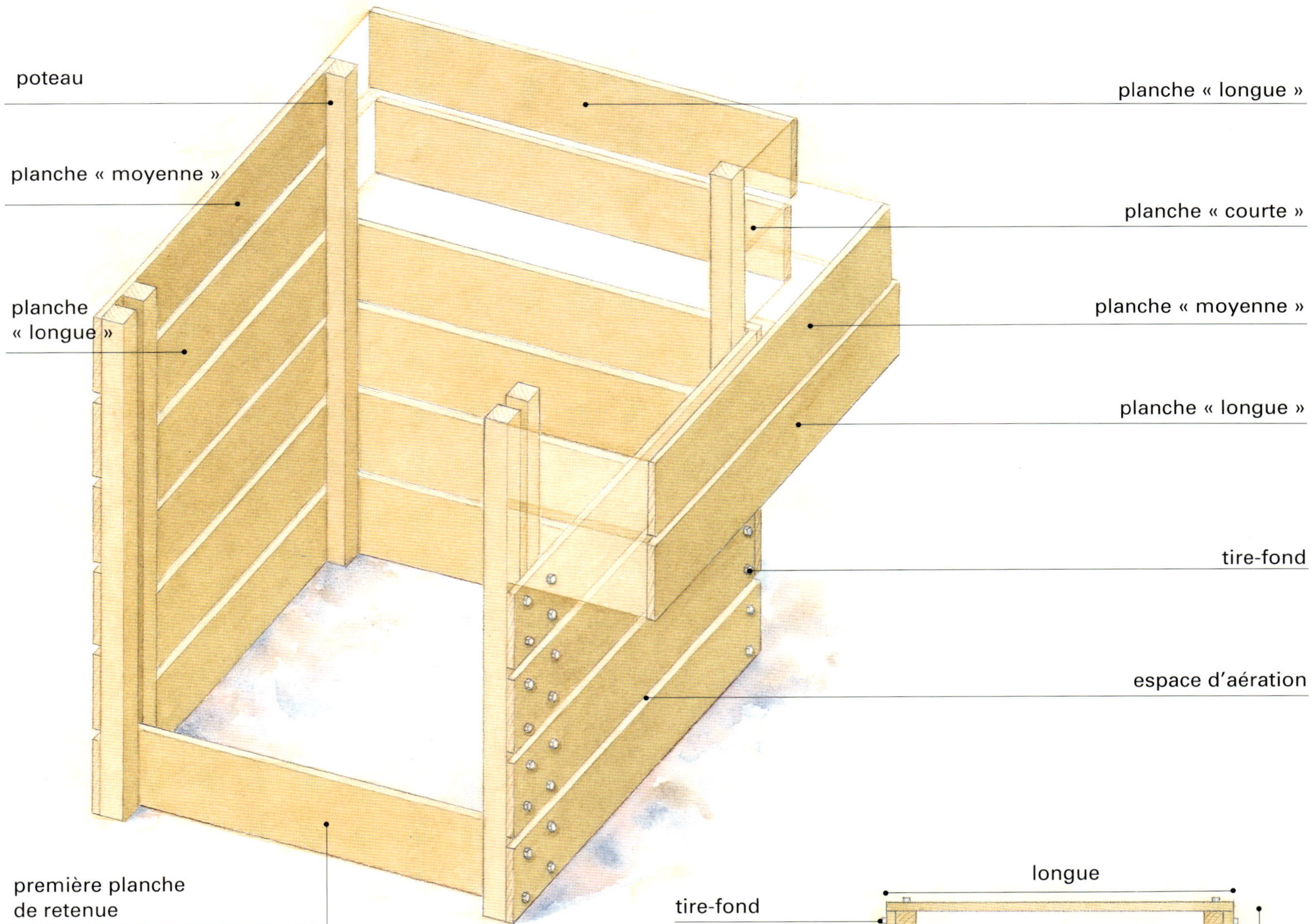

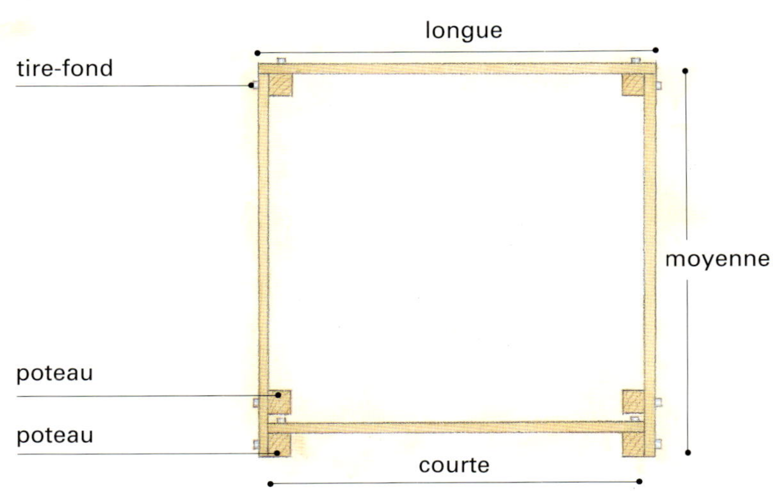

PLAN EN COUPE

CAISSON À COMPOST

ÉQUARRISSAGE DE LA PREMIÈRE RANGÉE

Formez d'abord l'arrière du caisson en posant deux poteaux sur une surface plane. Posez ensuite une planche « courte » en travers, au niveau des extrémités arrière des poteaux afin que leurs bords externes soient espacés de 86,5 cm (fig. 1, p. 216).

Vérifiez que la planche est bien à angle droit par rapport à l'un des poteaux puis serrez-la avec le poteau. Percez deux trous de guidage pour chaque tire-fond et insérez-les pour fixer la planche au poteau.

Prenez une deuxième planche à l'autre extrémité des poteaux et assurez-vous qu'elle est à angle droit par rapport à la planche « courte » et vérifiez à nouveau que le poteau est équerré par rapport à la première planche. Percez des trous de guidage pour les deux tire-fond que vous insérez dans l'autre extrémité de la première planche en les enfonçant à la même profondeur que les vis à l'autre extrémité.

Redressez le cadre et disposez une planche « longue » sur son chant, à niveau avec le poteau et serrez-la avec le poteau dans une presse en G. Percez et vissez-la avec deux tire-fond au centre du poteau.

Renouvelez l'opération sur l'autre côté avec une autre planche « longue ».

Placez un autre poteau à l'intérieur de cette planche, à niveau avec l'extrémité et vérifiez qu'elle est bien à angle droit en haut, à l'aide d'une autre planche « longue ». Vissez la planche de côté au poteau avec deux tire-fond comme précédemment.

Prenez une planche de retenue et mettez-la à l'intérieur des poteaux avant (fig. 2, p. 216).

CONSTRUCTION DES RANGÉES DE PLANCHES

Placez les tasseaux d'écartement d'une épaisseur de 12 à 19 mm en haut de la planche arrière, puis posez une planche « longue » en travers de la partie supérieure (fig. 1). Vérifiez qu'elle dépasse des bords externes des deux poteaux d'une longueur égale, puis fixez-la avec deux tire-fond à chaque extrémité comme précédemment. Pour obtenir une meilleure finition, assurez-vous que les tire-fond sont alignés sur ceux de la planche de la rangée précédente.

Renouvelez l'opération avec une planche « moyenne » sur chaque côté ; ces planches doivent être parfaitement à niveau avec les extrémités de la planche arrière.

Continuez de cette façon, une rangée à la fois pour que les planches arrière alternent avec des planches courtes et longues et les côtés avec des planches longues et moyennes jusqu'à la hauteur désirée. Dans cet exemple, le caisson a une hauteur de six planches auxquelles s'ajoutent les espacements.

Durant le montage, vérifiez que les structures sont à angle droit en plaçant horizontalement une planche de récupération en haut des poteaux.

PARTIE AVANT

Maintenez la planche du bas à l'avant et vissez-la à l'arrière des poteaux avec deux tire-fond à chaque extrémité.

Placez les deux derniers poteaux derrière les têtes des tire-fond, en laissant un espace minimum de 12 à 19 mm avec la planche avant pour créer une fente dans laquelle les planches de retenue glisseront. Maintenez le poteau sur les planches latérales avec une presse en G, puis tracez une ligne verticale sur la partie externe des planches pour indiquer la position des tire-fond (fig. 3).

Vissez de l'extérieur chaque planche dans le poteau en utilisant deux tire-fond par planche. Recommencez pour le poteau situé de l'autre côté.

Glissez les planches de retenue dans la fente entre les deux poteaux de chaque côté et amenez les planches à la hauteur désirée. Si vous voulez que les planches de retenue soient au même niveau que les planches latérales et arrière, sciez celle du haut à la bonne taille.

Coupez la partie supérieure des poteaux pour qu'ils soient à fleur avec les bords supérieurs des planches.

Presque toutes les matières organiques peuvent produire du compost. Évitez cependant les matières trop volumineuses car elles ralentissent la vitesse de la décomposition. De même, une trop grande quantité de feuilles mortes a tendance à ralentir le procédé. En revanche, le fumier accélérera la production et il est recommandé d'en ajouter une couche (ou un accélérateur de compost) dans le caisson tous les 12,5 ou 20 cm. Vous pourrez utiliser votre compost après une période de six mois environ.

1 **Construction des rangées de planches : prenez des tasseaux d'écartement pour prendre en compte les espaces d'aération. Alternez des planches « courtes » et « longues » à l'arrière, des « longues » et des « moyennes » sur les côtés.**

2 **Plan détaillé de l'angle arrière : sciez les poteaux pour qu'ils soient à niveau avec les planches du haut. Alignez les tire-fond.**

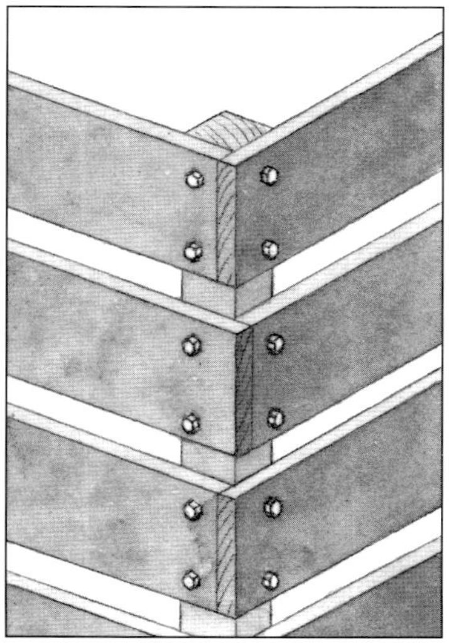

3 **Création de la fente avant : de chaque côté, un deuxième poteau est vissé à 38 mm à l'arrière des poteaux avant.**

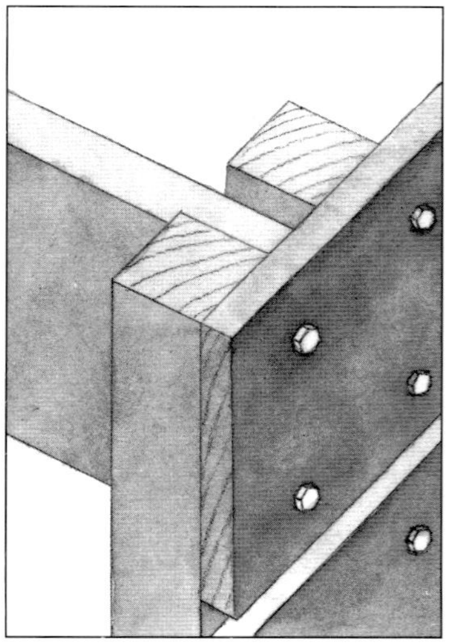

BAC À FLEURS

Le bac vous permet de planter des arbres, des rosiers, des arbustes et autres fleurs que vous ne pourriez pas cultiver, notamment dans un patio dallé, sur un chemin en béton ou une allée. Le bac est fait avec du bois scié « qualité pour clôture » et traité avec un enduit protecteur. Une fois terminé, il sera trop lourd pour être soulevé et il n'est donc pas nécessaire de lui faire un fond. Placez-le à l'endroit choisi puis ajoutez le compost avec l'arbre ou l'arbuste que vous voulez planter. Normalement, il reste suffisamment de place en bordure pour compléter votre composition avec d'autres plantes.

La taille du bac peut varier selon vos besoins. Dans notre exemple, il s'agit d'un carré de 76 cm, d'une hauteur de 76 cm, dimensions parfaites pour les arbres de taille moyenne. Pour les arbustes et les fleurs, vous pouvez le faire plus petit. S'il est suffisamment léger pour être transporté avec les plantations, il est préférable de fabriquer un fond. Vous pourrez ainsi le déplacer (voir *Fabrication d'un panneau de fond*, p. 219).

Les poteaux d'angle s'assemblent en haut avec deux traverses en croix qui forment un support d'arbre très judicieux. Le bac est maintenu par des tire-fond qui doivent être bien alignés les uns avec les autres.

POTEAUX – DÉCOUPE DES JOINTS SUPÉRIEURS

Coupez les poteaux d'angle à la longueur voulue, puis prenez l'extrémité sciée nette du poteau pour marquer le joint supérieur et y loger les supports en croix. Placez le chant d'une pièce de bois de 75 x 25 mm (coupée dans une pièce de 150 x 25 mm) sur l'extrémité du poteau, au centre, à un angle de 45° et marquez sa position (fig. 1).

Placez le support en croix à 3 mm de l'extrémité du poteau, mettez-le à angle droit et marquez le bord inférieur. Tracez une ligne à angle droit sur les quatre faces, puis les lignes de repère, en descendant le long des côtés du poteau, à partir de celles dessinées sur le dessus.

Coupez en suivant les lignes de chaque côté du poteau avec une scie à tenons et prenez une scie à découper pour enlever la section centrale.

Recommencez l'opération pour les trois autres poteaux.

OUTILS

- Établi (fixe ou portatif)
- Mètre à ruban métallique
- Règle en acier
- Équerre
- Équerre à combinaisons (pour marquer les angles à 45°)
- Scie à panneau (ou scie circulaire électrique)
- Scie à tenons (ou scie sauteuse électrique)
- Scie à découper
- Trusquin à tracer
- Perceuse électrique
- Foret (environ 6 mm de diamètre pour percer les trous de guidage des tire-fond)
- Clé à écrou
- Presse en G
- Marteau (si vous faites un fond)

MATÉRIAUX

Le bois utilisé est du bois tendre scié et traité avec un enduit protecteur.

Pièce	Quantité	Matériaux	Longueur
Planches « longues »	10	150 x 25 mm	76 cm
Planches « courtes »	10	*Id.*	71 cm
Poteaux d'angle	4	50 x 50 mm	1,35 m
Supports en croix	2	150 x 25 mm coupés à 75 x 25 mm	1,22 m coupés à la longueur requise
Tire-fond	80	acier galvanisé	8 x 50 mm

1 Marquage des joints supérieurs : **marquez les traverses en croix au centre, sur l'extrémité du poteau à 45°.**

2 Fixation du deuxième cadre : **fixez les planches « courtes » au niveau des extrémités des poteaux. Vissez les planches « longues » sur les côtés d'un cadre, puis placez le deuxième cadre à l'intérieur des planches « longues » pour que les extrémités soient à angle droit et à niveau.**

BAC À FLEURS

CONSTRUCTION PRINCIPALE

Posez deux des poteaux d'angle sur une surface plane et placez une planche « courte » en travers, au même niveau que les extrémités pour que les bords externes soient espacés de 71 cm.

Fixez la planche aux poteaux en perçant deux trous de guidage, à environ 25 mm de l'extrémité et vissez deux tire-fond galvanisés. Pour que la finition soit parfaite, essayez de placer chaque tire-fond à même distance du bord.

Posez une planche de récupération à l'autre extrémité pour vous assurer que le poteau est à angle droit, vérifiez à nouveau avec une équerre et fixez l'autre côté de la première planche de la même façon, en perçant les trous à la même distance du bord externe.

Renouvelez l'opération avec les deux autres poteaux, en fixant la planche « courte » entre eux à la base.

Redressez les cadres et placez une planche « longue » le long du côté, au même niveau que le poteau, et serrez-la avec une presse en G. Faites un trou de guidage et vissez le poteau d'angle avec deux tire-fond au centre du poteau. Renouvelez l'opération sur l'autre côté du cadre en utilisant une planche « longue » comme précédemment.

Placez l'autre cadre à l'intérieur de ces planches « longues», les poteaux d'angle étant à l'intérieur (fig. 2, p. 219). Fixez les côtés aux poteaux d'angle avec deux tire-fond de chaque côté.

CONSTRUCTION DES RANGÉES DE PLANCHES

Prenez une autre planche « courte » et placez-la en haut de la planche « longue » déjà fixée de façon à ce que les extrémités soient au même niveau que les poteaux. Maintenez la planche avec les poteaux dans une presse en G et fixez-la avec deux tire-fond à chaque extrémité, en les alignant sur ceux de la planche du dessous.

Prenez une planche « longue » et placez-la sur le côté adjacent pour qu'elle chevauche l'extrémité de la planche courte (fig. 1). Assurez-vous que l'extrémité est à fleur, puis vissez-la dans le poteau d'angle.

Continuez de cette façon, une rangée à la fois, en alternant les planches « courtes » et les planches « longues » ; les extrémités doivent être visibles sur les côtés des rangées. Montez une hauteur de cinq planches (ou la hauteur qui vous convient). Tout au long de la construction, vous devez vérifier que la structure est bien à angle droit ; pour ce faire, posez une planche en haut, au niveau des poteaux, chaque fois que vous ajoutez une planche.

FIXATION DES SUPPORTS EN CROIX

Mesurez la diagonale entre les poteaux d'angle en haut du bac et ajoutez 50 mm pour laisser une saillie aux deux extrémités. Coupez deux longueurs à ces dimensions dans un morceau de bois de 75 x 25 mm.

Au centre de ces supports en croix, coupez deux joints à mi-bois (voir *Techniques*, p. 242) et taillez une fente sur chacun d'eux. Encastrez les deux supports dans les fentes des poteaux d'angle et collez (fig. 3).

1 Construction des côtés : construisez une rangée à la fois, en fixant les planches « courtes » au-dessus des planches « longues » et *vice versa*. Vérifiez que les planches sont à angle droit avec le cadre et que les extrémités sont à niveau. Alignez les tire-fond.

2 Assemblage des supports : coupez les joints à mi-bois en croix au milieu des supports pour qu'ils s'encastrent.

À moins que vous ne désiriez colorer le bois, il n'est pas nécessaire d'appliquer un fini spécial puisqu'il est déjà traité.

Si vous voulez changer la couleur du bois, appliquez une teinture protectrice hydrofuge dans la teinte que vous souhaitez. Pour ne pas teinter les têtes des tire-fond, protégez-les avec un tube en plastique ou en caoutchouc.

FABRICATION DU FOND

Si vous estimez qu'un fond est nécessaire, vissez des tasseaux de 50 x 50 mm à l'intérieur du bac à sa base. Posez des planches de 150 x 250 mm dans le bac en les faisant reposer sur les tasseaux. Espacez les planches d'environ 3 mm pour que l'eau s'écoule bien. Pour que la base puisse supporter une lourde charge de terre, renforcez-la en ajoutant des tasseaux de 50 x 50 mm sous le panneau de fond, espacés de 225 mm et à angle droit.

Placez le bac à l'endroit choisi avant d'ajouter la terre et de planter l'arbre ou l'arbuste. Une couche de petites pierres au fond du bac facilitera le drainage.

3 **Fixation des supports aux poteaux : les supports s'encastrent dans les fentes coupées en haut de chaque poteau. Collez-les.**

ASSEMBLAGE DU BAC

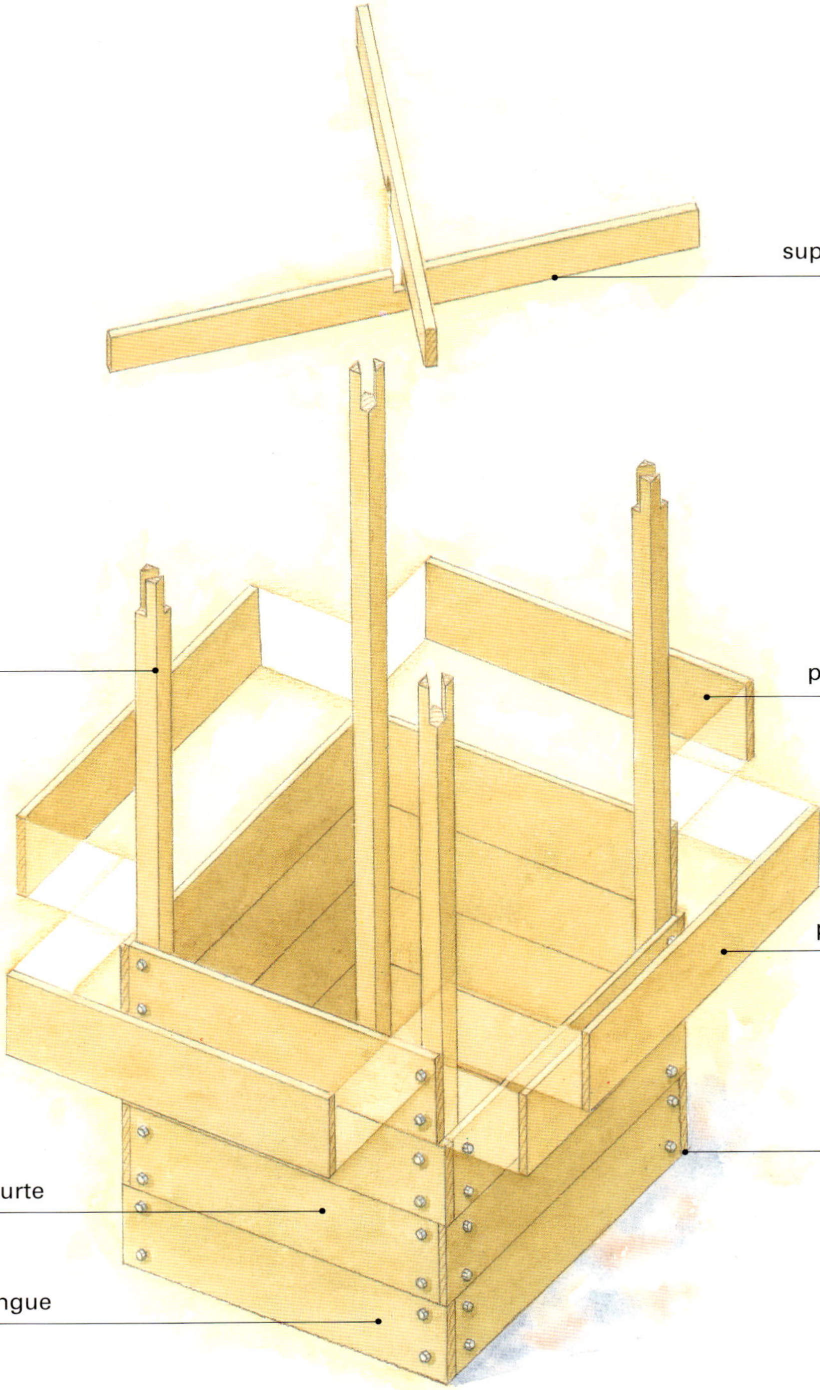

JARDINIÈRE

Cette jardinière, élégante et géométrique, est inspirée des travaux de Josef Hoffmann, designer du début du XXe siècle (1870-1956). Architecte viennois, il est un des membres fondateurs de la Wiener Werkstätte et pionnier en matière de décor fonctionnel. Le mobilier qu'il a imaginé se caractérise par sa sobriété et sa recherche dans les proportions, plus tard développé par le Mouvement moderne.

Dans l'ensemble, il s'agit de structures simples qui se compliquent en raison du nombre d'assemblages à angle droit. La jardinière est composée d'un plateau sur sa partie supérieure et d'une étagère sur sa partie inférieure. Elle peut se mettre à l'extérieur comme à l'intérieur. La structure a été peinte en écru mais d'autres tons neutres peuvent également convenir.

L'idée de regrouper des éléments pour les mettre en valeur est aussi importante en architecture intérieure que dans la décoration de jardin. Ornée de géraniums, la jardinière éclairera une petite surface de votre patio ou de votre lieu de repos tandis que près de la porte de la cuisine, à l'extérieur ou à l'intérieur, elle pourra accueillir diverses plantes aromatiques.

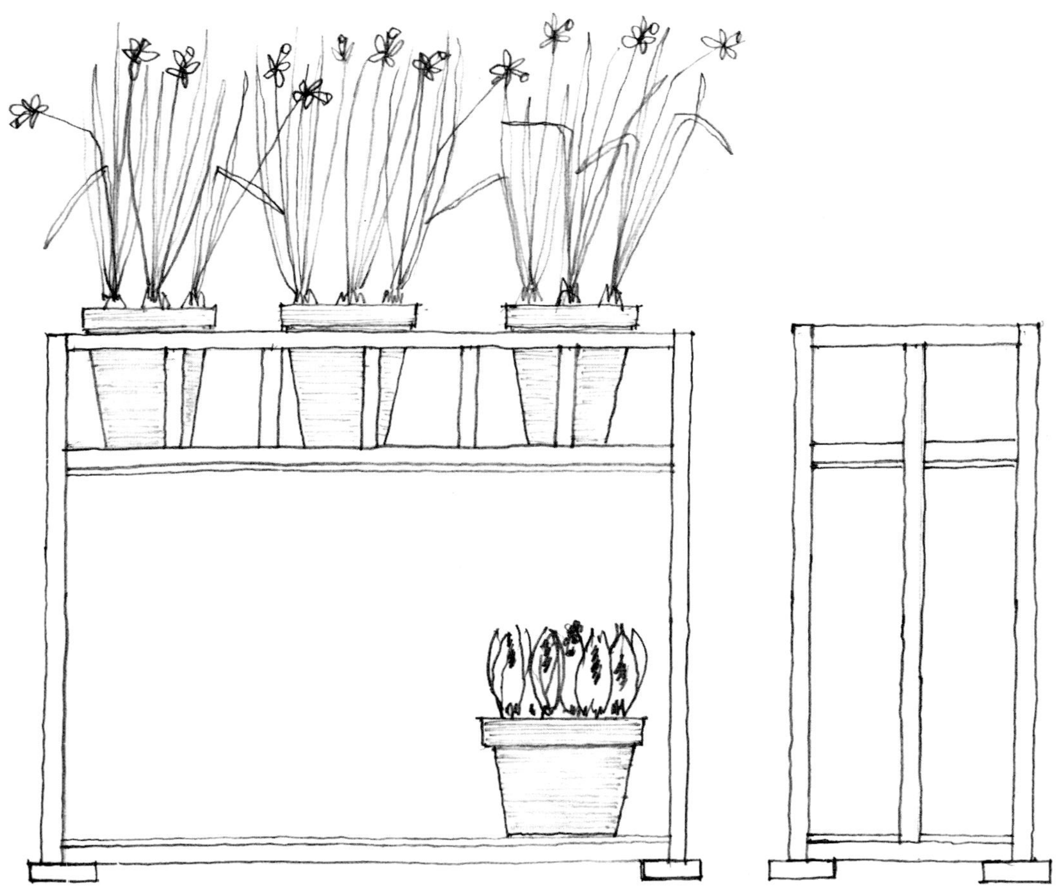

JARDINIÈRE

Cette jardinière très simple, qui peut s'orner de fleurs et de plantes, s'intègrera très bien dans le jardin comme dans la serre. Dans notre exemple, elle est faite en bois tendre raboté sur toutes ses faces, qui a été peint par la suite. Cependant, si vous voulez conserver une finition bois, prenez du bois tendre d'excellente qualité ou du bois dur que vous traiterez ensuite avec de la teinture hydrofuge de protection.

Le cadre est composé d'un grand nombre d'assemblages en bois. Pour faciliter le travail, nous vous conseillons de faire ces assemblages par tourillons. Un assemblage à mortaises et tenons serait certes plus solide mais, à moins de posséder une mortaiseuse, le temps de fabrication du cadre serait trop long avec cette méthode.

CONSTRUCTION DU CADRE

Coupez toutes les pièces aux longueurs indiquées dans le tableau « Matériaux ».

OUTILS

- Établi (fixe ou portatif)
- Couteau marqueur
- Mètre à ruban métallique
- Règle en acier
- Équerre
- Scie à panneaux (ou scie électrique circulaire)
- Scie à tenons (ou scie sauteuse électrique)
- Ciseau à bois
- Trusquin à tracer
- Perceuse électrique
- Mèche hélicoïdale de 3 mm
- Gabarit pour tourillons
- Mèche à tourillons 10 mm
- Maillet
- Tournevis
- Ponceuse électrique (ou bloc de ponçage manuel)

MATÉRIAUX

Pièces	Quantité	Matériaux	Longueur
Montants en coin	4	bois tendre poli 38 x 38 mm	77,9 cm
Montants médians	2	*Id.*	71,1 cm
Traverses longues	6	*Id.*	84,7 cm
Traverses d'extrémité	6	*Id..*	23,7 cm
Pièces verticales	10	*Id.*	12,2 cm
Rebords	2	contre-plaqué CTB-X 6 mm	27 x 88 cm
Pieds	4	chute de bois dur ou tendre	90 x 90 x 30 mm

Sont également nécessaires des tourillons de 10 mm de diamètre, des vis galvanisées n° 8 de 50 mm et des pointes à panneaux.

FABRICATION DES CADRES D'EXTRÉMITÉ

Coupez un joint à mi-bois pour former l'intersection entre le montant du milieu et la traverse médiane d'extrémité (voir *Techniques*, p. 242). Marquez le montant du milieu à l'endroit où la traverse médiane d'extrémité le croisera, en prenant une des pièces verticales courtes comme tasseau d'écartement. La partie supérieure du joint de traverse à mi-bois sera à cette distance à partir de la partie supérieure du montant du milieu.

Tracez et coupez le joint à mi-bois sur le montant du milieu et la traverse médiane d'extrémité (fig. 1). Renouvelez l'opération pour l'autre cadre d'extrémité.

Tracez des diagonales pour marquer les points de centrage des trous de tourillons sur les extrémités des traverses d'extrémité, sur celles des montants du milieu et de toutes les pièces verticales courtes. Avec le gabarit pour tourillons et une mèche à tourillons, (ou une perceuse maintenue dans un support vertical sur laquelle s'adapte une mèche à tourillons) percez des trous de 10 mm de diamètre au milieu des positions déjà marquées. La profondeur des trous devra légèrement excéder la moitié de la longueur des tourillons, c'est-à-dire 22 mm pour des tourillons d'une longueur de 40 mm. Cela permet de laisser une petite cavité à l'extrémité du tourillon dans laquelle vont se loger l'air et la colle (voir *Techniques, Assemblage par tourillons*, p. 245).

1 Fixation de la traverse médiane d'extrémité : marquez la position de la traverse sur le montant du milieu et coupez des joints.

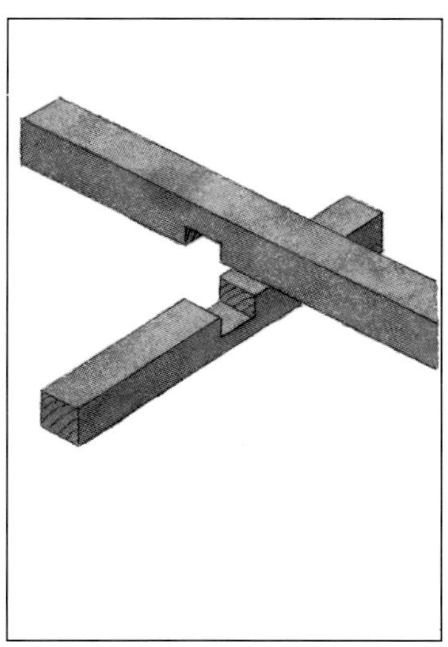

2 Traverses d'extrémité : marquez la position des trous sur les deux extrémités de la traverse médiane. Fixez les traverses avec des tourillons.

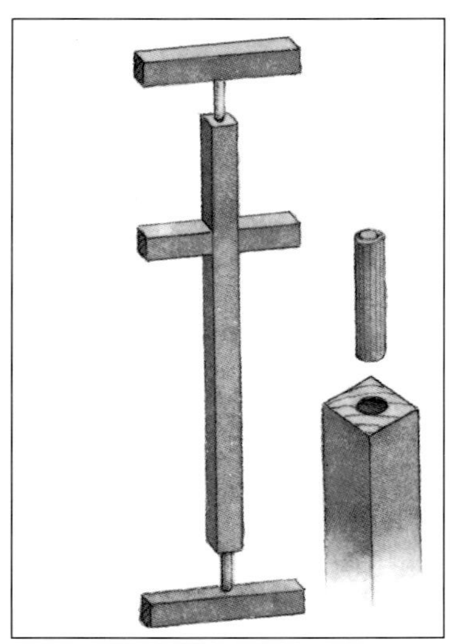

3 Montants en coins : chevillez les montants aux traverses d'extrémité. La supérieure s'aligne avec le haut et l'inférieure avec le bas.

ASSEMBLAGE DE LA JARDINIÈRE

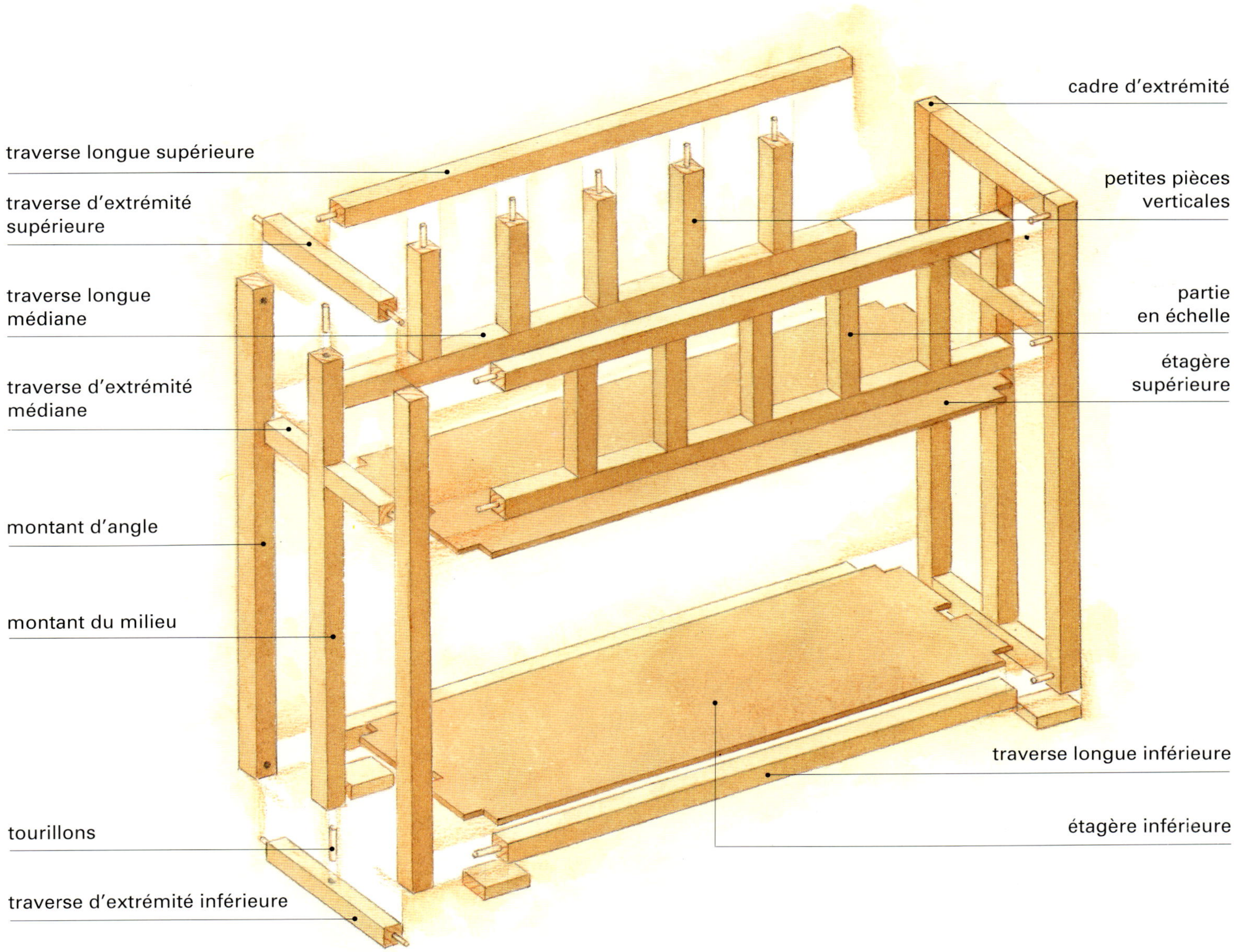

JARDINIÈRE

Marquez la position des traverses d'extrémité supérieures et inférieures sur la face intérieure des montants d'angle et tracez à nouveau des diagonales pour marquer la position des trous de tourillons. Percez les trous comme précédemment. Marquez également sur chaque montant d'angle la position des trous de tourillons de la traverse médiane. Pour déterminer cette position, calculez vers le bas une longueur égale à celle des pièces verticales courtes à laquelle vous ajouterez 38 mm pour la profondeur de la traverse supérieure d'extrémité. Équerrez sur l'autre face interne de chaque montant d'angle afin de marquer la position des trous pour tourillons qui supporteront les traverses longues inférieures et supérieures.

Assemblez à sec le montant du milieu et la traverse médiane d'extrémité pour former une croix, puis les traverses d'extrémité supérieures et inférieures, toujours sans coller (fig. 2, p. 224). Terminez l'assemblage à sec des cadres d'extrémité en ajoutant les montants d'angle (fig. 3, p. 224).

CADRES AVANT ET ARRIÈRE

Pour fabriquer ces cadres qui ressemblent à des échelles, marquez la position des pièces verticales courtes sur une traverse longue ainsi que les trous pour tourillons, à intervalles réguliers, sur une ligne centrale le long de la traverse (fig. 1). L'espacement interne entre chaque pièce verticale courte est de 11 cm. L'espacement est le même entre les pièces verticales d'extrémité et chacun des montants d'angle.

Servez-vous de cette traverse pour reporter ces marques sur les trois autres traverses longues. Percez tous les trous à la profondeur requise et assemblez à sec les sections du cadre.

Percez les trous pour les tourillons sur la face interne des montants d'angle, en vous repérant sur les marques reportées de la construction des cadres avant et arrière. Marquez la position des trous pour tourillons au centre, sur l'extrémité des traverses longues inférieures, puis percez les trous dans ces dernières et en bas des montants d'angle, comme précédemment.

Assemblez sans colle les sections en forme d'échelle avec les traverses inférieures longues dans les montants d'angle des cadres d'extrémité (fig. 2).

Assurez-vous que l'assemblage est bien à angle droit et qu'il s'emboîte parfaitement. Démontez, puis remontez l'assemblage, en collant cette fois les joints avec de la colle à bois hydrofuge.

ÉTAGÈRES

Les deux étagères sont coupées de façon à arriver à mi-épaisseur du cadre plutôt qu'au niveau des bords externes des traverses du cadre. Faites des encoches dans les coins et dans la partie centrale aux extrémités pour que les étagères puissent s'encastrer dans les montants latéraux et centraux.

Coupez l'étagère inférieure pour qu'elle s'adapte aux traverses inférieures, puis collez-la et fixez-la au cadre (fig. 3).

L'étagère supérieure est collée et fixée sur la partie inférieure des traverses du milieu.

PIEDS

Les pieds fixés en dessous de chaque coin dépassent sur les côtés et les extrémités d'environ 19 mm (fig. 4). Ils peuvent être fabriqués avec des chutes de bois tendre ou de bois dur.

Appliquez de la colle à bois hydrofuge, puis vissez-les dans les traverses en enfonçant deux vis dans chacun des pieds.

Comblez les fentes avec du mastic cellulosique pour extérieur. Pour finir, vous pouvez peindre ou passer une teinture hydrofuge de protection.

1 Pose des pièces verticales : elles sont assemblées par tourillons à espacements internes, égaux entre la traverse longue supérieure et médiane.

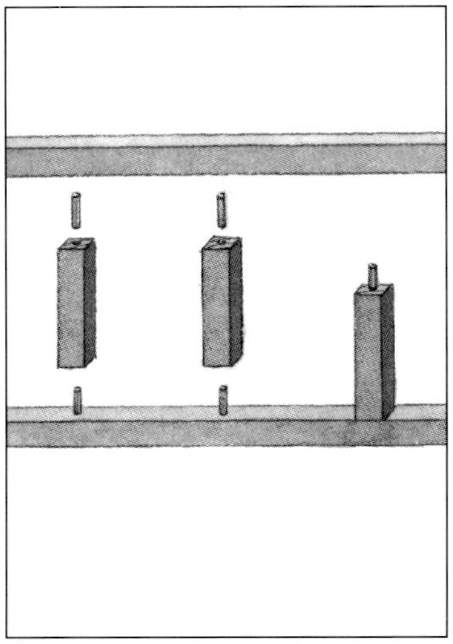

2 Assemblage du cadre : marquez la position des tourillons sur les poteaux d'angle et sur les extrémités des traverses. Percez et assemblez.

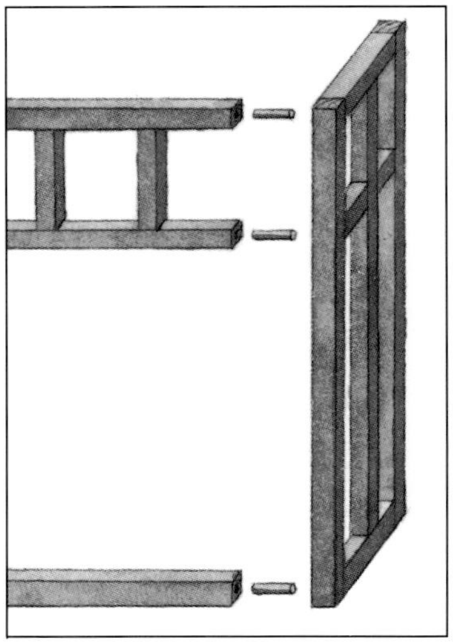

3 Pose de l'étagère inférieure : coupez l'étagère à la moitié de l'épaisseur des traverses du cadre.

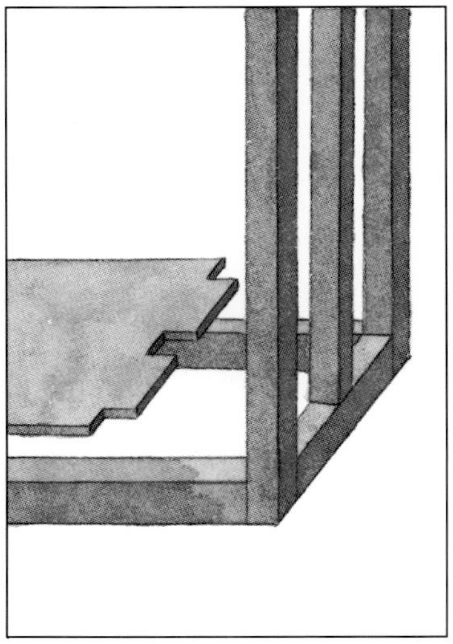

4 Pose des pieds : coupez les pieds à partir de chutes de bois. Collez-les et vissez-les dans les traverses en les faisant dépasser d'environ 19 mm.

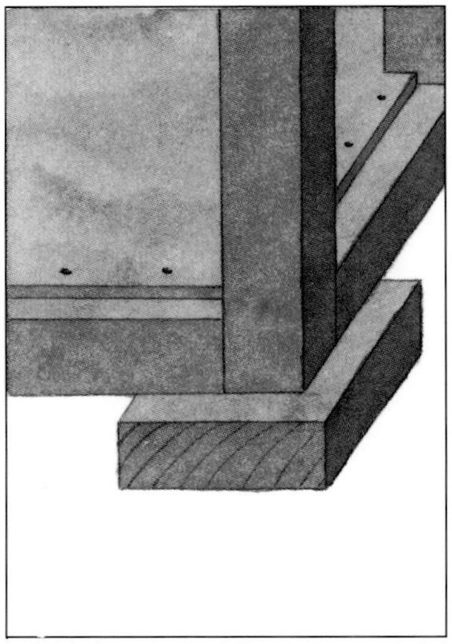

OUTILS

TRAVAUX PRÉPARATOIRES

Presse et cale d'établi. Une presse à bois se fixe en sous-face d'un établi, les mâchoires affleurant le plan de travail. Les mâchoires sont doublées de bois dur destiné à protéger les ouvrages et les outils. Certains établis sont aussi équipés d'une cale qui se dresse au-dessus de la surface du plateau. Ce dispositif, en association avec un valet fixé à l'extrémité opposée de l'établi, permet d'immobiliser les pièces de bois de grande longueur ou de forme inhabituelle.

Fausse équerre (1). Équerre servant à marquer le bois selon un angle quelconque. La branche coulissante peut former n'importe quel angle par rapport au talon et être bloquée par serrage d'une vis.

Trusquin (2). Indispensable pour tracer les assemblages, le trusquin sert à marquer les largeurs et les épaisseurs au moyen d'une simple rayure. L'outil se compose d'un plateau au travers duquel coulisse une tige portant une pointe en acier. La tige mobile peut être déplacée et fixée au moyen d'un écrou, de façon à maintenir la pointe en une position donnée.

Trusquin d'assemblage (3). Outil identique au précédent mais pourvu de deux pointes, l'une fixe, l'autre mobile, pour tracer d'un seul geste les deux côtés d'une mortaise. Certains modèles sont pourvus d'une pointe supplémentaire, sur l'envers de la tige, ce qui permet d'utiliser l'outil comme un trusquin ordinaire.

Conformateur. Cet outil se compose d'une série de tiges fines en acier ou en matière plastique coulissant dans une poignée centrale. Appuyées contre une surface quelconque, une plinthe par exemple, les tiges du conformateur reproduisent le profil de la pièce.

Pointe à tracer. Sert à tracer un premier trait qui facilitera l'amorce d'un trait de scie ou d'une attaque au ciseau.

Détecteur de métal. Repère les objets métalliques comme les canalisations d'eau et de gaz et les câbles électriques dissimulés dans les murs, les plafonds et les sols. Cet appareil électronique émet un signal sonore ou lumineux en présence de métal.

Boîte à coupes. Boîte en forme de U servant à guider les scies pour les coupes à 45° ou 90°. On l'appelle aussi boîte à onglets.

Fil à plomb et craie. Le fil à plomb sert à repérer et tracer les verticales, à la craie, contre une paroi. Il consiste essentiellement en un poids fixé à l'extrémité d'une ficelle de bonne longueur. Avant emploi, on frotte la ficelle avec un bâton de craie de couleur. Maintenez la ficelle dans la position haute requise, laissez le poids s'immobiliser à la base, puis pressez la ficelle avec soin contre la paroi, de façon que la craie s'imprime sur le mur. Il existe aussi des cordeaux traceurs sur moulinet : le boîtier à craie enduit automatiquement la ficelle de craie lorsqu'on l'extrait.

Établi portatif. Un établi pliable et portatif est un outil indispensable en menuiserie. L'établi fixe de grandes dimensions, installé dans un garage ou un atelier, est bien sûr très important, mais l'avantage de l'établi portatif vient de sa légèreté et de sa maniabilité : sur le lieu du travail, il fournit le support rigide essentiel pour la réalisation des ajustages finaux. Il ressemble à un étau géant : le plan de travail est en deux sections que l'on peut éloigner ou rapprocher selon la nature de l'ouvrage et les dimensions de la pièce travaillée. On peut aussi y fixer les pièces de grandes dimensions et de forme irrégulière.

Cale d'ajustage. Pour caler parfaitement un ouvrage contre un mur (qui est rarement tout à fait plan), il est nécessaire de procéder à un ajustage « à la traînée » au moyen d'une petite cale en bois et d'un crayon (voir Techniques, p 246). La cale d'ajustage est une chute de bois d'environ 25 x 25 x 25 mm. Plaquez un côté de la cale contre le mur, et appuyez un crayon contre le côté opposé ; déplacez ensemble la cale et le crayon le long du mur, de façon à reporter sur l'ouvrage le profil de la paroi. Découpez enfin l'ouvrage le long du tracé inscrit : l'ajustage sera parfait.

Niveau à bulle (9). Sert à vérifier l'horizontalité et la verticalité des surfaces. Pour les travaux généraux, le niveau de 100 cm de longueur est le plus utile. En aluminium ou en acier, il résiste aux chocs. Il existe deux modèles, l'un en forme de boîtier, l'autre à semelle simple ou double. Il est également conseillé de disposer d'un niveau de 250 mm lorsque l'espace est compté (renfoncement, intérieur d'un placard). Sur les grandes longueurs, on utilise aussi le niveau à bulle en association avec une règle.

Mètre-ruban. Le meilleur modèle atteint 3 ou 5 m de longueur et son boîtier, en métal ou en matière plastique, est pourvu d'un bouton de blocage ; une fenêtre, sur le côté du boîtier, facilite la lecture des mesures intérieures.

Règle en acier. L'outil étant en acier, les graduations sont indélébiles et extrêmement précises. Pour les tracés, on peut aussi appuyer la pointe à tracer contre le rebord de la règle.

Règle. On peut utiliser comme règle un tasseau bien rectiligne de 50 x 25 mm de section. Il servira à contrôler la planéité d'une surface ou l'alignement de deux points.

Couteau universel. Lame très tranchante servant à exécuter les tracés très minutieux ; s'emploie également pour toutes sortes de travaux de finition. Le modèle à lame rétractable est le plus sûr d'emploi.

Équerre simple à 90° (4). Outil de précision en forme de L pourvu d'une branche en acier et d'un talon. Elle sert à tracer et à contrôler les angles droits.

COUPE ET AFFÛTAGE

Ciseaux. Cet outil sert essentiellement à entailler et évider le bois, mais est également employé pour exécuter les retouches délicates. On utilise le ciseau en frappant son extrémité avec un maillet. L'arête tranchante d'un ciseau doit être affûtée puis morfilée à la pierre à huile.

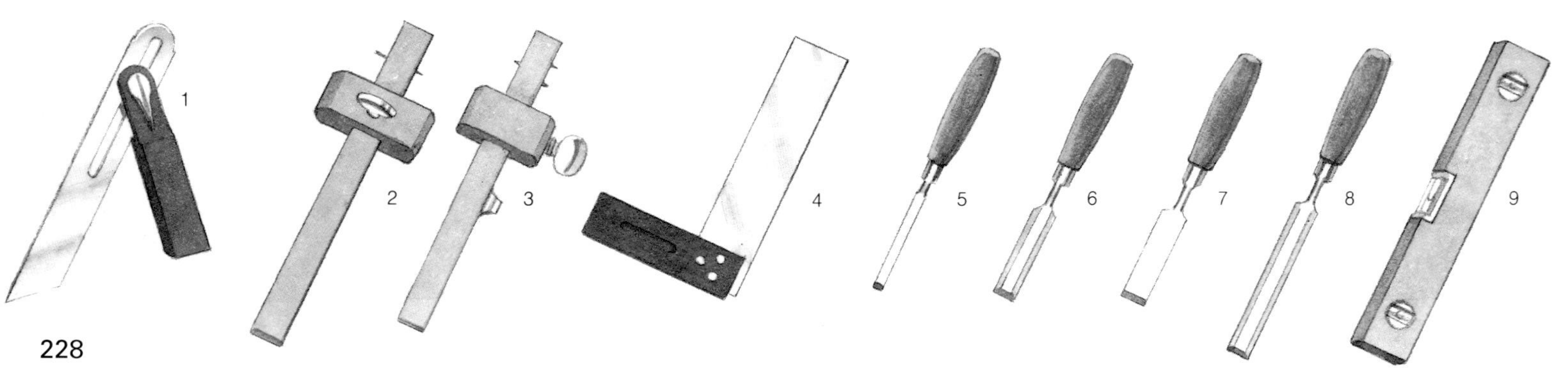

Bédane (5). Sert à évider les mortaises. S'emploie avec un maillet.

Ciseau de menuisier (7). Pour tous les emplois de bricolage dans la maison.

Ciseau chanfreiné (6). Il permet d'entailler quand l'espace est limité, ainsi lors de la réalisation des queues-d'aronde.

Ciseau de dressage (8). Sa lame très allongée permet le façonnage des assemblages profonds ou des entailles de grandes dimensions.

Burin. Généralement utilisé en maçonnerie, le burin est un instrument d'acier taillé en biseau. Cet outil sert non seulement à dégrossir des pièces, mais peut également être utilisé pour couper des barres de métal ou trancher les têtes des rivets.

Pierre à huile et guide d'affûtage. La pierre affûte et le guide maintient l'angle correct d'affûtage des ciseaux et des fers de rabot. Une pierre à huile est un bloc de pierre rectangulaire dont les deux faces présentent des grains de calibre différent. La pierre doit être lubrifiée avec de l'huile avant l'affûtage d'une lame. Le guide d'affûtage, bon marché, facilite l'affûtage et accroît son efficacité. La lame de l'outil à affûter est insérée dans le guide selon le bon angle et fixée en place ; on déplace ensuite l'appareil d'avant en arrière à la surface de la pierre.

Gabarit de perçage. Ce dispositif, fixé sur l'ouvrage, assure le bon centrage de la perceuse au-dessus du trou à percer. Il maintient aussi l'appareil à la verticale.

PERCEUSES

Chignole à main (10). Pour le perçage des avant-trous des vis et des orifices de grand diamètre, notamment dans le bois. On peut aussi percer dans le métal. Cet outil est très utile en l'absence de courant électrique. Une manivelle fixée à une roue dentée actionne la mèche fixée dans le mors.

Perceuse électrique (11). La gamme des perceuses est très vaste, du modèle simple à vitesse unique (qui ne perce que les matériaux tendres) au modèle à vitesses multiples et variateur électronique. Pour la plupart des travaux, un modèle intermédiaire à deux vitesses et percuteur conviendra très bien : les deux vitesses assurent la pénétration dans la plupart des matériaux durs et la percussion garantit le perçage des parois les plus résistantes.

Support de perceuse. Garantit l'extrême précision d'emploi d'une perceuse électrique, par exemple lors de la réalisation d'un assemblage à tourillons (voir Techniques, p. 245). L'orifice percé sera absolument perpendiculaire à la surface et sa profondeur parfaitement contrôlée. La perceuse est abaissée grâce à un levier sur ressort qui assure la précision et le contrôle parfait du travail.

MÈCHES ET FORETS

Pour effectuer les perçages dans le bois et le métal, il vous faudra disposer d'une sélection de mèches et de forets de dimensions et de types variés.

Mèche torse (17). Sa queue pyramidale, de section carrée, s'inscrit dans le mors d'un vilebrequin. Elle sert à percer des trous profonds dans le bois. D'un diamètre de 6 à 38 mm, sa longueur atteint couramment 250 mm. Cette mèche est pourvue d'une vis d'entraînement qui facilite sa pénétration dans le bois.

Mèche plate (16). S'emploie avec une perceuse électrique (les faces planes sont bien maintenues dans le mors de l'appareil). Les diamètres varient de 19 à 38 mm. Cette mèche trouve sa plus grande efficacité à grande vitesse (1 000 à 2 000 tours/minute). Elle peut être employée en bois de travers, en bois de bout ainsi que dans le perçage des panneaux manufacturés.

Fraise (15). Après le perçage d'un trou, la fraise permet de chanfreiner le rebord de ce trou pour loger la tête d'une vis qui sera ainsi maintenue sous ou à fleur de la surface. Il en existe différents modèles à utiliser avec un vilebrequin ou une perceuse électrique. Les diamètres sont de 9, 12 et 15 mm. On utilise des fraises en acier au carbone pour le bois, mais les fraises en acier rapide s'emploient avec le bois, le métal et les matières plastiques.

Foret hélicoïdal (13). S'emploie avec une perceuse électrique pour percer des trous de petit diamètre dans le métal et le bois. On emploie de l'acier au carbone pour le bois, de l'acier rapide pour le métal.

Mèche à trois pointes (12). Cette mèche à bois est prisée pour les travaux soignés (perçage des trous des assemblages à tourillons, par exemple). Son extrémité est pourvue de deux arêtes tranchantes latérales et d'une pointe de centrage qui guide la mèche. Les diamètres varient de 3 à 12 mm.

Mèche à béton (14). Ce type de mèche est équipé d'une pastille au carbure de tungstène qui assure les perçages dans les maçonneries au diamètre exact de la cheville prévue. Il existe des mèches spéciales pour le perçage du béton avec perceuse à percussion.

Mèche Forstner (18). Utilisée essentiellement pour le perçage des trous à fond plat de 25 ou 35 mm de diamètre où sont logés les cylindres des charnières invisibles des portes de placards et de penderies. La mèche Forstner s'emploie avec une perceuse électrique, si possible fixée sur support ; la profondeur de l'orifice ne devrait pas dépasser 12 mm.

Mèche à expansion. Si vous devez percer un trou d'un diamètre supérieur à 38 mm, une mèche plate ne conviendra pas. Vous pouvez, au contraire, employer une scie cloche, une scie sauteuse ou une mèche à expansion, laquelle s'ajuste à une chignole à main.

Défonceuse électrique (19). Cet outil électroportatif sert à réaliser les rainures et les feuillures, les évidements et bon nombre d'assemblages dans le bois, ainsi qu'à profiler les rebords moulurés des pièces de bois de grande longueur. Pour tous ces travaux, il existe toute une gamme de fraises aux profils et aux dimensions variés. Une fois fixé sur la machine, l'outil

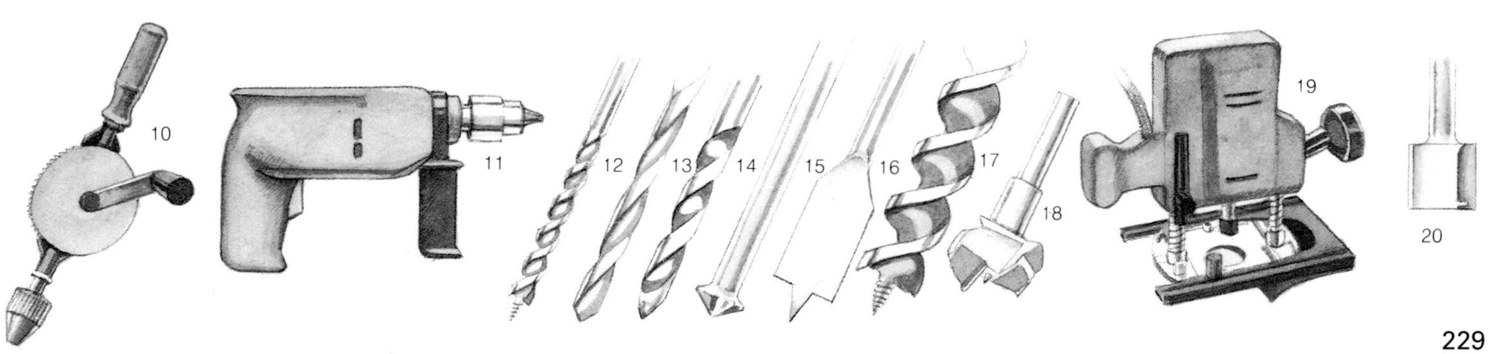

tourne à très grande vitesse (environ 25 000 tours/minute) ce qui assure une découpe régulière et nette (20). Il existe une sorte de défonceuse manuelle, la vastringue, ressemblant à un petit rabot ; cependant, chaque fois qu'il sera fait référence à la défonceuse, il s'agira de la défonceuse électrique.

SCIES

Scie circulaire (1). Très utile pour le débitage des pièces de bois et des panneaux de grandes dimensions, elle exécute également les rainures et les découpes angulaires. Le modèle le plus courant est équipé d'une lame de 187 mm de diamètre. Son emploi exige une très grande prudence. La pièce à débiter doit être solidement maintenue et la profondeur de coupe réglée. L'outil doit être pourvu d'un protecteur fixe et d'un protecteur mobile. Disposez la pièce à débiter sur des chutes pour éviter d'entamer l'établi ou le revêtement de sol.

Scie à découper (2). Employée pour les découpes courbes ou circulaires. Sa lame, très étroite, est montée sur broche rotative et peut être orientée selon les besoins. Percez un trou à proximité du rebord de la pièce à découper et introduisez la lame de la scie dans ce trou, avant de la fixer à nouveau au cadre et de commencer la découpe.

Scie à dos (3). Cette variété de scie à tenons à denture très fine et dosseret convient parfaitement pour les travaux délicats et précis, et en particulier pour l'exécution des assemblages à queues-d'aronde.

Scie à métaux. La scie à métaux traditionnelle est pourvue d'une poignée en bois et d'un cadre métallique. Un écrou papillon assure le raidissement de la lame. Les scies modernes ont un cadre tubulaire qui s'adapte aux différentes longueurs de lame. Un petit modèle est très utile pour scier les petites pièces ou travailler dans les endroits difficiles d'accès.

Scie cloche. Cet instrument coupera parfaitement des orifices ronds, mais vous devez acheter des lames différentes pour chaque diamètre. La lame est enchâssée dans un support en plastique ou métallique, lui-même serré autour d'un foret hélicoïdal, ajusté dans le mandrin de la perceuse électrique. Placez le foret au centre de l'orifice et percez à petite vitesse.

Scie sauteuse (7). Assure la découpe de toutes sortes de matériaux. Beaucoup plus souple d'emploi que la scie circulaire, mais moins rapide et moins puissante. Sert à exécuter les courbes, les découpes complexes ou angulaires et en plein bois. Les meilleurs modèles proposent des vitesses de coupe variables – lentes pour matériaux durs, et rapides pour matériaux tendres. Les modèles les plus récents sont à mouvement alternatif ou pendulaire. Dans ce dernier cas, la lame est animée d'un double mouvement de va-et-vient vertical et d'avant en arrière : la vitesse de coupe en ligne droite s'en trouve augmentée.

Scie à guichet (5). Conçue pour les trous et découpes courbes, sa lame droite et effilée permet par exemple de façonner les trous de serrure. On perce d'abord un trou puis on insère la lame de la scie dans l'orifice. Cette scie est très utile pour découper les orifices des éviers encastrés, en l'absence de scie sauteuse.

Scies à panneaux (4). Ce sont des égoïnes employées pour les travaux de débitage plutôt que pour les travaux délicats. Elles ont une lame flexible de 510 à 660 mm de longueur et sont utiles pour toutes les découpes grossières dans le bois et les panneaux.

Scie à tenons (6). Employée pour la découpe des tenons, des assemblages à tenon et mortaise (voir Techniques, p. 244), elle trouve aussi son emploi dans tous les travaux délicats et précis. Son dos est renforcé et la lame varie entre 250 et 300 mm de longueur.

Outils « Surform ». Disponibles dans toute une gamme de dimensions (notamment de 150 à 250 mm), ces râpes sont employées pour le profilage du bois. Toutefois, une finition manuelle plus fine est nécessaire pour parvenir à un meilleur état de surface. La plaque d'acier présente en alternance des dents et des orifices au travers desquels passent les copeaux de bois, ce qui évite son encrassement.

SERRE-JOINTS

Pour maintenir les différentes parties d'un assemblage durant la phase de collage. Il existe de nombreux types de serre-joints, mais la presse en C est la plus courante ; elle est disponible en diverses dimensions. Des coins en bois sont parfois utiles lors du serrage d'une pièce. Des précisions sont données p. 237 sur la fabrication et l'emploi des coins de serrage.

Serre-joints à pompe. Longue tige métallique pourvue d'une mâchoire fixe et d'une mâchoire mobile. Indispensable pour assembler les bâtis de grandes dimensions, vous pouvez parfois utiliser une ficelle et un tourniquet. (Une longueur de cordelette entoure le bâti ; un morceau de bois passé dans la cordelette permet de resserrer l'assemblage.)

Sangle de serrage. Une sangle de serrage en Nylon assure une pression uniforme sur le pourtour des cadres et bâtis en cours d'assemblage. Fabriquée dans le même matériau que les ceintures de sécurité, elle est enroulée autour de l'assemblage, resserrée à la main, puis au moyen d'un dispositif à cliquet ou à vis. Elle remplace très bien le serre-joints à pompe.

Presse en C (8). Pour la réalisation des projets présentés dans ce livre, il est important que l'écartement entre mâchoires atteigne au moins 200 mm. La pièce à fixer est placée entre les mâchoires qui sont ensuite resserrées au moyen d'une vis ou de quelque autre type de poignée. Dans le cas de la presse à vis, une mâchoire coulisse librement sur une barre métallique ; après avoir amené la mâchoire au contact de l'ouvrage, le serrage final se fait en tournant la poignée. Quel que soit le modèle de presse utilisé, placez des chutes de bois entre les mâchoires de l'outil et la pièce pour ne pas marquer la surface du bois.

Vrille. Sert à forer les avant-trous dans le bois avant vissage. On l'enfonce d'un mouvement circulaire continu.

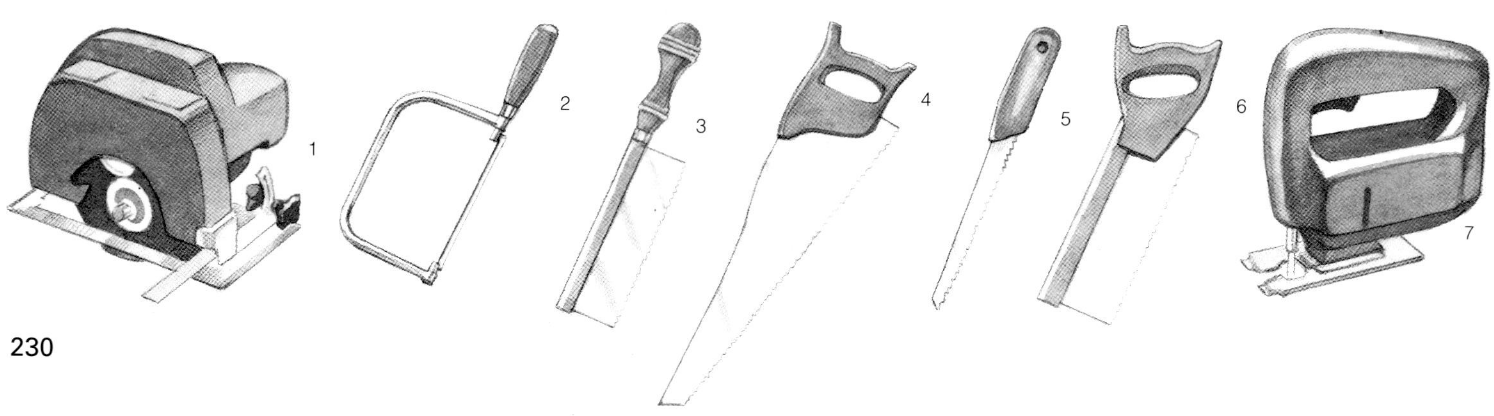

MARTEAUX

Marteau à garnir (10). À l'opposé de la tête plate, la panne biseautée sert à amorcer le clouage des pointes fines et des semences tenues entre les doigts. Les modèles les plus légers conviennent très bien pour enfoncer les pointes à panneaux.

Marteau à pointer. C'est une version plus petite du marteau à garnir. Il est très utile pour les petits travaux.

Marteau à panne fendue (9). La panne fendue, ici courbe (marteau d'emballeur), sert à extraire les clous, rapidement et proprement.

Maillet. Sert à frapper les ciseaux et les bédanes, sauf si le ciseau est pourvu d'un manche résistant aux chocs, auquel cas on peut utiliser un marteau. La tête en bois et taillée en coin assure un contact franc avec l'objet frappé.

Chasse-pointe. On l'emploie avec un marteau pour enfoncer les clous sous la surface du bois. Les trous sont ensuite mastiqués. L'extrémité, en cuvette, s'inscrit parfaitement sur la tête du clou.

Ponceuse vibrante. Sert au ponçage soigné de finition. Une feuille de papier de verre est fixée sur la semelle de la ponceuse, le choix du grain dépendant de l'état de la surface. Les ponceuses vibrantes produisent beaucoup de poussière et il convient de porter un masque.

Tenailles. Servent à extraire les pointes et les semences du bois. Les mâchoires biseautées saisissent le clou près de la surface du bois. L'outil est ensuite balancé d'avant en arrière jusqu'à extraction.

RABOTS

Rabot à replanir (11). Rabot à main métallique servant pour tous les travaux de replanissage et de dressage des surfaces et des chants. Il existe en différentes tailles (240 à 560 mm), son fer variant en largeur de 44 à 60 mm. Plus le fer est large, meilleure est la finition sur les ouvrages de grande largeur. Ce rabot est pourvu d'une mollette de réglage de la profondeur de coupe et d'un levier de réglage latéral.

Rabot électrique (14). Pour ramener les pièces de bois aux dimensions précises requises. Il existe un modèle à tenir d'une seule main, léger, polyvalent, et un modèle plus lourd conçu pour les travaux d'établi. Le rabot électrique exécute aussi biseaux et feuillures.

Demi-varlope (13). Plus longue que le rabot à replanir, la demi-varlope s'emploie pour dresser les chants ; c'est également un bon rabot polyvalent.

Rabot monobloc (12). Cet outil est très pratique pour les travaux minutieux et pour adoucir les arêtes. Il s'emploie aussi pour le rabotage en bois de bout.

Râpe. La râpe est une lime à denture grossière. Le modèle le plus courant présente une face plane et une face incurvée. Cet outil sert à profiler le bois, ainsi lors de l'ajustage à la traînée.

Cale à poncer et papier abrasif. On emploie le papier abrasif, monté sur une cale, pour aplanir et poncer les surfaces. On enroule le papier de verre autour de la cale en liège, en caoutchouc ou en bois tendre. Veillez à ce que le papier ne soit pas froissé. Utilisé sans cale, le papier abrasif n'offre pas un fini aussi régulier. Les feuilles de papier abrasif sont classées selon la grosseur du grain. Le choix du grain dépend de la surface à poncer.

Tournevis. Les formes et les dimensions sont multiples ; les variations essentielles concernent la forme de l'empreinte (fente simple ou cruciforme) et la longueur et la forme de la poignée (droite, rainurée, renflée). Les tournevis cruciformes conviennent pour la plupart des empreintes cruciformes, mais l'empreinte « Posidriv » nécessite le tournevis spécial correspondant.

Le mieux est de disposer d'un assortiment de tournevis correspondant aux différentes tailles de vis. Le tournevis à cliquet permet de serrer entièrement une vis sans changer la position de la main sur le manche. Le cliquet assure le retour en arrière, sans que la lame sorte de la fente.

Tournevis automatique. Malgré son prix élevé, cet outil peut faire gagner du temps et éviter des efforts inutiles. Il est surtout utilisé pour des vis à empreinte cruciforme.

OUTILS COMPLÉMENTAIRES

Lime à métaux. Donne aux arêtes métalliques le profil et le fini requis. La plupart des limes sont équipées d'une poignée amovible qu'il est possible de transférer sur une lime de taille différente. Les limes plates et demi-rondes (une face plate, une face incurvée) couvrent tous les emplois généraux.

Brosses à peinture. L'assortiment de brosses pour peindre et vernir comprend trois tailles : 25, 50 et 75 mm. Vous parviendrez toujours à un meilleur résultat en accordant la dimension de la brosse à la surface à peindre : une petite brosse pour une surface étroite, une grande brosse pour une surface plus large.

Clef. Permet de serrer l'écrou d'un boulon. À chaque dimension d'écrou correspond une clef. Si vous ne disposez pas de la clef plate ou de la clef à tube convenable, vous pouvez aussi utiliser l'un ou l'autre modèle de clef à ouverture réglable (telle une clé anglaise).

Agrafeuse. Outil à gâchette qui éjecte et enfonce les agrafes, le plus souvent dans du tissu, un panneau de fibres ou du bois de faible épaisseur à fixer sur des tasseaux de bois. Son avantage par rapport au clouage traditionnel vient de ce qu'elle est employée d'une main, l'autre étant ainsi libérée pour tenir l'ouvrage.

Pistolet applicateur. Sert à l'application des cordons de mastic au silicone résistant à l'humidité là où l'eau risque de pénétrer : par exemple autour des éviers et des baignoires. La cartouche de mastic au silicone est maintenue dans une armature : un piston appuie sur la base de la cartouche, amenant l'expulsion du mastic par l'embout.

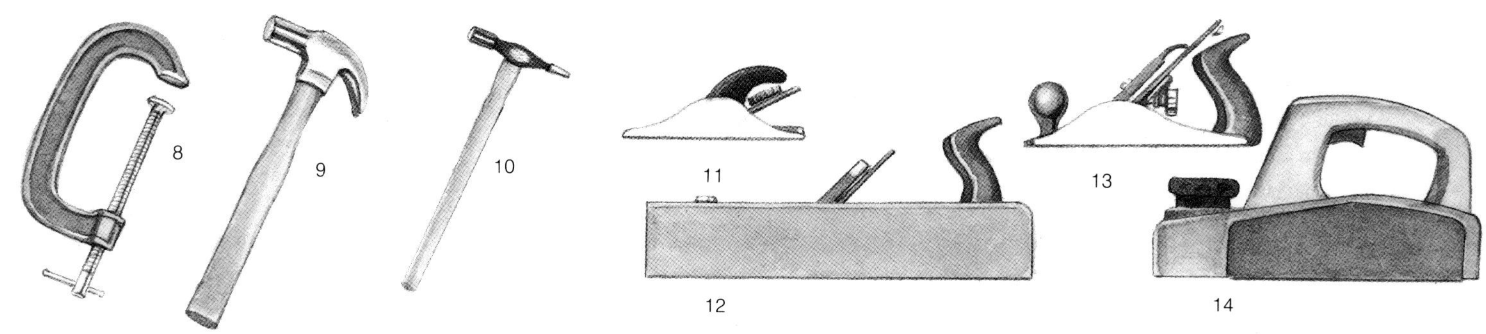

MATÉRIAUX

BOIS

Les bois se répartissent en deux grandes catégories : les bois tendres et les bois durs. Les bois tendres sont fournis essentiellement par les conifères, les bois durs par les arbres à feuilles caduques. Au moment de l'achat, rejetez les pièces présentant des défauts. Évitez les bois où apparaissent de grosses fentes (les petites fissures superficielles seront rabotées, poncées ou mastiquées). Ne gardez pas les bois déformés qui seront impossibles à travailler ; pour cela, examinez les pièces sur leur longueur pour déceler un bombement ou un gauchissement éventuel.

Quand vous avez ramené le bois chez vous, laissez-le sécher une dizaine de jours. Le bois étant le plus souvent entreposé à l'air libre, il est humide. En intérieur, il sèche, se rétracte légèrement et se déforme s'il n'est pas disposé à plat. Si vous l'employez immédiatement, l'ouvrage réalisé risque de gauchir ou de se fendre en même temps que le bois sèche. Pour éviter les déformations et favoriser le séchage, empilez les planches en intercalant des baguettes qui laisseront l'air circuler librement. De la sorte, le taux hygrométrique baissera jusqu'à environ 10 % et le bois sera prêt à l'emploi.

Bois tendre. On parle aussi communément de bois blanc. En réalité, de nombreuses espèces différentes entrent dans cette catégorie. Le bois tendre est bien meilleur marché que le bois dur : on l'emploie pour tous les travaux généraux de construction. Dans le commerce, on le trouve en sections normalisées. Au-delà de 1,8 m, les longueurs augmentent par intervalles de 300 mm jusqu'à 6,3 m. Les épaisseurs s'échelonnent de 12 à 75 mm, et les largeurs de 25 à 225 mm.

Il faut savoir que ces dimensions s'appliquent aux bois « avivés » (quatre faces sciées parallèles deux à deux). Acquis sous cette forme, le bois tendre convient uniquement aux travaux constructifs de base (solives, cadres). En revanche, pour les projets détaillés dans cet ouvrage, l'aspect et la précision sont essentiels : le bois utilisé devra donc être raboté sur ses quatre faces. Et comme le rabotage retranche une portion de chacune des faces, les cotes du bois tendre raboté sont inférieures de 5 mm environ (largeur et épaisseur) aux dimensions affichées. Les cotes normalisées doivent donc être considérées comme approximatives et non pas comme des mesures exactes. (Pourtant, dans les magasins de bricolage, le bois tendre raboté est de plus en plus vendu à ses dimensions effectives et non pas normalisées).

Bois durs. Leur coût est plus élevé et il est plus difficile de se les procurer que le bois tendre ; il faut souvent les commander ou les acheter chez un scieur ou un négociant en bois. Certains magasins ou certains scieurs débiteront les bois durs selon vos besoins. Pour les travaux de menuiserie domestiques, le bois dur n'apparaît guère que sous forme de moulures et de baguettes, utilisées pour masquer les rebords apparents. Actuellement, la plupart des baguettes de bois dur sont usinées dans du ramin, un bois de couleur pâle.

PANNEAUX MANUFACTURÉS

Panneaux. Ils sont fabriqués industriellement à partir de bois ou d'autres fibres. Ils sont souples d'emploi, relativement bon marché et leur qualité est uniforme. Enfin, une caractéristique les distingue du bois « naturel » : ils sont disponibles en feuilles de grandes dimensions. Avant d'arrêter votre choix, apprenez à connaître les avantages de chaque type de panneau. Formats et épaisseurs varient beaucoup selon l'un ou l'autre type, mais la plupart des revendeurs les débiteront aux dimensions requises.

Panneau de fibres dur. Le plus connu des panneaux. Les épaisseurs les plus courantes sont 3, 5 et 6 mm. Cassant, le panneau de fibres dur doit être appuyé contre un cadre ou un bâti ; on l'utilise essentiellement pour l'habillage des cloisons (variétés les plus denses) ou comme panneau d'affichage (variétés moins denses).

Panneau de fibres tendre. Plus tendre et moins résistant que le précédent, on l'emploie donc en épaisseurs plus fortes et couramment en 12 mm.

Médium (MDF). Très bon panneau polyvalent. Très fortement comprimé, il ne s'écaille ni n'éclate au sciage, et laisse un bord très propre qui ne nécessite aucun autre traitement, contrairement aux autres panneaux. Il se peint très facilement, même sur chant. Épaisseurs : de 6 à 35 mm.

Panneau de particules agglomérées. Il est formé de fins copeaux de bois agglomérés à l'aide de résine synthétique sous une forte compression. Ce type de panneau est résistant s'il bénéficie d'un support adéquat, mais le sciage peut laisser une bordure inégale et risque d'émousser la scie. Les vis ordinaires tiennent mal dans le panneau de particules : employez de préférence les vis de type VBA. S'il n'est pas traité spécialement, le panneau de particules résiste mal à l'humidité et gonfle. Épaisseurs : de 6 à 40 mm ; 12, 19 et 25 mm sont les plus courantes.

Il existe de nombreuses variantes, du panneau brut ou plaqué au panneau de bois d'essences diverses, du panneau stratifié au panneau PVC et au lamifié. S'il est utilisé pour la construction d'étagères, le panneau de particules doit être maintenu par des supports ou des consoles assez rapprochés. Le lamifié de bonne qualité est beaucoup plus résistant.

Contre-plaqué. Constitué par un certain nombre de feuilles de bois – les plis – collées les unes aux autres. Le sens du fil de chaque pli est perpendiculaire au fil du pli voisin. Ce procédé assure la résistance du matériau et évite les déformations. Le nombre des plis est habituellement de 3, 5 ou 7. Le contre-plaqué est classé en catégories, selon la présence ou non de nœuds ou d'imperfections à sa surface. A : parfait ; B : moyen ; BB : travaux grossiers uniquement.

Un type de contre-plaqué est traité contre l'humidité : on l'emploie, en intérieur, dans les zones exposées à l'humidité (salle de bains). On trouve également du contre-plaqué recouvert en surface d'une couche de teck, de chêne ou d'acajou, en encore d'un placage décoratif plastifié. Épaisseurs courantes : 3, 6, 12 et 19 mm.

Latté. Constitué de lattes de bois collées entre des feuilles extérieures ; ces dernières sont souvent en bouleau. D'autres variétés de qualité supérieure sont

Moulures

Carrelet

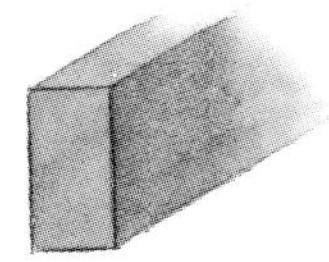
Rectangle

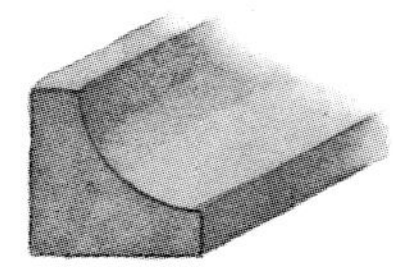
Scotie

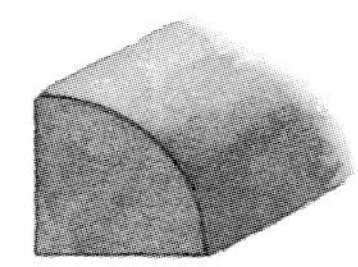
Quart-de-rond

Banquette d'angle

replaquées (contre-plaqué ou bois exotique). Le latté est très résistant, mais l'aspect des bords après sciage peut être très inégal et inesthétique : des intervalles apparaissent souvent entre les lattes constituant l'âme, ce qui peut aussi rendre assez difficile la fixation des bordures. Le latté est classé de la même façon que le contre-plaqué. Épaisseurs courantes : 12, 19, 25 mm. C'est un panneau très rigide qui convient parfaitement aux rayonnages de grande portée.

Lamellé. Latté de très bonne qualité : aucun interstice n'apparaît entre les lattes. Ce matériau de coût élevé ne trouve son emploi que là où la qualité requise justifie la dépense.

Panneaux à rainure et languette. Ils sont très largement utilisés pour l'habillage des ossatures et des parois. Chaque élément présente une languette sur un bord et une rainure sur le bord opposé. La languette s'insère dans la rainure de l'élément adjacent, les éléments assemblés composant toute une surface d'habillage qui se dilate et se rétracte en fonction de la température et de l'humidité, sans que des fissures apparaissent entre les éléments.

Les revêtements ordinaires à rainure et languette s'assemblent comme des lames de parquet ; mais il existe aussi des panneaux dont les profils variés (grain d'orge, chanfrein) servent de motifs décoratifs.

Planches taillées en biseau. Elles sont effilées, partant d'un bord épais vers un bord mince. Quand il est mis en place, le bord épais d'une planche chevauche le bord mince de la planche suivante.

COLLES ET MASTICS

Colles. Les produits modernes sont très efficaces. Si le collage ne réussit pas, c'est que l'on a opté pour un produit qui ne convenait pas ou bien que les instructions du fabricant n'ont pas été respectées. Pour tous les usages de menuiserie intérieure, utilisez la colle vinylique ou colle blanche (tous les fabricants de colle produisent leur propre marque). Recourez à une colle vinylique résistant à l'humidité là où il y a risque de projections d'eau ou de condensation. Quand la jonction entre deux éléments n'est pas parfaite, employez une colle de rebouchage.

Les carreaux de céramique se posent à l'aide d'un ciment-colle spécifique prêt à l'emploi. Partout où les carreaux sont soumis à des projections – sur le pourtour d'un évier, par exemple –, choisissez un ciment-colle résistant à l'humidité. Certains ciments-colles serviront également de barbotine pour combler les joints entre carreaux.

Pâtes à bois. Si le bois doit être peint, utilisez un produit de rebouchage standard à la cellulose, du type qu'on emploie pour reboucher les fissures d'un mur. En séchant, ce produit s'éclaircit et reste visible sous n'importe quelle autre finition. Ainsi, en cas de finition transparente, rebouchez trous et fissures avec de la pâte à bois ou un mastic approprié : ce sont des pâtes épaisses qui existent en différents coloris. Vous pouvez les mélanger ou ajouter de la teinture à bois pour obtenir la couleur recherchée. Choisissez une nuance un peu plus claire que le bois alentour, car les pâtes à bois deviennent plus foncées après application de la finition. Procédez d'abord à des essais sur une chute du même bois.

Dans le cas de travaux délicats, on applique préalablement un bouche-pores qui évite que la finition ne soit absorbée par le bois. Il s'agit d'une pâte allongée au white-spirit que l'on étend avec un chiffon ; il en existe de différents coloris.

FINITIONS

Le choix de la finition sera différent selon que la pièce de bois ou le panneau seront apparents ou non, recouverts d'une couche de peinture ou d'un vernis protecteur transparent.

PEINTURE

La peinture à l'huile brillante convient très bien pour le bois, à condition que la sous-couche appropriée ait été appliquée. Il est préférable de passer deux couches fines plutôt qu'une seule couche épaisse. Vous pouvez aussi recourir aux peintures thixotropiques anticoulures. Ces produits ont un aspect gélatineux et ne nécessitent pas de sous-couche ; toutefois, une seconde couche peut être nécessaire pour garantir une finition de qualité. Si vous travaillez au pistolet, il faut employer une peinture à l'huile.

Peinture microporeuse. Elle s'applique directement sur le bois. Il n'est alors nullement besoin de passer une première couche ou une sous-couche. La couche ne s'écaillera ni ne cloquera car la composition spéciale de cette peinture permet l'évaporation de l'humidité. Si vous l'appliquez sur une peinture ancienne, elle perdra cette propriété.

Enduit protecteur. Si le bois n'a pas été prétraité et s'il doit recevoir une finition décorative, vous devez passer une couche d'enduit protecteur. Les enduits modernes à l'eau ne présentent aucun danger pour les plantes et sont proposés en différents coloris : couleurs claires, vert ainsi qu'un grand nombre de couleurs de bois naturel. L'enduit imprègne le bois et le protège de la pourriture et des insectes.

VERNIS

Appliqué habituellement à la brosse, le vernis peut aussi faire l'objet d'une finition au pistolet. Brillant, mat ou satiné, il est toujours transparent. Cependant, le vernis peut aussi être teinté, de telle sorte que vous pouvez simultanément modifier la couleur du meuble et le protéger. La teinte ne pénètre pas dans le bois : ainsi, si la surface est rayée ou marquée, la coloration originelle du bois transparaît. C'est pourquoi on recourt parfois à une teinture à bois pour changer la couleur. Ce produit imprègne le bois, mais ne constitue pas une protection ; il est donc nécessaire d'appliquer ensuite un vernis ou un vernis-laque incolore.

VERNIS-LAQUE

Une application de vernis-laque cellulosique à séchage rapide est la meilleure finition que l'on puisse apporter aux meubles en bois. Ce type de produit résiste bien à la chaleur, aux éraflures et aux solvants ; en aérosol, il garantit un résultat superbe.

Vernis au tampon. Ce terme s'applique à tous les vernis fabriqués à base de gomme laque et d'alcool.

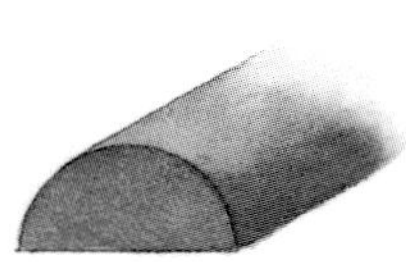
Demi-rond

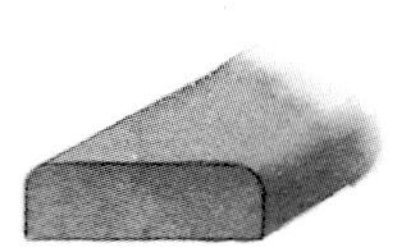
Chant plat

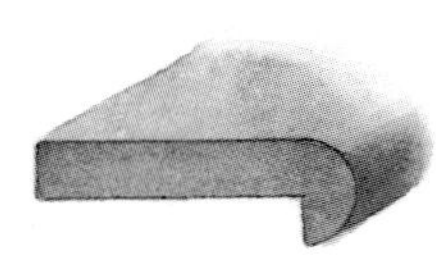
Baguette de recouvrement

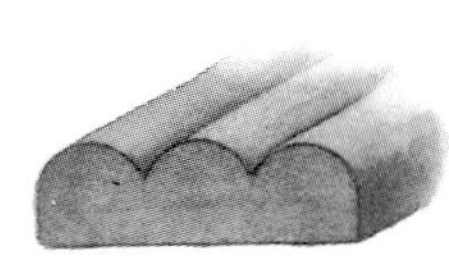
Cannelure

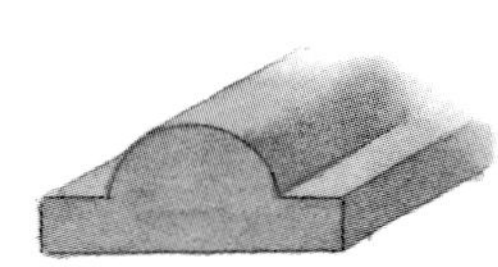
Astragale

Ce type de finition convient parfaitement dans tous les cas où une tonalité brun clair ou moyen est recherchée. Cependant, la surface obtenue n'assure pas une très grande protection.

Certaines variétés de vernis au tampon permettent d'obtenir une tonalité plus dorée ou plus orangée que le produit de base. Le vernis au tampon incolore est une finition transparente qui laisse transparaître la couleur naturelle du bois. Cette technique requiert beaucoup de patience et bien des gens préfèrent utiliser le vernis polyuréthane incolore, qu'ils recouvrent ensuite d'une couche de cire.

BÉTON

Béton. On l'obtient en mélangeant du ciment de Portland et du ballast (mélange de sable et d'agrégat) avec de l'eau. Pour les allées, bases et fondations, le mélange habituel est composé d'une dose de ciment pour quatre doses de ballast. Il existe des sacs de ciment prémélangé mais qui ne sont valables que pour les petits travaux. Le béton se mélange difficilement à la main et il est préférable de louer un petit malaxeur électrique.

Dalles de béton. Il existe de nombreuses tailles et formes de dalles ; celles de 450 mm^2 sont les plus utilisées car les plus grandes sont difficiles à manier. La gamme de coloris est limitée ; il existe différentes finitions : surface lisse, à dessins ou structurée. L'épaisseur la plus répandue est de 35 à 40 mm.

Moulures. Servent à des fins décoratives ou pour dissimuler joints et fixations des constructions en bois. Le terme « moulure » s'applique tout aussi bien aux profils de bordure qu'aux couvre-joints, chambranles et plinthes. Si vous ne trouviez pas dans le commerce le profil recherché, vous pouvez le fabriquer vous-même à la défonceuse : la gamme des fraises disponibles autorise une grande variété de formes et de dimensions.

Les moulures sont en bois dur – le plus souvent en pin ou en ramin. On trouve aussi chez les revendeurs spécialisés des profils en bois plus recherchés comme l'acajou. Cependant, leur coût est élevé et vous préférerez peut-être teinter ou vernir une moulure à meilleur marché pour obtenir la couleur souhaitée. Les moulures décoratives sont disponibles en longueur de 2 m ou 3 m. Les modèles suivants conviennent pour habiller les bordures des panneaux manufacturés : demi-rond, chant plat, baguette de recouvrement, cannelure et astragale. Les profils de section carrée et rectangulaire s'échelonnent en dimensions de 6 x 6 mm à 12 x 38 mm.

La scotie et le quart-de-rond sont des profils qui couvrent la liaison de deux structures se joignant en angle. La baguette d'angle sert à habiller les angles saillants.

Il est nécessaire de vérifier que les moulures soient bien rectilignes et exemptes de nœuds vivants ou morts qui risqueraient de tomber en laissant un trou. Prenez également garde aux taches d'origine fongique, surtout si vous utilisez une finition transparente. Si vous employez plusieurs longueurs du même type de moulure, veillez à ce que leur teinte soit uniforme. Examinez soigneusement les bords, la couleur et le grain de chaque moulure pour éviter toute imperfection ou irrégularité de surface.

FIXATIONS

Le choix des fixations dépend de la taille et du poids des matériaux que vous désirez fixer.

Tasseaux. Terme général servant à désigner une pièce de bois longue et étroite. Les dimensions les plus courantes des tasseaux sont 25 x 25 mm et 50 x 25 mm. Ils ont deux fonctions principales. Vissés à un mur, ils servent de support à des étagères. Ils peuvent aussi servir de pièces d'appui à des planches ou à des matériaux en plaques posés en habillage ou en cloison.

Tourillons. Pièces de bois cylindriques servant aux assemblages bord à bord ou à angle droit. Le diamètre des tourillons en bois dur varie de 6 à 10 mm. On les trouve en paquets prédécoupés en longueurs de 25 ou 38 mm. Vous pouvez aussi vous les procurer en grande longueur et les découper aux dimensions requises. La longueur des tourillons doit être égale à 1,5 fois l'épaisseur des pièces à assembler.

Les tourillons s'emploient avec de la colle, et, lorsque l'assemblage est achevé, il est important de laisser échapper l'excédent de colle. Les tourillons rainurés et à extrémités chanfreinées facilitent l'écoulement de la colle. En l'absence de rainures, donnez des coups de scie sur la longueur du tourillon et chanfreinez les arêtes terminales.

CLOUS

Clou à tête plate. Ce clou à large tête plate circulaire est employé pour tous les assemblages résistants non apparents où l'aspect esthétique importe peu.

Clou annelé. On l'utilise quand l'assemblage doit être vraiment solide.

Clou tête d'homme. À utiliser quand l'aspect de finition a de l'importance. Les têtes de ces clous s'enfoncent à fleur de la surface du bois. Employez-les pour clouer une pièce de bois de faible épaisseur sur une pièce plus épaisse, et quand le bois risque de se fendre. Le risque est plus important quand vous clouez en bout de pièce ou quand le clou est trop gros.

Pointe à panneaux. Cette pointe fine sert à la fixation des panneaux de faible épaisseur. Sa tête minuscule peut être enfoncée à fleur de la surface du panneau ou chassée dessous.

Pointe à tête de diamant. Elle est recouverte d'un placage de cuivre et sa section est carrée. Sa tête en forme de diamant s'enfonce profondément dans la surface du bois. Elle convient parfaitement pour la fixation des panneaux de fibres durs et d'autres panneaux sur le bois, là où il y a risque de condensation (des clous en acier laisseraient à terme une trace noirâtre).

Clou de maçon. Pour la fixation des tasseaux aux murs, en alternative au chevillage-vissage. Là où une fixation rapide et permanente est nécessaire, utilisez le modèle en acier durci.

VIS

Tous les types de vis sont disponibles avec fente simple ou empreinte cruciforme. Ce dernier modèle a toutefois meilleure apparence ; c'est aussi celui qui convient le

CLOUS ET VIS : *1. Cuvette. 2. Boulon d'ancrage. 3. et 4. Fixations pour cadre (cheville en nylon et vis plaquée). 5. Pointe à placage. 6. Pointe tête de diamant. 7. Pointe à panneau. 8. Pointe tête d'homme. 9. Clou à tête plate. 10. Clou annelé. 11. Clou de maçon. 12. Vis à tête fraisée (fente simple). 13. Vis à tête fraisée (empreinte cruciforme). 14. Vis à tête ronde. 15. Vis à tête fraisée bombée (goutte de suif). 16. Vis à calotte. 17. Vis sans embase.*

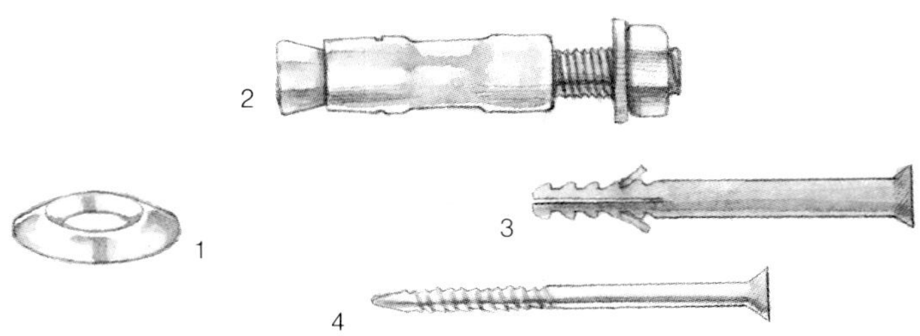

mieux si vous recourez au vissage électrique. Pour la plupart des usages, la vis à tête fraisée est idéale car sa tête affleure la surface du bois. Les vis à tête ronde servent à fixer les pièces métalliques telles que les équerres et les loqueteaux, dont les orifices de fixation sont poinçonnés plutôt que fraisés. Les vis à tête fraisée bombée (en goutte de suif) sont souvent employées seules ou avec des cuvettes – dans les cas où l'aspect joue un rôle important.

Vis à bois. La portion située immédiatement sous la tête est lisse. Lors de l'assemblage de deux pièces de bois, il en résulte au moment du serrage un fort effet de blocage, mais il se peut aussi que cette portion non filetée fasse éclater le bois : procédez donc avec soin.

Vis sans embase (type VBA). Leur vissage se fait plus rapidement que celui des vis à bois ordinaires ; le risque d'éclatement est en outre moins important. Elles sont filetées sur toute leur longueur, ce qui assure une très bonne accroche dans le bois mais aussi dans les panneaux de fibres et de particules, le latté ou le contre-plaqué. Les meilleurs modèles sont zingués (anticorrosion) et durcis (plus résistants ; la tête de la vis est moins facilement endommagée si on emploie un tournevis inapproprié).

Vis tire-fond. Elles assurent une forte fixation dans des constructions importantes. Ce sont des vis à têtes carrées ou hexagonales. On les enfonce avec une clé à écrou. Une rondelle est nécessaire pour empêcher que la tête ne coupe le bois.

Chevilles. Servez-vous d'une mèche à béton pour percer le trou correspondant aux dimensions de vis et de cheville utilisées. Introduisez la cheville dans le trou, puis insérez la vis au travers de l'objet à fixer et dans la cheville. Vissez.

Fixations pour murs pleins. Pour fixer un objet dans un mur de brique ou en blocs de construction pleins utilisez une cheville. Les chevilles traditionnelles en fibre sont maintenant remplacées par toute une gamme de chevilles en matière plastique.

Fixations pour ossatures en bois. Pour assurer une fixation très résistante dans un mur à ossature en bois, localisez les montants qui composent l'ossature et enfoncez-y des vis. Si vous voulez ancrer un élément lourd, et que les montants ne se trouvent pas à la position requise, il vous faut fixer des tasseaux horizontaux aux montants.

Fixations pour murs creux. Les murs creux se trouvent dans les maisons modernes (constructions en plaques ou carreaux de plâtre creux) comme dans les maisons anciennes (parois en plâtre sur lattis). Il existe de nombreux dispositifs pour ces types de murs – segments à ressort, segments basculants, chevilles à collier en Nylon –, qui fonctionnent presque tous suivant le même principe : des segments se déploient contre la face arrière de la paroi de plâtre et assurent la fixation lors du serrage.

Boulon d'ancrage. Pour les objets plus volumineux, un mode de fixation plus robuste est recommandé : le boulon d'ancrage. Son principe est le même que celui de la cheville, mais ici un boulon mécanique de fort diamètre est associé à une cheville en acier ou en plastique : le manchon de la cheville se dilate dans le trou lors du serrage du boulon et fait prise sur les parois du trou.

Boulon mural à expansion. Il comprend un corps segmenté qui se dilate au fur et à mesure que l'on serre le boulon à l'intérieur. Le corps accroche le béton, la brique ou la pierre de façon efficace. Il existe plusieurs longueurs et diamètres ainsi que des versions à crochet ou à œillet. La plupart des boulons sont recouverts de zinc mais il existe également des versions en bronze d'aluminium offrant une plus grande résistance à la corrosion.

Crampons de fixation. Ils permettent de renforcer les assemblages collés des châssis. Leur profondeur varie entre 6 et 22 mm et leur longueur entre 22 et 30 mm.

LOQUETS ET ENCLIQUETAGES

Loqueteaux magnétiques. Ils sont très utiles sur les portes de petites dimensions peu sujettes aux déformations. Le contact entre l'aimant fixé sur le cadre et la plaque fixée sur la porte doit se faire avec précision. Un autre facteur à prendre en compte est la force de l'aimant : sur les petits meubles, une traction de 2 à 3 kg est suffisante, mais dans le cas d'une penderie par exemple, une traction de 5 à 6 kg est nécessaire pour maintenir la porte fermée.

Fermetures à déclic. Les modèles les plus courants sont le déclic à bille et le déclic à rouleau. Ici aussi, le fonctionnement dépend du bon alignement, d'où la préférence pour les modèles réglables. Les fermetures à déclic sont actionnées par pression sur la porte : une poignée n'est donc pas nécessaire.

CHARNIÈRES

Les modèles de charnières les plus faciles à poser sont ceux qu'il est inutile d'encastrer dans la porte ou l'encadrement : ce sont les charnières posées en applique (portes légères) ou articulées (portes de placards). Pour les abattants, on utilise la charnière à piano vendue en grandes longueurs et que l'on découpe aux dimensions requises avec une scie à métaux. Pour de lourdes portes, ou si vous désirez une finition soignée, utilisez la charnière commune, à encastrer.

Les charnières invisibles réglables s'emploient avec les portes en panneaux de particules et en médium. Une mèche spéciale est nécessaire pour percer les logements des cylindres de la charnière, mais une fois posé, le dispositif est réglable.

RAILS POUR PORTES COULISSANTES

Les portes peuvent être suspendues ou guidées au sol. Les rails pour portes vitrées ou portes planes sont en PVC. La porte coulisse simplement dans la rainure du rail.

Rail de suspension. Des montures réglables sur galets, fixées au rebord supérieur de la porte, coulissent dans le rail. Des guides maintiennent la base de la porte dans le bon alignement.

Rail de guidage au sol. La porte coulisse sur de petits galets logés dans le rail. Des guides fixés au sommet de la porte maintiennent le bon alignement de l'ensemble.

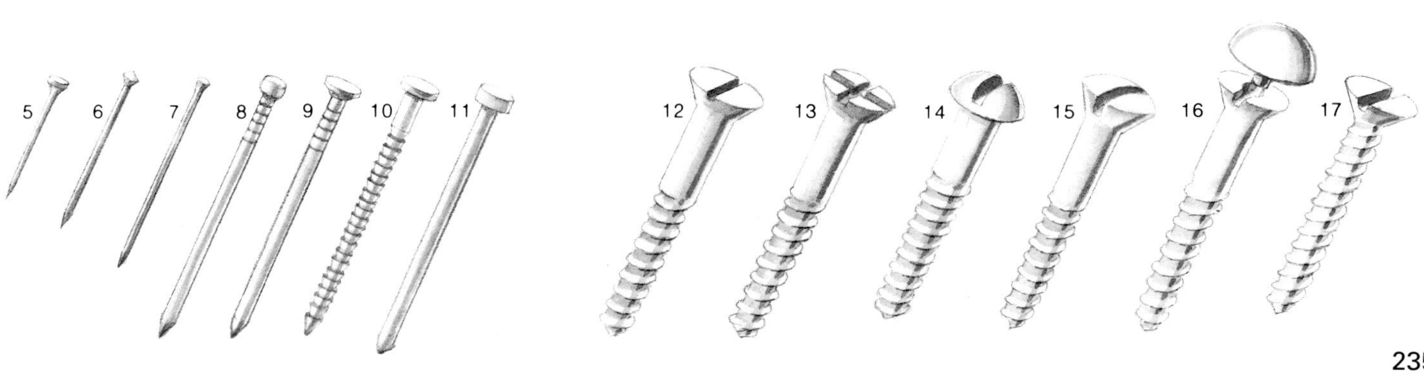

TRAÇAGE ET SCIAGE

Le bois se vend brut de sciage ou raboté. Le bois scié (on parle d'avivé quand les 4 faces sont sciées parallèles deux à deux) présente un aspect grossier, mais sous cette forme, ses dimensions (largeur et épaisseur) sont très proches des cotes spécifiées à la commande. Les faces du bois raboté sont beaucoup plus lisses, mais le rabotage retranche environ 5 mm aux dimensions nominales. Le bois scié convient parfaitement pour les cadres et les bâtis, mais optez pour le bois raboté si l'aspect de finition a quelque importance. Une pièce de bois doit être rectiligne et à peu près exempte de nœuds ; sa surface ne doit pas présenter d'imperfections.

S'il importe que l'épaisseur des pièces d'un bâti soit précise (ainsi les éléments de cuisine, p. 30), vous éprouverez peut-être des difficultés à vous procurer du bois aux dimensions requises. Dans ce cas, choisissez la cote supérieure et rabotez-le.

Après assemblage, un bon état de surface peut être obtenu par ponçage, soit à la main avec une cale à poncer enveloppée de papier abrasif, soit à l'aide d'une ponceuse électrique. Dans l'un et l'autre cas, entamez l'opération avec du papier de grain moyen pour finir avec du grain fin ; poncez dans le sens du fil et non pas en travers, vous risquez de rayer la surface.

Les finitions du bois. Les vernis, les cires et les peintures s'appliquent aisément à la brosse (ou au chiffon). En alternative – les professionnels du meuble y recourent souvent –, on peut appliquer au pistolet un vernis cellulosique à séchage rapide (voir Matériaux, p.233). Avant application, vérifiez que tous les trous ont été bouchés avec de la pâte à bois prenant la teinture, et teintez la surface, le cas échéant, avant ponçage. La première couche de vernis tient lieu de bouche-pores. Laissez-la sécher pendant 30 à 60 minutes, puis poncez la surface avec du papier abrasif à grain fin. Appliquez ensuite une seconde couche de vernis, en finition.

MESURES ET TRACÉS

Marquez les lignes de coupe légèrement au crayon dur, puis utilisez un couteau universel appuyé contre une règle pour tracer une ligne nette.

Pour réaliser un tracé à l'équerre, utilisez une équerre dont vous appuierez le talon contre une face plane de la pièce de bois. Tracez une ligne le long de la lame de l'équerre, puis prolongez le tracé le long de chaque côté adjacent, et enfin sur la dernière face ; contrôlez que les tracés se joignent sur tout le pourtour de la pièce.

Pour vérifier l'exactitude d'une équerre, appuyez le talon de l'outil contre un bord parfaitement rectiligne : marquez un trait le long de la lame, puis faites pivoter le talon de 180° et voyez si la lame s'aligne parfaitement sur le tracé précédent.

Si vous mesurez et marquez plusieurs pièces de même longueur, serrez-les côte à côte avec un serre-joints et effectuez le tracé simultanément sur toutes les pièces.

PIGE D'ÉCARTEMENT

Il s'agit simplement d'une chute de bois (19 x 19 mm ou 25 x 25 mm) servant à garantir la régularité d'un intervalle (lattes espacées sur des traverses par exemple). Pour déterminer la dimension de la pige, regroupez toutes les lattes à une extrémité des traverses. Mesurez l'espace restant et divisez le chiffre obtenu par le nombre d'intervalles (que vous pouvez établir quand les lattes sont posées côte à côte). Le résultat vous donne la longueur de la pige d'écartement qui vous servira à déterminer l'emplacement de chacune des lattes.

ÉQUERRAGE

Lorsque vous fabriquez une porte ou n'importe quel cadre similaire, il est essentiel que tous les angles soient parfaitement d'équerre. Il existe deux méthodes pour s'en assurer.

Méthode 3-4-5. Mesurez trois unités de longueur le long d'une pièce et quatre unités le long de la pièce perpendiculaire ; clouez un tasseau très précisément au niveau de l'un des repères inscrits. Amenez les deux pièces d'équerre, de telle sorte que la longueur du tasseau entre les repères soit de cinq unités (le tasseau représente l'hypoténuse d'un triangle rectangle). Sciez le tasseau au ras du cadre, mais ne l'ôtez pas tant que le cadre n'est pas en place. Dans le cas de portes de grandes dimensions, posez deux écharpes dans des angles opposés.

1 Mesures et tracés d'équerre : Tracez une ligne sur une face de la pièce avec un couteau universel appuyé contre la lame d'une équerre. Rabattez le tracé sur les trois autres faces de la pièce jusqu'à ce que les lignes se rejoignent.

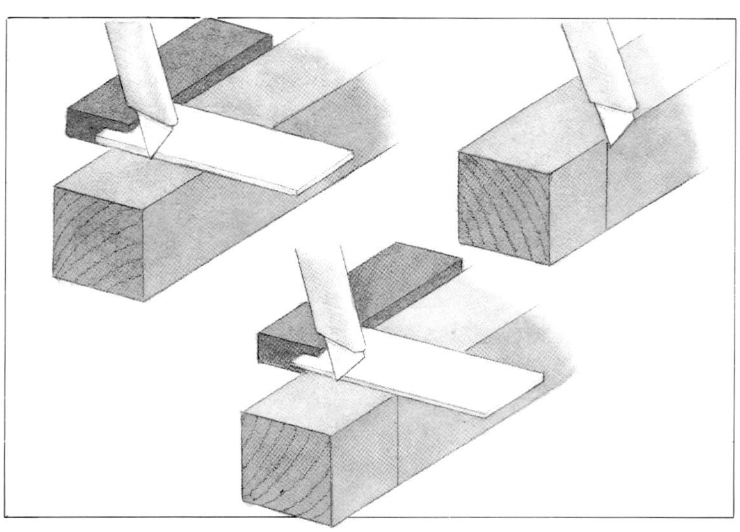

2 Pige d'écartement pour intervalles réguliers : Regroupez les lattes à une extrémité des traverses, puis mesurez la distance restante. Divisez cette valeur par le nombre d'intervalles prévu ; le chiffre obtenu donne la dimension de la pige d'écartement.

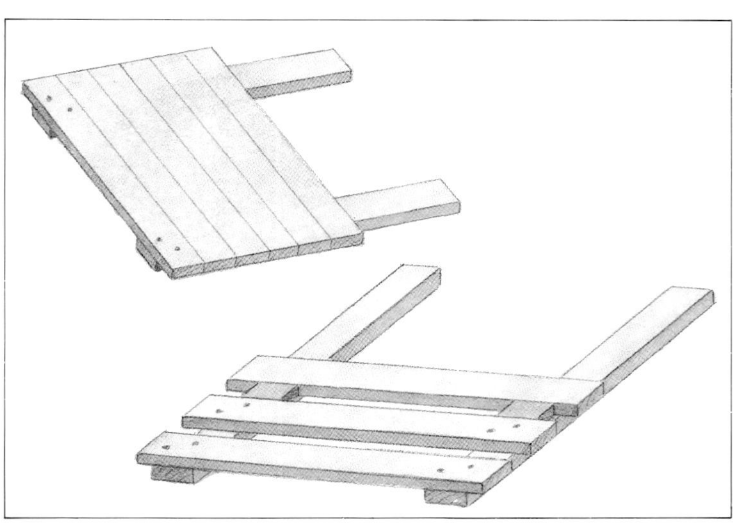

Avec une équerre. Clouez un tasseau sur un des côtés du cadre; amenez le cadre à angle droit avec une équerre, puis clouez le tasseau au côté adjacent.

FABRICATION DE COINS DE SERRAGE

Les coins de serrage sont très utiles pour assurer le serrage des cadres de grandes dimensions à la surface de l'établi, durant l'assemblage. On emploie toujours les coins par paire, mais pour maintenir un grand cadre, plusieurs paires peuvent être nécessaires.

Fabriquez chaque paire dans une pièce de bois (le bois dur convient mieux) de 330 x 38 x 38 mm sciée en diagonale.

Clouez un premier tasseau à la surface de l'établi et appuyez contre ce tasseau la pièce à serrer. Clouez un second tasseau parallèlement au premier, à 45 mm environ de la pièce. Placez maintenant les coins entre la pièce et le second tasseau, et enfoncez-les à l'aide de deux marteaux pour procéder au serrage.

SCIAGE ET DÉCOUPES

Sciage en travers à la main. Maintenez solidement la pièce de bois, la ligne de coupe (voir Mesures et tracés p. 236) débordant le bord droit de l'établi (si vous êtes droitier). La lame de la scie placée à la verticale, et les dents de l'outil sur le côté du tracé correspondant à la partie à enlever, tirez la poignée vers l'arrière pour entamer la coupe. Pour éviter que la scie ne s'écarte de la saignée, guidez-la en appuyant le pouce de la main gauche contre le côté de la lame.

Sciage de long à la main (refente). La pièce de bois ou le panneau maintenu à peu près à hauteur du genou, commencez la coupe comme précédemment, puis sciez le long du tracé, du côté de la partie à éliminer ; n'exercez de pression sur la scie que lorsqu'elle s'éloigne de vous. Si la lame quitte l'axe du tracé, fixez le bord d'un tasseau exactement au-dessus du tracé, du côté à conserver, et sciez le long de ce tasseau.

Découpes à la scie portative électrique. Si le tracé n'est qu'à courte distance d'un bord rectiligne, ajustez le guide de coupe parallèle de telle sorte que lorsque celui-ci suit le bord de la pièce, la lame entame le bois sur le côté à éliminer du tracé. Si la pièce est de grande dimension ou si le bord n'est pas rectiligne, fixez un tasseau à sa surface pour que la scie, appuyée contre le tasseau, entame le bois sur le côté à éliminer du tracé.

Découpe rectiligne. Lors de la découpe de planches ou de panneaux avec une scie circulaire ou une scie sauteuse, la meilleure façon d'assurer une découpe rectiligne consiste à fixer un tasseau à la surface de la pièce, parallèlement au tracé, de telle sorte que le rebord du plateau de la scie circulaire (ou de la semelle de la scie sauteuse) s'appuie contre ce tasseau. Et toujours de façon que la lame entame le bois sur le côté à éliminer du tracé. Selon la position du tasseau par rapport au tracé, il est possible que le moteur de l'appareil (dans le cas d'une scie circulaire) vienne heurter le tasseau ou les presses qui le maintiennent en place. Remplacez alors le tasseau par une large bande de contre-plaqué bien rectiligne, et placez les presses suffisamment en arrière pour laisser libre passage au moteur.

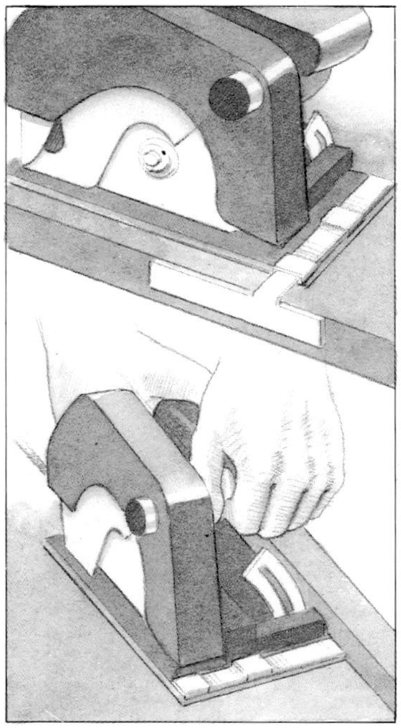

6 **Découpe à la scie électrique : En haut : près d'un bord, servez-vous du guide de coupe parallèle. Ci-dessous : découpe en appui contre un tasseau.**

3 **Équerrage d'un cadre : Clouez un tasseau en travers d'un angle du cadre de façon à dessiner un triangle dont les côtés sont dans un rapport 3-4-5.**

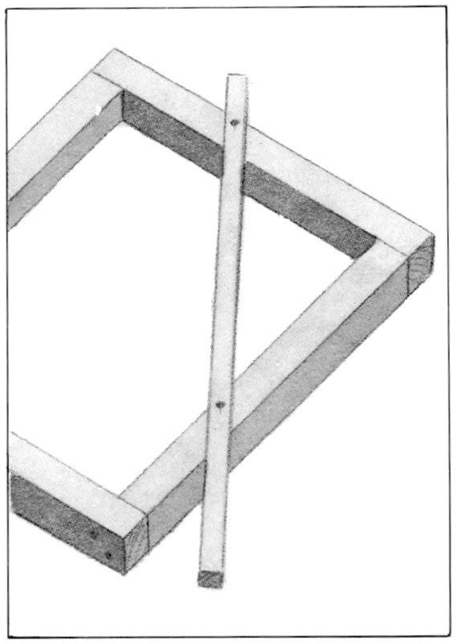

4 **Coins de serrage : Sciez le bloc de bois en diagonale. Clouez un tasseau sur l'établi ; les coins sont placés entre le tasseau et la pièce à serrer.**

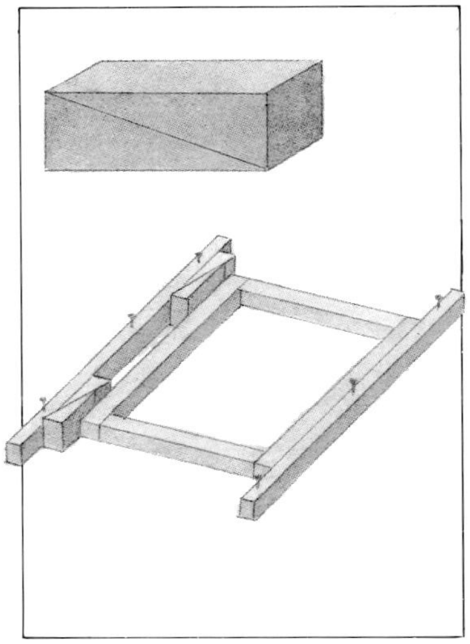

5 **Sciage en travers : Maintenez fermement la pièce. Au début de la découpe, stabilisez la lame de la scie avec votre pouce.**

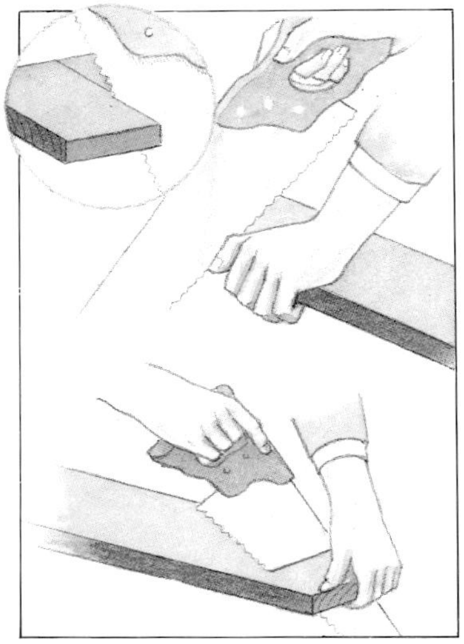

7 **Découpe à la scie à tenons : Entamez la découpe en sciant à 45°. Redressez progressivement la lame à l'horizontale.**

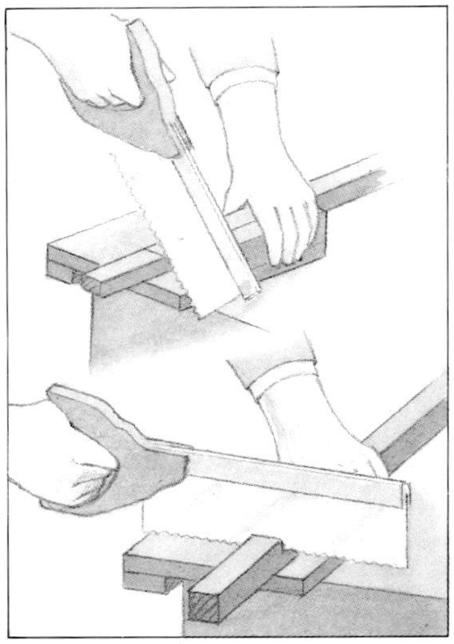

DÉCOUPER ET RABOTER

DÉCOUPER UN CERCLE

Avec une scie sauteuse. Tracez le cercle sur la face du panneau. Si vous n'avez pas de compas, vous pouvez utiliser une ficelle pivotant autour d'une punaise plantée au centre du cercle. Tenez le crayon bien droit dans la boucle de la ficelle pour tracer le cercle. Pour obtenir une découpe bien nette, entaillez soigneusement le tracé de votre découpe avec un couteau universel. Commencez par percer un trou d'environ 10 mm de diamètre à la limite intérieure du cercle. Introduisez-y la lame de la scie sauteuse et découpez à partir de ce point en sciant soigneusement, toujours à la limite intérieure, c'est-à-dire du côté à éliminer, du trait de coupe. Le fait d'entailler le trait de coupe permet de le suivre plus facilement et d'obtenir un rebord bien lisse.

Avec une scie à découper. Tracez le cercle, entaillez le trait de coupe et percez un trou juste à l'intérieur du cercle comme expliqué plus haut. Décrochez la lame d'un côté, passez-la à travers le clou et remontez-la sur son cadre. Mieux vaut serrer verticalement la pièce dans un étau pour découper le cercle. La lame peut pivoter dans son cadre pour aider à dégager le cadre de la pièce à travailler mais, même ainsi, avec une scie à découper, vous ne pourrez aller découper loin dans votre panneau. Si le cercle à découper se trouve assez loin du bord, utilisez une scie sauteuse ou une scie à guichet.

Avec une scie à guichet. La scie à guichet, ou scie d'entrée, est munie d'une lame rigide à pointe triangulaire fixée sur une simple poignée. Il existe une lame de scie à guichet très utile, qui se fixe sur un manche de couteau universel. Cette scie convient parfaitement aux découpes de cercles et autres ouvertures, les trous de serrure par exemple, n'importe où dans un panneau.

La préparation de la découpe, à savoir traçage, entaillage et perçage d'un trou pour introduire la lame de la scie, est la même que pour les autres méthodes. Maintenez la lame bien verticalement et effectuez une série de passes rapides et courtes sans appuyez trop fort.

DÉCOUPER UNE COURBE

La technique est fondamentalement la même que pour découper un cercle, mais il n'y a plus lieu de percer un trou pour démarrer la coupe. Vous pouvez utiliser une scie sauteuse, une scie à découper ou une scie à guichet. La scie à découper est celle qui convient le mieux parce que la plus grande partie de ce qui doit être éliminé peut l'être avec une scie ordinaire et que vous pourrez couper près du bord du morceau de bois sans que le cadre de la scie ne vienne vous gêner.

DÉCOUPER DES RAINURES ET DES ENTAILLES

La méthode la plus simple pour creuser des rainures (ou des entailles) est d'utiliser une défonceuse équipée d'une fraise ajustée à la profondeur requise pour la rainure. La fraise doit être de la même largeur que la rainure ou l'entaille ; vous pourrez ainsi la pratiquer en un seul passage. Si cela n'est pas possible, utilisez une fraise plus petite et creusez l'entaille ou la rainure en deux passages ou plus. Pratiquez la première saignée le long du tracé, du côté de l'évidement, en appuyant la table de votre défonceuse contre un tasseau pris dans des serre-joints et bien aligné sur l'entaille à effectuer. Si vous souhaitez pratiquer une entaille profonde, peut-être serez-vous obligé d'en effectuer une première peu profonde, puis une seconde plus profonde.

Pour creuser une entaille à la main, commencez par la tracer à l'aide d'un couteau universel ; vous obtiendrez ainsi une finition bien nette. Maintenez le morceau de bois à découper sur votre établi et, avec une scie à tenons, pratiquez des coupes verticales juste à l'intérieur des traits, jusqu'à la profondeur souhaitée pour l'entaille. Si l'entaille est large, pratiquez une série de coupes verticales dans la partie à éliminer puis, à l'aide d'un ciseau à bois, éliminez ce qui doit disparaître en travaillant à partir de chaque côté vers le milieu. Enfin, le côté plat du ciseau vers le bas, parez le fond de l'entaille pour qu'il soit parfaitement plat.

DÉCOUPER DES FEUILLURES

Une feuillure est un décroché en forme de L pratiqué dans le bord d'un morceau de bois. Pour effectuer une feuillure à la main, utilisez un trusquin pour tracer la largeur de la feuillure sur la face supérieure de la pièce de bois et sur les deux côtés. Tracez la profondeur

1 Sciage de débit : Fixez un tasseau le long du trait de coupe et sciez juste à côté. Coincez une cale dans la fente pour que le bois ne bloque pas la lame en se resserrant.

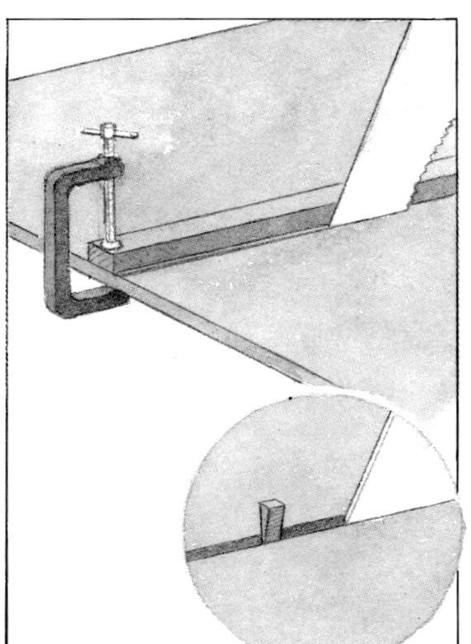

2 Avec une scie sauteuse : Pour effectuer une coupe droite, fixez un tasseau le long du trait de coupe. Découpez en suivant le trait.

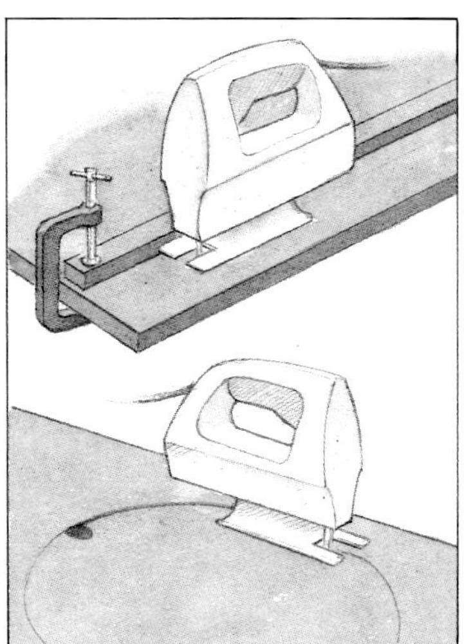

3 Découpe de cercles à la main : 1. Percez un petit trou et découpez le cercle à l'aide d'une scie à guichet. 2. Découpe d'un trou avec une scie à découper.

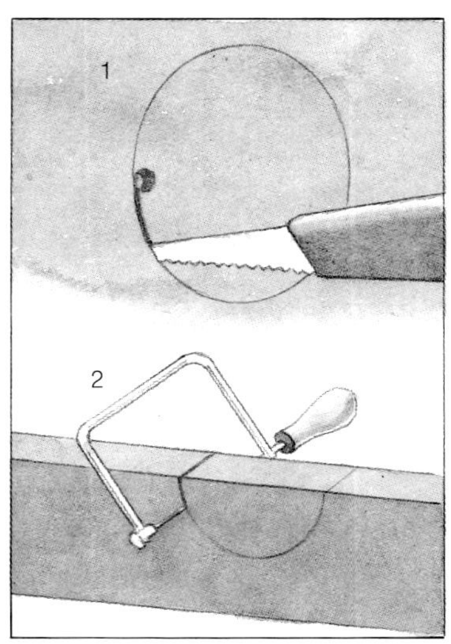

4 Fabrication d'une entaille avec un ciseau à bois : Sciez les côtés, creusez et éliminez ce qui doit l'être en partant des côtés. Parez ensuite pour obtenir un fond bien plan.

de la feuillure aux extrémités et sur les côtés. Maintenez le bois à plat et sciez vers le bas du côté à éliminer du trait jusqu'à la profondeur de la feuillure. Avec un ciseau, éliminez ce qui doit l'être, un bout à la fois, le long du fil tranché.

Il est très facile de découper une feuillure à l'aide d'une défonceuse et, dans ce cas, il n'est plus nécessaire de tracer la feuillure, sauf si vous désirez un guide. Faites plusieurs essais sur des chutes de bois, pour être sûr de bien régler votre défonceuse à la bonne largeur et à la bonne profondeur.

Si vous utilisez une fraise droite, ajustez le guide de votre défonceuse de façon à creuser à la bonne largeur, puis plongez et ajustez la profondeur de coupe. Lorsque votre défonceuse est parfaitement réglée, tenez-la à plat sur la pièce à travailler et déplacez-la dans le sens inverse de la rotation de la fraise.

Si vous vous servez d'une fraise à guide de centrage, ajustez la profondeur de coupe et faites courir la fraise le long du rebord de la pièce de bois pour effectuer la feuillure. La fraise suivra les irrégularités du bois ; assurez-vous que le bois est parfaitement droit.

FABRIQUER UN BLOC EN V

Un bloc en V est pratique pour maintenir en place des éléments circulaires. Fabriquez-le dans un bois raboté de 75 x 50 mm de section. Sa longueur devra être légèrement plus grande que celle de la pièce à travailler. Le V est pratiqué à une profondeur d'environ 25 mm dans le chant de 75 mm de large. Découpez-le à l'aide d'une scie circulaire réglée à 45°. Coincez la pièce de bois et placez la scie à l'aide d'un guide pour être sûr de couper droit. Découpez en remontant d'un côté et en descendant de l'autre. Exercez-vous sur des chutes pour obtenir la profondeur et l'angle de coupe souhaités. Vous pouvez également utiliser une fraise en V montée sur une défonceuse. Il vous faudra peut-être effectuer deux ou trois passages pour obtenir un V de la profondeur et de la largeur souhaitées.

RABOTER

À la main. Vérifiez que la lame est aiguisée et ajustée. Rabotez d'une extrémité de la pièce à l'autre en commençant par appuyer fermement avec la main placée devant, puis en transférant la pression de manière égale aux deux mains, et enfin à la main placée derrière lorsque vous approchez de la fin de la coupe. Maintenir le rabot légèrement de biais par rapport au sens du fil facilite parfois le rabotage.

Avec un rabot électrique. Évitez de porter des vêtements amples. Mettez des lunettes et un masque à poussière. Mettez le rabot en route et tournez le bouton de réglage pour ajuster la profondeur de coupe. Commencez par une coupe peu profonde et augmentez la profondeur si nécessaire. Prenez soin d'arrimer solidement la pièce à travailler.

Placez-vous d'un côté de la pièce à travailler et, en tenant le rabot à deux mains, commencez à une extrémité et glissez-le sur la surface jusqu'à l'autre extrémité. Poussez le rabot de manière régulière ; pas trop rapidement car vous risquez d'obtenir une surface ondulée. Lorsque vous avez terminé, éteignez le rabot et assurez-vous que les lames ne tournent plus avant de le reposer, le réglage de profondeur remis à zéro.

PERCER

Pour que les têtes de vis arrivent à fleur de la surface du contre-plaqué, du latté ou de l'aggloméré, forez les logements à l'aide d'une fraise. Pour éviter d'éclater le bois, percez des avant-trous et des trous de passage. Pour les vis de faible diamètre, les avant-trous peuvent être effectués à l'aide d'une vrille.

Le **trou de passage**, dans le bois, doit être d'un diamètre très légèrement inférieur à celui de la vis.

L'**avant-trou**, dans la pièce-support devant recevoir la vis, doit être d'environ la moitié du diamètre du trou de passage et sa profondeur légèrement inférieure à la longueur de la vis.

Percer des trous verticaux. Pour percer des trous bien verticaux, montez la perceuse sur un support. Sinon, placez une équerre de chant de façon à ce que son cadre repose sur la pièce à travailler, à côté de l'endroit à percer, et à ce que la lame soit dressée vers le haut. Utilisez cela comme guide et alignez la perceuse autant d'équerre que possible pour percer de façon verticale. Quelqu'un peut vous aider en vérifiant l'équerrage des deux côtés.

5 Fabriquer un bloc en V (ou gouttière) : Coupez dans un bois de section 75 x 50 mm avec une scie circulaire réglée à 45°.

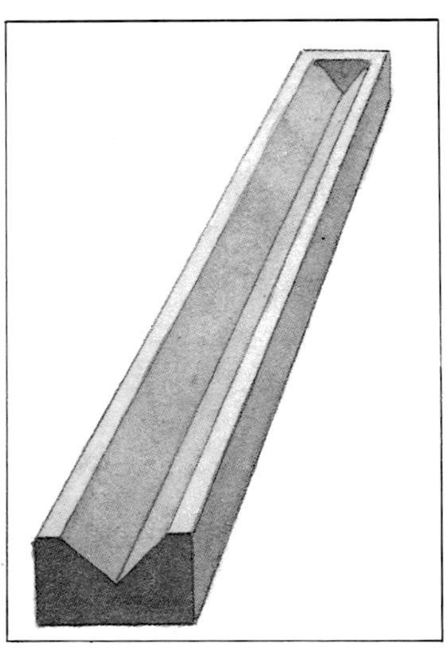

6 Percer des trous verticaux : Grâce à un support, la perceuse sera maintenue parfaitement verticale et vous pourrez également contrôler la profondeur du perçage.

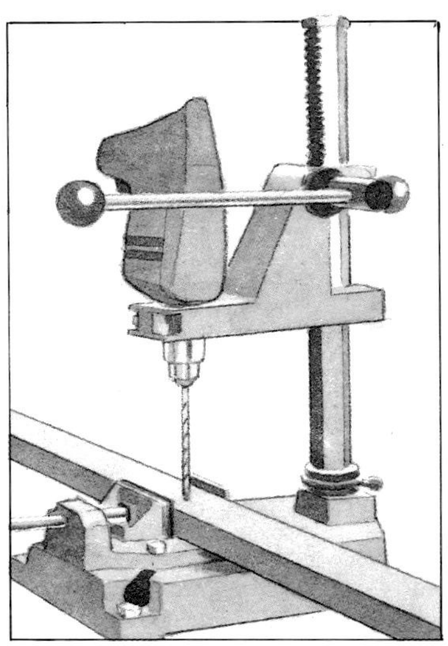

7 Guide pour le perçage à la main : Il peut être utile de placer une équerre de chant le long de la perceuse pour être sûr de percer correctement.

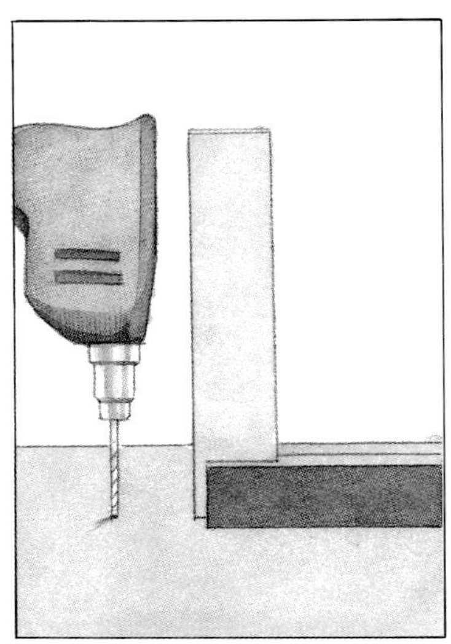

8 Guide de profondeur de perçage : Il existe de nombreux guides pour contrôler la profondeur de perçage : les bagues ou le papier adhésif, par exemple.

FIXATIONS MURALES

CLOUER

La bonne longueur pour un clou est deux fois et demie à trois fois l'épaisseur du bois devant être assemblé. Toutefois, vérifiez que le clou ne passera pas à travers les deux pièces. Chaque fois que possible, clouez à travers la pièce la plus mince dans la plus épaisse.

Les clous accrochent mieux s'ils sont plantés de biais. Alignés en rangée, ils devront être plantés en quinconce et de travers. Les assemblages de cadres se font généralement en plantant les clous de biais. Coincez ou clouez une chute de bois contre un des côtés de la pièce à assembler pour l'empêcher de glisser lorsque vous enfoncerez le premier clou. Pour empêcher le bois d'éclater, surtout lorsque vous clouez près d'un bord, écrasez les pointes des clous avec un marteau, avant de les enfoncer complètement. Ces clous perceront nettement les fibres du bois alors que des clous bien pointus risquent plus de repousser les fibres comme un coin, et de faire éclater le bois.

VISSER

Lorsque vous vissez deux pièces de bois ensemble, assurez-vous que la moitié de la vis pénètre dans la pièce-support. L'épaisseur de la vis ne doit pas dépasser un dixième de la largeur du bois dans lequel elle s'enfonce. Placez les vis à une distance égale à cinq fois leur diamètre du bord extérieur de la pièce de bois et à dix fois leur diamètre de son extrémité.

Mur plein. On utilise le plus souvent une vis à bois et une cheville en plastique ou en fibre. Avant de percer le trou de fixation, vérifiez avec un détecteur de métaux qu'aucun tuyau ou câble ne se trouve sous la surface. Percez les trous des chevilles à l'aide d'une mèche à béton et d'une perceuse. Sur l'emballage des chevilles sera indiqué le diamètre de la mèche à utiliser. Si le mur est particulièrement dur, placez votre perceuse en position percussion. La vis doit être assez longue pour traverser ce que vous souhaitez fixer au mur et pénétrer dans celui-ci d'environ 25 mm si la maçonnerie est apparente, et d'environ 35 mm si le mur est recouvert de plâtre.

Si le mur s'effrite lorsque vous le percez, préparez un enduit de rebouchage à base de ciment. Dévissez la vis d'environ un demi-tour avant que le mélange ne prenne (cinq minutes à peu près). Lorsqu'il se sera solidifié (environ une heure après), la vis pourra être enlevée et vous pourrez fixer des éléments lourds.

Si votre perceuse s'enfonce facilement dans le mur après avoir transpercé la couche de plâtre et qu'une fine poussière grise s'échappe du trou, il vous faudra utiliser des chevilles à ailettes spéciales.

Pour fixer rapidement dans un mur plein des éléments légers ou moyennement lourds, vous pouvez utiliser des clous de maçon. Choisissez-les d'une longueur qui traversera l'élément à fixer et percera un mur à maçonnerie apparente de 15 mm et un mur recouvert de plâtre d'environ 25 mm. Mettez des lunettes de protection au cas où le clou rigidifié casse lorsque vous l'enfoncez et plantez-le doucement à travers l'élément à fixer et dans le mur.

Mur en lattes de bois et plâtre. Vissez directement dans les montants de bois sur lesquels les lattes sont clouées. Vous les trouverez à l'aide d'un détecteur de métaux. (Voir cloison à ossature de bois, ci-dessous.)

Si ce que vous cherchez à fixer est léger, vous pouvez visser directement dans les lattes de bois. Vous les repérerez en enfonçant un instrument pointu, une vrille par exemple. Enfoncez ensuite une vis sans embase (VBA). Pour arrimer des éléments plus lourds, percez entre les lattes et utilisez une fixation pour mur creux convenant aux murs de lattes et de plâtre comme des segments à ressorts ou basculants ou des chevilles à collier en Nylon.

Cloison à ossature de bois. Vissez directement dans les montants verticaux. Vous pourrez les repérer en tapant sur le mur pour savoir où il sonne le plus dense puis en sondant ces zones avec un instrument pointu jusqu'à ce que vous sentiez une réelle résistance.

Vous pouvez également faire un petit trou dans le mur et y glisser horizontalement un fil de fer rigide jusqu'à ce que vous sentiez une résistance ; ce sera le montant. Retirez le fil de fer et appliquez-le contre le mur de façon à pouvoir tracer la limite du montant. En perçant à environ 25 mm de l'autre côté de ce trait, vous trouverez le

1 Percer des trous pour les vis dans du bois : Percez un trou de passage dans l'élément le plus mince. Fraisez ce trou puis percez un avant-trou légèrement moins profond que la longueur de la vis. Dans l'encadré : Pour chanfreiner, percez un trou du diamètre de la tête de la vis jusqu'à la profondeur requise.

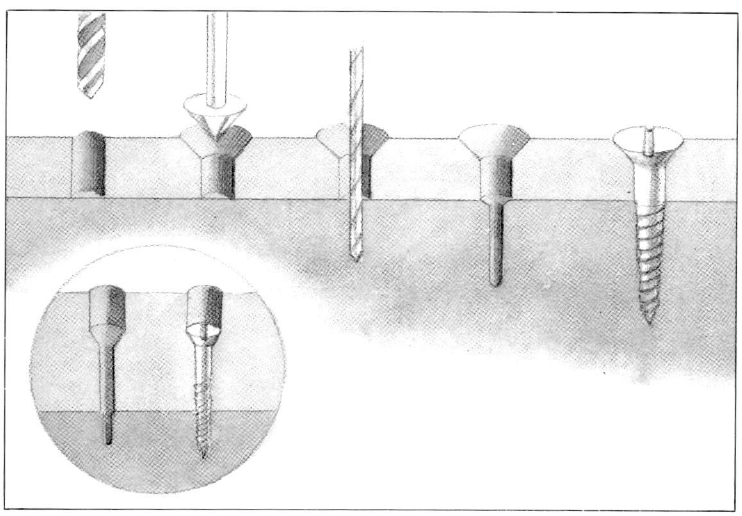

2 Techniques d'assemblage du bois avec des clous : La longueur du clou doit être de deux fois et demie à trois fois l'épaisseur du bois assemblé. Assemblez les cadres sur un établi en clouant contre un tasseau. Dans l'encadré : Les pointes émoussées évitent l'éclatement du bois.

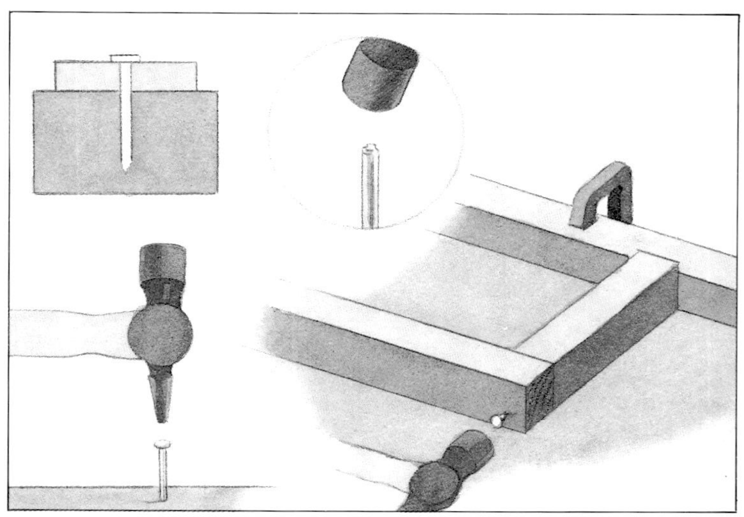

centre du montant et pourrez alors y enfoncer votre vis.

Pour éviter de faire des trous dans la surface d'un mur, utilisez un détecteur de métaux. Passez-le sur le mur de façon à repérer une série de clous et tracez cet emplacement en surface. Les rangées verticales de clous indiquent un montant. Vous pouvez également utiliser un détecteur électronique de montants et de solives. Il faut le passer sur la surface pour détecter un changement de densité entre différents matériaux de construction, qui indique l'emplacement d'un montant.

Si vous ne pouvez effectuer votre fixation dans un montant, une fixation plus légère peut être réalisée dans le carreau de plâtre à l'aide d'un système conçu pour ce matériau. Suivez les instructions du fabricant quant à la dimension du trou. Celui-ci peut être pratiqué avec un foret hélicoïdal ordinaire.

Mur creux. Les murs creux sont composés d'une solide couche intérieure de briques ou de blocs de construction recouverte de plâtre et séparée de l'épaisseur extérieure de briques ou de blocs de pierre par une cavité d'environ 50 mm de large. Lorsque vous le sondez, le mur à cavités sonne plein. Pour y effectuer des fixations, faites comme pour les murs pleins (voir p. 240).

TASSEAUX BISEAUTÉS

Ils permettent de suspendre des objets lourds contre un mur. Ils sont fabriqués en sciant une section de bois dans le sens de la longueur, la lame de la scie inclinée à 45°. Vous obtenez ainsi deux pièces de bois qui s'emboîtent. Une des pièces, son chant biseauté pointant vers le haut et son chant le plus étroit plaqué contre le mur, est vissée dans le mur. L'autre pièce, son chant biseauté pointant vers le bas et son chant le plus étroit plaqué contre l'élément devant être fixé, est vissée dans cet élément. Lorsque l'élément est soulevé et mis en place, les tasseaux s'emboîtent et assurent une fixation très solide.

Pour plus de sécurité, les tasseaux doivent être fabriqués à partir de sections de bois de 100 x 25 mm sciées dans le sens de la longueur. Les vis de fixation, celles du mur comme celles vissées dans l'élément à suspendre, doivent être placées à intervalles d'environ 200 mm. Utilisez des vis n° 10 de 38 mm de long dans l'élément à suspendre et de 65 mm de long dans le mur. Il vous faudra également des chevilles.

FIXATION DES ÉQUERRES D'ANGLE

Il s'agit de pattes de métal pliées à angle droit et prépercées pour les vis, très utiles lorsqu'on désire fixer des cadres de bois, tant qu'elles sont placées de façon à être invisibles (voir Fixation des plans de travail, p. 36).

Décidez de l'emplacement de l'équerre d'angle, maintenez-la en place sur le cadre et marquez le centre d'un des trous de vis à l'aide d'un crayon. Percez un avant-trou et fixez l'équerre avec une vis. Faites de même pour les autres équerres. Positionnez le cadre et vérifiez qu'il est bien vertical. Tracez les axes des trous de fixation des équerres sur le mur ou le plafond. Enlevez le cadre et percez les trous des chevilles à l'aide d'une mèche à béton. Enfoncez les chevilles. Avant de remettre le cadre en place et de visser les équerres, vérifiez qu'elles sont toujours bien positionnées sur le cadre. Percez des avant-trous pour les autres vis et vissez.

3 Clouer de biais pour plus de solidité : Assemblez les cadres en clouant de biais. L'assemblage ne pourra plus s'écarter.

4 Utilisation du chasse-clou : Pour obtenir une finition bien nette, utilisez un chasse-clou pour enfoncer les têtes des clous sous la surface puis rebouchez le trou.

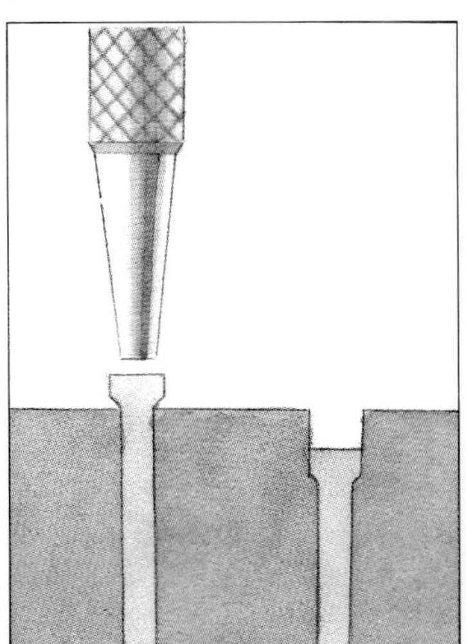

5 Utilisation des tasseaux biseautés : Pour un arrimage solide sur un mur, les tasseaux biseautés sont fabriqués en sciant un tasseau à 45° dans le sens de la longueur.

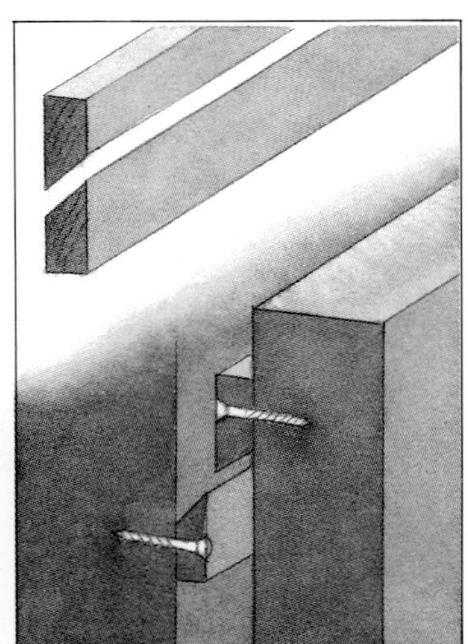

Types de fixations murales

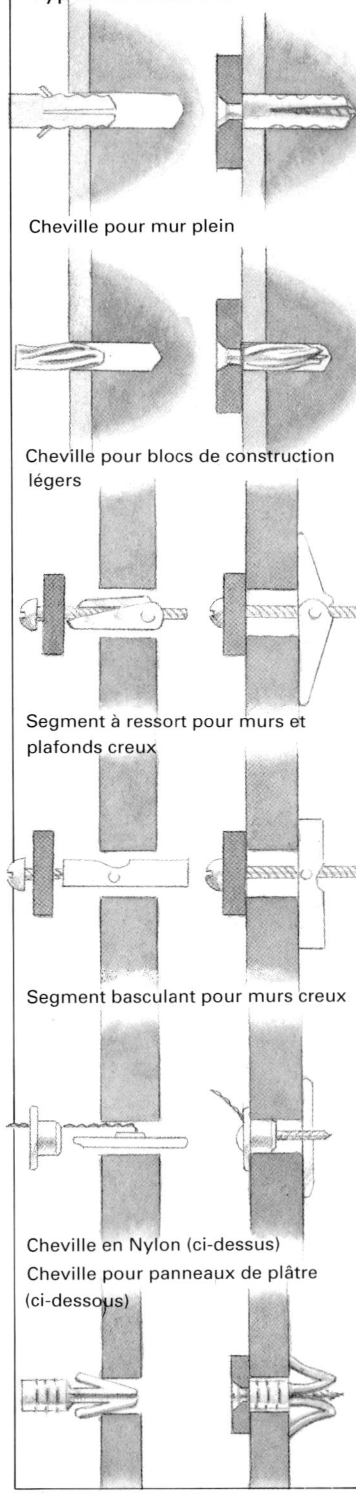

ASSEMBLAGES

Aboutage. C'est le plus simple des assemblages de cadres. Les extrémités doivent être coupées parfaitement d'équerre, pour que les pièces de bois s'aboutent bien. Des assemblages en T ou d'angle peuvent être réalisés, qui seront collés et cloués pour plus de solidité. Des pattes ondulées peuvent maintenir ces assemblages, surtout lorsque les côtés du cadre seront recouverts et les pattes ainsi dissimulées. Lorsque vous réalisez des assemblages en T à partir de l'intérieur du cadre, ils peuvent être cloués de biais.

Assemblage d'angle. Il s'agit de fixations « décrochables » fixées avec des vis ; on s'en sert pour assembler des planches à angle droit. Elles sont ainsi appelées parce que certaines sont en deux éléments qui se démontent facilement et que même celles en un seul élément se dévissent. Peu esthétiques, elles seront très utiles une fois cachées, par un bandeau par exemple.

Assemblage à onglet. On l'utilise pour fabriquer les cadres de tableaux ou de photos, mais aussi pour les assemblages à angle droit. Coupez les extrémités à assembler à 45° à l'aide d'une boîte à onglets. Un assemblage à onglet simple est collé et cloué mais vous pouvez réaliser des assemblages plus solides en utilisant des tourillons ou en pratiquant une coupe oblique dans laquelle vous collerez des petites feuilles de placage.

Assemblage à mi-bois. Il est utilisé pour assembler des bois de même épaisseur aux angles, en T ou en X. Il faut découper chaque pièce de bois à la moitié de son épaisseur. Avec une équerre, tracez la largeur de la coupe à effectuer et avec un trusquin réglé à la moitié de l'épaisseur du bois, indiquez sa profondeur. Hachurez la partie du bois à éliminer pour ne pas commettre d'erreur. Pour réaliser un assemblage à mi-bois d'angle, sciez comme pour fabriquer un tenon (voir ci-dessous). Pour réaliser un assemblage à mi-bois en T ou en X, sciez des deux côtés de la découpe du T jusqu'à la profondeur du tracé central du trusquin, puis éliminez ce qui doit l'être avec un ciseau à bois.

Assemblage à entaille. Utilisé surtout pour les étagères, il s'agit d'une

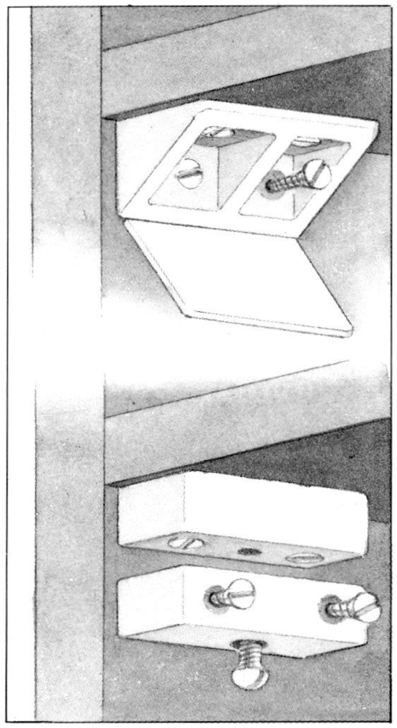

2 Assemblage à fixations d'angle : **Haut : fixation unique ; bas : fixation en deux éléments. Toutes deux se fixent facilement à l'aide de vis.**

5 Découpe des assemblages à onglet : **La coupe d'onglet permet l'assemblage des angles à 45°. À l'aide d'une boîte à onglets, coupez les pièces avec une scie à tenons.**

1 Aboutage simple : **Les assemblages (haut d'angle) et (bas) en T peuvent être effectués en clouant de biais ou à l'aide de pattes ondulées.**

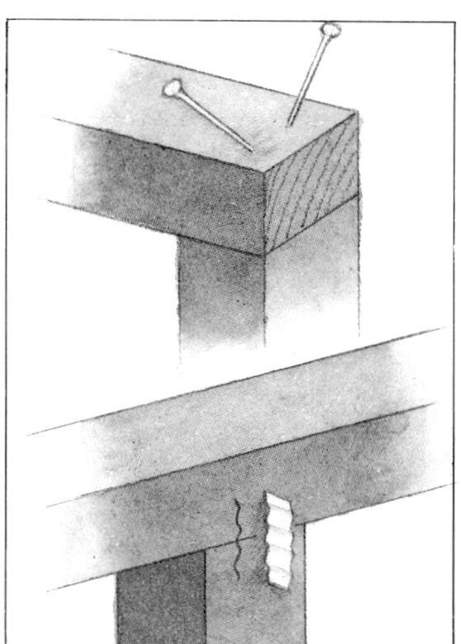

3 Assemblage à mi-bois : **haut : assemblage à mi-bois en bout ; bas gauche : assemblage à mi-bois en T ; bas droite : assemblage à mi-bois chevauchant.**

4 Réalisation d'un assemblage de tasseaux à mi-bois : **Tracez la largeur de la coupe. Tracez la moitié de l'épaisseur du bois à l'aide d'un trusquin. Hachurez la masse de bois devant être éliminée. Sciez les côtés avec une scie à tenons puis, avec un ciseau à bois, éliminez ce qui doit l'être.**

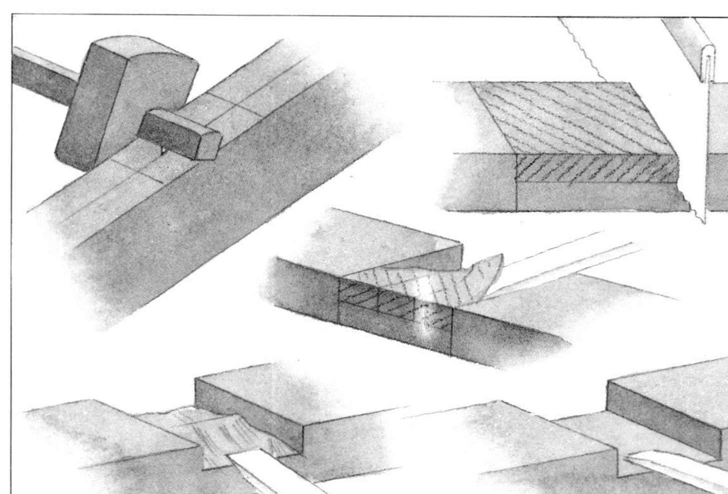

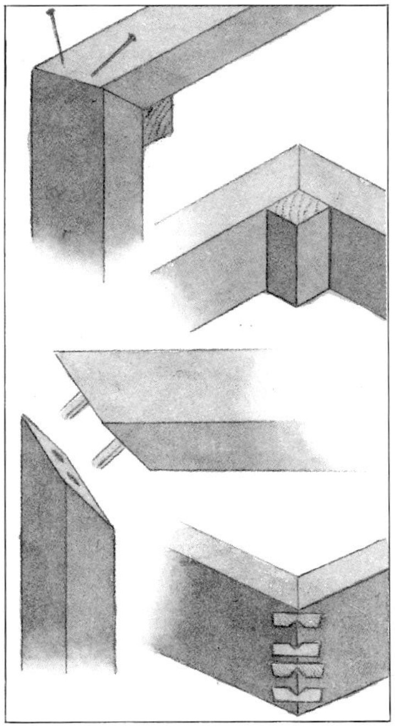

6 Réalisation d'assemblages à onglet : **Haut : collez et clouez un assemblage à onglet ; bas : renforcez à l'aide d'une cale d'angle, de tourillons ou de languettes de placage.**

8 Types d'assemblage à entaille : **haut : entaille traversante ; milieu : entailles traversantes sur le côté d'un support central ; bas : entaille en bout.**

encoche dans laquelle l'étagère vient se glisser. L'entaille « traversante » fait toute la largeur de l'étagère tandis que l'entaille « arrêtée » n'en occupe qu'une partie. Eliminez ce qui doit l'être avec un ciseau à bois en partant de chaque côté. Pour une entaille arrêtée, commencez par le côté arrêté. Si vous disposez d'une défonceuse, il sera plus facile de réaliser l'entaille en appuyant votre défonceuse contre un tasseau fixé bien d'équerre sur la planche. Un assemblage à feuillure ressemble beaucoup à un mi-bois en extrémité de panneau et se réalise de la même façon.

Assemblage à entaille et fausse languette. Utilisé aux coins d'un cadre, il est bien plus solide que les assemblages courants, tels que l'aboutage ou le chevauchement à mi-bois car le tenon d'une des pièces de bois est maintenu en place dans une entaille pratiquée dans l'autre pièce de bois. L'assemblage sera consolidé par une colle à bois et des clous ou des vis traversant l'élément supérieur et s'enfonçant dans le montant. Toutefois, parce que le fil tranché à l'extérieur de l'entaille est faible, la pièce de bois devra être coupée légèrement plus longue pendant l'assemblage puis l'« excédent » scié proprement, bien à fleur avec le chant de l'assemblage. Le tenon ne doit pas excéder en épaisseur la moitié de la largeur de la pièce de bois assemblée.

Tracez l'assemblage à l'aide d'un couteau universel, d'une équerre et d'un trusquin. La profondeur de l'entaille doit être d'un tiers à la moitié de l'épaisseur du montant. Sciez les côtés de l'entaille à la profondeur requise à l'aide d'une scie à tenons maintenue verticale ou d'une scie circulaire réglée. Il sera plus facile de couper droit si vous fixez un tasseau aligné à l'entaille avec des serre-joints. Éliminez l'exédent avec un ciseau à bois, en travaillant à partir des extrémités vers le milieu et en tenant le ciseau côté plat vers le bas. Vous pouvez aussi découper l'entaille à l'aide d'une défonceuse (voir Découpe des entailles et rainures, p. 238).

Tracez la pièce verticale pour que le tenon s'adapte parfaitement dans l'entaille. À l'aide d'un trusquin, tracez le tenon. Découpez la feuillure avec une défonceuse ou une scie à tenons pour réaliser le tenon (voir Découpe des entailles et rainures, p. 238).

7 Stades de la fabrication d'un assemblage à entaille traversante : **Tracez la largeur de l'entaille selon l'épaisseur de la pièce de bois devant être assemblée. Utilisez un couteau universel. Reportez la profondeur à l'aide d'un trusquin. Sciez les côtés avec une scie à tenons. Évider avec un ciseau à bois en partant des côtés pour aller vers le milieu.**

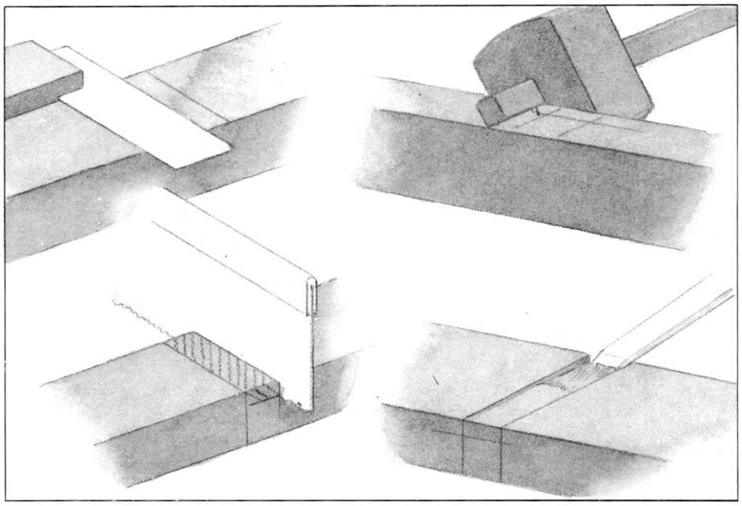

9 Stades de la fabrication d'un assemblage à entaille et fausse languette : **Laissez un « excédent » de bois pour soutenir le fil tranché à l'extérieur de l'entaille. Tracez la largeur de la pièce devant être assemblée. Tracez et découpez l'entaille comme précédemment. Sciez l'« excédent ».**

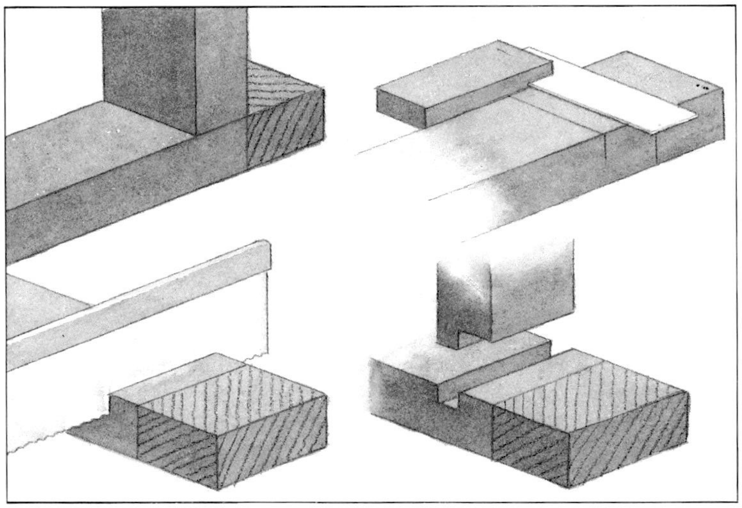

Assemblage à tenon et mortaise. Il peut être tracé avec un trusquin d'assemblage. Tracez le tenon (la langue) de sorte qu'il fasse un tiers de l'épaisseur de la pièce de bois. La mortaise (l'encoche) est tracée de la même épaisseur sur l'autre pièce. La longueur de la mortaise doit correspondre à la largeur du tenon. Évacuez à l'aide d'une perceuse le gros de l'évidement, en effectuant une série de trous avec une mèche légèrement inférieure en taille à la largeur de la mortaise. En partant du centre, évidez la mortaise jusqu'à la profondeur requise à l'aide d'un ciseau à bois. Si vous réalisez un assemblage à tenon et mortaise simple, ou « carré » (l'extrémité du tenon est visible), retournez la pièce de bois et achevez la mortaise par l'autre côté.

Dressez la pièce dans laquelle vous désirez tailler le tenon dans un serre-joints et coupez jusqu'aux arasements à l'aide d'une scie à tenons. Faites pivoter la pièce de bois, inclinez-la dans l'autre sens et sciez jusqu'à l'autre côté de l'arasement. Placez la pièce de bois bien verticale et terminez de scier jusqu'à l'arasement. Placez la pièce de bois à plat et sciez en travers

2 **Tracer et découper un assemblage à tenon et mortaise : Tracez la longueur de l'encoche de la mortaise pour qu'elle corresponde à la taille de la traverse à assembler. Réglez le trusquin d'assemblage à la largeur du ciseau à bois utilisé pour creuser l'entaille de la mortaise. (Le ciseau doit faire environ un tiers de l'épaisseur de la pièce). Utilisez le trusquin d'assemblage pour tracer la mortaise, ainsi que le tenon, sur la traverse. Percez la mortaise et terminez la découpe à l'aide d'un ciseau. Utilisez une scie à tenons pour tailler le tenon.**

1 **Assemblage à tenon et mortaise : Haut : assemblage à tenon et mortaise courant ou arrêté ; bas : assemblage à tenon traversant.**

3 **Assemblage à tenon et mortaise avec renfort d'épaulement : Coupez la traverse légèrement plus longue. Tracez comme précédemment mais en laissant de la marge pour le renfort supérieur. Découpez la mortaise puis sciez des deux côtés de l'épaulement et terminez avec un ciseau à bois. Sciez le tenon.**

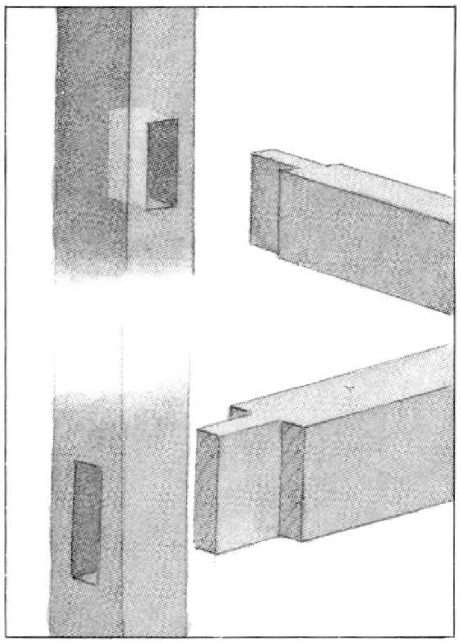

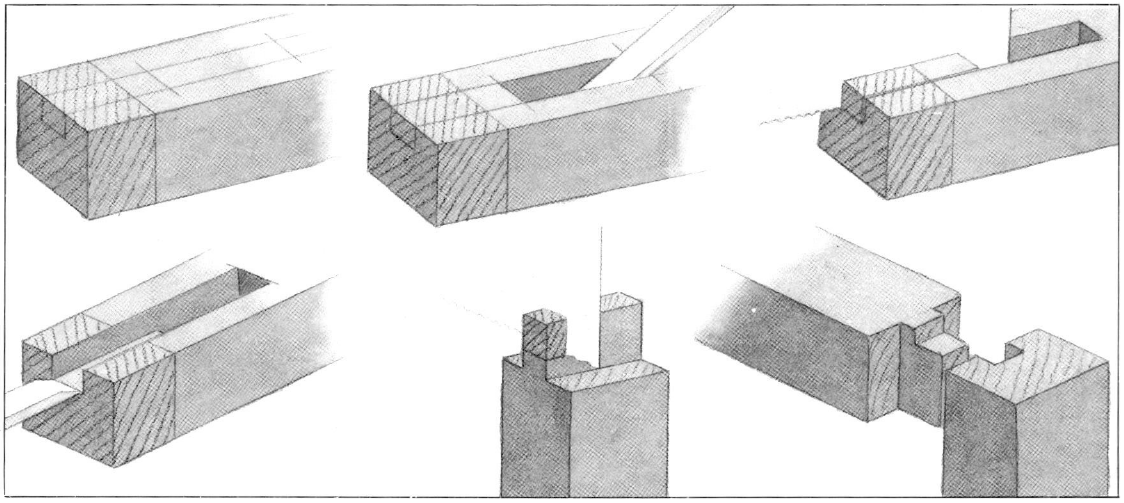

de l'arasement pour éliminer la chute. Faites de même pour la chute de l'autre côté du tenon. Vérifiez que les deux pièces sont bien jointives avant de coller et d'assembler. Pour un assemblage plus solide et plus esthétique, coupez des petits arasements supplémentaires à chaque extrémité des tenons.

Assemblage à tenon et mortaise avec renfort d'épaulement. Pour réaliser des assemblages aux angles de grands cadres, un renfort ou épaulement à angle droit peut être laissé dans le tenon pour accroître sa largeur réelle et consolider l'assemblage. L'assemblage est tracé à l'aide d'une équerre, d'une pointe à tracer et d'un trusquin, mais il faut laisser une marge pour l'arasement d'équerre en haut.

Pour éviter que la faible masse de fil contraire, située au-dessus de la mortaise, ne soit repoussée lorsque vous la creuserez, il faut couper la pièce un peu plus longue et laisser un « excédent » qui sera coupé une fois l'assemblage réalisé.

Assemblage à tenon et mortaise à épaulement simple. Lorsque le tenon d'un assemblage à tenon est décalé d'un côté, on obtient un tenon à épaulement simple, un assemblage robuste lorsque de minces traverses doivent être assemblées avec les traverses plus épaisses du cadre. Les encoches des mortaises dans les traverses du cadre peuvent être creusées plus loin du chant extérieur pour plus de solidité et les tenons à épaulement simple des traverses du lattis permettent à leurs faces d'affleurer avec la face extérieure de la porte. Cet assemblage se réalise comme un assemblage à mi-bois.

Assemblage à tourillons ou tourillonnage. C'est un moyen robuste, simple et invisible d'assembler des pièces de bois. Utilisez des tourillons prédécoupés à extrémités biseautées (voir Matériaux, p. 234). Ils existent en plusieurs tailles de 6 mm de diamètre et 25 mm de long à 10 mm de diamètre et 50 mm de long. La longueur du tourillon doit être d'environ une fois et demie l'épaisseur de la pièce de bois. Si vous avez besoin de tourillons plus larges, coupez-les dans des longueurs de tourillons. Taillez des rainures le long des tourillons pour que la colle et l'air s'échappent et chanfreinez les extrémités. Si vous les fabriquez, les tourillons peuvent être d'une longueur égale à deux fois l'épaisseur de la pièce.

Sur les deux pièces de bois, utilisez un trusquin pour repérer la ligne centrale et tracez-la au crayon. Percez les trous des tourillons de la moitié de leur longueur, la perceuse installée dans son support ou alignée à l'aide d'une équerre dressée sur son chant. Percez les trous des tourillons dans une des pièces, enfoncez des têtes pointées dans les trous, puis amenez les deux pièces l'une contre l'autre, bien alignées. Les têtes pointées marqueront l'emplacement de l'axe des trous de tourillons à effectuer sur la seconde pièce de bois. Percez les trous de la moitié de la longueur des tourillons plus quelques millimètres pour la colle. Lorsque vous installez des tourillons pour assembler des éléments plutôt que pour solidifier, enfoncez les tourillons des trois quarts de leur longueur dans une pièce et d'un quart dans l'autre.

Mettez de la colle dans le trou et enfoncez le tourillon dans la première pièce de bois. Appliquez de la colle sur les deux parties à assembler ; coincez les pièces à l'aide de serre-joints jusqu'à ce que la colle prenne.

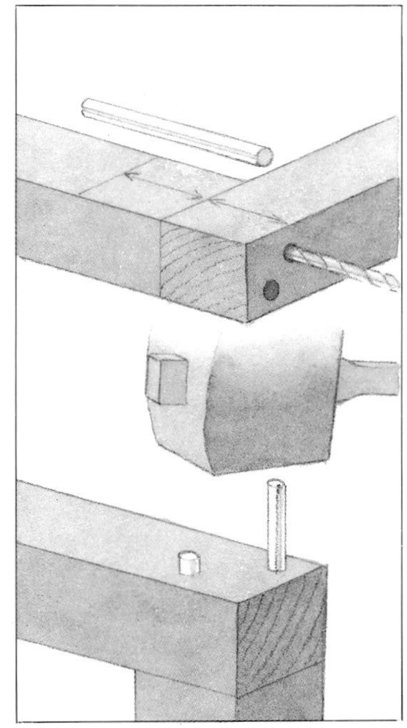

7 **Cadre tourillonné : Si le chant du cadre ne se voit pas, percez les trous après avoir assemblé le cadre. Enfoncez les tourillons ; sciez leurs extrémités une fois la colle sèche.**

4 **Assemblage à tenon et mortaise à épaulement simple : Le tenon est décalé sur un côté. Tracez et découpez comme indiqué ici.**

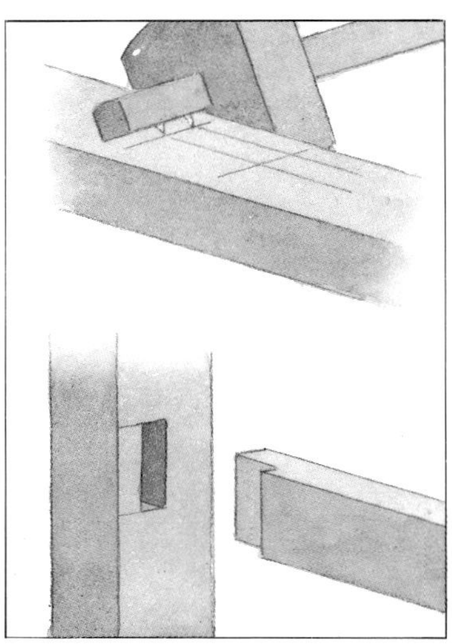

5 **Types de tourillonnages : Les tourillons peuvent servir à assembler chant contre chant des panneaux et des cadres aux angles. Ils peuvent être dissimulés ou visibles.**

6 **Tourillons pour assemblage de panneaux : Tracez l'emplacement des tourillons. Percez les trous, enfoncez les pointes d'axe. Reportez les emplacements sur la seconde pièce.**

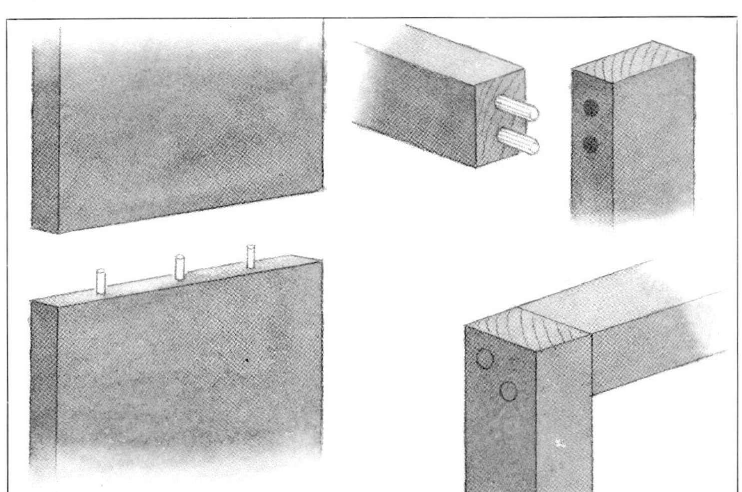

8 **Guide de tourillonnage : Si les tourillons doivent être dissimulés, le guide de tourillonnage vous aidera à percer des trous alignés avec ceux de l'autre pièce.**

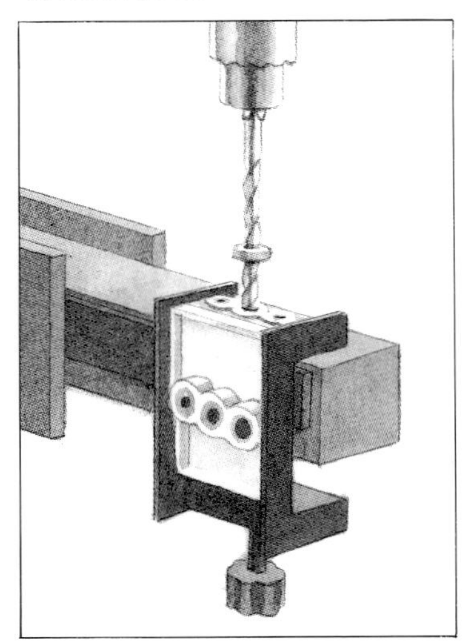

AJUSTAGE ET MISE-À-NIVEAU

Ajustage de grandes longueurs. Lorsque vous souhaitez installer un plan de travail, un panneau horizontal, une étagère ou un panneau vertical contre un mur, il y a de fortes chances pour qu'il ne touche pas le mur partout : en effet, il est très rare qu'un mur soit parfaitement plan et droit. Pour éviter de tels espacements, il est nécessaire d'ajuster l'élément contre le mur.

Mettez l'élément en place, le plus près possible de son emplacement final. S'il s'agit d'un plan de travail, assurez-vous qu'il est bien de niveau et d'équerre avec ce qui se trouve à côté de lui. S'il s'agit d'un montant, faites attention que son chant extérieur soit bien vertical. Là où l'espacement est le plus large, éloignez le panneau pour obtenir un vide de 25 mm. Prenez une cale de bois de 25 mm de long et posez-la sur le panneau, contre le mur, à une extrémité. Appuyez un crayon contre l'autre côté de la cale et tirez crayon et cale le long du mur de façon à ce que le crayon trace une ligne qui reproduise les contours du mur.

À l'aide d'une scie sauteuse ou d'une scie à guichet, découpez le long de ce trait. Lorsqu'il se trouve trop près du chant pour scier, donnez au panneau la forme souhaitée en suivant le trait avec un outil à profiler, tel qu'un surform ou une râpe. Appuyez le panneau contre le mur et vérifiez qu'il s'applique bien sur toute la longueur.

Ajuster dans les alcôves. Il est plus difficile d'ajuster dans les alcôves, car un panneau horizontal ne s'adaptera généralement parfaitement qu'après avoir été ajusté contre un mur.

À l'aide d'une grande équerre de bois (vous pouvez vous en fabriquer une avec des tasseaux de bois en suivant la méthode du 3-4-5, voir p. 236), regardez si l'un des murs latéraux, ou les deux, est d'équerre et plan. Si tel est le cas, vous pouvez prendre la mesure entre les murs à la hauteur du plan de travail. Sciez ensuite les extrémités du plan de travail à cette dimension et positionnez-le avant de l'ajuster au mur arrière comme expliqué plus haut.

Si les murs latéraux de l'alcôve ne sont pas d'équerre, vous pouvez tracer le plan de travail avec un gabarit en carton (voir plus loin) aux formes de chaque mur et d'une partie du mur arrière que vous ajusterez ensuite.

Utilisation d'un conformateur. Cet outil (voir Outils, p. 228) est utilisé pour reproduire les formes complexes. Il est très utile pour adapter un plan de travail autour d'éléments tels qu'une moulure décorative. Il est composé d'une série d'étroites bandes de plastique ou de tiges en acier retenues par un axe central. Lorsque vous l'appuyez contre une forme, les tiges en suivent la silhouette. Il faut ensuite appliquer le conformateur contre l'élément à ajuster et reporter la silhouette au crayon autour du conformateur. Après utilisation, réalignez les tiges.

Utilisation de gabarits. Lorsqu'il vous faut découper autour d'un objet de forme complexe, un tuyau par exemple, il est utile de fabriquer un gabarit à la forme de cet objet dans du carton ou du papier épais.

Coupez et pliez le gabarit pour le rendre aussi précis que possible. Lorsque vous serez satisfait de votre résultat, placez le gabarit sur l'élément à installer et tracez autour pour obtenir le trait de coupe. Vous pouvez également coller le gabarit en place et découper autour.

Tasseaux de mise à niveau. Lorsque vous fixez des tasseaux contre un mur à l'aide de clous de maçon, étalez d'abord vos tasseaux sur le sol et enfoncez vos clous pratiquement de part en part. Sur le mur, utilisez un niveau à bulle pour placer les tasseaux horizontalement et tracez une ligne le long du chant supérieur du tasseau. Maintenez-le en place et plantez à moitié un des clous à une extrémité dans le mur. Vérifiez que le haut du tasseau est aligné avec le trait, puis posez le niveau à bulle sur le tasseau et, la bulle bien au centre, enfoncez le clou situé à l'autre extrémité du tasseau dans le mur. Vérifiez encore une fois que le tasseau est parfaitement de niveau avant d'enfoncer complètement les autres clous.

Si vous fixez le tasseau avec des vis, percez des trous de passage dans le tasseau comme plus haut et, à l'aide d'un outil pointu, une pointe sèche par exemple, marquez le mur à travers un des trous de passage à une extrémité du tasseau. Percez et chevillez le mur à cet emplacement (voir Fixations murales, p. 240). Mettez le tasseau de niveau comme plus haut, marquez l'emplace-

1 Ajustage de grandes longueurs contre un mur : Tirez le panneau vers vous là où l'espacement est le plus grand pour obtenir un espacement de 25 mm. Appuyez votre crayon contre une cale de 25 mm de large ; tirez cale et crayon le long du mur pour tracer le trait de coupe. Découpez en suivant ce trait.

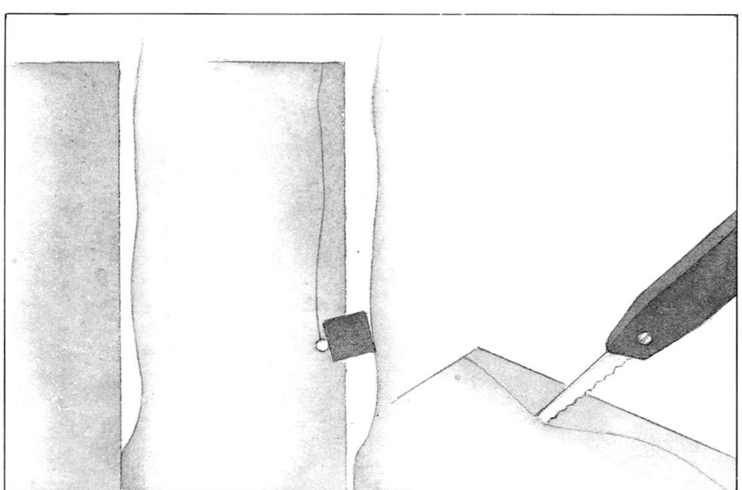

2 Fixation de tasseaux de mise à niveau sur un mur : Si vous utilisez des clous de maçon, enfoncez-les d'abord dans vos tasseaux. Mettez le tasseau en place et tracez. En maintenant le tasseau contre le trait, enfoncez un clou à une extrémité. Revérifiez le niveau ; plantez les autres clous.

ment des autres trous puis enlevez le tasseau et percez, chevillez le mur. Enfin, vissez le tasseau en place.

PORTES ET CHARNIÈRES

Mise à niveau des éléments de cuisine. Les sols sont rarement de niveau et lorsque vous installez des éléments de cuisine, il vous faut partir du point le plus haut de la pièce. Assemblez les éléments et mettez-les temporairement en place. Prenez un long tasseau droit et posez-le sur tous les éléments. Posez un niveau à bulle sur le tasseau afin de repérer l'élément le plus haut. Amenez tous les autres au même niveau à l'aide de cales de contre-plaqué ou de panneau de fibres placées dessous. Installez ensuite les plans de travail, fixez et branchez l'évier encastré.

Vous pouvez également, si vous avez décidé de créer vous-même les éléments, construire chacun d'entre eux à la hauteur exacte requise pour compenser les dénivellations du sol. Cette technique de mise à niveau est idéale pour les vieilles maisons où, immanquablement, les sols sont inégaux. Placez des tasseaux bien droits sur le sol, là où viendront se placer les éléments – un tasseau à l'avant et un tasseau à l'arrière de la surface. Travaillez à partir du point le plus haut et calez les tasseaux pour qu'ils soient de niveau. Tracez sur les tasseaux l'emplacement des éléments et, à chaque point, mesurez l'espace entre ce point et le sol. Augmentez la hauteur de chaque élément de cette dimension.

Trouver les verticales. Pour tracez une verticale sur un mur, il vous faut un fil à plomb. Plantez un clou dans le mur là où vous désirez placer la verticale et attachez-y le fil à plomb. Lorsque le fil sera stable, appuyez un morceau de bois contre lui de façon à ce qu'il l'effleure et tracez sur le mur. Faites de même en deux ou trois autres endroits. Vous pouvez également enduire le fil de craie. Lorsqu'il est immobile, maintenez-le contre le mur et claquez-le pour qu'il laisse une ligne verticale sur le mur.

POSE DES PORTES

Portes de placards ou de penderies. Il existe deux façons d'assembler des portes à charnières. Elles peuvent être encastrées pour venir se placer entre des cadres latéraux ou être plaquées, les portes recouvrant les cadres latéraux. Les portes encastrées sont belles mais plus difficiles à installer, car elles doivent être fabriquées parfaitement, de façon à obtenir un espace égal tout autour de l'ouverture. Les portes plaquées recouvrent le cadre et dissimulent tout espacement irrégulier. De surcroît, les charnières invisibles utilisées généralement pour assembler des portes plaquées sont réglables, ce qui permet de modifier facilement la porte pour qu'elle s'ouvre et se ferme aisément.

Portes coulissantes de placards. De petites portes coulissent dans des rails doubles en U faits de plastique ou de bois. Un rail en U peu profond est fixé le long du bord extérieur du bas de l'ouverture et un autre, plus profond, est fixé en haut, sous le rebord extérieur. Les rainures du rail doivent correspondre à l'épaisseur de la porte et il est important d'installer le rail supérieur exactement dans l'axe vertical au-dessus du rail inférieur. Fabriquez les portes coulissantes de telle sorte qu'elles se chevauchent l'une l'autre d'environ 45 à 50 mm. Calculez la hauteur des portes à partir du fond de la rainure du rail supérieur plus 6 mm. Après avoir assemblé l'élément, la porte pourra être soulevée et glissée dans le rail supérieur puis introduite dans le rail inférieur.

Les portes plus lourdes doivent être installées à l'aide d'un système de rails, supérieur ou inférieur, à roulettes. Si vous suivez les instructions du fabricant, vous ne devriez pas avoir de mal à les installer. Si le rail n'est pas tout à fait de niveau, il y a généralement un moyen d'ajuster les portes pour qu'elles coulissent et ferment facilement.

POSE DES CHARNIÈRES

Portes encastrées. Les charnières affleurantes sont les plus faciles à installer. Elles sont vissées aux limites de la porte et du cadre et n'ont nul besoin d'être encastrées, mais une fois fixées, elles ne peuvent plus être ajustées. Le volet intérieur de la charnière est vissé sur le chant de la porte et le volet extérieur, sur la face interne du cadre.

Fixez les charnières à égale distance du haut et du bas de la porte. Si la porte est haute ou très lourde, installez une troisième charnière entre les deux autres. Tracez les emplacements des

3 Utilisation d'un conformateur : Pour reproduire des formes complexes, appliquez le conformateur contre l'objet ; utilisez-le comme modèle.

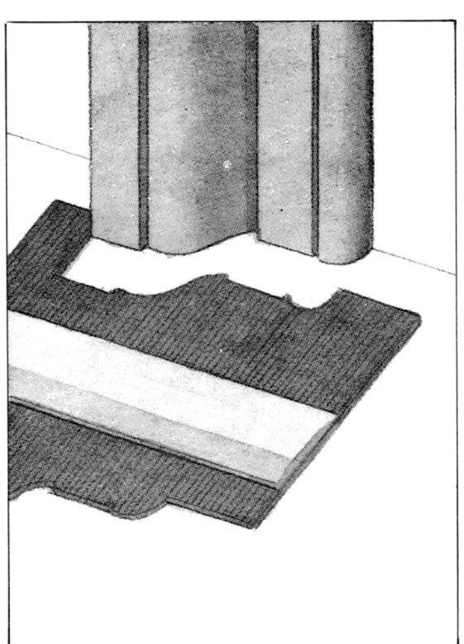

4 Une méthode pour mettre à niveau des éléments de cuisine : Placez temporairement les éléments ou les cadres de cloisonnement. Posez un niveau à bulle sur un tasseau bien droit pour trouver le point culminant. Calez à l'aide de morceaux de contre-plaqué ou de panneau de fibres dur glissés sous les autres éléments pour les élever au même niveau.

5 Rails de portes coulissantes : Mieux vaut installer des portes lourdes sur les rails inférieurs. Les rails sont vissés dans le sol et des roulettes incluses au bas des portes.

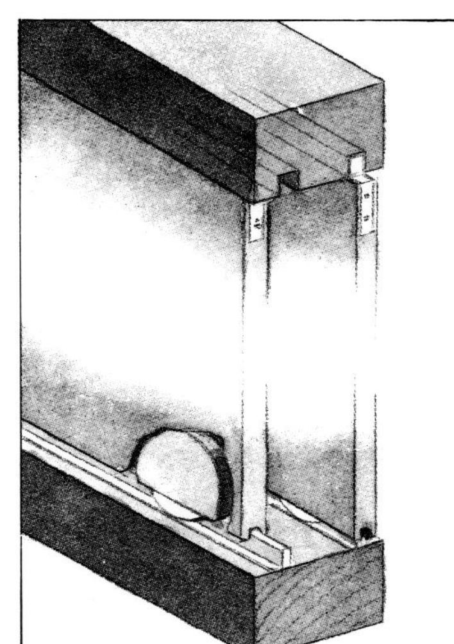

charnières sur le chant de la porte, le « nœud » (l'axe de liaison) des charnières étant parfaitement aligné avec la face de la porte. Percez des avant-trous et vissez à travers le volet intérieur. Maintenez la porte en place ou soulevez-la à la bonne hauteur en la posant sur quelque chose, en faisant attention à ce qu'elle soit parfaitement alignée en haut et en bas, et tracez les emplacements des charnières sur le cadre. Enlevez la porte et poursuivez ces traits avec une équerre. Appuyez la porte contre le cadre, en position ouverte, et vissez les volets extérieurs des charnières bien entre les traits.

Les charnières « simples » sont des charnières à volets et existent en acier (les plus courantes) ou en cuivre, ce qui convient mieux aux travaux de qualité. Elles se fixent comme les charnières affleurantes, si ce n'est que les volets doivent être encastrés dans le bois à l'aide d'un ciseau à bois ou d'une défonceuse. Tracez les emplacements des charnières comme plus haut, en faisant attention que celles-ci ne soient pas placées de telle sorte que les vis pénètrent dans le fil tranché d'éléments transversaux car elles risqueraient de s'arracher.

On trace d'abord la longueur des charnières à l'aide d'une pointe à tracer, puis la largeur et la profondeur de la charnière avec un trusquin. À l'aide d'un ciseau à bois maintenu verticalement et d'un maillet, entaillez le long du contour du retrait puis pratiquez une série de coupes verticales en travers de la largeur totale du retrait. Évidez avec le ciseau à bois puis parez le fond du retrait avec le ciseau, côté plat vers le bas. En faisant attention, vous pouvez enlevez le gros de l'évidement d'un retrait pour charnière à l'aide d'une défonceuse équipée d'une mèche droite. La mèche est réglée pour creuser à la profondeur du retrait et les angles sont terminés au ciseau à bois.

Portes plaquées. Les charnières modernes, réglables et « invisibles », sont les plus utilisées. Il en existe de nombreux types et elles sont accompagnées de leurs instructions. Certaines se fixent en surface et sont vissées en place sur la face intérieure de la porte mais, généralement, on utilise une mèche Forstner pour creuser, dans la face intérieure de la porte, un large trou à fond plat pour le corps de la charnière. Le volet plat est ensuite

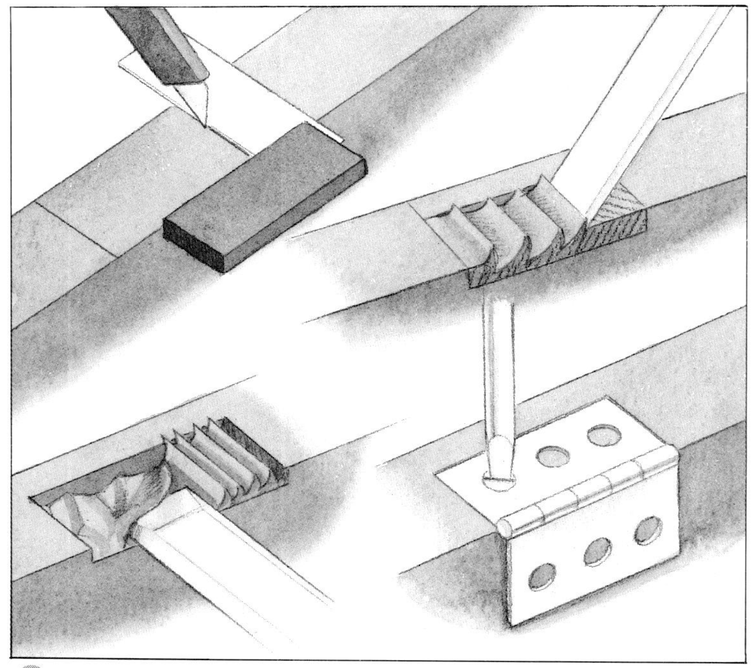

3 Étapes de la pose de charnières simples : À l'aide d'une équerre et d'un couteau universel, tracez la longueur de la charnière. Avec un trusquin, tracez la largeur et l'épaisseur du volet de la charnière. Le ciseau maintenu bien vertical, entaillez le long de la découpe de la charnière. Pratiquez une série de coupes en travers de la largeur du retrait. Parez l'évidement puis vérifiez que le volet affleure parfaitement. Vissez ensuite la charnière en place.

1 Pose d'une charnière affleurante : Les charnières affleurantes sont très faciles à poser. Vissez le volet extérieur sur le cadre et le volet intérieur sur la porte.

2 Pose d'une charnière simple : Les charnières simples doivent être encastrées dans la porte et le cadre, de façon à ce que les volets affleurent en surface.

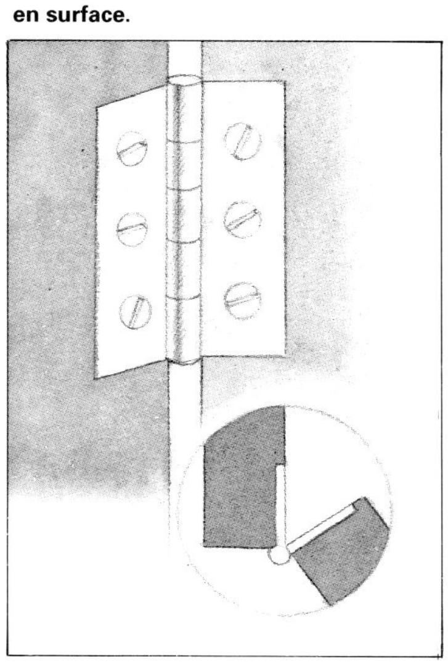

4 Pose de charnières invisibles en surface : Ces charnières sont tout simplement vissées sur la face intérieure de la porte et du cadre.

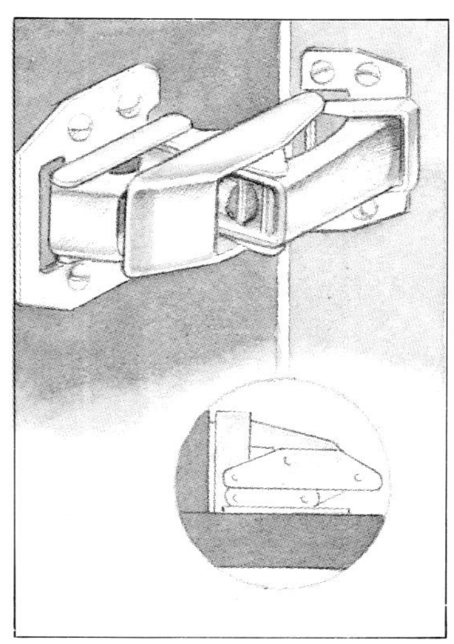

5 Pose de charnières invisibles encastrées : Un trou borgne est creusé pour le corps de la charnière. Le bras de la plaque-support est réglable.

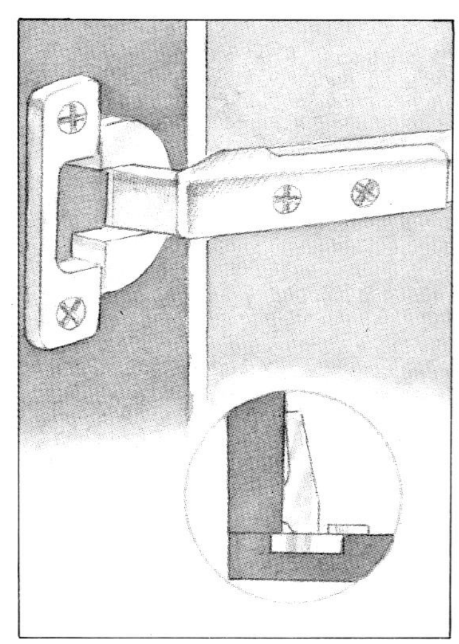

vissé dans le cadre latéral. La charnière est fixée à la plaque-support et les vis réglables tournées jusqu'à ce que la porte soit parfaitement en place.

SYSTÈMES DE FERMETURE

Nombre de modèles de charnières « invisibles » disposent d'un système de fermeture incorporé et vous n'aurez donc pas besoin de vous en procurer. Avec les charnières habituelles, on installe souvent des fermetures aimantées. L'aimant est fixé sur le côté du meuble et la plaque de métal se place dessus. On ferme la porte sur le système et on appuie fortement de sorte que la plaque imprime son empreinte sur la porte. Il suffit alors d'ouvrir la porte et de visser la plaque sur la porte.

Les loqueteaux cylindriques à bille sont particulièrement astucieux. Un trou est percé au centre du chant de la porte et reçoit le corps du cylindre à bille qui est emboîté en place. On ferme la porte et la bille trace une marque sur le bord du placard. On rouvre la porte et on place la gâche soigneusement pour qu'elle coïncide avec le centre de la bille.

Si vous désirez encastrer la gâche, il vous faudra en dessiner la silhouette à l'aide d'un couteau universel. La gâche est ensuite encastrée dans le côté du placard de façon à affleurer pour permettre au loqueteau de fonctionner aisément.

ABATTANTS

Les instructions de pose varient selon le type de mécanisme, mais presque tous se vissent à l'intérieur du placard contre le côté du cadre, en haut. Il faut deux mécanismes par porte et leur fonction est de soulever la porte vers le haut et vers l'extérieur, tout en restant dégagé du plafond.

Dans le cas des charnières que nous utilisons pour projet de penderie murale (page 102), le mécanisme est vissé sur la face latérale du cadre, juste en dessous de la partie supérieure de la penderie et juste à l'intérieur du chant extérieur. Il est fixé avec trois vis. L'abattant est vissé, sur la partie du mécanisme qui s'ouvre, à l'aide de deux vis. La vis supérieure est fixée à une distance égale à l'épaisseur de l'abattant de la penderie plus 28 mm de la limite supérieure de l'abattant, pour être sûr que l'abattant s'ouvre sans gêner l'avant de la penderie ou le plafond.

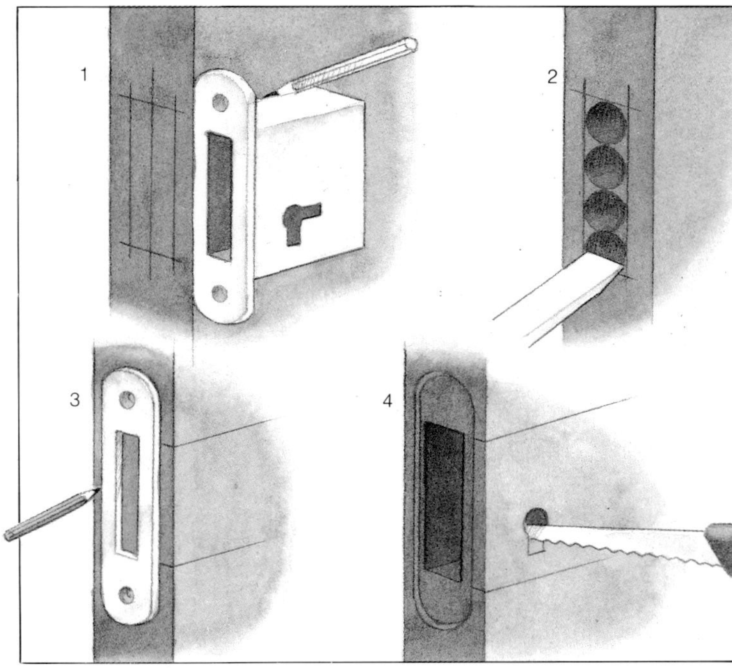

8 Pose d'une serrure à mortaiser sur une porte de placard : **1. Tracez la ligne médiane et mesurez et tracez la largeur et l'épaisseur de la serrure sur le chant de la porte. 2. Avec une mèche à tourillonner, évidez la mortaise et terminez au ciseau à bois. 3. Enfoncez la serrure dans la mortaise et tracez la découpe de la plaque de recouvrement. 4. Creusez un retrait pour la plaque puis découpez le trou de serrure à l'aide d'une scie à guichet.**

6 Système de fermeture magnétique d'un placard : **L'aimant est vissé sur la face intérieure du placard et la plaque de métal, sur le cadre.**

7 Pose d'un loqueteau cylindrique à bille : **Percez le chant de la porte au centre pour enfoncer le cylindre. La gâche est fixée sur le cadre.**

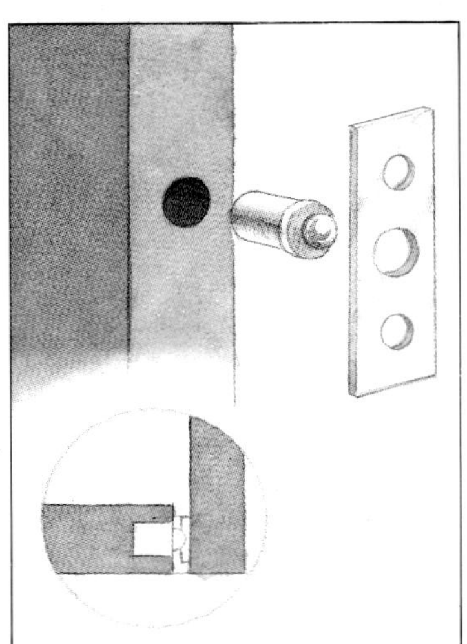

9 Pose d'un mécanisme de porte à abattant : **Nous présentons ici deux types de mécanisme d'ouverture de porte. À gauche, un ensemble charnière-bloc d'arrêt, tel que nous en utilisons pour la penderie murale, et à droite, un mécanisme à bloc d'arrêt traditionnel.**

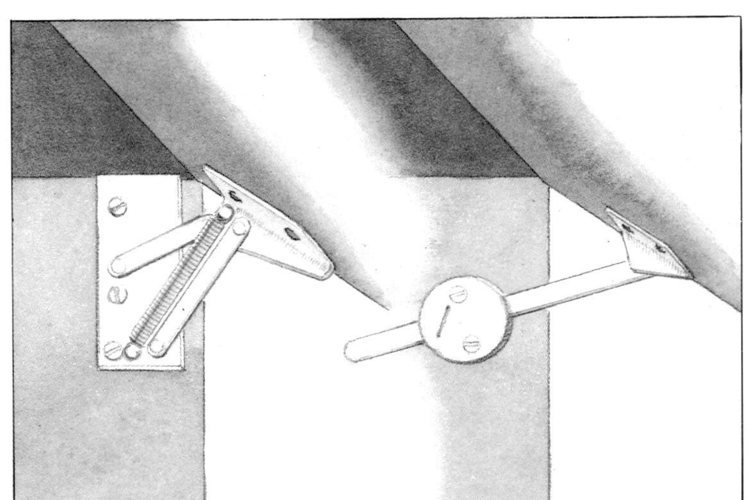

SERRURES

La plus esthétique est la serrure à mortaiser, ou serrure encastelée de secrétaire. Pour l'installer, tracez la ligne médiane du chant de la porte, mesurez et tracez la largeur et l'épaisseur du corps de la serrure. À l'aide d'une mèche à tourillonner de la même épaisseur que le corps de la serrure, percez une série de trous bord-à-bord pour éliminer le gros de l'évidement, puis terminez l'entaille à l'aide d'un ciseau à bois. Enfoncez la serrure dans la mortaise, tracez la découpe de la plaque de recouvrement et creusez un retrait. Mesurez la serrure pour inscrire l'emplacement du trou de serrure, percez-le et sciez l'entaille pour la clef. Fermez la porte, faites tourner le pêne pour inscrire son emplacement sur le côté du placard et fixez la gâche en place.

Une serrure standard de placard est facile à poser et à faire fonctionner. Elle se visse au dos de la porte après que le trou de la serrure a été découpé avec une scie à guichet.

Fabriquez un gabarit en papier épais à la forme de la serrure et découpé au centre pour le trou de serrure. Placez le gabarit sur la face de la porte et tracez le trou de serrure. Percez un trou de la taille correspondante en haut et, en dessous, percez une série de trous plus petits qui seront agrandis en fente pour le trou de serrure. Vous pouvez utiliser une scie à guichet (ou scie à serrure).

Maintenez la serrure en place derrière la porte et introduisez la clef pour positionner la serrure. Tracez et percez les emplacements de la serrure. Vissez la serrure en place. Un écusson, ou rouet, de serrure peut être fourni et il suffit de l'enfoncer en le tapotant dans le trou de serrure de sorte qu'il affleure avec la face du placard. Dans le cas du placard à outils (voir p. 12), il vous faudra couper une partie de la traverse de la porte pour permettre à la serrure d'affleurer avec le chant de la porte ; maintenez la serrure contre le chant de la porte et, à l'intérieur, tracez la découpe de la serrure. Percez à travers la traverse, à l'intérieur de cette découpe, et évidez avec un ciseau à bois pour que la serrure s'emboîte parfaitement lorsque vous la glissez en place derrière la porte.

Une fois la serrure en place, la porte doit être fermée et la clef actionnée pour que le pêne s'inscrive sur le côté de l'autre porte. À l'aide d'un ciseau, taillez une feuillure pour le pêne puis recouvrez le retrait avec la gâche (également fournie avec la serrure). Maintenez-la en place et tracez sa découpe à l'aide d'un couteau. Il faut alors creuser, avec un ciseau à bois, un retrait peu profond pour que la gâche puisse venir bien à fleur.

Une serrure encastrée est plus difficile à installer, car un retrait doit être creusé au dos de la face du placard ou du tiroir. Il faut procéder à un double évidement, un pour le mécanisme de la serrure, l'autre pour la plaque arrière qui est également encastrée dans le chant de la porte ou du tiroir pour offrir un assemblage parfait et une finition soignée. Maintenez la serrure en place et tracez la découpe de la plaque arrière sur le dos et sur le chant de la porte. Tracez l'encastrement du mécanisme. Découpez celui-ci en premier à l'aide d'un ciseau à bois puis creusez le retrait moins profond de la plaque arrière. Lorsque la serrure s'emboîte parfaitement, découpez le trou de serrure puis vissez la serrure en place. Fixez l'écusson du trou de serrure et la gâche comme décrit plus haut et enfin vérifiez la fermeture.

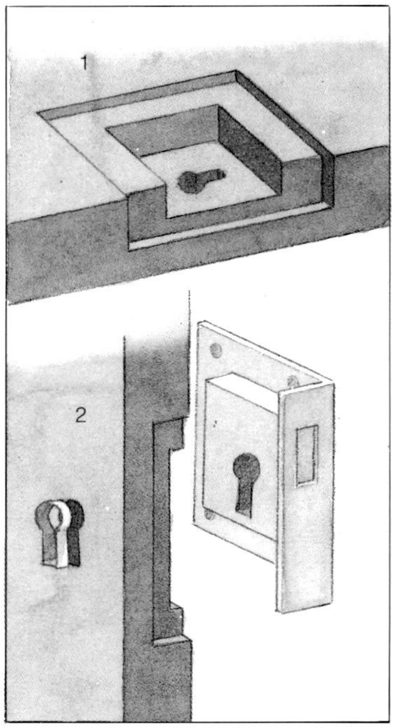

3 Pose d'une serrure encastrée : 1. Évidez l'encastrement du mécanisme puis un retrait moins profond pour la plaque arrière. 2. Lorsque la serrure s'emboîte bien, découpez le trou.

1 Pose d'une serrure de porte de placard en surface : Fabriquez un gabarit à la forme de la serrure. 1. Placez le gabarit sur la porte là où doit venir la serrure. 2. Percez le trou et sciez une fente. 3. Glissez la serrure avec sa clef. 4. Vissez la serrure sur la porte.

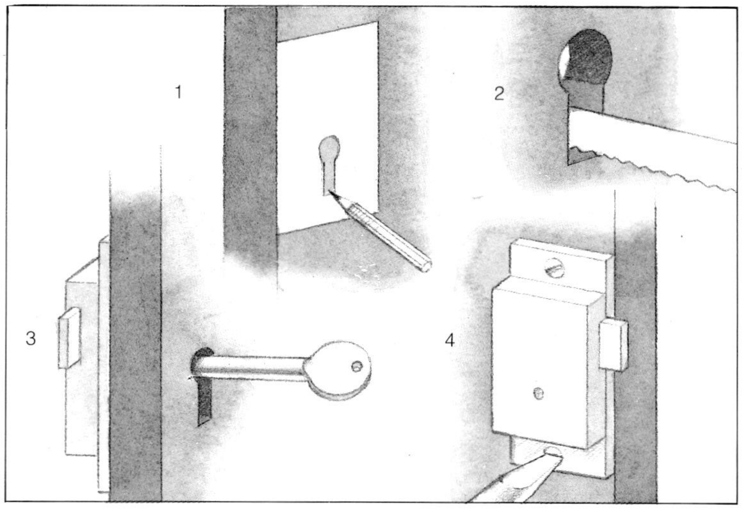

2 Pose d'une serrure de placard sur une porte à cadre : 1. Maintenez la serrure en place derrière le cadre et tracez sa découpe. 2. Percez à l'intérieur de cette découpe et évidez avec un ciseau à bois. 3. Glissez la serrure dans l'ouverture et assemblez comme indiqué à gauche.

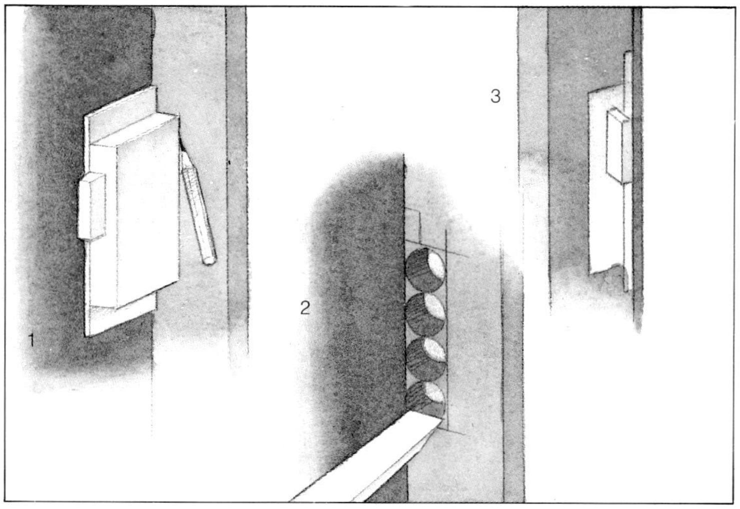

Fixation du placage. Fixez toujours les panneaux de placage en commençant par le bas. Avec un niveau à bulle, vérifiez que le premier panneau est horizontal. S'il ne l'est pas, les panneaux supérieurs vont osciller et il sera impossible de les fixer.

Au centre du premier panneau, dans chacun des tasseaux verticaux de soutien situés à l'arrière, enfoncez des clous de 25 mm galvanisés à tête ronde. Si les panneaux couvrent toute la largeur de la structure, aboutez les bords et assurez-vous que les joints sont toujours contre un tasseau de soutien.

Si vous fixez des planches taillées en biseau, il est important qu'elles se chevauchent uniformément et vous aurez besoin d'un bloc d'écartement découpé dans une pièce de bois de récupération. Si les planches ont une largeur de 112 mm et le bloc 100 mm, il faut alors aligner le bloc avec le bord inférieur de la planche fixée précédemment et poser la planche qui chevauche sur le dessus. Le chevauchement sera alors de 12 mm. Clouez l'arête inférieure de chacune des planches dans l'arête supérieure de la planche qu'elle chevauche et dans le tasseau.

Pour fixer des panneaux à rainure et à languette, plantez un clou dans un angle à travers la languette et taraudez la tête sous la surface. La rainure du panneau suivant glisse au-dessus de la languette cachant ainsi le clou.

Le placage par panneau à feuillure est fait de la même façon, à cette différence que les panneaux se chevauchent.

Fixation des treillages. Ils doivent être fixés à environ 150 mm du sol pour qu'ils ne pourrissent pas à la base. Maintenez les treillages sur des blocs assez hauts pendant que vous les attachez à un morceau de bois vertical ou à un mur. Vérifiez que les traverses sont horizontales, puis percez les trous dans les côtés verticaux du treillage. Insérez des clous galvanisés puis enfoncez-les dans les poteaux situés à l'arrière. Si vous clouez directement dans le treillage, le bois risque de se fendre. Pour un treillage d'une hauteur de 1 800 mm, trois fixations sur l'un ou l'autre des côtés suffisent. Vous pouvez aussi visser des attaches dans les poteaux de soutien. Le treillage se glisse dans ces attaches.

Pour le fixer au mur, insérez des blocs de bois de 25 mm d'épaisseur derrière chacun des points de fixation afin de dégager le treillage. Percez des trous au préalable et maintenez le treillage à l'aide de vis recouvertes de zinc n° 8 ou 10, de 75 mm de long, et de chevilles.

Piquets et poteaux de fixation. Sur les allées en béton ou dallées, vous pouvez utiliser une base en acier comme point de fixation. La base est une plaque carrée dotée d'une cuvette saillante dans laquelle est logé le poteau. La base est maintenue par des boulons.

La pointe des poteaux en métal est enfoncée dans la terre. Une fois encore, le poteau est logé dans une cuvette carrée et maintenu en place. Le poteau est ainsi isolé du sol et a moins de risques de pourrir à la base.

Les piquets et les poteaux peuvent être fixés directement dans le sol. Dans un sol ferme, et si les poteaux sont courts, il est conseillé d'utiliser du béton maigre. Dans un sol meuble et avec des poteaux plus longs, il est recommandé d'utiliser un mélange de pierre et de béton. Si le poteau dépasse 1 800 mm, il doit impérativement être enterré à 600 mm au moins en dessous du sol.

4 Placages. En haut : clouez la languette, puis la rainure du panneau supérieur. En bas : utilisez un bloc d'écartement pour les panneaux taillés en biseau.

5 Fixation des poteaux. En haut : les pointes des poteaux permettent de les fixer. En bas à droite : une perforatrice creuse le trou du poteau.

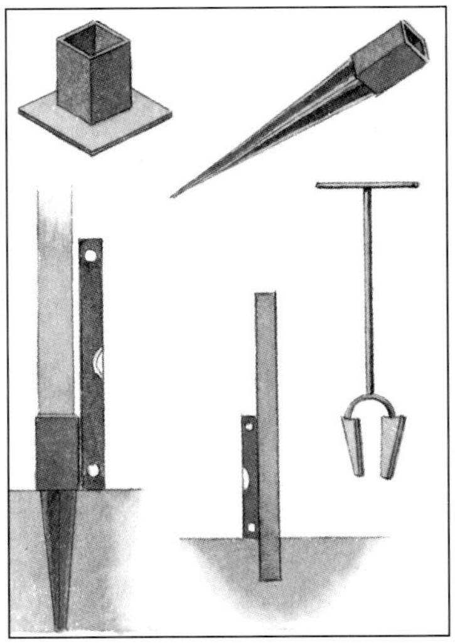

6 Panneaux en treillage : les attaches sont vissées aux poteaux verticaux. Les panneaux se glissent dans les attaches et se vissent à l'intérieur.

CARRELAGE

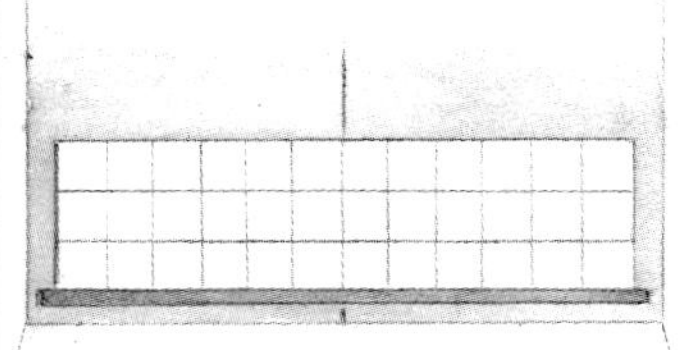

Carrelage plan avec espacements égaux des deux côtés.

Première rangée soutenue par un tasseau.

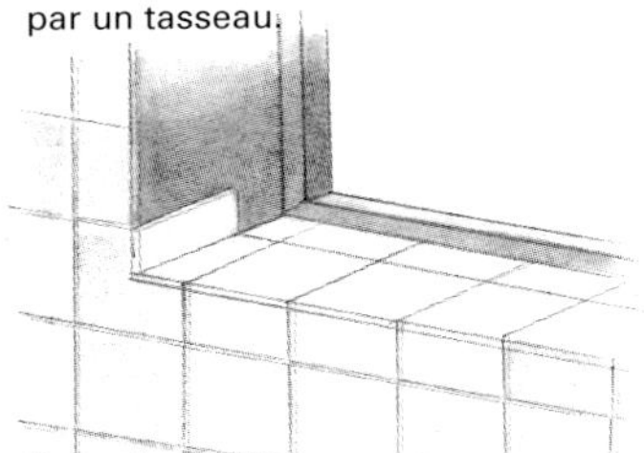

Posez les carreaux correctement autour des fenêtres.

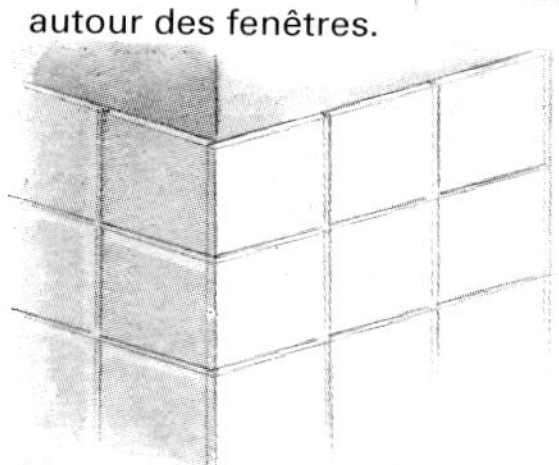

Un carreau recouvre le chant de l'autre aux angles extérieurs.

Utilisez des carreaux recoupés aux angles intérieurs.

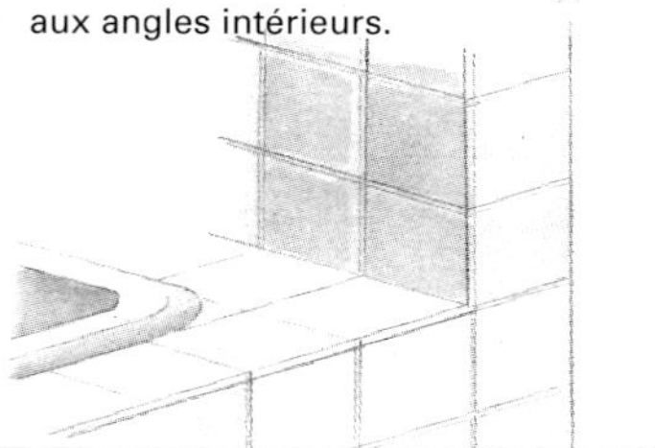

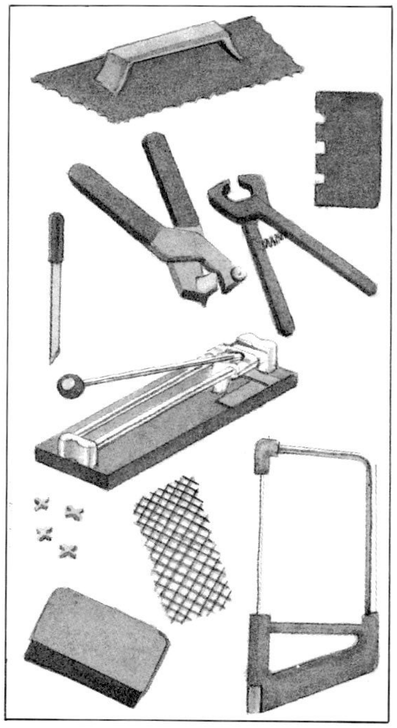

1 Outils : De haut en bas : spatules ou peignes à étaler le ciment-colle, outil à inciser, ou cutter ; pince coupe-carreau ; tenailles de carreleur ; coupeuse ; casajoints ; râpe ; scie ; spatule de jointoiement.

Plan de pose. Il est indispensable d'établir un plan de pose précis. Les carreaux doivent être posés parfaitement de niveau et, leur pose terminée, aucun pan coupé ne doit être visible. Seuls les pans coupés émaillés en usine, ou les carreaux à pans coupés faits pour être vus, peuvent être apparents. Dans le cas des cadres des éléments de cuisine (voir p. 30), la largeur du cadre est calculée pour que les carreaux de la face extérieure recouvrent parfaitement les extrémités du cadre et les chants des carreaux posés de chaque côté des cadres. Ceux des panneaux latéraux sont disposés de façon à ce que les carreaux à pans coupés se trouvent juste derrière les éléments. Si certains carreaux doivent être recoupés en hauteur, ils devront être placés au niveau du sol, là où on les remarquera le moins.

Lorsque vous carrelez un mur simple, partez du centre et coupez des carreaux de même taille à chaque coin. Si le mur est percé d'une fenêtre saillante, disposez les carreaux de sorte qu'ils l'encadrent soigneusement. Dans les deux cas, ajustez la hauteur des carreaux en plaçant ceux qui sont recoupés au niveau du sol ou des plinthes. La rangée supérieure des murs carrelés à mi-hauteur ou des surfaces verticales basses – les côtés d'une baignoire, par exemple – devra être faite de carreaux entiers. Vous serez peut-être obligé de modifier quelque peu le motif de pose prévu. Pour les fenêtres en retrait, faites en sorte que les pans vitrifiés soient visibles en façade et les carreaux recoupés, plaqués contre le cadre de la fenêtre.

Mise en œuvre. Fabriquez un gabarit. C'est une longueur de tasseau bien droite, d'environ 38 x 12 mm, sur laquelle des repères sont tracés au crayon pour indiquer la largeur des carreaux, espacements compris. Pour tracer ces repères, disposez une rangée de carreaux le long du gabarit, en plaçant une cale d'espacement, ou casajoint, entre chaque, sauf si vous utilisez des carreaux à cale d'espacement incorporée. Tracez une ligne en travers du gabarit, en face de l'axe de chaque joint. Si vos carreaux sont carrés, il vous faudra un second gabarit pour la hauteur des carreaux.

Avec votre gabarit, notez avec précision l'emplacement des carreaux. Fixez ensuite horizontalement un tasseau

2 Fabrication du gabarit : Posez une rangée de carreaux bien espacés et, sur un tasseau, tracez avec précision la largeur des carreaux, casajoints compris.

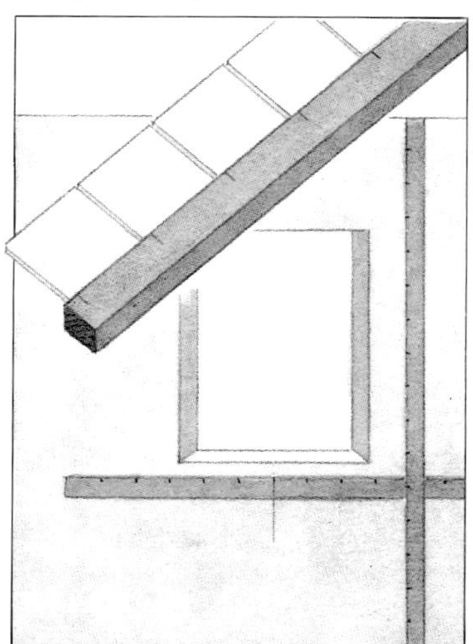

3 Préparation du mur : Centralisez les carreaux à partir d'un élément dominant, une fenêtre par exemple, et fixez le tasseau à une hauteur de carreau du sol.

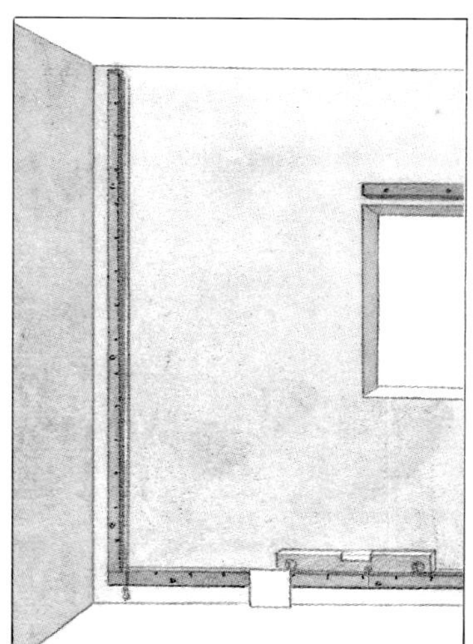

4 Départ de la pose des carreaux : Fixez des tasseaux verticaux de chaque côté. Étalez le ciment-colle dans un angle et posez les carreaux en appuyant fortement.

rectiligne (d'environ 38 x 12 mm) sur la largeur de la surface à carreler. Il soutiendra la première rangée de carreaux entiers. Fixez ensuite les tasseaux verticaux de chaque côté pour soutenir les dernières rangées latérales de carreaux entiers, et pour être sûr d'obtenir un carrelage d'équerre. Servez-vous du gabarit pour tracer sur les tasseaux muraux la largeur et la hauteur exactes des carreaux. Ceci vous aidera à carreler d'équerre. Si vous carrelez sur un mur de plâtre, fixez temporairement les tasseaux à l'aide de clous de maçon plantés à moitié. Si vous carrelez sur du bois ou du contre-plaqué, utilisez des clous ordinaires.

OUTILS

Peigne ou spatule. Outil en plastique à dentures régulières qui étale la couche de ciment-colle.

Outils de coupe. Il existe différents outils : certains ressemblent à un crayon et sont munis d'une pointe au carbure de tungstène qu'on passe sur le carreau pour en rayer la surface, là où on désire le couper. Le modèle ressemblant à des pinces est plus efficace. Il est équipé d'une roulette coupante qui entaille une ligne droite, et de mâchoires entre lesquelles on place le carreau avant de serrer les poignées de l'outil, pour couper. Il existe également un outil plus gros pour les carreaux épais et larges, avec séparateur incorporé équipé d'un bras coupant à levier.

Scie à carreau. Il s'agit d'une lame-tige au carbure de tungstène montée sur un cadre. Elle permet de découper le carreau à la forme souhaitée. Le carreau doit être pris dans un étau.

Cales d'espacement. On trouve plus couramment des carreaux à pans simples que des carreaux à ergots moulés sur les bords. Ces derniers sont assemblés l'un contre l'autre et sont espacés automatiquement au fur et à mesure de la pose. Pour les carreaux à bords droits, il est important de placer des casajoints entre les carreaux quand on les pose, afin de créer des espacements réguliers pour le jointoyage.

Tenailles de carreleur. Outil ressemblant à une pince qui permet de couper d'étroites bandes, trop petites pour un outil de coupe traditionnel. Il coupe également les carreaux profilés.

Lime à carreaux. Sert à araser les pans d'un carreau recoupé.

Spatule à jointoyer. Spatule flexible pour étaler le mortier de joint.

Éponge. Sert à ôter l'excédent de ciment-colle et de mortier de joint.

Procédé de pose. Commencez par un angle inférieur et étalez le ciment-colle sur environ 1 m^2 de manière égale, à l'aide de la spatule dentelée. En partant d'un angle, enfoncez les carreaux dans le ciment-colle avec un petit mouvement de rotation.

Si vous utilisez des carreaux sans casajoints, placez-les de manière régulière à l'aide de casajoints. Vous pourrez les enfoncer profondément dans les joints et les laisser en place ou les faire dépasser en surface et les retirer au bout d'une heure environ et les réutiliser ailleurs. À ce stade, ne posez que des carreaux entiers.

Coupe des carreaux d'extrémités. 12 heures après avoir carrelé la surface principale, ôtez les tasseaux de mise en œuvre, puis coupez les carreaux qui viendront combler l'espace périphérique. Mesurez l'emplacement du carreau, sans oublier la largeur du casajoint. Sectionnez le carreau bien droit. Encollez de ciment-colle le dos du carreau à l'aide d'un peigne dentelé et enfoncez-le en place. Si besoin, adoucissez les pans rugueux avec une lime à carreaux.

Découpes de formes complexes. Pour découper autour d'un tuyau, cassez le carreau dans l'axe du tuyau puis incisez la découpe du tuyau sur le carreau. Pour un résultat soigné, sciez la découpe du tuyau avec une lame-tige au carbure de tungstène prise dans un cadre de scie à métaux ou effectuez la découpe en pinçant et brisant des petits bouts du carreau à l'aide de tenailles ou de pinces à carreaux. Les carreaux devant être installés autour d'éviers et d'ouvertures de fenêtres peuvent également être entaillés le long du trait de coupe, puis cassés en les pinçant. Lorsque la partie à découper se trouve près du bord, il est aussi possible de la scier pour éviter toute casse.

Finitions. Une fois le carrelage bien pris, les carreaux sont jointoyés avec un mortier de joint hydrofuge appliqué avec une spatule. Lorsque le joint commence tout juste à prendre, avec une petite tige à bout rond, faites pénétrer le mortier dans les joints puis essuyez l'excédent de mortier avec une éponge humide. Lorsque le mortier sera sec, polissez la surface avec un chiffon.

5 Découpe des carreaux : Incisez du côté émaillé, puis cassez le carreau le long du trait à l'aide d'un des outils de coupe. Sciez les formes complexes.

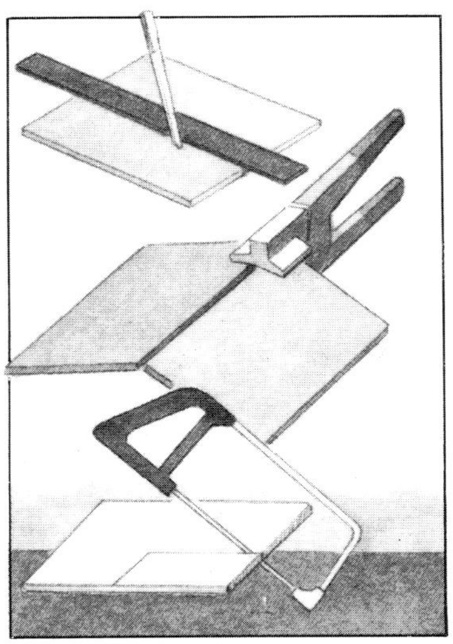

6 Découpe autour des tuyaux : Tracez l'emplacement du trou sur le carreau. Brisez le carreau le long de la ligne centrale. Incisez la découpe puis brisez en pinçant la partie à enlever.

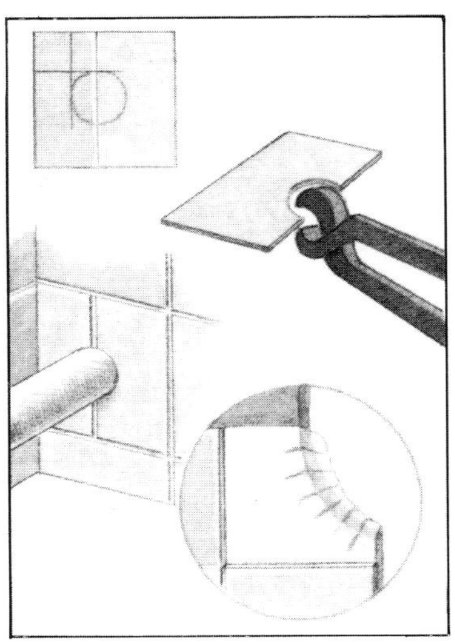

7 Jointoiement : Utilisez une spatule à lame de caoutchouc pour enfoncer le mortier. Pendant qu'il sèche, appuyez une petite tige à bout arrondi le long des joints.

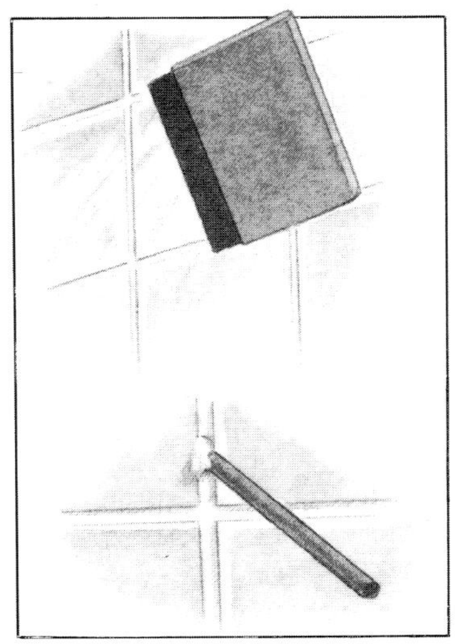

8 Perçage dans les carreaux : Collez du ruban adhésif sur l'emplacement du trou. Utilisez une mèche à béton. Passez en position percussion après avoir traversé le carreau.

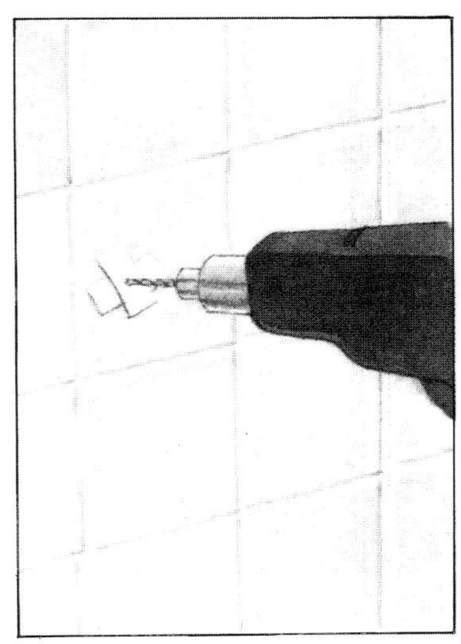

SÉCURITÉ

Il se produit chaque année des centaines de milliers d'accidents domestiques. La plupart d'entre eux sont liés aux activités de bricolage des adultes, ou à l'environnement dans lequel les enfants évoluent et qui ne présente pas toutes les garanties de sécurité. Avant de réaliser l'un des projets présentés dans cet ouvrage, conformez-vous aux recommandations suivantes.

LA SÉCURITÉ DES ADULTES

N'abordez pas les travaux de menuiserie ou d'amélioration de votre intérieur dans la hâte : soyez sûr de savoir exactement, quelles compétences, quels outils et quels matériaux vous seront nécessaires. Ce qui implique que vous lisiez le descriptif du projet, que vous vous reportiez aux techniques qui ne vous sont pas familières et, le cas échéant, que vous vous exerciez préalablement sur une chute de bois. Assurez-vous de posséder les outils appropriés et veillez à ce que ceux-ci soient en bon état. Si vous êtes amené à emprunter ou à louer un outil, lisez les instructions d'emploi et, là aussi, entraînez-vous d'abord sur une chute.

Soyez particulièrement vigilant lorsque vous employez des outils électriques ; débranchez-les toujours lorsqu'ils ne sont pas en usage. Tenez les enfants éloignés et expliquez-leur que vos outils et vos matériaux ne sont pas des jouets. Ne laissez jamais traîner vos outils s'il y a des enfants dans la maison. Efforcez-vous de conserver une bonne ventilation, notamment si vous utilisez des peintures, des vernis ou des solvants.

Portez de vieux vêtements car ils risquent de se salir ou de se déchirer. Certains travaux nécessiteront l'emploi de lunettes de protection, d'un masque antipoussière ou anti-vapeurs, de gants (notamment si vous manipulez du verre), de chaussures assurant un bon aplomb. La combinaison de travail est généralement la solution la plus sûre et la plus confortable.

Les peintures, la térébenthine, les vernis et de nombreux produits de conservation sont toxiques ; maniezles avec précaution. Pour la finition des meubles et des jouets d'une chambre d'enfant, il faudra recourir à une peinture ou à un vernis non-toxique ; ce point s'applique tout particulièrement au *Berceau à bascule* (pages 120-125). Le pourcentage de plomb que contiennent ces produits est maintenant strictement réglementé, mais les peintures et les vernis auxquels est attribué le label «non-toxique» doivent être exempts de tous métaux lourds.

MATÉRIAUX

À l'achat, choisissez toujours, selon vos moyens, des matériaux de la meilleure qualité possible. Il est non seulement beaucoup plus difficile de réaliser les projets présentés ici si les pièces ne se joignent pas correctement, mais, dans ce cas, il est aussi plus malaisé de tracer et de découper les assemblages avec précision ; sans parler du temps qu'il vous faudra alors consacrer à raboter pour obtenir des faces planes et lisses.

LA SÉCURITÉ DES ENFANTS

Bon nombre d'enfants se blessent sérieusement simplement en tombant sur des jouets éparpillés : les solutions de rangement tels que la *Maison de rangement* (pages 102-107) combinent le jeu aux nécessités du rangement. D'autres accidents se produisent lorsque les enfants jouent avec des jouets ou des meubles qui n'ont pas été conçus pour eux. Assurez-vous qu'un enfant est en âge de manipuler un jouet donné et efforcez-vous de réduire les risques d'accident en jetant les jouets cassés.

CONSTRUCTION

Angles et arêtes doivent être aplanis et arrondis partout où cela est possible : les arêtes des panneaux du *Placard à porte pivotante* sont maintenues saillantes pour que la porte puisse être fermée correctement, tandis que les arêtes exposées du *Fauteuil à bascule* (pages 126-131) peuvent toutes être arrondies sans que la conception s'en trouve compromise. Fraisez toujours les logements des têtes des vis, et chassez les têtes des clous sous la surface du bois pour réduire les risques de coupure ou de blessure : rebouchez les trous avec de la pâte à bois, laissez sécher puis poncez à fleur de la surface.

Il existe toujours un risque pour les enfants, dans le cas des éléments montés sur charnières, de se coincer la main, le pied, ou même la tête ; ce dernier cas se produit habituellement lorsque de très jeunes enfants cherchent à s'emparer d'un objet situé dans une boîte ou un coffre dont le couvercle est sur charnières. Pour réduire ce risque, l'intervalle entre les deux panneaux ou surfaces sur charnières devra être inférieur à 5 mm ou supérieur à 12 mm. Si vous montez un couvercle sur charnières (celui d'un coffre à jouets, par exemple) gardez présent à l'esprit qu'en se rabattant, ce couvercle peut – en raison de son poids – occasionner des blessures graves (des accidents fatals ont même été déplorés de la sorte). En conséquence, fixez toujours un support pour tenir le couvercle en position d'ouverture. Il est également arrivé que des enfants restent coincés dans des coffres à jouets ; n'hésitez donc pas à percer des trous de ventilation sur les côtés.

MOBILIER

N'oubliez pas que des enfants actifs auront tendance à escalader tous les meubles, y compris ceux qui ne sont pas conçus pour cela. Les parents ou les gardiens les plus vigilants auront toujours un moment d'inattention ; il vaut donc mieux anticiper et réduire les risques d'accident.

Les enfants s'aident des étagères, des tables, des chaises et des tiroirs des commodes pour gagner en hauteur. Efforcez-vous donc, dans les chambres d'enfants, de maintenir à leur niveau le plus grand nombre possible d'éléments, et ancrez toujours les grandes pièces de mobilier au mur avec des équerres et des chevilles pour éviter qu'elles ne basculent. Pensez au poids de la tête de lit dans le projet du *Lit à tiroir* (pages 108-119) car un enfant pourrait s'y coincer un doigt.

Si vous construisez les *Murs d'étagères d'exposition* (pages 76-81), faites attention que vos enfants ne se blessent pas avec les objets exposés ou placez-les hors de portée.

Les dimensions du *Berceau à bascule* ont été soigneusement calculées à l'attention d'un nouveau-né. Si vous voulez construire un berceau plus grand, renseignez-vous tout d'abord sur les critères de sécurité à appliquer concernant l'espacement des lattes, la stabilité et les risques d'étranglement.

JOUETS

Plus l'enfant est petit, plus vous devez être attentif au choix de ses jouets : un objet qui ne présente aucun risque pour un enfant de sept ans n'est peut-être pas sans danger pour un enfant de 18 mois. Plusieurs des projets présentés incluent le mouvement ; la résistance et la stabilité de chacun ont alors été mis à l'épreuve. C'est pourquoi il est déconseillé de chercher à modifier les projets sans consulter préalablement la législation relative à la sécurité des jouets.

Le simple bon sens permet d'éliminer bon nombre des risques potentiels tels que les objets pointus ou acérés. Portez aussi votre attention sur les éléments détachables de petite taille que les enfants pourraient avaler, ainsi que sur la taille et le mode de fabrication des hochets.

Lisez attentivement les notices précisant la composition des peintures que vous choisissez pour décorer les jouets : la quantité de plomb est maintenant strictement réglementée, mais certaines peintures pour métaux en contiennent un pourcentage assez élevé et ne doivent donc jamais être utilisées pour peindre des jouets.

INDEX

REMERCIEMENTS

Les photographies de ce livre ont été spécialement réalisées pour Conran Octopus par :
Richard Foster, direction artistique de Claire Lloyd : pages 2, 4 (centre), 6, 102-107, 120-153, 200-207; Hugh Johnson, direction artistique Claire Lloyd : pages 1, 4 (à gauche et à droite), 7, 8, 10-101, 108-119; Nadia Mackenzie : 5, 154, 156-199, 208-227.

L'éditeur tient à remercier les personnes suivantes pour leur précieuse collaboration : Bridget Bodoano et le Conran Shop, David Jenkins et la Royal Society for the Prevention of Accidents, Alan Rayner et la société Servis Filmsetting Ltd, Sean Sutcliffe, Wendy Jones et la société Benchmark Woodworking Ltd.
L'éditeur remercie également les personnes et sociétés suivantes qui ont prêté du matériel pour le décor des photographies : Alvin Ross/Alfie's Antiques Market, Aston-Matthews Ltd, Authentics, The Conran Shop, Decorative Living, Divertimenti, Eximious Ltd, Franke (UK) Ltd, Gallery of Antique Costume and Textiles, General Plumbing Supplies, Judy Greenwood Antiques, CP Hart Ltd, Heal & Sons Ltd, Ideal Standart Ltd, INC Office Equipment, Paul Jones, The Kitchen Range, London Architectural Salvage Company, Stephen Long Antiques, Meaker & Son, David Mellor Design Ltd, Mothercare UK Ltd, Neff (UK) Ltd, WH Newson and Sons Ltd, The Nursery, Papers and Paint Ltd, Philips Major Appliances Ltd, The Puffin Children's Bookshop, Gail Rose, The Singing Tree, The Tintin Shop, Sam Walker.

Enfin, l'éditeur remercie tout particulièrement Sir Terence Conran pour ses projets originaux, Sean Sutcliffe de la société Benchmark Woodworking Ltd qui les a réalisés, et Paul Bryant pour ses photographies.